广东省普通高校人文社会科学重点研究项目成果（项目批准号：2019WZDXM018）

网络社会法治化治理研究

柯　卫◎主编

中山大学出版社
SUN YAT-SEN UNIVERSITY PRESS

·广州·

图书在版编目（CIP）数据

网络社会法治化治理研究 /柯卫主编. —广州：中山大学出版社，2023.5
ISBN 978 - 7 - 306 - 07770 - 7

Ⅰ.①网…　Ⅱ.①柯…　Ⅲ.①计算机网络—科学技术管理法规—研究—中国　Ⅳ.①D922.174

中国国家版本馆 CIP 数据核字（2023）第 052457 号

WANGLUO SHEHUI FAZHIHUA ZHILI YANJIU

出 版 人：王天琪
策划编辑：嵇春霞　王旭红
责任编辑：王旭红
封面设计：曾　婷
责任校对：舒　思
责任技编：靳晓虹
出版发行：中山大学出版社
电　　话：编辑部 020 - 84110283，84113349，84111997，84110779，84110776
　　　　　发行部 020 - 84111998，84111981，84111160
地　　址：广州市新港西路 135 号
邮　　编：510275　传　真：020 - 84036565
网　　址：http：//www.zsup.com.cn　E-mail：zdcbs@mail.sysu.edu.cn
印 刷 者：广东虎彩云印刷有限公司
规　　格：787mm×1092mm　1/16　22 印张　431 千字
版次印次：2023 年 5 月第 1 版　2023 年 5 月第 1 次印刷
定　　价：78.00 元

广东省 2019 年度普通高校人文社会科学重点研究项目"网络社会法治化治理研究"（项目批准号：2019WZDXM018）成果

目　录

绪　　论

一、问题的提出

21世纪以来，互联网技术在中国高速发展，网络社会的便捷性体现在以"互联网＋"为代表的发展模式，这种模式意味着大多数传统行业都能与互联网结合，开创新的运行模式，促进生产力的发展。但随着互联网技术的不断进步以及网络用户的剧增，网络社会呈现的问题也越来越多。这些问题主要集中于网络安全、网络犯罪、网络侵权和网络监管四大方面。传统的法律规制逐渐难以适应和调整日趋复杂的网络社会关系，从而互联网治理水平已经出现了与贯穿法治的社会整体治理水平不同步的现象。习近平总书记指出，要提高网络综合治理能力，确保互联网在法治轨道上健康运行，自主创新推进网络强国建设。也正是基于此，对网络社会进行全方位的法治化治理显得十分必要。

二、研究意义

（一）学术价值

信息技术，使人类活动的新型场域——网络社会呈现多维度、全方位的特征。这要求我们从不同学科的视角出发，分析和把握网络社会的本质与属性。研究网络社会法治化治理问题，乃是以一种法律范畴的专门化研究视角，即从法理学的层面对网络社会的整合性形象、功能、意义以及趋势进行理论解释和学术体系构建，补强研究领域的薄弱点。

网络社会是一个技术空间，更是一个新的法律调整空间。网络社会的法律属性、法律关系以及法律价值都呈现迥异于现实社会的新特点。网络社会的法治化治理问题是法学领域中一个新的主题和理论生长点，它不仅能充实、丰富现有法学的研究范畴，而且能极大地拓展法学的研究视野，甚至为法学的研究范式带来深刻的变革。

本书立足网络社会管理的现实问题，致力于现有制度的梳理和可行制度的建设，结合我国国情，从法治的角度审视我国网络社会管理，从立法、司法、执法、监管等的法律制度方面寻求解决网络社会管理难题的方法，改善网络社会法治化环境。因此，网络社会法治化治理研究具有重要的学术价值。

（二）应用价值

在立法方面，存在行业自律模式和网络法制模式选择的不同。对网络社会的法理学探讨，能帮助我们在面对法律制度选择之间的差异性时始终保持清醒的头脑，为立法模式的最终选择提供值得信服的理论论证。

网络社会问世的时间较短，建立完善有效的法律还有待时日，大量争议与纠纷每天都在网络社会上演，而在实践中解决争议和纠纷基本依靠法院对这些问题的各自的理解。对网络社会进行法理探究，能够有效界定相关法律适用的前提，促进网络社会基本法律问题达成共识，为司法审判活动提供参考方案，为网络社会新的法律问题提供解决方案，为避免相关司法裁决的不确定性做出理论贡献。

本课题以大都市政法各部门关于网络社会法治化管理的综合情况为研究样本，通过网络社会法治化理论与实践相结合的研究，最终为立法机构的相关立法或决策提供参考建议，推动我国网络社会法治化进程。因此，本课题研究具有切实的应用价值。

三、研究目标

本书从界定网络社会的概念出发，重点研究我国网络社会法治化治理面临的法律问题，概述网络社会法治化治理的基本理论，包括网络社会法治化治理的主体、原则和目标，论证网络社会法治化治理的必要性。通过研究其他国家网络社会法治化治理的立法模式和内容，比较分析这些国家相关法律制度建设的经验和教训，从中发现我国立法的不足及其原因，为我国网络社会法治化治理提供借鉴和启示。探讨科学合理的法治化治理模式，通过既有的法律框架和立法、司法、执法、监管四大系统的协同运行，维护网络安全、规制网络言论、打击网络犯罪、惩治网络侵权、加强网络监管，为网络社会法治化设计合理可行的治理路径，为相关立法或决策部门提供科学合理的参考建议。

四、研究内容

（一）总体框架

本书分为六章。

第一章"网络社会法治化治理概述"从界定网络社会的概念入手，分析网络社会的特征及影响，阐述网络社会法治化治理的概念、基本逻辑、法理基础，概述网络社会法治化治理的发展历程，为本研究奠定坚实的理论基础。

第二章"网络社会法治化治理理论"辨析政府、企业、行业协会、网络用户等多元治理主体在网络社会法治化治理中的地位与作用，分析网络社会法治化治理的原则和目标，为治理活动提供理论依据。针对网络社会法治化治理存在的问题，探讨科学合理的法治化治理模式，为网络社会法治化设计合理可行的治理路径。

第三章"网络安全的法治化治理"对网络空间安全的法律治理、网络言论自由的法律界限、公民网络监督权的法律界限进行探讨。为保障网络安全、维护网络空间主权和国家安全、维护网络系统和信息安全，必须加强我国网络社会治理能力、互联网文化、网络人才队伍和网络技术的建设，强化网络安全监管，防范和打击网络恐怖主义。同时，明确网络言论自由与公民网络监督权的法律界限，运用法律保障网民的参与、言论表达和监督的自由，提出促进网络安全法治化治理的发展思路。

第四章"网络犯罪的法治化治理"分析网络谣言的刑法规制、P2P（peer-to-peer，意为"个人对个人"）网络借贷犯罪的刑法规制，并从上述两个方面论述网络犯罪法治化治理的思路及具体对策。为了客观、公正、有效地甄别和打击网络犯罪行为，必须在法律层面上明确网络犯罪的裁量标准，严惩网络犯罪，依法规范治理网络犯罪行为，治理网络谣言，净化网络空间，推进网络犯罪的法治化治理。

第五章"网络侵权的法治化治理"分析个人信息网络侵权的法律保护、未成年人网络欺凌行为侵权责任的认定、网络游戏直播的著作权保护、网络直播竞业禁止制度的法律适用，并从上述四个方面提出网络侵权法治化治理的思路及具体措施，为网络社会出现的新的网络侵权法律问题提供解决方案。

第六章"网络监管的法治化治理"分析网络慈善募捐的法律监管、手机应用程序（以下简称"App"）个人信息收集与使用的法律监管、人脸识别技术应用的风险与法律监管，并从上述三个方面论述网络监管法治化治理的立法思考及法律监管的具体措施，从而实现网络社会管理者与网络社会行为的可预期和可控制、网络社会治理的规范化和有序性，通过完善法律监管制度体系来推动网络社会健康发展。

（二）基本思路

从本体论的角度厘清网络社会法治化治理的基本理论问题，包括网络社会的概念、特征及影响，网络社会法治化治理的原则、模式、目标和路径等基本内容，奠定本课题研究的理论基石。

从价值论的角度揭示网络社会法治化治理的理论价值，并从网络安全、网络犯罪、网络侵权、网络监管四个方面论证网络社会法治化治理的现实价值。

从实证论的角度阐述网络社会治理的法治化保障，审视我国网络社会法治化治理的现实困境及域外网络社会法治化治理的实践，提出完善我国网络社会法治化治理的具体措施和方案。同时，将立法、司法、执法和监管四者相结合，以期通过完善法律制度体系来推动网络社会良性、持续、健康地发展。

（三）可行性分析

网络社会法治化治理归根结底要落实到制度建设和法律完善上。因此，从法学的视角全面深入网络社会法治化治理问题，探讨构建具有中国特色的法治化治理立法模式，促进网络社会法治化、制度化管理是十分必要且可行的。

本研究通过运用包括实证调查、案例分析在内的多种研究方法，有针对性地探讨完善网络社会法治化治理的问题，试图从法律的层面建构并完善网络社会管理的制度。通过网络社会法治化研究，最终为立法机构的立法或决策提供可靠的参考。

五、研究方法和研究手段

（一）宏观与微观相结合

在宏观层面上，网络社会治理涉及社会学、传播学、管理学、法学等多门学科的知识。本课题在研究中积极运用相关学科的理论，并将网络社会法治化治理问题放在社会持续发展的大背景中，系统论证网络社会法治化治理对社会持续发展的战略意义。同时，网络社会法治化治理又以充分保障公民的言论自由为微观基础。

（二）历史和比较相结合

采用历史和比较的研究方法，考察其他国家在既定的法律框架下立法、司法、执法、监管四大法治系统的协同运行模式，总结其经验和教训；全面考察和分析我国网络社会治理的历史过程，比较中外网络社会法治化治理的得失，从中获取有益的启示。

（三）文献与案例相结合

广泛搜集中外关于网络社会法治化治理的法律制度及其相关内容的文献资料，以及近年来出台的相关法律文件和规定。同时，广泛收集第一手实证材料以及比较有代表性的典型案例，结合多种研究方法，有针对性地提出完善我国网络社会法治化治理的对策和建议。

（四）理论与实践相结合

鉴于网络社会与现实社会的紧密联系，我们既要分析网络社会法律与现实法律的一致性，也要兼顾网络社会不同于现实社会的特点，从而正视网络社会的法律不同于现实社会法律的特性。此外，研究所用的资料和信息具有网络社会的特点，即利用网络平台进行科学研究，所收集的资料有即时性、交互性、多媒体和全方位的特征，这更有利于网络社会法治化治理研究的顺利开展。

第一章 网络社会法治化治理概述

本章从界定网络社会的概念入手，分析网络社会的特征及影响，阐述网络社会法治化治理的概念、基本逻辑和法理基础，概述网络社会法治化治理的发展历程，为本研究奠定坚实的理论基础。

第一节 网络社会法治化治理的概念界定

网络社会的法治化治理，是指针对日益发展的庞大网络社会及其不断发展延伸的法律关系和社会问题，运用法律手段进行综合治理，以维护网络社会的和谐与稳定。要对一个新型的社会存在方式进行法治化治理，首先需要对网络社会法治化治理的相关概念进行界定。

一、网络社会

（一）网络社会的定义

随着信息化社会的深入发展，"网络社会"一词被频繁使用，这其中既包含作为人类社会结构形态的网络社会，也包含依赖新兴互联网技术发展起来的带有虚拟性特征的网络社会。为了避免对这两种网络社会名称的混乱使用，我们把前者称为 network society；将后者称为 cyber society，亦称为"赛博社会"。

网络社会（network society）是一种社会结构形态。它来自卡斯特《网络社会的崛起》一书。卡斯特认为，网络构建了一个新的社会形态，社会中的权力、文化、经验和生产等的结果与操作都随着网络化逻辑的扩散被实质性地改变了。虽然网络社会作为一种古老的社会组织形式已经存在于其他时空中，但以计算机为代表的新兴信息技术却为其扩张渗入整个社会结构提供了更为坚实的物质基础。① 网络化逻辑强调的是一种由不同社会主体组成的多个节点，通过各种各样复杂交错的纽带相互传递着信息、流量和社会资源，从而构成一种去中心化、四通八达且呈现散发性的社会联络系统。这里的网络由节点、纽带与流量三项主要元素构成，当代社会、政治与经济中的实务、机构和关系，皆围绕着"网络"这个形式来进行组织，亦即由纽带来联结节点，进行流量交互。② 而信息化社会中流量所传递的信息，代表着生产力和产能，流量的控制权和使用权直接影响着社会资源的分配状态。

赛博社会（cyber society）是一个带有虚拟性特征的网络空间，它建立在当代互联网技术的基础上，网络技术使得全球化的信息情报网和信息情报空间得以形成。人类社会经历了从语言到文字再到印刷术的三次信息技术革命，又经历了以电报、电话、电视等为代表的第四次信息技术革命，而今天，人类正在经历着第五次信息革命的浪潮，这是一场以计算机技术为代表的科技变革。社会网络结构的演变也可被认为是人们通过日益发达的交通与信息网络技术，对人类时空框架加以解构的过程。赛博社会借助互联网技术真正实现了对时空局限的突破，形成了同样具有网络化逻辑并建立在新兴信息技术基础上的空间系统，以及在这个系统上进行交互的社会形式。赛博社会是现实社会的延伸和拓展，它与现实社会交互作用，容纳现实社会活动，并重构了现实社会。

网络社会和赛博社会都未能跳出网络化逻辑的概念，且后者是前者的基础。互联网凭借新型的具有革命性的技术手段来进一步巩固社会整体的网络性连接，为扩展新的节点、增加新的纽带、加快流量和资源的传输速度，以及为传输内容创造更好的物质基础。总的来说，赛博社会是一个独立运行的，可以容纳各种社会活动，并同样进行信息交互的虚拟空间。现代社会也正是这二者高度整合的结果。

本书探讨的网络社会治理指的是赛博社会治理。

（二）网络社会的特征

1. 自由性

网络社会的自由性是其区分于现实社会的一大特征，但任何一种自由都不是无限制的自由，自由和秩序是对立统一的。卢梭说："人是生而自由的，但

---

① 参见［美］曼纽尔·卡斯特《网络社会的崛起》，夏铸九等译，社会科学出版社2006年版，第434页。

② 参见［美］达林·巴尼《网络社会的概念：科技、经济、政治与认同》，黄守义译，韦伯文化国际出版有限公司2012年版，第27页。

却无往不在枷锁之中。自以为是其他一切的主人的人，反而比其他一切更是奴隶。"① 自由的行使应当建立在不损害国家、公共利益和他人的合法权益的基础上。一个理性的网络社会必须找到自由和秩序的协调处，在自由中坚守秩序，又在秩序中全力维系属于自由的领地，从而区别于绝对自由。

绝对化的网络自由观认为，互联网世界里的活动很少受到过多规则的干预，人们能够肆无忌惮地去说现实社会中不能说的话、去做现实社会中不能做的事情。这种观点忽略了网络社会是现实社会的延伸以及网络社会的价值实现取决于现实社会对其的认可度，夸大了技术打造独立空间的作用。

自由是从受束缚的状态中摆脱出来或不受约束的状态。其参考因素为独立程度和活动范围两个方面，既包括意志和行为的独立，也包括意志和行为的活动范围。对群体自由而言，网络社会的出现解构了人类社会，提高了国家、社会组织等的运行效率。在扩大人类活动范围的同时，增强了群体的自由度。在个体自由方面，个体凭借互联网技术得以在更深、更广的层面去发表自己的意见。但个体自由和群体自由可能存在冲突，特别是当物理隔绝被网络打破后，个体思想在与群体思想的碰撞中很容易被稀释，从而其自主性也被限制了。来自德国的大众传媒学家伊丽莎白·诺伊曼把这个过程称为"沉默的螺旋"。在网络社会中，基于人的理性的局限性和一元意识形态的引导，个体的利益很容易被侵犯，从而造成类似于民主制度中多数人暴政的局面。即使个体是正义的一方，在"少数服从多数"的原则下，他们也要服从多数人的意志，这是极为专制和不可抗拒的。②

2. 匿名性

匿名性是网络社会的核心特色。网络社会成员在网络中以代码的形式存在，这是一种隐匿主体真实身份的行为。网民之间无法知晓对方真实的姓名、性别、宗教信仰等情况，这无疑可以促进言论的自由和多元价值观念的形成。

匿名性导致了身份认同感的消失。根据身份认同理论，人们的身份认同包括自我认同和群体认同。身份认同的构建过程是一个不断寻求自我认同和群体认同之间的平衡和统一的过程。而匿名性行为打破了这一身份的构建过程，网络社会的一次性身份让原本的身份认同过程不再那么重要，个体之间的交往没有了现实交往中的资源差异，因此，弱势群体有了更多灵活且平等表达自己意见的机会。

网络社会的匿名性可以促进信息交流的理性化和高效化。一方面，相比线

① ［法］卢梭：《社会契约论》，何兆武译，商务印书馆 1980 年版，第 8 页。
② 参见［法］托克维尔《论美国的民主》，吴睿译，商务印书馆 1997 年版，第 297 页。

下交流的即时性，在社交网络上，人们可以有充裕的准备时间，可以发表更加理性且自认为更完美的语言，这在一定程度上也提高了网络交流的质量。另一方面，网络用户在网络活动中不受现实规范的约束或约束力度降低，进而导致出现去抑制化行为。去抑制化加剧了网络社会中人们的自我中心思维，在一定程度上阻碍了集体决策和集体合作的进行，造成网络社会道德感的减弱以及网络违法犯罪等网络治理问题的发生。

3. 去中心性

一方面，网络社会是一个扁平化的社会结构，由不同的节点相互联结，交织成一张大网并相互传递着流量（即信息）。我们可以将这张大网所组成的活动空间和范围理解为小型的功能型社会或交互空间，不同的交互空间汇合构成网络社会这一整体概念。

而网络社会不存在一个纯粹中心化的主节点，网络成员拥有平等的信息传递权利。在传统的信息传输时代，现实社会的统治者往往拥有更多的资源，从而掌握信息传播的控制权。但在网络社会，点与点之间的联系具有任意性和突破时空限制的随时交互性。这种模式打破了以往对信息传播权进行控制的威权统治局面，造就了网络社会权力的扁平化。

另一方面，网络社会的发展在经历了去中心化的阶段后又出现了再中心化的趋势，在节点频繁交互的过程中逐渐出现具有调控作用的主节点。这些节点凭借自身发展优势，在权力分散后将之又一次进行汇合，带有局域性和多元性的特征。例如，在"互联网＋"模式下各行各业出现的垄断公司：在外卖行业，美团和饿了么几乎占据了全部市场份额；共享出行领域有滴滴出行、哈啰等；而在通信领域则是QQ、微信、新浪微博等占据了市场的大头。"霸王条款"等使我们在生活方式被控制的同时，失去了原有的接受更好的服务和更自由地传播信息的机会，破坏了网络社会的应有特征。

4. 超时空性

建立在计算机基础上的网络社会能同时突破传统信息传播在时间和空间上的局限。不管是最初的语言、文字、印刷术，还是随着时代发展而出现的电报、电话，或是与时俱进的通信工具，尽管这些信息传输技术能大大缩短信息传播的时间，实现跨区域传播，但只有网络技术能营造出一种缺场的存在，将处于不同地理位置上的交流主体放置在同一个虚拟的空间内。这种数字化的传播方式打破了原有的信息交流的物理隔离以及信息传播的时空限制。

网络社会将空间分化为缺场空间和在场空间。缺场空间是指人们身体不能进入其中，并且不在特定场所中展开，不能被直接感受到的信息传播和交流空间。其表现形式是语言交流、信息传递和符号展示，缺场空间导致社会空间的分化。① 这种抽象空间虽然不同于物理意义上的在场空间，却是一种客观意义上的实质存在。存在于网络空间背后的主体是实在的人，除了没有以身体的方式切入空间，网络主体的语言表达、情绪感知等方面都在这个抽象空间里实实在在地"到场了"。

网络社会体现了时间的三维性。在网络社会里，时间不仅意味着纵向上的过去、现在和未来，还累积了横向上的各个空间范围内的信息。网络空间的信息交互是以时间的方式推动的，交互双方可以在自由选择和期待的时间内进行回应交流，这不仅使得时空结构变得立体化，还使得网络空间中由时间流动带来的信息成果和信息资源不断丰富，人们可以更自由地在不同的时间点切换、交换信息。

5. 虚拟实在性

（1）网络社会兼具虚拟性和实在性，并在本质上表现为现实实在的社会。网络的虚拟性在于其建立在计算机科技的基础上，以数字化的方式进行演示和传播，并以二进制编码作为基本组成单位。而网络的现实性则在于网络背后的操作者是现实中存在的人，网络作为一种中观的技术结构是为人所用的。它以现实社会的认可为利益归依，现实社会有权直接或间接决定网络社会的发展、中断甚至停止。很多时候，网络作为现实社会的工具，也起到推动历史进程的作用。因此，网络社会并非一个乌托邦，而是同现实社会一样，需要遵循现实法律的治理和规制。承认现实性不意味着放弃虚拟性，虚拟性和现实性构成了网络社会的双重属性。

（2）虚拟实在性是一种新型的感知现实的状态。网络社会借助计算机技术的力量，创造了一个虚拟的平台和空间，刺激人们的器官感知和心理感知，为人们带来对真实世界的沉浸式体验，如网上图书馆、网上银行、网上学校等。人们可以通过这些虚拟实在的平台，进行网上阅读、业务办理等。虚拟实在尽管不是现实的，却是实际的、功能性的，至少是以数字化的方式存在的。它的一只脚站在物理器件的真实世界中，另一只脚处于抽象数学的对象世界中。②

（3）"虚拟"一词在中文和英文中的意义是不同的，歧义也由此产生。在中文语义里，虚拟的对立面是实在，这二者是非此即彼的关系，"虚拟"一词

---

① 参见刘少杰《网络化的缺场空间与社会学研究方法的调整》，载《中国社会科学评价》2015 年第 1 期，第 57 – 64 页。

② 参见尤红斌《网络社会——虚拟与实在的互动》，载《上海大学学报（社会科学版）》2003 年第 5 期，第 78 – 85 页。

更多是脱离现实的含义。而在英文语义里，虚拟是 virtual。virtual 在牛津词典里的释义为 "being or acting as what is described, but not accepted as such in name or officially"，其中文意为 "事实上的，实际上的，实质上的（但未在名义上或正式获承认）"。由此可见，在英文语义里，虚拟和实在并不对立：在英文语义里，我们说的网络社会具有虚拟性，在中文语境下，基于同样的意思，说网络社会具有虚拟实在性则更为合适。

6. 开放性

网络的开放性在于其使用主体、对象和内容范围十分广泛。全世界的网民不管是什么国籍、民族、信仰、阶级，都能通过互联网技术加入网络社会这个大家庭中进行信息交互和资源共享。开放性是互联网的根本特性，整个网络社会的建设都依赖于这种自由开放性。

然而，互联网的开放性也面临着一些不同的声音和阻力。各国出于保护本国利益的需要，如为了使本国政治、经济、文化免受外来不良因素的影响和控制，可能会选择性地对网络的全球性和开放性进行阻断，退出部分网络节点。同时，网络在一国国内也可能面临政府的开放性阻断。

此外，在技术垄断面前，开放性会变得十分空洞。如微软公司曾因为执行美国国家当局对其的惩罚决定而中断了在古巴、伊朗、叙利亚、朝鲜和苏丹五国的 MSN 即时通信业务。互联网巨头不仅会排挤同行业其他互联网服务的进入，还能控制行业内的信息内容，这些都有违开放性的初衷。

7. 其他

网络社会还具有一些其他特性，诸如全球性、互动性、自治性、冲突性、高度影响力等。总的来说，它们在很大程度上是以自由性为基础衍生和发展起来的，自由性给互联网社会带来了无穷的活力和发展的空间。网络社会是一个仍在不断发展的社会，它会随着自身的发展和人类对其的发掘，展露出越来越多的特性。而对于网络社会特性的研究，是对其进行法治化治理的基础。

（三）网络社会的影响

网络社会的影响是指网络社会作用于现实社会的结果。网络社会的虚拟实在性决定了其不可能是一个单纯的封闭世界，而会与现实社会发生千丝万缕的联系。

1. 政治影响

（1）权力扁平化。一是网络社会打破了原有的权力结构，引导权力的重新构建。网络用户获得了传播信息和接受信息的权力，每个个体也都由此获得了相应的社会影响力。二是社会成员与政府间的对话变得更加直接，这有助于打破信息传递的壁垒。三是政府在治理网络社会时，还要协调不同社会主体的力量，与不同治理主体合作推动权力的运行。正是网络社会权力结构的重新组合，使公民的政治知情权、表达权、参与权和监督权得到了扩展。

（2）知情权。知情权是公众参加政治社会活动的前提条件。信息不对称会导致诸多问题，特别是政治领域的知情权。具体来说，公民有权利通过网络了解与本人相关的信息，通过网络了解社会现象、社会问题和社会的局势变更，或通过网络了解国家、政府事务和国家机构工作人员的活动状况，以及国家法律法规、政策的制定情况，即传统的个人信息知情权、社会知情权、知政权。

（3）表达权。正如古罗马所建造的一座座城市交流广场，网络社会构建了各种类型的交流空间，扩展了公民的表达权。在微博、知乎、微信等网络平台上，人们可以相对自由地进行交流，表达自己的意见。网络交流促进了协商民主，即通过充分展示意见来进行理性的探讨与磋商，做出具有集体约束力的决定。

（4）参与权。网络还优化了公民的参政途径，扩展了公民的参与权。广大网民可以参与网络热点问题的讨论，通过网络行使选举权或被选举权，通过网络参与国家决策，通过网络与政府进行直接交流，还可以通过网络对政府进行监督。

（5）监督权。网络社会的发展是对民主监督模式的创新，进而发展出一种横向的社会集体监督模式。网络将媒体监督模式的公开性和个人监督模式的直接性多元而广泛地结合了起来，使每个人都可以发挥出相当于自媒体的作用。在不丧失媒体监督的公开性和高效性的前提下，它能充分发挥个人监督的直接性，由此形成强大的舆论场。

2. 经济影响

（1）科技加持下的网络生产方式带动了市场供需的良性互动。在供给端方面，网络的便捷性促进了生产设备和材料在全球范围的配置优化。通过发达的交通运输平台，生产者可以便利地获取符合自己需求的优质原材料。在消费端，网络的发展促进了商品广告的普及。借助电商平台，国内各个不同市场和国际市场实现了高度整合，消费者有更多的商品数目和更丰富的商品种类可供选择。

（2）网络经济的发展大大节约了企业的成本。一是企业与客户打交道的成本降低了，网络数据可以将客户需求和对产品的意见直接反馈给供给方，企业可以与客户进行直接沟通；二是企业的组织结构从以往的科层制组织结构发展到如今的扁平化组织结构，施行分权从而灵活指挥生产，适应了迅速变化的市场环境并提升了生产效能；三是网络化生产降低了边际成本，企业可以进一步扩大产出规模。

（3）网络的发展促进了经济运行主体决策水平的提高。通过对信息资讯的高效收集和使用，决策者可以作出更加合理且符合时势的决策。在过去很长一段时间内，生产者只能通过规模化生产提高生产效率、降低产品成本，这种方式牺牲了产品的多样性，无法满足市场的真正需求。而互联网技术和网络化的生产组织方式，既满足了市场的个性化需求，又协调了生产的专业性和规模性，从而提高了决策的合理性。

（4）对个体的影响。"互联网＋"的运行模式带来了大量的就业岗位，每个个体都有足够的机会去创造庞大的财富和实现自我价值。互联网时代为每一个人都创造了一次崭新的、平等的创业机遇，且财富的积累周期比以往大大缩短。同时，网络化的组织模式还对各领域的人才进行了合理调配，促进了个人和社会价值的统一。

（5）互联网金融。当前，互联网与各行各业紧密结合并协调发展，金融领域也不例外。互联网金融颠覆了传统金融行业的发展方式，它带来的是崭新的融资形式，这是完全不同于以往的依靠商业银行进行间接融资或依靠股票、证券市场进行直接融资的方式。在全新的融资形式下，资金的供需双方可以以更为直接的方式各取所需，这样既减少了依靠中介进行交易所产生的交易成本，又提高了资源分配的效率。

3. 文化影响

（1）创造性。网络文化是一种能在全球范围内相互沟通的文化，它体现了高度的文化自由，并极具创新性。网络文化也是一种能够包容普通人意志、价值追求和情绪表达的平等文化，人人都可以在网络发表自己的意见，从而成为构建文化的一分子。

（2）多元性。网络文化是多元的，主要体现在庞大的网络信息吞吐量、多元的参与主体以及观点表达上。不同的信息包含着不同的文化要素，这些不同的文化要素在相互碰撞中，或消亡或兴起，又或者求同存异而求得发展。正是在网络交流的过程中，文化的包容性和国际性得以增强，促进了不同文化间的良性整合。

（3）信息文化霸权。当前，网络文化的多元性也遭到信息文化霸权主义的干涉。西方发达国家利用其所掌握的网络科技的软硬件优势，掌握网络控制权和信息发布权，同时利用英语文化势力的优势，强行推行自己的文化观，试图打破多元的世界文化体系。因此，保持文化自信是保护本土文化独立性的关键因素。

（4）文化负面影响。一是不良文化如色情、暴力文化的传播会危害网络正常秩序，无用信息、冗余信息、虚假信息等低质信息会增加有用信息的获取难度。二是网络文化是一种创作门槛低且不分群体、不分年龄段的大众文化。这种不具备自主分级引导功能的具有杂糅性的文化，可能会使特定文化流向不合适的受众。三是网络文化的自由性和多元性在对传统的主流观点造成冲击的同时，也可能会使人们对世界和生活的看法变得疑惑和无序。四是网络的虚拟文化可能会使人与人的交往过于依赖网络技术，使人际情感过于快餐式和空洞化，降低人们在现实社会中的责任感。

4. 生活影响

（1）网络人际交流。存在于网络社会的人际交流空间可以说是一种缺场的存在。相比于传统的交流方式，人们在网络上不再直接通过语言进行交流，而是以数字化的符号方式进行交流。这种符号交流带来了传统交流方式所没有的一些东西，如社交平台推出了各种各样的表情包，这些表情包使得冰冷的数字带上了情感的温度，丰富了交流的形式。同时，网络语言和符号在一定的情境下，带有除常规意思外的其他潜在意思表示，这种潜在意思表示是建立在共同网络文化的基础上的，并成为新型的群体情感和身份区分方式。此外，根据罗森塔尔提出的"皮格马利翁效应"[①]，当越来越多的社交平台打造出诸如朋友圈、QQ空间、微博等个人信息共享平台，并加上私信、评论、点赞、转发等功能以便使用者向外界展示自己的生活状况时，发表者会倾向于朝围观主体支持的方向发展，这增加了网络交往的复杂性。当网络人际交流从私人领域进入公共领域的范畴时，发表者的言论虽然可以产生更大的影响力，但也会受到更广范围的审视：横向上，所有注册用户都可阅览、评论；纵向上，评论者在不同时间段的留言都能得到累积。这种围观在方便交流的同时，也对发表者和评论者提出了更理性的要求。

（2）生活方式。随着网络技术的发展以及网络社会的日益发展完善，新时期人类的生存方式也出现了重大的转变，逐渐产生了以数字化、虚拟化、高智能为主要特点的新的生活方式。这一影响体现在三方面：一是生活时间上的影响。网络社会的时间弹性之大，使得人们可以借助互联网技术的力量，把处理事务的时间从以往的朝九晚五，转变为如今只要存在移动互联网设备便可随时进行。这种离线性处理也带来了生活的快节奏化，以及休息时间内额外的任

---

① 皮格马利翁效应指人的情感会在不同程度上受到别人下意识的影响，赞美和期待甚至能改变人的行为。当一个人受到赞美时，他会瞬间感受到自我的价值，从而变得自信，不断向对方所期待的状态靠拢。

务量。二是生活空间上的影响。"互联网＋"模式使得人类生活的方方面面，如社交、学习、工作、娱乐、网上购物、业务办理等都能在网络社会里完成。网络空间里的生活也因此更加数字化、智能化和高效化。三是共享式的生活方式。共享是互联网世界的核心思想，网络社会带来了共享式的生活方式，包括知识、人际关系、生产生活工具、生物资源、土地等各个方面的共享。各种可利用的资源凭借互联网技术的调度功能实现了所有权和使用权的分离，并在不同主体之间实现了广泛的共享。这种共享模式带来了社会资源分配效率与利用效率的巨大提升。

二、法治

最具普世性的法治思想来源于亚里士多德，其赋予法治的内涵得到了中外思想家和学者的一致认可并始终处于支配性地位。[①] 亚里士多德认为："法治应该包含两重意义，即已成立的法律获得普遍的服从，而大家所服从的法律本身又是制定良好的法律。"[②] 即良法善治，是形式法治与实质法治的结合。其中，良法可总结为体现民众的权益与意愿，体现公平正义的社会价值要求，顺应社会发展基本规律，体现社情、民情和国情，形成的合理体系。而善治则要求依法治理、法德合治、贤能治理、民主治理以及社会共治。[③]

亚里士多德的法治理念还建立在伦理的基础上。他通过人性论阐述了法治优于人治的治理理念，并反对柏拉图"哲学王"的思想。亚里士多德的法治理念应该贯穿于网络社会法治中，其中最基本的是对法律客观、理性、公正的中道品质予以确认。同时，互联网法治还应该受制于六项基本的理念，即良法善治、法律至上、程序至上、保障人权、法律权威以及权力制约。

三、治理

（一）治理的定义

"治理"的概念最早来自古希腊语和古拉丁文，其意思大体为引领、操

---

① 参见姚建宗《信仰：法治的精神意蕴》，载《吉林大学社会科学学报》1997 年第 2 期，第 1－12 页。

② ［古希腊］亚里士多德：《政治学》，彭寿康译，商务印书馆 1981 年版，第 204 页。

③ 参见教育部考试中心《法律硕士（非法学）专业学位联考考试分析》，高等教育出版社 2020 年版，第 269 页。

纵、控制或是在特定范围内行使权威。① 1989 年，世界银行使用"治理"这一概念阐述了非洲存在的问题。1995 年，联合国全球治理委员会在《我们的全球伙伴关系》中将治理理解为私人机构或公共组织对共同事务进行管理的诸多方法之和，同时也是矛盾或不同的利益相互调和并最终采取持续性的联合行动的过程。② 这被公认是一种具备权威性的定义。在近现代社会里，随着市民社会的崛起和政府失灵现象的频发，以及新自由主义思潮的兴起，治理开始由国家治理走向社会治理。公共权力在治理中的体系可以划分为国家权力和社会自治。③

（二）不同的治理形式

随着治理理念的转化，当前的治理形式大体可以分为：①政府缺位治理。这其中既包括完全交由民间社会力量治理的政府缺位治理，也包括政府与社会力量合作形成半官方性质的政府缺位治理。②网络化治理。网络化治理是指拥有多重治理主体，并在网络化的基础上形成多中心的治理形式。各个节点之间通过协议实现资源共享，形成治理规模效应。③市场治理。市场治理认为市场秩序的正常运行需要各种制度的规约，包括政府的制度，还包括各种交易习惯和契约约定。在对多元复杂的网络社会进行治理的过程中，网络化治理是最理想的治理逻辑。它与整体性治理、数字化治理密切相关，共同致力于构建更为扁平化的政府组织结构。

四、网络社会治理

"从本质上看，网络社会是一种数字化的社会结构、社会关系和社会资源的整合形态，其关系网具有虚拟特征，但事实上网络社会是一种客观存在。"④ 而网络社会治理则是指为了实现网络社会的公共目标而进行的有政府参与的多元化治理。作为公共领域的网络空间，承载着推动成熟市民化社会形成的重要使命，对其进行治理，应采用公共治理的模式。这种治理的内在要求在于：①进行协商式管理，即强调网络化逻辑的治理和有政府参与的平等伙伴式谈

---

① 参见毛寿龙《西方政府的治道变革》，中国人民大学出版社 1998 年版，第 7 页。

② 参见全球治理委员会《我们的全球伙伴关系》，牛津大学出版社 1995 年版，第 23 页。

③ 参见徐勇《GOVERNANCE：治理的阐释》，载《政治学研究》1997 年第 1 期，第 63 - 67 页。

④ 熊光清：《推进中国网络社会治理能力建设》，载《社会治理》2015 年第 2 期，第 66 页。

判。②发挥多元权力制约的作用，即在互联网社会下形成权力分散以对抗权力垄断。③制度化治理，即面对不同的治理主体，通过法律文件、契约或习惯达成治理运作的制度框架。④网络化治理。它包含了多元合作式的平等治理主体、以公共价值为追求、发挥政府对信息共享机制的管理协调功能、通过契约建立互信。⑤改变二元划分的方法，追求善治，即打破不同主体间、部门间和层级间的隔阂，发挥效率和公平的特性实现善治。

五、网络社会法治化治理

（一）网络社会法治和治理的结合

网络社会法治和网络社会法治化治理并不是完全相等的概念，前者着重于运用法律形式和法律手段进行治理；后者在法治内涵的基础上引入了公共治理的内在要求，更强调运用其他治理手段和治理主体，在法律的统一引导下进行综合治理。网络社会法治化治理结合了法治内涵和公共治理的内在要求，主要体现为以下四个方面。

第一，注重协商式管理的程序要求。在网络社会中，获得法律共同体身份的多元利益主体进行充分表达和协商，以商谈为基础制定有约束力的治理规则，并自动服从商谈的结果；政府作为平等治理主体参与其中，为协商提供法律政策支撑，并维护协商结果。

第二，治理和法治的权力制约相结合。当公共治理的主体由单一的公权力转向多元化治理主体时，法治权力制约理念也完成了更新，增添了社会力量之间、社会力量与公权力相互制约的内涵。这种制约得益于互联网技术，网络社会成员可以打破原有的局限和信息传递壁垒与政府进行直接沟通。此外，它引导了权力的重新构建，不同社会力量得以汇集，形成了能与公权力对抗的社会力量。它包括网络公民的监督权、知情权、参与权和表达权的扩展。

第三，制度化治理与法律至上、法律权威的结合。在网络社会治理中，各种制度为私人部门和公共组织间的协调合作提供了保障。而法律至上和法律权威仅确保了一项治理规则：只要没有违反法律思维，就应该在得到公共认可后，通过法律予以保障，同时尊重其治理独立性。

第四，网络社会治理的善治追求体现了良法善治的法治内涵。网络社会整合了市场和层级的双重优点，同时也克服了二者的缺陷。对其进行合作化和决策民主化的治理，有助于网络社会公正有序的法治价值的实现和善治理念的实践。

综上所述，本书认为，协商和程序是法治化治理的前提，权力制约是法治化治理的方式和过程，制度化是法治化治理的保障形式，善治是法治化治理的目标。此外，法治化治理的基本逻辑是网络化治理，而人权保障则旨在维护网络社会可控的自由特性，应该作为法治化治理的总引导。

（二）网络社会法治化治理的定义

网络社会法治和网络社会法治化治理之间的联系框架可以表达为"网络社会法治—网络社会公共治理—网络社会法治化治理"。结合本节前文内容可得出网络社会法治化治理的定义，即多元化治理主体采取网络化的治理方式，在保障网络基本人权的前提下，采取公共认可的程序和权力制约的方式，通过法律和其他规则的保障及调整，维系公正和谐的网络社会。

第二节 网络社会法治化治理的基本逻辑

网络社会法治化治理应该在网络化逻辑下运用法律进行治理，也正如联合国全球治理委员会所言"这是一个公共和私人的行动调和过程"[①]。网络社会法治化应该包含网络化治理和法治化治理两大基本逻辑。网络化治理的运行过程需要法治化的保障，二者相辅相成。其中，网络化治理逻辑搭建了治理的框架，法治化治理逻辑提供了治理的手段。因此，网络化治理逻辑下的社会治理与法治密不可分。在此基础上，网络社会的法治化治理有利于推动社会治理的现代化。

一、网络化治理逻辑

赛博社会以网络化社会为基础，在本质上应该遵循社会学意义上的网络化治理逻辑。对赛博社会的法治化治理基于两大基石：一是网络化逻辑，二是法理基础。其中，法理基础又外化为法治逻辑，这是一个总的框架。

从可治理性的维度来看，之前通过市场治理和等级约制进行治理的效果已大大减弱，而网络化治理正是对此发挥补充的功能。[②] 网络化治理逻辑强调不

---

① 全球治理委员会：《我们的全球伙伴关系》，牛津大学出版社1995年版，第23页。
② 参见陈剩勇、于兰兰《网络化治理：一种新的公共治理模式》，载《政治学研究》2012年第2期，第108－119页。

同治理节点的协作共享，为实现类似亚里士多德描述的城邦利益即普遍的正义开展联合行动，并通过法律正义的协商机制实现自然正义。之所以要在赛博社会中运用网络化治理逻辑，是因为在互联网时代，随着社会多元化，权力日益扁平分散，带来全球范围内的非同质化，管理活动必须依赖协调不同的复杂组织来完成。网络化治理面临管理挑战，在其治理体系中要想实现多元节点即不同治理主体的平衡，就得发挥出权力依赖以及资源交换的支点作用，这二者也是对政府权力进行重新构建以及对社会资源进行整合的理性回归。① 而在节点之中，政府并不擅长分享信息，不同节点的信任机制也很难建立。同时，这种平等节点的联结也面临着问责挑战，即问责权力缺失、问责对象模糊、问责能力不足等难题。因此，网络化治理无法完全摆脱官僚体制的影响，而政府在政策制定上也不存在边缘化的可能，但政府如何以平等节点性质融入网络化治理？这从本质上对政府能力提出了更高的要求。

因此，在中国，网络化治理逻辑首先要求坚持政府统领的治理地位，在此基础上进一步建立服务型政府、建立协作式伙伴关系网络及跨部门互联网整合机制，发挥互联网管理组织制定技术标准、实施技术治理的作用，同时充分尊重个体自治在这其中所展现出的力量。这是一种政府主导、行业自律、企业协作、公众参与的多元化、网络化综合治理模式。至此，网络空间也在治理中与网络化完成了联结。

二、法治化治理逻辑

现代国家治理的客体已经逐渐立体化，治理领域不仅包括现实社会，还包括虚拟社会。同时，网络社会法治化治理是依法治国的重要组成部分，党的十八届四中全会审议通过了《中共中央关于全面推进依法治国若干重大问题的决定》，并提出："加强互联网领域立法，完善网络信息服务、网络安全保护、网络社会管理等方面的法律法规，依法规范网络行为。"

进行网络社会法治化治理有助于建设网络强国，避免网络开放性的阻碍，维护正常的网络秩序。同时，法治化治理有助于保障平等网络主体的合法权益，避免不同主体之间的相互侵害，并为网络社会的正常运行提供明确可知的行为标准。

总的来说，网络社会法治化治理的内涵在构建多元化、网络化治理模式的

---

① 参见韩兆柱、单婷婷《网络化治理、整体性治理和数字治理理论的比较研究》，载《学习论坛》2015 年第 7 期，第 44－49 页。

基础上，以新的视角观察网络社会的运行规则、权利义务状态以及其他网络社会新特性，打造专属于网络社会的法律调整体系。可以说，这是完善法治建设的全新领域。

第三节　网络社会法治化治理的法理基础

网络社会的法治化治理是一种法实践状态，其法理基础可以视为法实践正当性理由或合法性基础。法理基础是在法实践中提取的理性概念，其以充满理性和正当性的身份指导和反作用于广泛的法律实践活动，这一过程也是法理对其自身的证成过程。也就是说，法理作为一种高度理性的存在，反映着实践主体的实践需要和实践合理性双重意义，同时凭借这种实践需要和实践合理性，推动法理的不断完善和生成。郭晔教授认为：法理可分为"活的法理"和"对象化的法理"。其中，"活的法理"是经过理智衡量后融入法实践中，对其活动起到说服作用的法理。这种活的法理带有生产力和创造力，是一种本质性的法理，也被认为是真正的法理，它包括了社会共同价值观念、法学通说或其他有效性理由。[①] 因此，提取出"活的法理"，从正当性理由角度看待法实践，可以从以下几个方面分析网络社会法治化治理的法理基础及其蕴含的正当性和必要性。

一、网络社会法治化治理的正当性

第一，基于法治的程序价值。法治和程序之治的现实意义不仅在于控权功能，还在于调和功能。网络社会是一个利益多元化的社会，法治化治理和程序之治可以通过利益表达、调节和平衡机制有效缓解网络社会的各方冲突。在程序的调和功能下，一旦治理程序为各方所认可，无论结果如何都对社会成员具有说服力。

第二，基于法治的权力制约价值。网络社会伴随着社会权力的多元化，权力不再为国家所独占，互联网企业、行业协会、网络用户在法治模式下成为重要的治理力量，制约政府，防止网络集权主义的产生，有效地捍卫了网络民主。

[①] 参见郭晔《法理：法实践的正当性理由》，载《中国法学》2020年第2期，第129－148页。

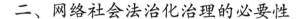

二、网络社会法治化治理的必要性

第一，网络社会治理的需要。网络社会是一个高度自由化的社会，它具有开放性、去中心性和匿名性等特点。在网络社会里，社会成员的活动空间和活动内容都比现实社会丰富得多，这就决定了现实社会的法律关系在披上虚拟社会的外衣后，会产生复杂的变异，网络社会还存在许多现实社会没有的特殊法律关系。同时，网络社会是一个兼具虚拟和实在的社会，但以现实社会的认可作为其利益归依。正是基于这一点，我们才说网络社会并非乌托邦，它在本质上没有超越马克思和恩格斯有关社会形态本质的论述，而是与现实社会一样，同样需要进行法治化治理。

第二，公民权利保障的需要。在多元化的网络社会中，法治的人权保障价值确保了诸如不受歧视、网络言论自由、网络财产权、网络隐私权、网络人格尊严、网络人身安全、儿童权利等网络公民基本权利。

第三，全球网络社会合作治理的需要。从国际层面的法实践来说，网络社会的法治化有利于推动全球网络社会的理性发展，维护互相尊重、开放共享的全球网络运行环境，维护互联网世界的整体安全。

第四节　网络社会法治化治理的发展历程

1994 年 4 月 20 日，中国国家计算与网络设施（The National Computing and Networking Facility of China，NCFC）项目一条 64K 的国际专线连入 Internet，标志着我国正式进入互联网世界，成为国际承认的第 77 个具备完整因特网系统的国家。从此，我国的互联网发展道路也正式启程。随着中国网民数量的不断增多、网络技术的日渐成熟，中国对网络社会和网络空间的认识水平和法治化治理水平也在不断提高。而这样一个不断深入发展的历程大致可以分为起步、发展和完善三个阶段。

一、起步阶段（1994—2003 年）

在治理主体方面，国家邮电部于 1989 年向社会开放了互联网接入服务，随之网络服务提供者也开始出现，互联网企业开始发展起来。互联网的建设主体先后经历了由国家经济信息化联席会议办公室①（以下简称"联席办"）到国家邮电部，再发展到不由单一政府部门统一管理、互联网多头管理的治理模式。1996 年发布的中国有关互联网管理的首部法规《中华人民共和国计算机信息网络国际联网管理暂行规定》明确了中国科学院、国家教育委员会、电子部和邮电部"四辆马车"为管理主体。1998 年，邮电部和电子部合并为有较大管理职能的信息产业部，但单一管理的模式早已不复存在，多头管理依然为国家治理网络社会的主流模式。早在 1997 年，中国互联网络信息中心（China Internet Network Information Center，CNNIC）获批成立并置于中国科学院下，主管域名。正是通过这种社会治理的方式，中国得以与国外网络社会的社群进行联结。这一治理方式以符合国际惯例的形式大大促进了国内外互联网系统的联结，也令中国得以参与到国际互联网社群的建设中。

2001 年，中国互联网协会成立，社会治理力量开始显示出其作为治理主体之一的地位。除了多部门管理，以互联网协会为首的社会治理力量开始与政府合作，发挥自律的力量，形成多元化的治理体系。2002 年，互联网协会发布《中国互联网行业自律公约》，在各地互联网协会的协调发动下，先后有两千余家互联网企业和单位加入。而后原国家新闻出版总署和信息产业部、原国家广播电影电视总局、文化部于 2002—2003 年年间分别发布了《互联网出版管理暂行规定》《互联网等信息网络传播视听节目管理办法》《互联网文化管理暂行规定》，对互联网信息、文化等领域进行职权治理。这也标志着多部门管理出现了新的成员，其利弊也因此更加凸显。总的来说，在起步阶段，网络社会治理模式是以信息产业部为主导，公安、网信、广电、文化等诸多部门共同管理的模式。

在网络监管方面，国务院于 1994 年发布了《中华人民共和国计算机信息系统安全保护条例》，明确规定保护计算机系统的安全，促进计算机的应用与发展。该条例同时明确规定，由公安部对全国计算机系统信息安全行使管理和保护职能，保密局、国安部等部门在职责范围内也对信息系统安全保护进行配合管理。1996 年，国务院颁布了《中华人民共和国计算机信息网络国际联网管理暂行规定》，以加强对国际联网的管理，保障国际联网交流的健康发展。该规定也明确了国际联网管理职能由国务院信息化工作领导小组负责。1997 年，公安部公布的《计算机信息网络国际联网安全保护管理办法》规定了不得利用互联网危害国家安全、从事违法犯罪活动，同时规定以公安部为国际联

---

① 鉴于联席办只是一个国务院临时机构，因此后来出现了一个在联席办控制下负责具体事项的机构，即中国互联网联合管理委员会。

网中的安全保护管理主体。1998 年，中国成立了两支互联网监管队伍：一支负责建设国家防火墙，实施网络过滤；而另一支则是作为正式网络监管部门的网监局。

在刑法规制方面，1997 年颁布的《中华人民共和国刑法》（以下简称《刑法》）规定了非法侵入计算机系统罪、破坏计算机信息系统罪，以及利用计算机实施金融诈骗、盗窃、贪污、挪用公款、窃取国家秘密或者其他犯罪等有关互联网犯罪罪名，以明确的刑事入罪的形式，保障了互联网社会的安全。2000 年，《全国人民代表大会常务委员会关于维护互联网安全的决定》出台，随后一系列行政法规、规章出台，逐渐建立起了旨在规制危害互联网运行安全和信息安全的法律体系的雏形。2002 年 6 月，北京市一网吧发生恶意纵火事件并造成多人死伤，同年 9 月，国务院发布了《互联网上网服务营业场所管理条例》，对网吧运营进行专项治理，规定了由县级以上人民政府的管理部门对网吧等互联网营运单位进行审批和监管，公安、工商、电信等部门分别在各自职能领域内进行相应的监管，以此设立了许可备案制度。

二、发展阶段（2004—2012 年）

2004 年，互联网协会组织建立了违法和不良信息举报中心的网页系统，更允分地把广泛社会力量纳入治理体系，以发挥社会力量的监督作用。在网络社会法治得以进一步发展的阶段，即网络 2.0 时代，不仅网络社会成为一个权力扁平化的社会空间，而且公众能更多地参与到网络社会中，网络用户之间的交互也更加频繁。同时，广大网络社会成员也成了重要的监督力量，成为网络社会中不可或缺的治理主体。2005 年，我国网民数量首次突破 1 亿大关。到 2008 年年底，我国网络的普及率超过了 20%，标志着我国正式进入大众传媒时代。

2004—2012 年是我国网络社会法治化治理的突破发展阶段。在这一阶段，我国网络社会治理的法律体系进一步完善，多部门管理的模式也进入相对成熟阶段。2004 年，全国人大常委会通过了《中华人民共和国电子签名法》。该法规定了可靠的电子签名与手写签名或盖章具有同等的法律效力。2005 年，由信息产业部发布的《非经营性互联网信息服务备案管理办法》确立了网络备案登记制度。同时，该部门对当年年底未登记的网站实施关闭。该管理办法在一定程度上削弱了个人网站的发展热潮，但也表明了管理部门开始加强对网络域名的管制。2005 年，国务院新闻办公室与信息产业部联合发布了《互联网新闻信息服务管理规定》，将国务院新闻办公室（以下简称"国新办"）确立为互联网新闻传播和网络媒体管理的职能部门。

2006 年，面对网络 2.0 时代自由化带来的诸如黄、赌、毒等的不良网络信息内容，甚至是网络犯罪，中宣部、信息产业部、国新办、教育、公安、卫生等部门联合制定了《互联网管理协调工作方案》，明确了在由 16 个部门组成的全国互联网站管理工作协调小组的统一协调下，各部门通力协助，形成管理合力，对违法有害信息网站实施齐抓共管。2007 年，原国家广播电影电视总局和信息产业部联合发布了《互联网视听节目服务管理规定》，赋予原国家广播电影电视总局发放视听服务许可证的职能，这也加强了其对网络视频门户的监管职能。2009 年，《中华人民共和国刑法修正案（七）》通过，其中新增了侵控、获取计算机数据罪和提供用于侵控计算机系统的程序、工具罪两个罪名，加强了对计算机信息系统安全的保障。2010 年，谷歌搜索退出中国内地市场，引发了国内外关于网络自由的讨论。2011 年，国家互联网信息办公室成立。国家互联网信息办公室的成立对各部门职能和权限起到协调作用，在一定程度上解决了多头管理的弊端，使多部门管理的模式趋于成熟。2012 年，《全国人民代表大会常务委员会关于加强网络信息保护的决定》发布，国家通过正式的法律对网络社会进行治理，旨在保护网络信息的安全。

在这个阶段，微博和微信 App 开始兴起。2012 年，北京、广东等地区提出了微博后台实名制的要求，这是继 2006 年实行博客实名制后关于网络实名制的又一发展，在社会上引发了一些争议。此外，微信 App 大大强化了公众间进行信息传播的自由性和便利度，而网络视频通话也对传统运营商通话造成了一定的冲击。

三、完善阶段（2013 年至今）

2013 年至今，我国的网络法治化水平和法治化治理理念都在不断趋于完善。在新的历史时期，国家把网络安全上升到国家重大战略的地位。2014 年 2 月 27 日，习近平主持召开中央网络安全和信息化小组首次会议，要求把我国建设成为网络强国。这标志着中央网络安全和信息化小组正式成立，并由习近平亲任小组组长。网络安全和信息化小组起到了统筹协调涉及经济、政治、文化、社会及军事等各个领域的网络安全和信息化重大问题的重要作用。2014 年，国务院发布了《关于授权国家互联网信息办公室负责互联网信息内容管理工作的通知》。同年，由国务院重新组织成立国家互联网信息办公室（简称"国家网信办"），对全国网络信息进行统一管理，同时各地成立网信办，从而形成了同一管理机构从中央到地方的垂直管理体系。2015 年，国务院政府工作报告把"互联网＋"作为国家发展战略的地位予以确定。

2015 年，《中华人民共和国网络安全法（草案）》开始面向社会征求意见，该法案涉及实施网络安全审查制度和数据本土化制度的内容，由此也引发了西方的担忧和干预。2017 年 6 月，《中华人民共和国网络安全法》（以下简称《网络安全法》）正式实施，这是我国首部对网络社会进行治理的基本法，它提供了维护国家主权的法律依据，对我国网络安全战略的实施和网络强国的建设具有极大的促进作用。该法规定了由国家网信办统筹协调网络安全管理工作，其他部门在职能范围内共同治理。在刑事领域，《中华人民共和国刑法修正案（九）》也在 2015 年审议通过，增加了拒不履行网络安全管理义务罪、非法利用信息网络罪、帮助信息网络犯罪活动罪的新罪名，使刑法规制更加符合网络 2.0 时代的治理需求。

2018 年，中共中央网络安全和信息化领导小组改为中央网络安全和信息化委员会，进一步加强了党中央对涉及党和国家事业全局的重大工作的统一领导。2020 年 3 月，《网络信息内容生态治理规定》开始实施，其对网络信息内容生产者、网络信息内容服务平台、网络信息内容服务使用者的权责进行了规定。2020 年，新冠感染疫情暴发，网络技术和大数据的力量对疫情的精准防控起到至关重要的作用。同年 2 月，习近平在中央全面深化改革委员会第十二次会议上讲话提出："要鼓励运用大数据、人工智能、云计算等数字技术，在疫情监测分析、病毒溯源、防控救治、资源调配等方面更好发挥支撑作用。"而在疫情严峻的背景下，新一届世界互联网大会于 2021 年 9 月在乌镇顺利召开，会议达成了加强数字经济合作、共享数据文明成果、共同创建网络空间共同体等共识。

第二章 网络社会法治化治理理论

本章辨析政府、企业、行业协会、网络用户等多元治理主体在网络社会法治化治理中的地位与作用，分析网络社会法治化治理的原则和目标，为治理活动提供理论依据。针对网络社会法治化治理存在的问题，探讨科学合理的法治化治理模式，为网络社会法治化设计合理可行的治理路径。

第一节 网络社会法治化治理的问题

随着互联网技术的不断进步以及网络用户的剧增，网络社会中呈现的问题越来越多。传统的法律规制逐渐难以适应和调整日趋复杂的网络社会关系，从而出现了网络社会治理水平与大体已经贯穿法治的社会整体治理水平不同步的现象。

一、多元化网络治理体系尚未形成

目前，我国不同组织制度、治理价值取向的公私部门之间尚未形成完善的治理合力。从纵向看，传统的垂直行政式治理模式已经不再适用于多元化的虚拟社会；从横向看，政府仍然持一元化的治理理念，没有与社会力量分享治理权力。而在具体治理中，政府、网络行业组织、网络用户、网络服务商之间也没有形成规模治理效应，未实现资源互享、责任共担，仍存在权力的相互冲突、治理过于碎片化等问题。具体表现在以下四个方面。

（一）治理效率低下

一方面，公安、广电、国安等政府部门都可能治理同一对象，而它们都不是专门的网络治理主体，其职能划分不清会降低治理效率，进而造成行政资源的浪费。另一方面，政府与行业协会、网络服务提供者、广大网络用户在合作治理过程中的协调沟通并不顺畅，从而导致其各自为政；或是政府治理权限过于强大，使其他治理主体沦为附庸，缺乏自身独立的治理选择和治理判断。虽然《网络安全法》明确了国家网信办的监管主体地位，但它还是秉承着领导小组的运行模式，在对不同部门的权限整合上还没有取得实质进步。

（二）互联网平台存在技术中立风险或过度自治的情形

互联网企业往往对网络内容不作价值上的判断，理由是要对其所传播的信息保有中立立场，这往往会引发一些网络群体事件；又或者为规避自身风险采取"一刀切"、简单粗暴的屏蔽治理措施。鉴于此，治理的关键在于对网络企业的责任进行合理分配，以保持互联网平台技术中立的同时，避免出现粗暴治理现象。

（三）部分网民素质有待提高

截至 2021 年 12 月，我国网民规模达 10.32 亿。① 不同网民之间可能会相互侵犯，在 元化意识形态的引导下，个体容易受到不公平待遇，即使他们是正义的一方。在"少数服从多数"的原则下，他们也要服从多数人的意志，可能会遭受多数人的"暴政"。② 可以说，部分网民素质偏低阻碍了其融入多元化治理体系。

（四）行业组织的影响力较弱

我国行业组织治理地位模糊，在组织规范、运行独立性、机构完备性方面存在一定的不足。也就是说，当前行业组织尚无法拥有独立的治理地位，而且在多元化治理体系中区别于政府治理，无法形成权力制约。

二、法律体系不健全

宏观上，当前调整网络社会的法律体系过于笼统，缺乏具体的执行和操作程序。微观上，网络立法的覆盖面尚不全面，许多新兴网络问题无法得到有效的法律规制。虽然《网络安全法》出台后，网络社会治理的部分问题有了较为统一的规范，但大量法律法规还处于碎片化状态，不同部门规范间的协调和衔接问题依然突出。

---

① 参见中国互联网络信息中心《第 49 次中国互联网络发展状况统计报告》，见新浪网（http://www.cnnic.cn/hlwfzyj/hlwxzbg/hlwtjbg/202202/t20220225_71727.htm）。

② 参见［法］托克维尔《论美国的民主》，董果良译，商务印书馆 1997 年版，第 297 页。

此外，在网络言论方面，立法还没有确立好本国的法益衡量原则，无法妥善解决公共利益和私人利益的冲突；网络犯罪治理过于依赖威权主义，这种威权主义治理虽然带动了多部门的联合行动形成打击合力，但从中央到地方，各部门之间可能产生差异化的治理现象和权力冲突，容易造成对人权价值和公平理念的忽视；网络侵权立法过于强调网络服务商的责任，在一定程度上阻碍了网络言论自由和国家创新；网络监管在立法趋向上轻视对经济运行和个人权益的保护而重点关注政治安全，产生了监管上的本末倒置等问题。此外，当前的网络社会立法与国际互联网立法衔接不畅，也在一定程度上阻碍了网络强国的建设与发展。

三、权力和权利边界不清

权力和权利的界限模糊或失衡可能导致公共权力肆意侵犯公民权利，或公民滥用权利扰乱网络秩序。正如当技术屏蔽只针对特定敏感政治词汇时，就会忽视对个人侵权、诽谤、散布网络谣言等行为的规制。此外，对公共言论和私人言论、政治言论和非政治言论、事实陈述言论和价值判断言论没有进行区分对待；对达到什么程度应该纳入治理范围没有制定合理的界限，同样会导致权利和权力的失衡。只有恪守公权和私权的边界，才能对网络生态进行更好的治理，更合理地分配网络社会的治理资源。

四、治理理念落后

治理理念落后主要体现在没有从管理转向治理，依然依靠政府行政命令性的管理方法，忽视了社会治理力量下网络化协作治理的作用。当前的治理理念仅是现实社会治理向网络社会治理的简单移植，并未根据网络社会的特点进行治理理念的创新。因此，治理理念迫切需要向为民服务转变，从单一治理转化为多元化治理，从碎片化治理转化为整体性治理。在这一过程中，需要结合网络社会的虚拟性特征和技术性特征，创新和完善治理的技术手段。

治理理念的落后还体现在存在过多的行政手段及技术手段的不合理运用，过滤技术主要是基于对站点和词汇的过滤，通过"防火墙"限制特定网域的访问。但广泛采用该技术手段以及行政措施，可能会扼杀带有批判性及建设性价值的网络言论，一旦过度则可能落入威权主义的陷阱。①

五、网络道德缺失

网络道德缺失主要与网络技术特征和网民素质有关。当网络社会活动不再受现实社会规范的约束或约束力度降低时便会产生去抑制化行为，可能导致网络虚假信息的横行、网络道德绑架、网络水军的产生，甚至引发网络违法、网络犯罪的行为，给法治化治理带来种种挑战。

第二节　网络社会法治化治理的原则

当前网络社会法治化治理存在的问题，主要包括多元化治理体系羸弱、法治体系不健全、权力和权利边界模糊、治理理念落后和网络道德缺失等。因此，在对其进行法治化治理和完善时必须找到一个总的指导原则，并始终遵循该原则，以此指导整个治理活动，引导治理模式的选择。

一、法治原则

法治的内涵深深地贯穿于网络社会法治化治理中。因此，法治原则应该成为网络社会法治化治理的首要原则。法治原则对网络社会现代化建设的核心作用体现在以下四点：一是有利于维护正常的网络秩序；二是有助于明确政府管理边界，防止政府的任意治理行为对网络用户的权益造成损害；三是有助于保障平等网络主体的合法权益，避免不同主体之间的相互侵害，并为网络社会的正常运行提供明确可知的行为标准；四是为其他治理主体和治理规则提供正当性依据，为多元化治理体系保驾护航。

二、比例原则

比例原则的概念来自英国的自由大宪章，是对轻罪重罚现象的规制。随着

---

① 参见尹建国《我国网络信息的政府治理机制研究》，载《中国法学》2015 年第 1 期，第 134 - 151 页。

时代的发展，比例原则不断完善，其内在要求包括合目的性、适当性、损害最小性，也可以把比例原则分解为妥当性原则、必要性原则和狭义的比例原则。

妥当性原则要求政府进行治理活动时要符合治理的目的，在公益和私益之间保持平衡。即有所为有所不为，对于网络社会活动主体之间能够自行解决和自治的范畴，政府不能随意进行干预。

必要性原则基于在多种手段中选择采取最小损害的方式，有利于降低政府的治理成本，减低治理对象的妥协程度，提高治理效率。同样，对于能达成相同治理目的或能形成更好治理效果的自律规则，政府应放权给网络社会自治，只需做好宏观调控和服务工作，为社会自治保驾护航。

狭义的比例原则要求政府谨慎地行使对网络社会成员的权利限制权，避免违反比例原则，如过度监管会对网络开放性和网络言论自由等造成阻碍。

比例原则在网络社会治理中蕴含政府权力制约、政府权力下放、建设服务型政府三大基本理念。

三、协调共治原则

协调共治包括三个层面。第一个层面为多元主体的治理，即国家和社会力量下的不同治理主体的协调共治。第二个层面为不同治理环节的协调共治。法治化的治理过程涵盖了立法、执法、司法、守法、监督以及不同治理部门的各个治理环节。把各个不同的环节统筹起来的关键是加强顶层制度的设计，避免不同治理环节和部门之间的相互掣肘和出现矛盾性的治理结果。第三个层面为多种治理手段的协调共治。这主要体现在法律、技术、社会规则、道德间的相互配合。其中，法律规定应贯穿于治理的全过程；技术治理和社会规则都是在法律的保障和授权下进行的，它们与法治并不矛盾；对于道德治理来说，它时时刻刻服务于法律治理、技术治理和社会规则治理。进行法律治理、技术治理、社会规则治理也是为了向治理相对方传达网络社会所认可的文化价值取向，三者之间是相辅相成的关系。

此外，协调共治的作用还体现在：①它可以打破一元治理的非理性局限。②缓解网络社会的冲突，即通过发挥程序调和功能，消除多元化治理的体制性障碍，增强群众对政府治理的信任。③实现网络自由。协调共治的最终目的在于通过共治体系下的权力制约，形成网络社会成员所共同认可的网络自由秩序。

四、技术治理原则

网络技术逐步生成了一种网络自主空间，并形成了一套以技术编码和自治伦理为主的技术治理方式。[①] 但在这种技术治理中，网络服务提供商所进行的技术治理毫无疑问需要进行法律归化的治理。这种治理带有严重的治理者的自我偏好，且不同于法律规则的强制性遵守。技术治理作为一种自律机制，需要以法律矫正技术治理的偏差，同时运用法律价值对治理工具的选择和运用进行引导。

技术治理有利于更及时地发现问题和解决问题。网络社会的全球化特征使技术规则的调整领域和范围得到极大扩展，而技术治理是实施网络化治理的基础。在技术的支持下，多元化的治理力量都得以参与到网络社会治理中，弥补了政府治理的有限性。而政府内部的治理结构也得到了更多的协调，在纵向上提高了政府的行政治理效率。

网络立法和法治应该给予技术发展更多的支持，在某种程度上，网络服务提供者和互联网企业是技术治理最关键的主体。如果对网络服务提供者赋予法律上不合理的严格责任，则会破坏网络创新。对网络服务提供者的民事责任豁免并非简单的归责原则问题，它对市场经济发展意义深远，它的意义不仅在于保护互联网企业，更在于保护国家创新能力。[②]

五、网络主权原则

当前，我国网络主权利益正遭受外界不同程度的挑战。例如，国外势力利用网络技术的无疆界特点对我国政治意识形态和人权理念造成冲击，而单纯的国际防火墙措施和严格的网络内容审查制度对宜疏不宜堵的网络社会治理来说始终算不上是长久之策。同时，漠视网络主权的存在还会危害国家间的平等地位。例如，美国的"互联网名称与数字地址分配机构"负责对各国的互联网名称与数字地址进行统一分配，其霸权条款破坏了原有的具有主体平等性特征的网络社会秩序。另外，对网络主权的侵犯还会对司法管辖权造成侵害。管辖权是一个国家主权的延伸，跨国互联网企业必须遵循当事国的法律，否则就可

---

① 参见郑智航《网络社会法律治理与技术治理的二元共治》，载《中国法学》2018 年第 2 期，第 108 - 130 页。

② 参见周汉华《论互联网法》，载《中国法学》2015 年第 3 期，第 3 - 30 页。

能面临类似谷歌退出中国内地市场的困境。

总的来说，在网络社会治理过程中，网络主权原则包括相互尊重国家间网络主权、互不干涉他国网络社会治理、正确地行使本国网络管辖权。坚持网络主权原则是历史的必然选择，它有利于网络社会治理的共治共享。①

第三节　网络社会法治化治理的模式

治理模式指治理主体运用一定的原则和方法对治理对象进行治理，并将这种原则和方法具体化，使其形成一套体系，运用于治理实践。如果说概念、内涵解决的是基本定义问题，为网络社会法治化治理提供了出发点，以及治理原则为网络社会法治化治理提供了宏观上的引领，那么治理模式则是从具体的治理方法这一角度出发，指导网络社会法治化治理的进行。

一、治理模式的分类

本书通过总结归类，列出以下一些由不同学者提出的网络社会治理模式，并进行分析。

（一）按依赖权威的不同

张爱军、许德胜认为，目前网络治理形成了新威权治理模式、网络自治模式和法治模式三种模式。这三种模式各有优缺点，在短时间内无法互相取代。② 这三种模式的区别在于治理权威的不同，威权主义治理依赖强权政治的权威，自治治理依赖社会力量的权威，法治治理依赖的是法律权威。在这三种模式中，法治模式是最优的选择，它也贯穿于其他二者。威权体制必须依靠法治、民主为自己提供合法性支撑，而自治模式则依赖法律对随意侵入网络自治领域的行为予以限制。当分别处于两级的威权治理模式和自治治理模式都有赖于法律补充时，法律也应当适用于网络社会法治化治理的其他模式中。

---

① 参见安静《网络主权原则是全球网络治理的必然选择》，载《红旗文稿》2016 年第 4 期，第 31 – 31 页。

② 参见张爱军、许德胜《网络治理的三种模式：比较与选择》，载《晋阳学刊》2014 年第 6 期，第 79 – 84 页。

（二）按政府角色的不同

尹建国教授认为，全球范围内的网络信息政府治理模式可大致归纳为网络自由主义、网络威权主义、网络现实主义和网络管制主义四种。[①] 网络自由主义仅体现网络开发者的美好愿想，很少有国家会真正推行纯粹的网络自治模式。而依靠强权政治推行的网络威权主义则面临合法性危机和治理体制僵化的问题。网络现实主义和网络管制主义都承认政府的作用，但在政府干预和行业自律孰轻孰重上有所分歧。在网络现实主义模式中，政府发挥的是幕后督导作用，更多依赖于社会力量的治理。而网络管制主义则强调由政府主导网络社会的治理，并辅之以行业自律。这种分歧也是政府与行业共同管理模式的进一步细化。

（三）按推动网络社会发展力量的不同

网络社会具有全球化和时空突破特征，这是治理模式所不能忽略的，而当前许多治理模式的选择都忽略了从全球化的视角进行考虑。胡泳教授从推动互联网社会发展的力量着眼，认为政府、市场和公众是促进网络社会发展的三股力量，由此带来了三种网络治理模式，分别是依靠政府推动的"网络威权主义模式"，以市场为导向的"网络加州模式"，强调以公众为中心的"网络公地模式"。它们彼此缠斗而又互相生成。[②] 网络威权主义模式与网络空间主权理论密切相关，强调保护本国的网络主权安全。网络加州模式强调市场导向的自然竞争，依赖于网络技术治理，企图达到网络乌托邦。网络公地模式是一种跨越国土边界的治理，它把互联网看作一块全世界网络使用者共同使用的公地，要求边缘化全体政府的作用，保护言论自由和自由连接网络的权利。[③]

（四）其他模式

石宇良教授总结了国外的多种网络治理模式，并将其归纳为四种，即政府主导的强制管理模式、政府行业共同管理模式、政府倡导行业自律模式、网络实名制管理模式。[④] 应该承认的是，政府行业共同管理的模式是大多数国家采

①　参见尹建国《我国网络信息的政府治理机制研究》，载《中国法学》2015 年第 1 期，第 134 – 151 页。

②　参见胡泳《互联网发展的三股力量》，载《新闻战线》2015 年第 15 期，第 31 – 32 页。

③　参见胡泳《互联网发展的三股力量》，载《新闻战线》2015 年第 15 期，第 31 – 32 页。

④　参见石宇良《网络虚拟社会相关问题研究》，载《科学发展：社会管理与社会和谐——2011 学术前沿论丛（上）》，北京市社会科学界联合会专题资料汇编 2011 年版，第 391 – 394 页。

取的模式，如法国的国家顾问委员会就是由政府和个人共同组成的；英国于1996年成立的网络观察基金会（Internet Watch Foundation，IWF），通过直接与政府执法部门合作对网络违法内容进行治理；中国采取的也是这种模式，互联网协会正是在国家网信办、国家工业和信息化部指导下进行治理的。但在这种合作管理的模式下，政府和行业协会的治理分工、协调方式、责任分配以及行业协会的治理独立性都亟待更细致的划分和更深入的讨论。

此外，张东教授提出对网络社会进行治理的综合模式，即个人自治和政府督导下的行业自律结合的综合治理模式，并进行多方联动。[①] 高献忠教授提出协同治理模式，即建构主体多元，手段多样，机制自律、他律和互律相耦合的系统管理体系。[②] 段忠贤教授认为，应该构建参与型、放松式、弹性化和服务型的网络社会治理模式，不应仅聚焦于单一的治理模式，而是需要根据网络社会的具体环境进行综合且灵活的适用。[③]

总的来说，多元化治理是当前主流的网络治理模式，即国家权力和社会自治权体系下的自律或他律主体都根据实际需要和能力在治理中协作，发挥自身的作用。

二、治理模式的选择——多元化网络治理的法治模式

通过对以上不同治理模式的分类比较，可以发现法治模式是最优的选择。尹建国教授主张的网络管制主义和网络现实主义对中国网络治理具有较大的借鉴意义，可以在此基础上融合技术治理、法律治理、道德建设等手段，本着尊重网络主权的原则，探究自律和他律的配合机制。

目前，我国既要对政府治理的正当性予以认可，又要在治理中强调把握干预边界，在引导社会治理水平提高的过程中逐步放权。在互联网1.0时代，网络用户仅充当浏览者的角色，并没有广泛参与网络活动。这个时期以破坏计算机系统方面的犯罪为主。而网络侵权也多表现为点对点或点对面的侵权，影响范围有限。彼时网络言论同样没有呈现散发的状态。因此，以政府为主进行较为单一的治理更有利于监管和形成治理合力。但在互联网2.0时代，网络社会

---

① 参见张东《中国互联网信息治理模式研究》（博士学位论文），中国人民大学法学院2011年。

② 参见高献忠《社会治理视角下网络社会秩序生成机制探究》，载《哈尔滨工业大学学报（社会科学版）》2014年第3期，第57-61页。

③ 参见段忠贤《网络社会的兴起：善政的机会与挑战》，载《电子政务》2012年第10期，第89-93页。

日益扁平化，网络用户频繁交互，政府应该从网络管制主义向网络现实主义转变，发挥行业协会、网络服务提供者、自治组织等的治理优势。其中，比例原则引导着政府权力的限缩和合理配置，协调共治原则和技术治理原则要求对不同主体的治理优势进行整合。而法治原则理所当然地贯穿治理始终，并在这一过程中强调对国家主权原则的尊重。

习近平指出："网络安全为人民，网络安全靠人民，维护网络安全是全社会共同责任，需要政府、企业、社会组织、广大网民共同参与，共筑网络安全防线。"① 本书认为，网络治理的最优模式是法治化治理的模式。在法治模式的引导下，实现网络社会治理的法治化，即在法治框架内进行网络社会治理，建立以法治为主导并且能容纳不同治理主体和治理手段的综合治理法治模式。

（一）政府主导

政府主导是对政府治理与行业治理孰轻孰重的回答。但政府不应再担任公共管理的垄断者角色，而应转变为计划安排者和服务者，统筹社会各方力量参与网络社会治理从而形成治理合力。对于互联网企业和行业组织，政府应逐步放权并委以治理重任，同时做好法律监管和舆论监管。对于广大网络用户，政府应不断培养其社会治理共同体意识，使公民参与成为网络社会协作治理机制的核心。

总体而言，当前的网络社会治理仍然应以政府为中心，因为在目前体制下要求完全边缘化政府的作用并不现实。此外，过于强调平等治理可能会产生治理效率下降、政策实施能力不足等问题。政府向社会治理力量的放权应该是一个循序渐进的过程。

具体来说，政府在治理中的地位应该表现在以下三个方面。一是由政府对网络社会治理资源进行分配。例如，在大政方针上，国家将"互联网＋"纳入"十三五"规划纲要。又如，5G 计划和各地基站的建设，都需要政府投入财政力量和转移治理资源。二是政府通过制定法规政策引导网络社会的发展，容纳其他治理主体的共同治理。三是政府应自觉承担起其职责范围内的重要职能。如培育自治组织治理能力、提高网民素质、加强网络道德建设、营造互联网创新环境、加强国际网络治理协作、构建技术治理标准、完善网络基础设施、提供及时有效的司法援助等，并在网络犯罪猖獗，网络谣言、网络侵权盛行时短暂采取威权治理，维护网络秩序，做到进退自如。

---

① 习近平：《在网络安全和信息化工作座谈会上的讲话》（2016 年 4 月 19 日），载《人民日报》2016 年 4 月 26 日，第 2 版。

（二）行业自律

行业协会治理是促使政府转型、克服市场失灵、促进行业自律水平提高的重要手段。它的治理作用体现在：①直接控制互联网内容的传播。如国家互联网行业协会成立隶属于国新办下的违法和不良信息举报中心，它直接承担着接受网络举报、促进行业自律、进行网络法制道德建设等职责。②发挥行业自律的作用。通过《互联网行业自律公约》，以自治规范的形式约束行业内成员，分担政府治理压力。③发挥行业组织治理的独立性。以往行业协会在治理中容易沦为政府治理附庸，丧失治理独立性；或者因为没有实现财政独立，被大型互联网企业控制。因此，应加快互联网行业协会与政府的职能分离，将内容分级管理的部分职能转交给互联网行业协会。同时，制定行业协会单行法规，建立行业协会发展扶助基金，建立政府购买服务制度，建立政府对行业协会的资助机制。① 此外，还应实施民主化的组织体制，在行业协会内部完善选举制度，建立自律机构，避免其沦为某些特定企业、利益集体的附庸。

（三）企业协同

互联网企业的治理优势在于其更具直接性和专业性，也更具有技术优势，需强化其治理主体地位。当前互联网企业治理存在的问题在于过重的审查责任负担、企业治理跟社会治理的协调机制不完善、缺乏引导机制和激励机制等。因此，应从以下四个方面做好互联网企业协同：第一，要在网络社会中明确、合理化互联网企业的治理义务和责任边界。通过制度保障，建立与互联网企业利益有关的治理激励机制，提高其治理意识。第二，发挥互联网企业技术治理的优势，通过大数据分析、智能算法、人脸识别准确等技术辨别不同上网主体，保障未成年人上网健康。同时采取光学字符识别（optical character recognition，OCR）等检测技术自动识别互联网平台上传的信息，及时屏蔽有害信息。第三，运行互联网平台的自身规范进行约束。互联网平台可以在法律引导下制定平台运行规则，进行自我管理和控制。如《知乎社区管理规定》《腾讯微信软件许可及服务协议》等治理规范，为平台成员的活动提供了规范性指引，并成为解决纠纷的依据。第四，与政府进行治理合作。政府为提高服务质量，力求建设数字政府。而互联网企业可以在技术研发和平台运营上利用自身优势为数字政府的建设提供强有力的技术支撑，成为连接公共需求和政府公共

---

① 参见蔡翔华《行业协会在互联网治理中的角色分析》，载《社团管理研究》2008 年第 4 期，第 26－29 页。

服务的桥梁。①

（四）技术保障

网络社会中的活动内容和框架都是以代码的形式搭建的，代码决定了网络活动的范围，并构建起一套活动规则，因此通过技术手段掌握和控制网络社会的整体运行是网络社会最为高效的治理方式。它包括运用网络加密技术保护网络虚拟财产、社交账号等的安全；通过入侵监测技术防范网络攻击；通过网络防火墙技术，切断有害信息的连接；通过信息过滤技术拦截不符合传播标准的网络内容。

技术治理需要法律对其非理性的一面进行矫正。因此，应加强技术与法律法规的衔接，并对其进行合规监管，通过正当程序赋予其治理的合法性。此外，应该注重跨组织协调制定技术治理标准，形成技术治理合力。如 2020 年，在国家新闻出版主管部门的指导下，中国音像与数字出版协会联合腾讯、网易等 53 家企事业单位共同编制了《网络游戏适龄提示》团体标准，针对网络游戏的合规出版以及合理使用制定、划分了未成年人年龄段，并进行区别治理。

技术监管的难题还表现在内容控制上。内容控制标准的制定本质上是一个主观的过程，标准的不同会导致屏蔽不足或过度屏蔽。因此，应当由政府组织准确分析、评估现有内容控制技术的实际效果，鼓励互联网企业研制更高效的控制技术以及能为公众所接受的标准。

（五）道德建设

为推动网络德性善治的制度化建设，我国下一步可考虑采取以下措施：①建立互联互通且更规范的网络黑名单制度以及网络信用档案，并将其作为特定网络活动的准入标准；②通过"互联网＋教育"的手段，利用网络的高传播性在网络空间展开道德教育；③培养法律信仰和法律思维，引导最低道德标准的形成；④通过技术手段加强对网络舆情的监管，及时矫正网络道德偏航；⑤通过契约方式约束违反道德的网络行为，在提供网络服务前要求用户签署遵守网络规范的承诺。

（六）公众监督

网络用户是数量最庞大的治理主体。网络使用者之间可以通过相互监督，

---

①　参见王张华、周梦婷、颜佳华《互联网企业参与数字政府建设：角色定位与制度安排——基于角色理论的分析》，载《电子政务》2021 年第 11 期，第 45 - 55 页。

对违反网络规则的行为予以及时纠正，或反映至网络服务提供商、行业协会和政府部门从而参与到网络社会的法治化治理之中。为充分发挥群众的力量，应完善各类互联网违法犯罪举报平台。同时，应充分发挥群众在网络社会治理和治理政策制定中平等对话与民主协商的作用。

（七）国际网络社会治理协作

在全球网络治理之中，无论采取何种治理模式，都要充分尊重他国的网络主权。习近平指出："国际社会应该在相互尊重、相互信任的基础上，加强对话合作，推动互联网全球治理体系变革，共同构建和平、安全、开放、合作的网络空间，建立多边、民主、透明的全球互联网治理体系。"[①]

全球化背景下的网络社会治理，一是应加强本国治理能力建设，加强本国的互联网文化和网络人才的建设，避免高新技术被他国卡脖子；二是要消减数字鸿沟，既要消除本国不同地区之间的数字鸿沟，又要消除与他国的网络技术鸿沟，使我国互联网意识和软硬件能与世界接轨；三是在联合国的统一协调下参与到国际网络社会治理合作之中，并形成网络犯罪的联合打击体系，防止网络霸权主义与网络攻击。

综上所述，本书认为，在不同的治理主体中，政府虽以维护统治秩序稳定为第一要义，但无法及时灵敏地回应社会治理的需求，存在治理体制僵化的风险。互联网企业的治理具有趋利性，难以真正服务于公共利益治理的目的。行业组织的治理虽然能满足合法性需求和公共利益治理目的，但受限于资金来源和权力支持，存在治理独立性的局限。群众治理在很多时候带有盲目性和非权威性，而道德治理则缺乏强制性保障。在治理手段方面，技术治理带有治理者自我偏好的非理性因素。因此，应当发挥不同治理主体和不同治理手段各自的优势，构建在法律统筹下综合性的多层治理组合机制。

法治模式就是将不同治理主体和不同治理手段联结起来的纽带，可以发挥不同治理主体和不同治理手段各自的优势。它可以限制政府权力、管控市场失序，还可以赋予不同治理主体治理的权威性和独立性。如果缺乏法律制度的保障，政府、公众、社会的联合治理将丧失凝聚力。

---

① 习近平：《在第二届世界互联网大会开幕式上的讲话》，载《人民日报》2015 年 12 月 17 日，第 1 版。

第四节　网络社会法治化治理的目标

网络社会的法治化治理是把网络生活的方方面面纳入法律规制的范畴，以此来接受既定规则和制度的制约，并通过立法、执法、司法、守法以及法律监督进行治理和监管，以维护网络安全、规制网络言论、打击网络犯罪、明晰网络侵权责任和加强网络监管。

一、维护网络安全

（一）维护网络主权安全

面对西方国家对网络主权的颠覆行为，我们应坚决维护国家网络主权安全。对此，一是要强化主权意识，防止网络意识形态偏离正确轨道。应该在《网络安全法》的基础上围绕大数据、云计算、人工智能等制定出适合我国的操作规范。二是要加强本国网络社会治理能力建设，加强本国的互联网文化、网络人才队伍和网络技术的建设，避免高新技术被他国卡脖子。三是要在联合国的统一协调下，积极参与国际网络治理。

（二）强化网络安全监管

明确《网络安全法》所确认的网信办监管主体地位，强化与行业协会、网络服务提供者的监管协调机制，充分发挥技术监管的效能。同时，破除监管僵化，在监管屏蔽程序上给予发布者提出异议、申请重新审核的权利，并在这种由异议引发的重新审查中进行实质性审查。

（三）维护网络系统和信息安全

网络操作系统和数据传输的正常运作是确保网络安全和信息安全的基础。因此，应该通过网络加密技术保护网络虚拟财产、网络社交账号等的安全；通过入侵监测技术防范网络攻击；通过网络防火墙技术切断有害信息的连接；通过信息过滤技术拦截不符合传播标准的网络内容。同时，加强基础设施的建设，确保重要的网络基础设施处于安全的环境，不受破坏。

二、规制网络言论

（一）通过法律形式完善网络言论自由

一是借鉴德国相对保障的模式，将网络言论自由纳入宪法保障的同时，通过宪法外的法律对该权利进行具体的规定保障。二是提高立法层级，推动当前各种"规定""意见"向法律转化，并对各部门法律文件进行梳理，统一各法律文件的立法标准。此外，还可以围绕"言论自由"这一基本权利进行专门立法，将各领域言论自由统一分类形成不同的调整体系，如出版、新闻传播、网络言论自由等，并根据传播媒介的不同特性作出更具可执行性的区分规定。

（二）确定本国合理的法益衡量

应确立公共利益和言论自由间的比例原则，通过司法案例为言论自由的法益衡量提供价值指引。我国将公共利益置于首位，其在价值位阶上先于对个人权利的保护，对此可以参照实际恶意原则、明显而即刻危险等原则确定言论自由的规制范围。应区分政治言论和非政治言论，通过宪法给予政治言论更核心的保护，或者参照德国的做法，区分事实陈述言论和价值判断言论。同时，应注重对非传统边缘言论的尊重和保护，做好言论发表者的个人信息保护。

（三）技术上建立网络信息内容分级制度

在分级内容上，应明确暴力、性和其他内容的分级体制，进一步建立层级标准，最直接的就是建立以年龄为划分的标准，如6岁、10岁、14岁、18岁。同时，对筛选出的需要规制的言论内容根据程度不同进行划分，建立诸如0级到4级的划分形式，0级表示普适于所有群体，级数依次往上代表可接触的群体越来越狭窄，直至完全禁止。这种内容分级制度可以有效避免"一刀切"的信息内容治理方式，更好地维护网络言论自由。

三、打击网络犯罪

（一）厘清网络犯罪的范围含义

当前对网络犯罪的分类有不同的标准，其中工具对象说又存在不同的判断情况。本书认为，应该把广义上的网络犯罪限于三类：一是利用网络实施的普通犯罪；二是危害系统功能和计算机的软硬件设备的犯罪；三是侵害网络专属法益的犯罪，如盗取虚拟财产等。网络犯罪的广义性使其在适用刑法规制的过程中存在许多需要和现实犯罪进行区分的地方。

（二）实现现实犯罪与网络犯罪的衔接

对客观行为的判断应该结合价值判断，如网络赌博行为在形式上表现为网络游戏行为，但其虚拟收益可以转化为现实财物的收益，从价值判断上应归于赌博行为。在解释行为对象时，应该综合判断数据所传达出的法益，如盗取网络社交账号，其数据上可能承载着通信自由和财产属性的权益。在对行为地点的解释上，应充分认识到网络具备营造缺场空间的特性，处于不同现实地点的人可以进入同一网络空间，这对网络聚众类犯罪的定性十分重要。在对情节的解释上，应根据传播速度、影响力、影响范围的标准来确定网络犯罪的危害程度。

（三）改变过去依靠政治威权打击网络犯罪的做法

应更多依靠政府的组织、引导和设计顶层制度，在政府指引下引入第三方监管，降低政府规制成本。改变传统的垂直等级治理模式，进行网络化的协调治理，发挥政府监管、行业自律、企业协同、法律治理、技术治理、道德建设、公众参与、网络主权尊重等作用，同时配套完善基层治理部门的技术设备。

四、加强网络监管

（一）完善监管内容控制标准

监管的难题存在于内容控制方面，即内容控制标准不同导致屏蔽不足或过度屏蔽，而这一标准带有明显的主观性特征。对此，一是由政府组织准确分析和评估现有内容控制技术的实际效果，鼓励研制更高效的控制技术和为民众所接受的标准；二是通过制定专门且明确的法律政策，引导平台对内容控制标准的制定，防止网络平台过度自治；三是对国内和国际端口的内容控制标准予以区分，对国际端口的监管应更注重维护政治安全和国家网络主权安全。

（二）完善监管技术

监管技术的应用关键在于提取信息，并在此基础上进行内容审查。对不同的信息应采取不同的提取和审查技术。一是对于文字信息，应由政府和网络平台联合制定完善的词语资料库，并实现多语种和人工智能化识别；二是对于语音、视频信息，应完善语音转文字的识别技术，参照文字信息予以审查；三是对于图像信息，可结合基于内容的图像检索系统，对图像内容进行识别。通过这种监管技术的完善及时发现网络治理问题，在内容分级制度下进行针对性治理。

（三）网络监管应注重个人合法利益的保护

在监管措施的制定上，要注重对经济运行和个人权益的保护。面对不断出现的新兴领域要更新监管范围，如网络游戏直播的侵权监管、人脸识别技术应用的风险与法律监管、App 个人信息收集与使用的法律监管等。

第五节　网络社会法治化治理的路径

针对网络社会存在的治理问题，在明晰了治理原则和治理模式的选择后，提出网络社会法治化治理的路径。

一、构建多元化网络治理体系

多元化网络治理表现为：在治理关系上，随着政府与市场、社会的关系发生变革，一元的行政治理体制不再适用于网络社会。政府与其他治理主体形成了合作伙伴关系以及监督与被监督的关系。在价值选择上，公共价值和公共利益应成为不同治理主体的共同追求。这种共同的价值选择依赖于法律思维对多元社会调整体系的尊重。在治理机制上，多元化网络治理的基础应植根于良好的资源共享、信息共享和协调机制，通过这种共通机制将公私部门共同纳入网络化治理体系。

将不同治理主体纳入多元化网络治理体系：①改变治理格局。在政府治理内部可以通过互联网立法的方式，明确划分各治理部门的职权和治理边界，并建立统一的职能协调机构，整合机构权限。②赋予网络平台更合理的治理责任，细化其技术治理规则以缓解技术中立的风险。对于需要规制的网络言论，由政府和网络平台联合协商制定词语资料库，完善信息识别技术，对信息予以审查，并在政府的指导下，由互联网服务提供者和行业组织围绕分级程序、分级范围、分级层级三者进行信息内容分级体系的建设，防止简单粗暴的治理。③将广大网民融入多元化网络治理体系，加强政府与网络意见领袖的沟通，使其引领广大网民理性且积极地参与到多元化治理体系之中。④尊重边缘者的表达自由，建设更合理的能兼顾到各方的表决程序，充分尊重网络少数意见。⑤将行业组织纳入多元化治理体系。行业组织在多元化网络治理模式中发挥着协调不同治理主体的重要作用，因此，应当赋予行业组织治理独立性，使之能与政府相互制约，并通过行业组织整合不同的治理资源，协调网民、网络平台、网民意见领袖和政府的治理关系。

二、健全网络社会治理的法律体系

网络社会的法治化治理首先要求完善法律体系，并进行网络专门立法。对此应重点围绕网络安全、网络言论自由、网络犯罪、网络侵权、网络监管等展开网络法治体系的建设。①在网络安全方面，应在《网络安全法》的基础上围绕大数据、云计算、人工智能等做出操作规范，保护计算机系统和信息安全，排除威胁网络空间安全的因素。②在网络言论方面，应明确网络言论自由的宪法地位。借鉴德国的相对保障模式，由对宪法对网络言论自由权利进行具体的规定和保障。同时，应确立公共利益和言论自由间的比例原则，通过司法案例为言论自由的法益衡量提供价值指引。③在网络犯罪方面，应改变过去依靠政治威权打击网络犯罪的做法。通过法律顶层制度的设计，进行多元、民主的法治化治理，加强对数据安全、个人信息、云计算、信息基础措施等方面的刑法规制。④在网络侵权方面，应对不同网络服务提供者的义务和责任进行区分。在更高层级立法上明晰网络接入服务商（Internet Access Provider，IAP）、网络内容服务商（Internet Content Provider，ICP）、网络平台服务商（Internet Presence Provider，IPP）的分类体系以及它们不同的责任要求。⑤在网络监管方面，应更注重对经济运行和个人权益的保护。面对不断出现的新兴领域更新立法的监管范围，如对网络游戏直播的侵权监管、人脸识别技术应用的风险与法律监管、App 个人信息收集与使用的法律监管等。⑥在国际网络治理协作方面，应积极参与国际网络治理的协作活动，吸收国际有益的立法经验，促使本国互联网立法与国际接轨。

三、明确权利和权力边界

（一）明确权利边界

可参照明显而即刻危险原则、实际恶意原则对包括言论自由在内的网络活动范围予以合理限制，亦可参照德国区分事实陈述言论和价值判断言论的做法。同时，应区分政治言论和非政治言论，通过宪法给予政治言论更核心的保护。还要重视对非传统边缘言论的尊重和保护，保护好言论发表者的个人信息。而危害国家主权、分裂民族的言论，故意扭曲和诋毁特定群体生活方式、煽动社会混乱的言论，非法揭露个人信息的言论等都应被排除在言论自由的保护范围之外。同时，应防止过于僵化的技术治理，应对网络信息内容进行分级分层，改变"一刀切"的屏蔽行为。在程序上，应给予发布者提出异议并申请重新审核的权利，并在由这种异议引发的重新审查中建立集中的审查处理平台进行实质性审查。在审查过程中，应强化与用户的沟通，将处理结果和处理原因明确告知被治理对象。

（二）恪守权力边界

政府应按照比例原则进行治理，尊重市场、社会和公民的治理独立性，维护公民基本的网络权利；在治理的同时，应确保网络应有的自由性、匿名性、开放性、多元性、去中心性和超时空性等不受影响。此外，政府的监管应遵从合法性原则中的法律优先原则，在法律约束下进行监管；遵从法律保留原则，在法律的授权下进行监管和治理；从合理性原则出发，运用符合法律目的和损害最小的方式对网络活动进行监管和治理。

四、改变治理理念

网络社会的多元化特性使得民众对政府的依赖减弱，在民众不同的教育水平和利益需求下，政府的治理难度随之增加。因此，政府应转变治理理念，做好引领者、服务者的角色，构建政府、市场和社会治理的沟通联动机制。这要求政府对其他社会主体的治理能力进行培育，整合各种社会资源，并改变行政命令式的管理模式，更好地提供公共产品和服务。同时，只有多元共治才能使政府具备更好的合法性基础，政府应为多元化民主的治理提供制度保障，减少不合理的行政和技术手段，构建一套成熟的参与、协商以及利益表达机制，消除群众和政府间的信息壁垒。

五、培养公民网络道德素养

公民网络道德是网络社会良性运行的基础，也是维护良好网络秩序的基本要求。提升公民网络道德素养，一是要提高公民的自律意识，使其明白网络不是法外之地，自觉抵制网络谣言。二是要普及网络道德教育，在中小学教科书中增加网络道德的章节；三是要充分发挥行业组织的自律作用，确保行业成员在符合道德规范的范围内进行网络活动；四是互联网企业通过"契约＋技术"的方式，与网络用户达成符合道德规范的准入标准，并运用技术对网络活动进行监管；五是政府通过政策引导，推动健康的网络环境的形成，同时运用法律手段守住网络社会的道德底线。

第三章　网络安全的法治化治理

本章对网络空间安全的法律治理、网络言论自由的法律界限、公民网络监督权的法律界限进行探讨。为保障网络安全，维护网络空间主权和国家安全，维护网络系统和信息安全，必须加强我国网络社会治理能力、互联网文化、网络人才队伍和网络技术的建设，强化网络安全监管，防范和打击网络恐怖主义。同时，明确网络言论自由与公民网络监督权的法律界限，运用法律保障网民的参与、言论表达和监督的自由，提出促进网络安全法治化治理的发展思路。

第一节　网络空间安全的法律治理

随着互联网技术的发展，一个兼具虚拟实在性的网络空间系统快速形成。网络空间安全作为一种国家功能，是衡量国家治理能力和治理水平的重要指针。本节针对目前网络空间安全存在的问题，探讨维护网络空间安全的意义，提出进一步完善《网络安全法》、提高网络空间安全技术治理水平、完善关键信息基础设施保障制度、维护网络空间主权安全、确立多元共治的网络空间安全治理理念等具体建议。

一、网络空间安全法律治理的概述

（一）网络空间安全的含义

2017 年颁布的《网络安全法》第七十六条规定："网络安全，是指通过采取必要措施，防范对网络的攻击、侵入、干扰、破坏和非法使用以及意外事故，使网络处于稳定可靠运行的状态，以及保障网络数据的完整性、保密性、可用性的能力。"《网络安全法》从维护正常网络功能和风险防范两个维度重新界定了网络安全的含义。在功能的正常运转上，网络空间安全包括三个方面的内容：一是保障互联网物理设备的正常运转，使其处于一个安全的环境；二是维护系统安全，即维护操作系统的正常运转和数据的正常传输；三是维护信息安全，要求将信息的可用性、完整性、保密性、可控性和不可否认性纳入保护的范围。[①]

要实现网络空间安全，就必须提高对网络空间的风险应对能力。奥地利学者将网络安全定位于对风险的防范能力上，即识别、评估、跟进威胁，加强抗干扰能力，减少损失和恢复能力。[②] 网络空间安全既要使网络内容和相关设备处于安全状态，也要使各种可能的威胁——诸如网络犯罪、网络恐怖主义、网络间谍、技术故障等客观危险表现形式——远离网络这一空间。[③]

（二）网络安全和网络空间安全

"网络安全"和"网络空间安全"的概念在现实中的区分并不严格，往往可以交替使用。信息安全是二者的核心，也是二者正常运作的基础，但二者的侧重点还是略有不同的。第一，在产生背景上，网络安全的产生更多与互联网联系在一起，即侧重信息和操作系统安全；而网络空间安全则是在网络成为全球第五大空间的背景下，为保护人类在数字空间这一公共活动领域内的安全而产生。第二，在概念外延上，网络安全的外延包括了网络犯罪、网络侵权、网络言论自由等层面的安全；而网络空间安全则在此基础上将安全的范围拓展至网络空间中的一切安全问题，涉及网络政治、网络经济、网络文化、网络社会、网络外交、网络军事等诸多领域。[④] 第三，在概念理解上，网络安全更强调网络功能的正常运作；网络空间安全作为信息环境下的综合性安全概念，更注重从制度，特别是从法律制度角度出发，对来自空间内各领域的安全威胁进行防治。

（三）网络空间安全治理的法律基础

从制度上看，国家治理能力的外在表现和主要内涵都体现在法律制度上，有效的法律制度设计和供给是实现网络空间安全、有序和自由的关键因素。完善网络空间安全的法律制度有利于规范治理主体间的权力分配和运行规则，并

---

① 参见陈薇伶、黄敏《大数据时代我国网络信息安全控制体系构建》，载《重庆社会科学》2018 年第 7 期，第 95 - 101 页。

② 参见沈逸《各国对"网络安全"是怎么定义的》，见澎湃新闻网（https://m. thepaper. cn/newsDetail_forward_1258886）。

③ 参见宋文龙《欧盟网络安全治理研究》（博士学位论文），外交学院 2017 年。

④ 参见王世伟《论信息安全、网络安全、网络空间安全》，载《中国图书馆学报》2015 年第 2 期，第 72 - 84 页。

为治理对象提供明确可知的行为标准。

从功能上看，网络系统是网络运行的载体，网络信息是网络运行的内涵，网络空间是人类生存的一个独立的信息环境。维护网络系统安全和信息数据安全的意义正在于维护网络空间的安全，网络空间安全也只有在法律制度的保障下才能更好地维护前者安全运行产生的成果。

《网络安全法》将网络安全定义为一种国家能力。[①] 依循国家能力理论的研究线索，可将我国网络安全法治实践解读为制度供给、合法性塑造、多元共治、应对国际风险与开展国际合作等内容。[②] 而这些毫无疑问都在法治化治理的范围和任务之内。

二、网络空间安全法律治理的困境

针对越来越严峻的网络空间安全威胁，国家在近些年相继颁布了一系列法律法规。如2015年颁布的《中华人民共和国国家安全法》强调维护关键措施和重要领域的系统和数据安全，并对网络违法犯罪行为进行规制。2017年实施的《网络安全法》首次系统地规范了网络安全的管理问题。2021年通过的《中华人民共和国数据安全法》（以下简称《数据安全法》）和《中华人民共和国个人信息保护法》（以下简称《个人信息保护法》），旨在维护国家、网络和信息数据安全以及个人信息合法权益。然而，当前我国网络空间安全的法律治理还面临以下五大主要困境。

（一）《网络安全法》实施不到位

《网络安全法》是维护网络空间安全的基础性法律，它在保护公民合法权益、打击网络犯罪、明确网络运营者责任以及维护国家安全等方面发挥着重要的作用。然而，其在具体实施过程中却面临着不少问题，这些问题主要是由法律的可执行性不足以及立法理念的偏差造成的。

法律的可执行性不足。《网络安全法》的可执行性不足主要体现在三点：一是配套法规不完善；二是缺乏程序性法律规定；三是缺乏强制性法律规范。法律的生命在于实施，立法目的的实现依赖配套法规对法律体系的补充调整，

---

① 《网络安全法》第七十六条规定："网络安全，是指通过采取必要措施，防范对网络的攻击、侵入、干扰、破坏和非法使用以及意外事故，使网络处于稳定可靠运行的状态，以及保障网络数据的完整性、保密性、可用性的能力。"

② 参见郭春镇、张慧《我国网络安全法治中的国家能力研究》，载《江海学刊》2021年第1期，第163－170页。

在缺少配套法规的情况下，网络空间安全治理的全面性和效率都将大受影响。与此同时，增强法律的可执行性还要求在解决法律有无的基础上，通过程序性条款和强制性条款更全面地实现立法目的。然而，当前《网络安全法》不仅没有统一的执行标准以及配套法规，其许多规定都为原则性、禁止性的规定，缺乏刚性约束，而且偏向实体内容，欠缺程序性规定。

立法理念的偏差。综观《网络安全法》，其立法理念更注重对网络安全秩序价值的维护，同时维护国家安全和公共秩序，对自由的保障内容仅粗略地提及，整体上忽视了自由的立法理念，导致了权益的失衡。此外，《网络安全法》在具体实施中还面临网络安全形势差、忽视对个人信息的保护、缺乏专业网络安全人才、过于依靠专项监督检查、监督效率低下等问题。

（二） 网络空间安全技术治理水平的制约

与西方发达国家相比，我国的互联网技术水平尚有差距。西方发达国家可以利用网络科技中软硬件的优势，控制网络空间和信息发布权。面对层出不穷的利用技术实施的网络攻击，国家和个人信息泄露、关键领域基础设施瘫痪、公关危机爆发等事件也愈加频繁。这种技术上面临的网络威胁大体来自黑客攻击、计算机病毒入侵、间谍软件等。而技术水平的不足还影响了网络安全基础设施的建设。当前，重要领域的网络安全设备的国产化程度仍然较低，过于依赖国外技术，这影响了安全保障的水平，进而增加了法律的调整难度。

依据法治化协同治理，法律调整下的技术治理更有利于及时发现问题和解决问题。技术水平的不足制约了多元治理力量在法律调整下参与网络安全的治理。完善的技术治理不仅可以从横向上整合不同治理主体的治理能力，弥补政府安全治理的有限理性，协调政府的内部治理结构；还可以从纵向上提高政府的治理效率。

（三） 关键信息基础设施保障制度亟待补充完善

关键信息基础设施不同于一般设施与网络服务，它是国家安全、稳定的基础。如果关键信息基础设施受到攻击，就可能导致网络运行发生障碍，进而影响国家安全、国计民生和公共利益。① 我国于 2017 年施行的《网络安全法》对关键信息基础设施作了原则性的规定。2021 颁布的《关键信息基础设施安全保护条例》在内容上明确了关键信息基础设施的定义范围、安全监管体系、

---

① 参见陈越峰《关键信息基础设施保护的合作治理》，载《法学研究》2018 年第 6 期，第 175 – 193 页。

安全检测机制和安全责任机制四个基本问题。尽管如此,当前相关保障制度仍存在需要补充、改善之处。

第一,现有保障制度虽然规定了关键信息基础设施安全的保护职责,但原则性较强,缺乏可操作性。

第二,当前保障体制没有根据保护对象重要程度的不同建立一套划分体系。虽然《关键信息基础设施安全保护条例》第三十二条规定了要优先保障能源、电信等关键信息基础设施安全运行,但由于不同行业领域、同一领域内的不同行业之间的关系十分复杂,且条例中"优先保障"的用语过于模糊。

第三,在当前的保障体系下,网信部、公安部门、保护工作部门等被赋予较大的监管权力,条例对关键信息基础设施运营者也附加了较多的义务,但并未针对运营者设立相应的激励机制,导致权利和义务的失衡。

第四,关键信息基础设施的运营者多为国有企业和机关单位,不符合市场化趋势下的专业化运行要求。如果过于依赖行政规制的方式实现网络空间安全,则容易出现治理体制僵化和效率低下等问题。

(四)网络空间面临国家主权安全的威胁

2016年,由国家网信办发布实施的《国家网络空间安全战略》强调维护网络空间的主权安全,并将其作为网络空间发展的首要原则和战略任务。然而,当前我国网络主权安全正遭受外界不同程度的挑战。

第一,霸权主义国家争夺网络空间主导权对我国造成威胁。随着网络与社会各领域的充分融合,网络安全面临的威胁也从过去的对互联网系统和信息内容的破坏,在一定程度上演变为通过控制特定领域内的网络空间以获取本国的政治、经济利益,并最终掌握国际社会主导权。而这一过程也破坏了网络空间中各国本应有的平等地位和主权安全。

第二,"网络公地"挑战着国家主权。网络公地模式把互联网看作一块全世界网络使用者共同使用的公地,而当网络空间被视为一种国际公共领域时,国家网络空间的主权安全就会遭到间接破坏,不同国家进行国际网络治理合作的基础也会随之被破坏。

第三,国外势力不断利用网络技术的无疆界特点和技术优势冲击我国政治意识形态和人权理念,间接妨碍了我国最高领导权的行使效率。

(五)网络空间安全治理理念落后

第一,网络空间安全法治理念仅为传统安全治理理念向网络社会的简单移植,并无根据网络社会面临的全新安全挑战进行治理理念的更新与完善。理念落后的最主要表现是没有实现从碎片化治理向整体性治理的转变。

第二，政府的治理理念还停留在单一治理的阶段，忽略了多元治理的重要性。多元合作式的治理模式以公共价值为追求，可以发挥政府对信息共享机制的协调管理功能，并通过契约建立互信，在应对多元化的网络空间安全问题时可以实现更好的治理效果。而在现有的治理尝试中，不同治理主体和治理环节间的协调并不通畅，不同的治理手段，如法律、技术、道德、社会规则也没有实现良好的衔接。

第三，民众的法律意识也处于滞后状态，网络安全被认为是政府的单方监管责任，民众缺乏基本的网络安全危机意识和防范意识，也欠缺基本的网络安全威胁识别能力。

三、维护网络空间安全的意义

（一）维护公共安全

刑法规定的危害公共安全行为一般指危害不特定公众生命、健康和重大公私财产安全及公共生活安全的行为。网络空间安全对维护公共安全的意义在于其对公共安全的承载。

首先，网络空间具有虚拟实在性，它借助计算机技术的力量，使自身成了一个独立的危害场域。危害公共安全的行为横跨了线上和线下两个空间，网络空间造成的威胁具有波及现实公共安全的能力。

其次，危害网络安全的波及范围广，损害后果严重。大范围内的信息网络安全问题在司法实践中往往成为公共安全问题，如《最高人民法院关于审理破坏公用电信设施刑事案件具体应用法律若干问题的解释》就将其中造成严重后果的行为，归属于刑法中危害公共安全的行为。[①]

最后，网络的高传播性和开放性使得许多通过网络实施的非危害公共安全的传统犯罪，如危害市场经济秩序、财产安全、社会秩序类的犯罪，在实质上都具有危害公共安全的能力，网络空间安全由此承载了更大范围内的公共安全。维护网络空间安全对维护公共安全具有重大意义。

---

① 《最高人民法院关于审理破坏公用电信设施刑事案件具体应用法律若干问题的解释》第一条规定："造成火警、匪警、医疗急救、交通事故报警、救灾、抢险、防汛等通信中断或者严重障碍，并因此贻误救助、救治、救灾、抢险等，致使人员死亡一人、重伤三人以上或者造成财产损失三十万元以上的"，属于刑法第一百二十四条规定的"危害公共安全"。

（二）维护国家安全

习近平在全国网络安全和信息化工作会议上发表讲话并指出："没有网络安全就没有国家安全，就没有经济社会稳定运行，广大人民群众利益也难以得到保障。"① 代表国家生存和发展安全的国域安全包括了陆域、水域、空域、底域、天域、磁域以及网域安全。② 其中，网络正是通过与政治、经济、军事、文化等领域的融合与国家安全产生了紧密的联系。

从国家安全与信息安全的联系来看，信息安全是国家安全体系的重要构成要素。2021 年 11 月，国家网信办审议通过了《网络安全审查办法》，该文件聚焦当前的数据处理活动，希望通过完善网络安全审查机制，进一步保障数据安全、信息安全以及国家安全。数据可以呈现一国网络用户的生活习惯、工作习性和出行规律，通过对数据信息的收集分析可以掌握一国的国防、科技和社会发展动态。正因如此，如果对数据的跨境流动不加以规制，就会对国家安全造成各个方面的威胁。而网络是存储信息数据的重要载体，没有网络安全就没有信息数据的安全，更没有国家安全。

从国家安全与公共安全的联系来看，国家安全同样具有公共安全的性质，并且在公共安全的基础上融合了主权、领土、政权等要素。鉴于网络空间安全已经与公共安全充分融合，网络空间安全同样可以通过影响更广范围内的社会公共安全的稳定，进而影响国家安全。

（三）维护网络命运共同体

习近平在首届世界互联网大会上提出了要构建"网络命运共同体"。同时，《中华人民共和国国民经济和社会发展第十四个五年规划和 2035 年远景目标纲要》也对推动构建网络空间命运共同体作了专门的部署。③ 要解决网络监听、网络攻击、网络恐怖主义等国际网络问题，必须全球采取行动，加强网络空间安全的全球治理合作。

第一，维护国际网络空间安全有助于各国网络空间的均衡发展，避免网络

① 国家互联网信息办公室：《习近平：没有网络安全就没有国家安全》，见国家互联网信息办公室官网（http：//www.cac.gov.cn/2018 - 12/27/c_1123907720.htm）。
② 参见刘跃进、宋希艳《在总体国家安全观指导下健全国家安全体系》，载《行政论坛》2018 年第 4 期，第 11 - 17 页。
③ 参见《中华人民共和国国民经济和社会发展第十四个五年规划和 2035 年远景目标纲要》，见人民网（https：//www.360kuai.com/pc/99e4489063feda535？cota = 3&kuai_so = 1&tj_url = so_vip&sign = 360_57c3bbd1&refer_scene = so_1）。

空间安全问题被少数国家所左右。特别是在主权安全方面，以往某些国家往往跳过联合国等国际机制，制定了诸如《网络犯罪公约》和《塔林手册》等规则，强化自身在网络空间的主导地位，威胁发展中国家自主发展的安全性。

第二，互联网全球治理包含物理层、逻辑层和应用层三个层次，层次间的治理机制相互影响、相互关联。① 网络空间安全的国际协同治理有助于健全共治机制，发挥技术社群、国际组织、政府、互联网企业和全球公民各方治理主体在三个治理层次中各自的安全治理优势，并借助联合国互联网治理论坛（Internet Governance Forum，IGF）和信息社会世界峰会（World Summit on the Information Society，WSIS）等互联网国际会议，共同探讨建立网络空间安全的治理规则。

四、网络空间安全法律治理的完善建议

（一）完善《网络安全法》

第一，增强《网络安全法》的可执行性。一是为提升法律规范本身的细节性和全面性，应加强《网络安全法》配套法律法规的建设，包括加快关键信息基础设施安全保护制度、个人信息和重要数据保护制度、网络产品和服务管理制度等方面的立法进度，在审慎的基础上尽快将征求意见稿转正。二是加强程序性的立法规定，《网络安全法》本质上属于行政性法律，在权利义务的设定和保障上，不仅需要实体法的明文规定，还应增加程序法的保障，在程序上完善维权流程和责任追究方式，以改变过去过于依赖专项监督检查的运行模式。三是完善强制性规范条款，网络安全的实现依赖法律的强制性效力的保障，而当前法律多以柔性条款为主，缺乏强制性规定。因此，应在"法律责任"章细化不同主体的责任，特别是明确行政部门工作人员违法行为的法律责任；在"网络安全支持与促进"章中明确不同部门对维护网络安全的具体协调职责，避免各部门出现职权交叉和规章内容重复的情况。

第二，改变立法理念，重视对自由的保障。《网络安全法》注重维护网络安全秩序，相对而言忽略了对网络自由和权利的保障，也无法引领配套法规的自由理念的形成。在信息权利方面，为了更有力地保护个人信息，应该根据个人基本信息和特殊信息的不同，确立区分保护的原则，避免以维护安全秩序为由而盲目地损害个人合法权益。此外，应在法条中增加关于维护公民、法人和

---

① 参见陈少威、俞晗之、贾开《互联网全球治理体系的演进及重构研究》，载《中国行政管理》2018 年第 6 期，第 68－74 页。

其他组织各项合法权益不受侵害的具体保障条款。在通过立法使网络安全的行为得到充分完善，并搭建起法律基本框架体系后，应该把立法的重心及时转向权利立法上来。总的来说，当前网络安全的立法任务在于构建起以《网络安全法》为核心，以其他配套法规为补充的法律调整体系。同时，应不断改进立法理念，在自由理念的推动下加强权利立法，夯实不同部门的监管职责，从而维护网络空间自由和秩序的平衡。

（二）提高网络空间安全技术治理水平

技术治理是网络空间安全治理的重要手段，通过技术手段掌握和控制网络社会的整体运行是网络社会中最为高效的治理方式。因此，必须加大网络空间安全治理技术的创新步伐，实现技术和法律的融合。具体应做到以下三点。

第一，改进技术水平。网络操作系统和数据传输的正常运作是确保网络安全和信息安全的基础。因此，应该通过改进网络加密技术更有效地保护网络虚拟财产等的安全；通过完善入侵监测技术更及时地防范网络攻击；通过优化信息过滤技术更合理地拦截不符合传播标准的网络内容。

第二，提高关键技术国产化水平。要实现技术本身的安全，必须提高技术的国产化水平，这就有必要通过科研院所、高等院校建立多层级的安全保障及研发人才队伍，发动互联网企业、科研机构和智库进行技术研发，确保核心技术的自主可控。

第三，将技术与法治融合。技术治理存在非理性的一面，需要法律的矫正。因此，应加强技术与法律法规的衔接，并对其进行合规监管。同时，网络空间安全的技术控制标准的不同还会导致网络安全防范不足或过度防范。对此，政府应鼓励互联网企业在内的多元技术治理主体共同研制更高效、合理的安全防范标准。例如，在法律调整下，由多元治理力量共同协商，围绕分级程序、分级范围和分级层级，开展网络信息安全内容的分级制度建设。

（三）完善关键信息基础设施保障制度

当前，我国网络空间安全在很大程度上受制于关键信息基础设施的制度保障不力。关键信息基础设施是网络功能正常运作的基础，也是国家安全发展的重要支撑。在保障制度上，只有明确保护对象和保护标准，同时建立成熟的监督体系和激励机制，才能维持权利与义务的平衡，提高国家的整体风险防范能力。

第一，加强对保护对象的体系划分。由公安部门、网信部门、保护工作部门、运营者共同协商建立一套成熟的等级保护制度，严格规定关键信息基础措施的等级认定方式和认定标准，在准确识别的基础上，制定有针对性的保护方式。

第二，加快出台与《关键信息基础设施安全保护条例》有关的正式文件，如《关键信息基础设施安全检查评估指南》和《关键信息基础设施网络安全保护基本要求》，弥补关键信息基础设施在网络安全保护标准制度上的不完善。

第三，对关键信息基础设施运营者建立合理的考核机制，并在考核机制上进行"鼓励式"设计，使网络安全的考核评价既有惩罚责任也有奖励机制，包括建立优先处置安全漏洞的个人和部门表彰制度。

第四，建立公私合作的关键信息基础设施安全保护模式，利用私营部门的创新性和行动力，以及行业自律和自我规制的力量，实现公共利益。同时，在政府和法律的规制框架下，借助合作伙伴式的运行模式，对公私部门的技术能力和信息能力进行整合，实现有效治理。

（四）维护网络空间主权安全

完善的主权保障制度体系是捍卫本国网络空间主权安全，确保本国的网络系统不受其他国家、组织和个人非法侵害的基础。因此，有必要围绕国家"领网"，建立一套立体化的网络空间主权制度体系。在立法上根据《网络安全法》这一基本法，制定《国家网络空间安全战略》，对国家网络空间安全的重要战略意义、理论基础和主要内容进行具体规定。同时，在网络空间安全战略的引领下，完善相关配套法规。

应明确本国网络空间主权神圣不可侵犯的鲜明态度，制定符合本国国情的网络自卫权战略。网络自卫权是维护本国网络不受侵犯，并在必要时从消极防御及时转向自卫反击的权利。它要求国家提高对网络攻击的监测、防范能力，同时利用网络技术开展精确打击，以维护本国网络空间主权安全的自主权。

各国网络空间主权安全的国际互认是开展网络安全合作的基础。为加强全球网络安全治理合作，各国应该在平等协商的基础上就网络空间管辖、网络空间主权责任以及相应法律法规和技术标准达成共识，并在联合国的统一协调下积极参与国际网络治理合作。

（五）确立多元共治的网络空间安全治理理念

面对网络空间安全的复杂性和多元性，网络空间安全治理迫切需要转变治理理念，改变过去政府单一治理的模式。在法律的统一调整下，应构建起政府主导、行业自律、企业协调、技术保障、道德支撑、公众监督、国际合作的网络空间安全治理模式。同时，协调运用法律规范、技术规则、信息伦理、自治规范四种管理手段，构建虚拟网络社会的治理规范与体系。① 即通过发挥不同治理主体和不同治理手段各自的优势，构建在法律统筹下的多层治理机制的组合。

广大群众的网络空间安全意识同样重要。《第 49 次中国互联网络发展状况统计报告》显示，我国网民规模达 10.32 亿。② 面对良莠不齐的网络信息和参差不齐的网民素质，只有加强网民的网络空间安全意识教育，才能避免网络去抑制化现象威胁网络空间的安全。对此，可以围绕国家总体安全观、法律责任、网络主权、重要安全信息识别等方面开展网络空间安全教育活动；在引导网络舆论的同时，提高公民的网络安全责任感和风险识别能力。

五、结语

网络空间安全是在网络空间秩序和自由的双重价值主导下形成的总体国家安全需求。在新形势下，网络空间安全通过与国家安全和公共安全的融合，具有了全新的保护意义。当前网络空间面临许多威胁和挑战，这些问题在本质上都存在制度设计缺憾，特别是法律制度不完善所致。总的来说，应对网络空间安全威胁，应构建起一套完善的制度体系，将法律体系作为安全保障的基石。同时，应以技术的创新作为安全保障的引擎，以群众的自觉行动作为安全保障的动力，以国际合作作为安全保障的外援，共同完善网络空间安全的法律治理。

第二节　网络言论自由的法律界限

言论自由是公民基于法律法规，通过各种媒介形式表达、传播自己的观点、思想、情感等的权利。网络言论自由的本质是言论自由在网络的延伸与扩展，是公民以网络平台为媒介，在不违反法律法规禁止性规定的前提下，传播自己的思想、主张、观点，且不受他人干扰的一种自主状态。③ 由于网络具有

---

① 参见胡丽、齐爱民、何金海《〈国家网络空间主权战略〉（学者建议稿）》，载《河北法学》2018 年第 6 期，第 80 – 88 页。

② 参见中国互联网络信息中心《第 49 次中国互联网络发展状况统计报告》，见中国互联网络信息中心网（http：//www.cnnic.cn/hlwfzyj/hlwxzbg/hlwtjbg/202202/t20220225_71727.htm）。

③ 参见甄树青《论表达自由》，社会科学文献出版社 2000 年版，第 19 页。

无中心性、匿名性、主体广泛性等特点,网络言论自由容易被滥用,进而侵犯国家利益、公共利益以及公民的合法权益。因此,必须明确网络言论自由的法律界限,有效、合理地规制网络言论自由,以此来维护国家安全、公共秩序以及更好地保障公民的合法利益。

一、网络言论自由法律界限概述

(一) 网络言论自由的概念

将言论自由视为人类基本人权与宪法性权利已成为现代民主国家的普遍共识。英国《牛津法律大辞典》将言论自由规定为,人们通过各种形式的媒介来表达自己的观点和意见的权利。《世界人权宣言》第 19 条认为,言论自由是人所享有主张和发表意见的权利,具体包括持有某种不受干涉的权利,以及通过各种媒介、形式寻求信息,传播自己思想、主张的权利。随着言论自由理论的发展,有学者认为言论自由有广义与狭义两种:狭义的言论自由是指公民在公共场合发表意见的权利,而广义的言论自由则包括出版、言论、结社自由等。① 根据《中华人民共和国宪法》(以下简称《宪法》)规定,言论自由是一种狭义的言论自由,不包括出版、集会、结社等自由。有学者将广义的言论自由视为表达自由的范畴,言论自由是表达自由的重要部分,但不是全部。例如,学者朱国斌指出,表达自由的概念具有较大的外延包容性,它涵盖了传统意义上的出版自由、言论自由,也包括网络表达自由和艺术形式的表达自由。② 学者甄树青认为,所谓表达自由,即公民在法律规定的情况下,通过各种形式显示、传播某种思想、观点、感情、知识等内容而不受他人干扰的自主状态。③ 学者杜承铭认为,表达自由的形式主要有言论自由、新闻出版自由、艺术表现自由、集会自由四类。其中,言论自由包括说话自由、讲学自由、演讲自由等,新闻出版自由包括刊行自由、广播自由、著作自由等,艺术表现自由包括艺术自由、绘画自由等,集会自由包括狭义的集会自由、游行自由和示威自由。④ 学者侯健认为,表达自由的概念包括狭义的言论自由,出版、集会

---

① 参见张千帆《宪法学导论——原理与作用》,法律出版社 2008 版,第 510 页。
② 参见朱国斌《论表达自由的界限(上)——从比较法、特别是普通法的视角切入》,载《政法论丛》2010 年第 6 期,第 3 页。
③ 参见甄树青《论表达自由》,社会科学文献出版社 2000 年版,第 19 页。
④ 参见杜承铭《论表达自由》,载《中国法学》2001 年第 3 期,第 58 页。

游行示威等自由，也包括艺术自由与网络表达自由。①

从上述学者的观点中，我们可以得出一个有关言论自由的概念：言论自由是公民基于法律法规的前提下，通过各种媒介形式表达、传播自己的观点、思想、情感等的权利。网络空间中的言论自由，其本质是言论自由在网络空间的延伸与扩展，有关网络言论自由的概念体现的也是言论自由概念的属性，故而网络空间中的言论自由是公民以互联网平台为媒介，在不违反法律法规的禁止性规定的前提下，传播自己的思想、主张、观点等的权利，且不受他人干扰的一种自主状态。

（二）网络言论自由的特征

1. 行使主体的广泛性与匿名性

随着网络科技的发展与普及化，互联网成为人们生活中必不可少的沟通交流工具。网络传播媒介与传统媒介不同，它可以打破时间、地域的限制，将其他地域的人群连接在一起，使得互联网言论发布者的主体范围进一步扩大。同时，基于互联网的特性，网络言论发布者大都处于隐匿状态，其相关的身份信息不能立即确认。网络空间中的言论发布者也不需要同时扮演现实社会的社会角色。正是这种匿名性，使得越来越多的人通过不同于传统媒体的网络媒介来发表自己的诉求与意见。

2. 言论表达的便捷性与互动性

不同于传统媒体，互联网技术在资讯的传播速度与传播范围上都具有更大的优势。在传统媒体时代，言论表达受到一定条件的限制，而且更多是单向信息传递，信息交流的互动性较弱、传播效率不高。例如，利用电视传播有关言论信息，更多的是一种单向传递，尽管受众可以通过相关方式回馈效果，但其中有时间限制且效率不高，不能得到及时性的回馈。不同的是，在网络空间，言论信息可以快速传递给受众，受众也可快速回馈效果。同时，网络空间言论的发布不需要很高的要求，只需要一部手机或电脑再加上网络。这种低门槛不仅有利于网络用户的增加，而且有利于增加网络言论发布的便捷性。网络技术的特性使得网络言论自由的互动性与便捷性更加突出。

3. 言论影响的广泛性与复杂性

如前所述，互联网具有极大的便捷性与极快的传播性，且网络主体具有广泛性。信息传播的受众面在互联网中相当广泛，故而，在网络空间中言论影响

---

① 参见朱国斌《论表达自由的界限（上）——从比较法、特别是普通法的视角切入》，载《政法论丛》2010 年第 6 期，第 4 页。

的广泛性与复杂性远甚于传统媒体。尤其是有关公共事务或公众人物的言论，在经过互联网的发酵后，其影响既可能具有正面意义，也可能会带来负面效果，网络言论的影响呈现复杂性。

（三）网络言论自由的价值

1. 促进民主政治进一步的发展

传统言论自由的民主价值不可忽视，借助传统媒体行使言论自由权的局限性导致了民主价值的发挥有限。传统媒体平台无论在公民充分获取信息方面，还是在公民直接参与民主政治决策、提供政治性意见等方面，都无法与互联网平台具有的优势相比。互联网信息传播的及时性与信息互动的双向性，极大地拓展了公民参与公共政策决定的机会和空间。借助互联网平台，公民可以更好地表达个人意见，直接参与解决有关问题而不受限于时空的限制。

2. 为监督权的行使提供新的表达范式

传统言论自由价值在对公权力的监督方面更多的是一种间接监督的方式，即通过传统的媒介和渠道才能完成，个人直接参与监督较为困难。与之不同的是，通过网络技术，公民可以对有关的公共事件、公共决策、政府的行政执法行为等直接进行监督，实现公民与公权力机构的直接对话与信息互动，提高公民监督的积极性。

（四）明确网络言论自由法律界限的必要性

1. 权利冲突的需要

权利的冲突，也可称为权利的相互性。① 虽然言论自由作为一种宪法性权利，在基本权利体系中有着不可或缺的地位，但与其他基本权利相比，言论自由并不具有最高性。因此，网络言论自由也要受到基本权利的制约。这种制约主要体现在两个方面。一方面，受基本权利体系内其他权利的制约。网络空间虽然不同于现实社会，是一个虚拟的空间，但这并不意味着网络空间是法外之地。公民行使网络言论自由权仍要遵守基本的法律规定，不得以牺牲他人权利为代价来实现自己的权利。各项基本权利在权利体系内和谐共存，并各有边界。因此，为了保障公民其他权利不受侵犯而限制网络言论自由有其正当性基础。另一方面，网络言论自由还要受公共利益的制约。公共利益包括公共秩序、善良风俗等。马克思主义哲学观点认为，人具有社会性，社会是人的集

---

① 参见苏力《秋菊打官司案、邱氏鼠药案和言论自由》，载《法学研究》1996 年第 3 期，第 68 页。

合，社会的利益诉求在整体上体现的是社会的公共利益。公共利益与公民网络言论自由发生冲突时，公共利益制约着公民网络言论自由的行使。

2. 稳定社会秩序和维护国家安全的需要

稳定社会秩序和维护国家安全需要社会成员的价值认同。我国幅员辽阔，人口众多。民族构成的多样性使得维系我国社会秩序稳定和国家安全的难度较大。因而，培养我国人民的民族凝聚力以及民族精神，构建社会群体性道德秩序十分重要。在网络时代，网络的开放性与低门槛使得网络主体呈现多样性和复杂性。网络言论中存在各种各样的言论价值倾向，不同的言论价值倾向代表不同的民意。然而，由于网络空间的复杂性，网络言论可能会夹杂错误的价值倾向，例如泛道德主义和极端思想。因此，有必要通过加强对网络言论的规制，来增强社会的认同感和培养民族凝聚力。

3. 网络公信力重塑的需要

网络技术的迅速发展为世界各个国家、各个地区的人们相互交流提供了广阔的平台。不同于现实的交流环境，在互联网这个独立的空间内，由于网络的匿名性、虚拟性等特点，网络主体在表达自己的意愿以及传播信息时更加自由。故而，互联网存在大量的虚假信息、诈骗信息，可能会改变不知真相的网民对事物的理解，有可能会造成严重的后果。久而久之，上当受骗的网民便会认为，互联网上无真相。网络传播信息的可信度降低，造成网络公信力的下降。而且，由于互联网可以将世界每一个角落联系在一起，虚假信息的传播便会蔓延整个世界，其所造成的影响很难逆转。因此，应当对网络空间的言论自由行为加以规制，不能任由网络主体发布恶意、不实的网络信息，阻止其侵犯他人权利，以重塑网络公信力。

4. 抑制网络极端思想蔓延的需要

网络空间的独立性使人们在网络媒介之下可以拥有自己独立的活动圈。每个人都可以将自己的思想通过言论的形式在网络平台上表达。不同思想的交锋、碰撞可以使真理越辩越明，这对于推进社会民主法治的建设有很大的帮助。但是，由于网络主体的广泛性，一股极端思想在网络空间出现并蔓延至整个网络世界。一些人把对现实社会的不满情绪在网络社会宣泄，进而发展成为仇视心理。这种仇视心理忽视了法律的存在，只想通过"同态复仇"的方式来解决社会矛盾问题。这些人通过操纵网络言论、捏造虚假事实，来冲击政府的管理行为以及法院的独立审判。因此，必须加强对这些极端思想的网络言论的规制，使之受到法律的约束。

二、我国规制网络言论自由法律界限的现状

(一) 网络言论自由的法律界限

对公民网络言论内容进行规制，是"以内容为控制对象"原则在立法中的运用。这也是我国对网络言论进行规制的主要形式。在对公民网络言论规制的具体内容上，主要有禁止性规定以及违反禁止性规定的法律责任两个方面。一方面，有关禁止性规定，《宪法》第五十一条规定，公民在行使权利时不得损害国家、社会，以及其他个人的合法权益。相关法律、行政法规对不得发表和传播的网络言论采取列举式的方式予以明确：大致包括危害国家利益的言论、损害公共利益的言论、损害其他公民合法权益的言论以及其他禁止性言论。另一方面，网络言论的内容违反禁止性规定，其基本的法律责任形式主要有刑事责任、民事责任和行政责任。

1. 禁止性规定

(1) 危害国家利益的言论。这里的国家利益是一个广义概念，它包括国家的政治、经济、国土安全等利益。我国宪法规定中华人民共和国公民有维护国家利益的义务。网络空间虽然不同于现实社会，但作为网络主体的公民在互联网上发表网络言论的行为仍要受到现实法律的约束。网络言论不得侵犯国家利益，否则将会承担相关的法律责任。我国 2017 年发布的《网络安全法》第十二条第二款规定，任何个人和组织都不得利用网络从事危害国家安全、利益和荣誉等危害国家利益的行为。

(2) 危害社会公序良俗的言论。危害社会公序良俗的言论包括危害社会秩序和违反善良风俗的言论。例如，信息的发布者通过不实的言论、信息迷惑他人，煽动群众情绪进行非法活动，造成社会秩序发生混乱。又如，利用谣言制造恐慌，使不明真相的群众上街堵路，使交通秩序陷于混乱，更甚者打、砸、抢、烧，扰乱社会秩序。再如，在互联网上进行赌博，传播色情、卖淫等信息、言论的行为，违反社会的公序良俗。我国《网络安全法》第九条明确规定，网络运营者在开展经营和服务的活动中，应当遵守法律法规以及社会公德。

(3) 侵害其他公民合法权益的言论。网络的匿名性与虚拟性赋予公民更多的话语权，使得公民对每一个热点问题或者公众事件都可以实现发表自己的看法和观点。但是，公民在网络上行使言论自由权的行为应当以不得侵犯他人合法权益为界限。对他人的合法权益，如他人的隐私权、名誉权不得侵犯。我国《宪法》第五十一条、《网络安全法》第十二条第二款等法律对此都有明确

规定。

（4）其他禁止性言论。在我国，除了上述危害国家利益、危害社会公序良俗和侵犯他人合法权益的言论被法律法规明令禁止，还有其他被法律禁止的言论。例如，对网络上散播极端主义、恐怖言论，以及宣扬民族仇恨、民族歧视的言论等，都属于法律法规禁止性规定的言论范围。我国《网络安全法》第十二条第二款、《互联网电子公告服务管理规定》第九条第四款、《互联网域名管理办法》第二十七条第五款都对此类言论作了禁止性规定。同时，也有对违反宪法基本原则的言论的禁止性规定，如我国《互联网信息服务管理办法》第十二条第一款。

2. 法律责任形式

（1）刑事责任。公民在网络发表的言论，如果侵犯他人的合法权益情节严重构成犯罪的，追究其刑事责任。《刑法》第二百四十六条明确规定，通过网络实施同样行为可以构成侮辱罪和诽谤罪。《中华人民共和国刑法修正案（九）》第二十三条规定，编造虚假信息通过网络进行传播，或者明知是虚假信息故意通过网络进行传播，处三年以上七年以下有期徒刑。《网络安全法》第七十四条规定，对于违反本法规定，构成犯罪的，依法追究刑事责任。

（2）民事责任。公民在网络发表言论时不得侵犯他人的合法权益。情节较轻尚未构成犯罪的，追究民事责任或行政责任。《中华人民共和国民法典》（以下简称《民法典》）第九百九十条规定，公民享有隐私权，任何组织或者个人不得侵害他人的隐私权；第一千零二十四条规定，民事主体享有名誉权，任何组织或者个人不得以侮辱、诽谤等方式侵害他人的名誉权；第一千一百九十四条规定，利用网络侵害他人合法权益的，承担侵权民事责任。应当说，设置相应的民事法律责任对于在当今网络时代保护公民个人的合法权益很有必要，故而，应设置民事责任以防止网络侵权事件的发生，保护公民的私人合法权益。

（3）行政责任。在我国，网络言论内容违反法律法规禁止性规定所承担的法律责任，除了包括上述刑事责任、民事责任，还有行政责任。我国《网络安全法》第六十七条明确规定，利用互联网发布涉及实施违法犯罪活动的信息，尚不构成犯罪的，由公安机关处五日以下拘留，可以并处一万元以上十万元以下罚款；情节较重的，处五日以上十五日以下拘留，可以并处五万元以上五十万元以下罚款。

（二）网络服务提供者行为的规制

网络服务提供者是向用户提供互联网业务的电信运营商，其提供的互联网业务主要包括互联网接入业务、互联网增值业务和网络信息业务三类。网络服务提供者在整个互联网产业链中，扮演内容收集者、生产者和业务提供者的角色。在我国内地市场上，主要有三大网络服务提供者，即中国移动、中国电信和中国联通。网络用户只有在网络服务提供者提供服务的基础上，才能进入互联网世界。故而，网络服务提供者对规制网络言论有着极其重要的作用。我国对网络服务提供者规制的模式主要是政府的直接监管加上法律法规的严格责任的综合规制模式。

1. 政府对网络服务提供者直接监管

我国政府对网络服务提供商直接监管的方式包括资本控制和许可备案两种方式。根据《外商投资产业指导目录（2017年修订）》，网络视听节目服务、上网服务营业场所、网络文化经营皆为禁止外商投资的领域。同时，2007年12月由国家广播电影电视总局公布的《互联网视听节目服务管理规定》对从事互联网视听节目服务的条件作出了严格的规定。其中，《互联网视听节目服务管理规定》第八条明确规定，申请从事互联网视听服务节目服务的，不仅应当具备法人资格，是国有独资或控股单位，而且要自申请之日前三年内无相关违法违规的记录，否则将不能取得资格。该条规定意味着我国对网络传播媒体的监管依旧沿用对传统媒体的监管模式，并没有制定与之相适应的法律法规。

另外，根据我国《互联网信息服务管理办法》第三条、第四条的规定，我国将互联网信息服务提供者分为经营性的与非经营性的两种。对于经营性的网络服务提供者从事网络信息传播活动实行许可制度；对于非经营性的网络服务提供者则实行备案制度，履行相关的备案手续即可。由此可见，在我国提供与网络有关的信息服务，应当通过审批获取许可证或者履行备案手续，否则就是违背法律法规的非法经营。

2. 法律法规规定网络服务提供商的严格责任

我国相关法律法规等对网络服务提供者提出了严格的责任要求。网络服务提供者一方面应当对自己所提供的服务、信息负有责任，同时还负有对网络中存在的非法、有害的言论内容配合有关部门进行监管、控制的义务。

（1）承担严格的责任要求。我国《民法典》侵权责任编第一千一百九十四条至第一千一百九十七条对网络服务提供者的责任进行了规定。"当网络服务提供者知道或应当知道网络用户利用其网络服务实施侵权行为而没有采取断开链接、屏蔽、删除等必要措施时，与直接侵权者承担连带责任。或接到权利人通知后没有及时采取必要措施的，对损害的扩大部分与直接侵权者承担连带责任。"

（2）维护网络安全的义务。《网络安全法》第九条规定，网络服务提供者开展运营、服务活动，必须遵守法律、行政法规，履行网络安全保护义务，承担社会责任。该法第十条明确规定，网络服务提供者应当采取技术措施和其他必要措施来保障网络安全、稳定运行，有效应对网络安全事件，防范网络犯罪活动。可以看出，我国法律法规要求网络服务提供者承担网络安全维护的责任和义务，为建设网络安全保护体系、规划网络安全的管理工作作出贡献。同时，网络服务提供者还应当对网络空间内的犯罪活动及时防范，普及、强化对网络用户的安全教育。

（3）保证内容合法的义务。法律法规要求网络服务提供者应当保证内容合法。这里主要包括两点：一是网络服务提供者自己发布、传播的相关信息内容不违反法律法规的禁止性规定，二是保证他人在网络服务平台上发表的言论内容不能违反法律法规的禁止性规定。网络服务提供者应当对其平台上的他人发表、传播的言论信息内容进行审查，如果言论内容违反法律法规的禁止性规定的，则负有及时删除、停止传输或停止提供服务、消除影响等义务。对相关的违法、犯罪记录予以保存，并向有关部门报告。我国《网络安全法》第四十八条第二款对此有明确规定。

（4）保留、提供记录的义务。我国《网络安全法》第四十八条第二款、《互联网信息服务管理办法》第十四条等法律法规都有规定，网络服务提供者应保留用户在网络空间的数据记录，以便在必要的时候可以提供给相关部门查询。

（三）行业组织的自律规范

当前各国对网络言论自由的规制主要是法律规制、行业组织的自律规范以及网络技术手段的控制相结合。我国目前对网络言论自由的规制以法律法规的规制为主，但随着我国网络技术的发展以及行业组织制度的日渐成熟，行业自律规范越来越多地被运用到对网络言论自由的规制中。行业自律规范是规范互联网从业者的职业行为、构建自我规范与自我协调的行业自律机制，通过网络服务商对网络言论的监管，减少了政府的不适当干预，在推动互联网行业的健康快速发展方面有很大的积极意义。为此，我国也在积极倡导和推进互联网行业自律规范机制的建设。例如，2004年中国互联网协会制定的《中国互联网行业自律公约》，以"积极发展、加强管理、趋利避害、为我所用"为基本方针，为建立我国互联网行业自律规范作出自己的努力。随后，一系列的自律规范如《博客服务自律公约》《中国互联网行业版权自律宣言》相继出台。

（四）技术手段的控制

目前对网络言论进行规制的技术手段主要有过滤与言论分类技术。现阶段，我国主要采取的是过滤技术，即通过设立具体的标准对网络的相关言论内容进行筛选，将不符合标准的言论内容自动屏蔽。网络服务提供商先在网页源代码里对网络言论内容的属性设置标签，然后采用过滤软件对相关内容进行过滤的技术方式，将非法、有害言论信息淘汰，以达到对网络言论环境净化的目的，是规制网络言论的有效手段之一。而过滤技术也可以基于不同网络结构主体层面，实现不同的过滤效果。例如，网络用户既可以直接选择安装过滤软件，也可以通过要求网络服务提供商安装过滤软件来实现对网络言论的管控。

三、我国规制网络言论自由法律界限存在的问题

（一）法律制定存在缺陷

现阶段，我国规制网络言论自由的主要法律渊源有两类：一类是法律对网络言论自由的规制，包括《宪法》《网络安全法》《刑法》《民法典》等法律规定中有关网络言论自由的部分。例如，《网络安全法》第十二条规定了网络言论应遵守宪法、法律、公共秩序以及不得侵犯他人权益等，《刑法》第一百零三条规定了煽动分裂国家罪中关于利用网络信息煽动分裂国家的行为，《民法典》第一千一百九十四条规定了利用网络侵害他人合法权益的需承担侵权民事责任等。这类关于网络言论自由规制的法律条款是一种宏观上的调控和指引，缺乏更为细致的规范支持，在具体的实践中操作性不强。另一类是专门为互联网管理而制定的规章。其中，有关网络言论自由的具体限制条款大多散见于这一类规章中。一方面，这类规章有很强的操作性，对有关网络言论自由的主体、权利、义务、责任等方面都有比较细致的安排和规定；另一方面，其存在立法层级较低、立法程序缺失等一系列问题。

1. 立法层级较低

我国《宪法》第三十五条规定公民享有言论自由权，但宪法规定是一种原则性的指引，并没有关于行使该权利的一些更为细致的措施规范以及言论自由权受到侵犯的救济程序。我国对互联网发展的某些突出现象制定了一些法律规范进行调整，但由于这些法律在制定之初并不是专门规制网络言论自由的，其在网络空间所能发挥的作用也相当有限。因而，在实际中真正规制网络言论自由权的法律是相关的行政法规与部门规章。而此类法规、规章的制定主体很多，包括国务院、国务院有关部门如文化和旅游部、工业和信息化部、公安部

等部门。这就使得了大量有关规制网络言论自由的规范性文件出现，这些规范性文件以规定、暂行规定、办法等名称出现。一方面，其立法层级较低，权威性不够；另一方面，这也导致网络言论自由规制出现立法、监管方面的问题。具体而言，大量的有关规制网络言论自由的规范性文件的出台，使得相关事项的立法出现缺乏系统性、协调性的问题，相关的规定之间出现意思重复、立法语言模糊、含义不清等问题。立法主体较多，导致许多部门制定法规、规章的初衷仅是为了争取本部门在网络空间的管理权限，造成"法出多门"的现象。同时，在监管方面，由于有权监管的主体较多，在具体实践中可能会出现重叠监管、多头监管的混乱局面。这不仅会降低政府的行政效率，而且会产生"监管真空"的监管困境。

2. 立法程序缺失

公民对立法过程的全面参与、监督，是保障立法民主的基本条件，也是社会公众对自身利益、意愿表达诉求的方式之一。广泛听取公民的意见、建议是民主立法的基础与核心。互联网的存在无疑为对公民意见、建议等的信息收集、分析与实际运用提供了强大的技术支持。显然，在制定有关网络言论自由方面的法律、法规、规章等规范性文件时，公众参与有其独特的优势。一方面，凭借互联网平等、开放的自由交流平台以及迅捷的信息传播机制，可以将社会公众关于网络言论自由立法的相关意见、建议及时反馈给立法者；另一方面，网络言论自由权涉及每一位网民个人权利的行使，这无疑会调动社会公众参与到立法程序的积极性，提高立法的民主性。但是，现阶段我国调整网络言论的规范性文件中，大多数都是行政规章，而其中部分规章在立法时并未经过充分的论证，也没有广泛地听取社会公众的意见、建议便被签署公布。另外，由于部分规范性文件制定的初衷并不是为了保护网络言论自由，而是为了部门管理的便利，因此造成过于侧重监管、立法质量不高等弊病。

（二）法律内容存在的不足

我国并未制定专门的法律对网络言论进行调整，与之相关的法律条文分散在各法律法规、部门规章以及司法解释里，这便导致网络言论的立法缺乏统筹规划，且过分强化政府对网络言论的管理而忽视了对言论自由的尊重和保障。同时，对网络服务商的责任过于严格。

1. 忽视对言论自由的尊重和保障

我国没有针对网络言论自由规制及保护的专门立法，相关的内容都分布在法律法规、政府规章等规范性条文中。但是，在我国《刑法》《民法典》《网络安全法》《全国人民代表大会常务委员会关于维护互联网安全的决定》等法律规定中，涉及对网络言论规制、监管的居多，涉及对网络言论自由的保护较少。这体现了我国在网络言论自由立法方面更多地倾向于以网络空间的安全、秩序为价值，侧重于对互联网信息的监管、控制。我国对网络言论自由的规制与对传统媒体的规制类似，忽视了网络言论自由本身的特性。同时，在对网络言论自由规制的程度上要符合一定的条件，即合法性与比例性。例如，有的行政规章将民族优秀文化视为不得侵犯的对象，这就存在一个规制不符合比例的问题。因为每个人对什么是优秀文化都有不同的理解，对优秀文化范围的认识也并不一致，判断标准具有模糊性。同时，由于政治性的言论价值要高于非政治性的言论价值，我国对政治性言论的监管程度最高，多采取敏感字词的过滤技术手段，将涉及政治性的网络言论信息过滤，使得公民的网络言论表达受限。

2. 网络服务提供者的责任过重

尽管我国对网络服务提供者实行的是过错责任原则，但不同于德国、日本等其他国家的过错责任形式，我国还附加规定了网络服务提供者必须履行的相关义务，包括网络服务提供者在网络空间发现违法行为向监管机构的报告义务，按照监管机构的要求删除相关网络言论、信息的义务，以及对用户在网络上留下的个人信息予以保留，以便监管机构随时查询等的义务。而德国《信息与通信服务法》则规定，网络服务提供商应当尽量减少对网络用户信息的记录。[①] 日本《网络服务商责任法》也有类似的规定，且规定对于网络中泄露用户信息的情形，在对监管机构提供信息时应当及时听取被泄露者的意见。[②]

在我国，网络服务提供者所承担的义务重于德国、日本等国家，不仅要与直接侵权者承担连带责任，还要承担对网络有害言论阻拦并向有关机关报告的义务，以及要对网络的非法有害信息尽到注意义务，否则将与非法有害言论发布者承担连带责任。这种责任承担义务即使在避风港原则下也给网络服务提供者添加了不少负担。第一，过高的审查能力要求。网络服务提供者不具备专业的侵权法律事实判断能力，即使有权利人提供的初步证据，要求其实质判断侵权存在与否，实属勉为其难。第二，不符合新时代的网络要求。在网络2.0时代，网络用户频繁地成为网络内容的制作者，已不像以往只充当浏览者的角色。面对海量的信息内容，网络服务提供者要付出较大的审查成本。第三，对于不同网络服务提供者的责任没有进行明显区分。法律对于网络服务提供者分

---

① 参见邢璐《德国网络言论自由保护与立法规制及其对我国的启示》，载《德国研究》2006 年第 3 期，第 34 – 38 页。

② 参见陈道英《我国网络空间中的言论自由》，载《河北法学》2012 年第 10 期，第 5 页。

属下的 IAP、IPP、ICP 三者的责任没有进行体系性的划分，而只是进行笼统的规定。而且，有关概念分布在不同的规范中并不统一，这容易使人误解，或被人利用相关漏洞来逃避侵权责任。

四、域外规制网络言论自由法律界限的比较

网络言论自由作为基本人权与宪法性权利，其重要性不言而喻。综观发达国家的立法经验，他们大多具备完善的网络言论自由法律保护和法律规制体系，主要着眼于保障国家利益、社会利益和他人合法权益，通过法律、法规对网络言论所涉及的相关主体，即公民、政府、网络服务提供商的规定，建立起了一套政府、网络服务提供商、公民共同分担责任的保障体系，明确规定了网络言论自由的界限，合法合理地对网络言论予以规制，维护国家利益、社会秩序，充分保障了公民合法利益。下面以美国和德国为例，介绍其规制网络言论自由的法律界限，其经验和教训值得我们借鉴。

（一）美国规制网络言论自由的法律界限

美国素来标榜自身对言论自由的保护和重视，其宪法确立了言论自由的基本精神和原则。1791 年美国宪法第一修正案规定：国会或政府不得制定任何法律规范来限制言论自由或出版自由。美国人认为，言论自由与公众讨论是美国民主政体的基石，言论自由作为基本的人权必须受到宪法保护。[①] 尽管如此，美国政府也并未放任网络言论自由权的行使，并且颁布了一系列法案以规制网络不良信息以及加强对未成年人保护的网络立法。[②] 不过，这种尝试面临着美国违宪审查制度的挑战。如美国《通讯端正法》（*Communications Integrity Act*）于 1996 年颁布，翌年就被联邦最高法院以违宪的理由废除。他们认为，国家针对言论自由权的限制，必须使用清晰明确的法律用语，否则如果自由裁量的空间过大，无疑会影响公民网络言论自由的行使。美国于 1998 年制定的《儿童在线保护法》（*Child Online Protection Act*）也因为该法案侵犯成年人的网络言论自由而被最高法院以违宪否决。但宪法第一修正案规定的言论自由权也并不是一种绝对的言论自由，而是要在具体的案例中结合实际情况作出综合的

---

① 参见［英］约翰·密尔《论自由·代议制政府》，康慨译，湖南文艺出版社 2011 年版，第 4 页。

② D J Baum, "Freedom of Expression," *Social Science Electronic Publishing*, 2014（1），p. 10.

法律判断。①

具体而言，美国对网络言论自由的法律规制主要方式为：美国将言论分为政治性言论和非政治性言论，并对不同类型的言论给予不同程度的规制。② 对于政治性言论的法律规制比较宽松，宪法及其第一修正案坚持保守主义的原则和立场，除非其具有明显的"实际恶意"诋毁政府。公民对美国政府及公务行为或者公共问题可以自由讨论，即便言辞偏激乃至不实，在相当程度上都得以容忍；而对于非政治性言论，政府可进行一定程度的限制，但这种限制是基于正当的目的的，且是一种对言论自由严格控制的规制方式，要符合一定的条件才可以。③ 美国对网络言论自由的规制有两大特点：一是政府对网络言论的限制基于正当性与合理性，以及是否符合公共利益；二是在上述前提下，同属宪法的保护范围，且符合最小伤害原则，即所采取的限制措施造成的损害是最小的，以免有违宪法对网络言论自由的保护精神。

（二）德国规制网络言论自由的法律界限

德国对言论自由的法律规制同样适用于网络言论自由。1949 年通过的《德意志联邦共和国基本法》（以下简称"德国《基本法》"）是德国的根本大法，其宪政体系即以之为基石。德国《基本法》第 5 条第 1 款规定，公民享有自由表达和传播观点的权利，并受法律保护。该法第 5 条第 2 款规定，言论自由权的行使有必要的限制，即公民在表达观点或陈述意见时，不得侵犯公民尤其是未成年人的合法权益。该法第 18 条规定，滥用言论自由，并利用这种自由攻击民主、自由的基本价值，破坏自由秩序者，由联邦宪法法院通过司法程序剥夺其权利。

在对网络言论自由进行立法规制的同时，德国在实践领域通过普通立法将宪法规定的言论自由权具体落实于个案中，有时也采取司法审查模式。其在立法方面可分为两类：一类是专门的网络言论立法，如 1997 年制定的《多元媒体法》，这是德国一部全面规范网络言论自由的法律；另一类是在基本法律如德国《刑法典》中增加有关规范网络言论方面的内容。在针对网络言论的专门立法中，《多元媒体法》对网络言论的规制主要体现在三个方面：①严格规定网络服务提供者的责任；②设立"网络警察"以打击互联网的有害信息和

---

① 参见秦前红、黄明涛《论网络言论自由与政府规制之间的关系——以美国经验为参照》，载《武汉科技大学学报（社会科学版）》2014 年第 4 期，第 416–422 页。

② 参见陈明辉《言论自由条款仅保障政治言论自由吗》，载《政治与法律》2016 年第 7 期，第 74–85 页。

③ 参见程洁《美国言论自由的限度》，载《环球法律评论》2009 年第 1 期，第 20–28 页。

言论；③加强对儿童的保护。① 即将故意针对儿童传播色情、暴力的信息和言论的行为入刑。由此可见，德国特别注重防范互联网对儿童的不利影响。一旦言论自由权与其他权利发生冲突，德国往往通过法益衡量来判断言论自由是否受限，尤其是在社会公共利益与网络言论自由的权衡取舍中，更着重于保护社会公益。而美国则不主张社会公共利益的绝对至上，而是通过言论类型的甄别结合实际恶意程度予以价值上的综合判断。

（三）美国、德国规制网络言论自由法律界限的比较分析

1. 政府的规制是常态

如前所述，美国是一个历来重视言论自由保护的国家，并将公众讨论与言论自由视为美国民主政治的基石，其宪法及修正案对言论自由的保护十分周详。从价值观看，美国将言论自由的地位甚至置于平等、人格尊严等之上。但是，即便是在美国，言论自由也并不是没有限制的，而是需要接受严格的违宪审查制度的制约。②

相较而言，德国对网络言论的规制明显严于美国，这与大陆法的传统及其精神相关。一些激进言论如宣传法西斯主义或否认屠杀犹太人等不受宪法保护，德国政府对之予以严密监管乃至取缔。如前所述，德国政府在认为需要时甚至可以根据法律设置“网络警察”。德国《基本法》规定，一旦网络言论自由权与其他权益发生冲突，一般国家利益优先于网络言论自由权。德国规制网络言论自由的理据主要有两种：一是该言论的性质不受宪法保护；二是一般情况下，国家的公共利益高于该言论的价值。

2. 权益衡量是规制最重要的方式之一

违宪审查是美国、德国等国家判断政府规制网络言论自由行为是否具有正当性、合理性的重要制度，通过违宪审查来确立网络言论自由与其他权益发生冲突时的权益衡量的标准。③ 政府对不同社会价值网络言论的约制力度也不一致。

美国法官在审查政府管控网络言论过程中创立了“双轨理论”和“双阶理论”。所谓“双轨理论”，乃是“以内容为控制对象”原则和“内容中立”原则的实际体现。“以内容为控制对象”是将言论内容性质视为规制的依据。

---

① 参见邢璐《德国网络言论自由保护与立法规制及其对我的启示》，载《德国研究》2006 年 3 期，第 35 页。

② B Miller, "Freedom of Speech on the Internet," *Journal of Society*, 2010 (5), pp. 4 –5.

③ 参见 [美] 安东尼·刘易斯《言论的边界》，徐爽译，法律出版社 2016 年版，第 164 页。

因此，法官需要判断言论的内容是否属于宪法所保护范围以及言论的自身价值高低，以此来判断政府规制言论行为的合宪性与合理性。[①] "内容中立"原则即为了追求其他价值目标，如保护社会公共利益等，要求言论内容保持中立。"双阶理论"以"双轨理论"为基础，通过衡量网络言论的社会价值，决定对之进行规制的力度。例如，涉及暴力、色情或恐怖主义等言论的社会价值低，甚至是负值，政府针对这类言论可以加大规制力度；相反，对于纯粹政治性言论来说，由于其社会意义和价值不言而喻，因此政府对之的监管力度则趋低。[②]

德国并非将所有的言论都纳入基本法的保护范围，而是将之进行分类，即分为"事实陈述性言论"与"价值判断性言论"。宪法、法律不保护涉及侵犯公民尤其是未成年人权利的网络言论。德国联邦法院认为，法律赋予言论自由的意义在于表达可以传播知识、真理，可以展现真实的世界。言论无论是价值判断性的，抑或是事实性的，都理应得到法律的保护。而那些虚假的事实性言论，由于没有形成宪法上预期应得到保护的观点表达自由权，自然也不会受到宪法的保护。

由此可见，德国宪法对言论自由的规定，使得德国政府对言论自由的规制空间比美国政府规制言论自由的空间大得多。针对政府规制网络言论行为的违宪审查，德国法官往往基于权利衡量的原则予以价值判断。依据德国《基本法》的规定，公民尤其是未成年人的合法权益优先于网络言论自由权，一旦二者发生冲突，言论自由权让位。当然，认定网络言论对公民人格尊严的侵犯需要符合一定的条件。例如，"侮辱性"的言论对公民人格尊严的侵犯，只有当言论具有攻击性的动机，且言论侵犯了公民的合法人格方面的权利时，才符合言论自由权让位于德国《基本法》规定的言论自由权的条件。[③] 当然，权益衡量的方式无法脱离法官的个人主观性与价值偏向，不是绝对的中立。

3. 对网络言论的规制离不开网络技术手段

美国虽然注重对网络言论自由的保护，但政府加强对网络言论规制的意图日趋明显。从20世纪90年代起，美国政府先后出台了一系列的法案来管控网络言论，但都面临着包括违宪审查在内的各种阻力。如1996制定的《传播净化法案》，就因被认为以牺牲成年人的网络言论自由权来实现保护未成年人权

---

① Irene M Ten Cate , "Speech, Truth, and Freedom: An Examination of John Stuart Mill's and Justice Oliver Wendell Holmes's Free Speech Defenses," *Yale Journal of Law & the Humanities*, 2010, 22 (1), pp. 35 – 81.

② B Miller, "Freedom of Speech on the Internet," *Journal of Society*, 2010 (5), pp. 4 – 5.

③ 参见陈新民《德国公法学基础理论》，人民出版社2001年版，第387 – 388页。

益的目的，以不合比例原则的手段加重了成年人的权利行使负担，而这样牺牲的代价过大且并没有必要，有违美国宪法关于言论自由保护的规定与精神，而被美国联邦最高法院判决违宪。

此后，美国最高法院又判决美国政府制定的《儿童在线保护法》违宪，认为由于该法案对于"淫秽"的网络言论的界定标准过于模糊，可能会导致美国宪法所保护的网络言论自由面临无法实现的危险。美国对言论自由的违宪审查制度不仅很好地保护了美国网络言论自由，而且使美国政府对网络言论自由的规范另寻他路。于是，美国政府在《儿童互联网保护法》中对网络言论引入了信息过滤软件以加强控制。将网络言论内容进行分级，通过设置关键字词，对宣扬暴力以及淫秽、色情言论的信息进行分级、过滤，以保护未成年人的权益，从而监管了互联网上的言论。[①] 美国政府对网络言论的监管模式是法律手段与网络技术手段的相互结合，这种监管方式适应了网络时代的言论自由的环境。[②]

与美国政府不同的是，德国政府在网络言论监管方面有独立的立法权。除基本法律如民法、刑法等涉及网络空间言论方面的规定外，德国有关网络监管方面的法律法规，主要包括《联邦电信服务法》《多元媒体法》《媒体服务州际协议》等。其中，《多元媒体法》将网络主体分为不同的类型，以此来确定各自的角色和责任，不同主体对各自所提供网络信息的内容负责。总之，德国对网络言论自由的规制主要有宪法和普通法律规范，具体到法律规则规定的框架中，就是在网络主体角色责任不同的基础上，建立统一各州的监管立法标准。

五、我国规制网络言论自由法律界限的完善建议

针对我国规制网络言论自由法律界限存在的问题，我们要提升立法层级与完善立法程序，加强对网络言论自由的保护，明确网络言论自由法律规制的标准并规范网络服务提供商的责任，进一步加强网络言论自由的监督管理，从而完善相关制度体系。

---

① 参见张向英《传播净化法案：美国对色情网站的控制模式》，载《社会科学》2006年第8期，第34–38页。

② 参见［美］戴维·凯瑞斯、郭琛《美国言论自由的历史与现实》，载《清华法学》2002年第1期，第359–362页。

（一）提升立法层级与完善立法程序

目前，我国大多数针对网络言论自由的规范性文件是法规、规章，立法层级较低，而且这些规范性文件的制定主体是不同的政府部门，主体多元化造成了监管的混乱和复杂性。同时，这些层级较低的规章的制定过程常因缺乏社会公众的参与和监督，而不符合民主立法的基本要求。故而，为了弥补网络言论自由法律规制立法程序上的缺陷，有必要采取以下措施。

1. 提升立法层级

言论自由是世界各国普遍承认的宪法性权利，包括我国在内很多国家的宪法都有明确的规定。作为一项宪法规定的基本权利，对言论自由进行规制，必须符合宪法的要求。在立法层面，要遵守法律的基本原则，《中华人民共和国立法法》（以下简称《立法法》）第八条第五款对此作出了明确的规定。遵守法律原则，即要求有关限制网络言论自由的法律只能由全国人大及其常委会制定；有关限制公民网络言论自由的规定必须符合法律的要求，包括实体上的要求与程序上的要求。实体上的要求是，对网络言论自由的限制应当符合法律具体规定的内容；程序上的要求是，对限制网络言论自由的过程要符合法律规定的程序。当然，法律原则还要求，对网络言论自由限制的法律是已经公布且应当是人们通过一般的渠道"可获知"的。要求人们遵守"不可获知"的法律不符合法治的基本要求。同时，在已获知法律的具体内容时，还要求该限制网络言论自由权的法律是"可预知"的。

所谓"可预知"是指法律规定的界限明晰，不会使人产生错误的认识以及理解上的障碍，人人都能够通过对该法律的阅读而知悉其中的意思。另外，法律保留原则也应当包括"阻止不正当干预"的含义。具体而言，政府对网络言论自由权的限制应当符合法律规定的手段要求与权限界定，即政府对网络言论自由规制的方式由法律规定，其享有的规制的权力界限亦由法律规定。由于我国有关网络言论自由的规制大多数是立法层级较低的规范性文件，因此，在今后相应的立法活动中应当坚持法律保留原则，提升立法层级，突出权威性与重要性。同时，既要改善规制网络言论自由的现行规范性文件在制定主体方面的混乱、层次过低的问题，也要对现行有关网络言论自由方面的规范性文件进行系统性的整理、归纳，将违反宪法、不符合法律要求以及违反上位法的规定及时进行修改、删除甚至废除，保证各个法律条款之间的衔接与协调。

2. 完善立法程序

民主立法原则要求社会公众积极参与到立法的全过程中，这不仅可以提高制定法的科学性，还可以在最大程度上保证法的实效。《立法法》要求立法主体在立法过程中应当为社会公众参与立法提供便利条件，利用信件、电话、网络等多种方式向群众征求意见、建议，重视专家、学者的专业研究，使得所制定的法律切实地反映民情与民意，实现立法的民主性与科学性。针对"网络言论自由"这一敏感复杂问题，立法主体更应动员社会公众参与立法过程，从而为民主立法创设有利条件。其中，借助网络平台来进行信息收集与传播的优势主要有三个方面：①网络基础用户较为庞大，可以在更大的范围内收集民意信息，且收集的渠道与方式比较便捷，成本较低；②网络自身的特性使得网民表达诉求的方式更为自由，表达诉求的意愿更为真实；③网络空间不仅为立法者与公民之间的信息交流提供流畅的渠道，而且为社会公众之间的相互交流提供便利，各种意见、建议在碰撞中为立法者切实收集民意助力。

（二）加强对网络言论自由的尊重和保障

1. 建立网络言论分级制度

在互联网迅速发展的今天，"日益泛滥的网络色情已引起社会关注。根据互联网协会违法和不良信息举报中心统计，淫秽色情信息占全部举报信息的68%"①。互联网内容分级制度，简单来说，是为了保护未成年人而将网络内容进行分类、标签，通过过滤技术过滤的一套规则系统。互联网自身的特性决定了互联网的两面性。互联网科技的发展对信息的快捷传播有极大的促进作用。但是，网络的进入门槛较低，任何人只要有一根网线、一台电脑就可以连接网络，使得未成年人可能会受网络上不适宜信息的危害。净化网络空间，既为了保护未成年人的健康成长，也为了兼顾成年人的相关权利需要，在打击网络违法犯罪的言论、信息的同时，对不适宜未成年人的网络内容建立分级制度是一个可行的选择。②

建立互联网内容分级制度，关键在于互联网内容分级制度的分级范围、分级标准和过滤软件以及相关主体的权利义务。

网络言论的分级范围应涵盖一切以互联网为传播载体、在法律法规禁止性规定以外的不适宜未成年人的相关信息。由于互联网运用的广泛性，对互联网内容的分级不应仅局限于门户网站、网络论坛等，还应当将范围扩至智能手机、平板电脑等软件应用市场，将其中存在的不适宜信息纳入分级范围。

---

① 张向英：《传播净化法案：美国对色情网站的控制模式》，载《社会科学》2006年第8期，第34－38页。

② 参见杨攀《我国互联网内容分级制度研究》，载《法律科学（西北政法大学学报）》2014年第2期，第184－192页。

在分级标准上，互联网内容分级标准不同于法律法规、司法解释等对互联网上传播违法信息所规定的标准，可以通过采用年龄的标准进行分级，对不同的年龄采用不同的约束内容：①应对每一个未成年人设立互联网内容分级的初始标准，且互联网内容分级的初始标准对互联网经营者是具有强制性的，以保护未成年人免受网络不适宜信息的危害。②在针对每一个未成年人设立互联网内容分级的初始标准后，可以以年龄大小为次序，按每一个年龄段未成年人的特征再分别设立其他标准。③在分级标准的内容上，可以分为性诱惑、暴力、其他共三类。这三类内容标准不同于法律禁止性规定范围内的有关色情、暴力等的标准。法律禁止性规定范围内的色情、暴力，属于法律直接查禁的信息，针对成年人和未成年人。这里所说的有关性诱惑信息，是指内容轻佻，引诱他人产生性欲，又不构成法律法规规定的"色情"标准的不适宜未成年人的信息；暴力信息是容易让未成年人模仿而实施暴力的相关信息；其他信息包括不具有正面意义的、不适宜未成年人的其他信息，如赌博、迷信等方面的信息。对网络信息服务经营者而言，应当采用互联网内容分级标准并在基于该标准的前提下，设立标签，对内容进行分类。

网络服务提供者在提供互联网信息时，应当根据互联网内容分级标准进行分级，并要求用户按分级标准对内容进行分级设置，且分级标准应由经营者或行业协会制定，报政府主管部门备案。分级标准由经营者制定的理由主要有两个方面：一方面，互联网内容分级最终实施的主要责任仍然在其经营者，而不是政府或其他主体；另一方面，互联网内容分级制度涉及互联网技术和网络用户对信息的需求，在这一方面只有经营者最贴近用户，有利于掌握用户需求。对政府的主管部门而言，要依法处理关于互联网内容分级标准的备案申请，并对备案进行监督，向社会公布备案的具体情况、内容等。针对积极设立分级制度的网络服务经营者、教育机构等给予一定的补贴、优惠政策，促进互联网内容分级制度的落实。对家庭、教育机构而言，由于家庭、教育机构对未成年人的健康成长有举足轻重的作用，故而，家庭、教育机构应当按照有关规定落实内容分级制度。

2. 法律规定应当清晰明确

立法语言的明确性是保证立法质量的因素之一。从前文可知，在语言方面，我国有关网络言论的立法存在模糊性。例如，根据《互联网等信息网络传播视听节目管理办法》第十九条第九款的规定，网络空间的禁止性内容包括危害民族优秀文化的节目。"什么是民族优秀文化"是一个见仁见智的问题，每个人对此都有不同的理解。此规定扩大了网络言论的禁止性范围，从某种程度上说是立法语言的不明确造成对网络言论的不合理规制。再如，根据

《计算机信息网络国际联网安全保护管理办法》第五条第八款的规定，损害国家机关信誉也属于网络空间言论的禁止性规定范围。"国家机关信誉"是一个含义模糊的立法语言，对于什么样的网络言论能构成对"国家机关信誉"的侵犯并没有明确标准。而《宪法》第四十一条规定，中华人民共和国的公民享有对任何国家机关和国家工作人员的批评、建议的权利。公民对国家机关、国家工作人员的批评、建议的言论是否是损害"国家机关信誉"的言论？《计算机信息网络国际联网安全保护管理办法》第五条第八款的规定有违宪之嫌。

（三）明确规制法律界限的具体内容

1. 明确法律规制的标准

（1）依据言论主体确立规制标准。网络的特性使得网络言论发布的主体具有广泛性，不同的言论发布主体具有不同的言论影响力。依据网络言论的影响力大小，可以将言论发布主体分为公众人物与非公众人物。对于公众人物，由于其身份特性与公众信赖度较高、网络言论的影响力巨大，因此被赋予更多的注意义务与社会责任。例如，公众人物在发布言论、信息时，应该对有关信息的真实性、合法性进行审查，而不能随意发布不实、非法言论。由于非公众人物的言论影响有限，因此规制其言论的标准相对而言要宽松一些。但要明确的一点是，无论是公众人物还是非公众人物都应当遵守法律基本的底线标准，在发表言论时不得侵犯国家利益、集体利益、社会利益以及他人的合法权益。区别在于，公众人物的注意义务要比非公众人物的注意义务更多一些。

（2）依据言论内容确立规制标准。美国言论自由的司法实践将言论分为政治性言论与非政治性言论，不同的言论有不同的规制标准。对于政治性言论，由于其言论价值性较高，以及公共讨论与言论自由对民主政治的重要性，法律对其规制较为宽松，采取的是绝对主义的保护立场。对于非政治性言论，由于其言论价值性较低，法律对其规制较为严格。我国网络言论自由的法律界限可以借鉴美国的言论分类方法，以内容为依据将其分为纯粹私人言论、政治性言论以及商业性言论。在政治性言论是否享有绝对主义的保护方面，应当注意政治性言论有无"实际恶意"的倾向。如果言论的发布者只是针对公共事物提出自己的意见与建议，没有逾越言论的界限，即使言论有偏激之处，仍应受到法律的保护。如果言论的发布者怀有"实际恶意"，发表言论的目的是损害国家的安全、社会公共利益，那么需要受到一定限制，而不能享有绝对主义的保护。另外，在对于"实际恶意"的举证责任上，实行"谁主张，谁举证"的原则。也可以根据言论的价值将言论分为高价值言论、低价值言论、危险言论和危害性言论，并针对不同类型的言论确立不同的审查标准。[①]

2. 规范网络服务提供者的责任

（1）权利人获悉自身合法权益受到侵害时，有权通知网络服务提供者并要求其采取断开链接、屏蔽、删除等必要措施。在通知内容上，权利人应提供构成侵权的证据及个人真实身份信息。网络服务提供者接到权利人通知后，应将通知及时转给侵权人，并根据构成侵权的证据采取必要措施。侵权人收到转送的通知后，可以向网络服务提供者提交不存在侵权行为的声明。在声明内容上，侵权人应提供不存在侵权行为的证据及个人真实身份信息。网络服务提供者收到声明后，应将声明及时转给权利人，并告知其可以向有关部门投诉或向人民法院提起诉讼。权利人如因错误通知而给网络用户或网络服务提供者造成损害的，应承担侵权责任。

（2）针对公共事务和私人事务应采取不同的保护力度。理由在于，如果对涉及公共事务的网络内容进行过多干涉，可能会使网络作为容纳公共话语的平台优势不复存在，并可能破坏网络自由，阻碍社会进步和国家创新。因此，对涉及公共事务的网络内容，网络服务提供者应该采用最大宽容的原则，在收到通知后，只有在有足够证据能确定侵权行为真实存在时，才采取必要措施；相反，对涉及私人事务的网络内容，网络服务提供者则应采取较为严格的审查和处理措施，最大限度地保护处于弱小地位的个体利益免受网络侵权的损害。即只有当侵权行为对权利人造成的危害已经达到明显而即刻危险的程度时，网络服务提供者才应该及时采取必要的保护措施。

（3）对不同网络服务提供者的义务进行合理区分。对此要进行更高层级的统一立法，明晰 IAP、ICP、IPP 的分类体系。IAP 主要提供信息通信线路、设备等的接入或连接服务，它不干涉网络信息的内容，只有在极为特殊情况下才能要求其承担侵权责任。相反，ICP 主要是为各类信息发布活动提供服务的经营者，在这种模式下，公众一般只能浏览而不能改变其所提供的信息，其理应负有更高的审查注意义务，甚至是在自身发布信息时的直接侵权责任。IPP 主要为网络用户提供论坛服务、电子邮件、信息查询，它介于 IAP 与 ICP 之间，对信息有一定的监控能力，承担的更多是及时处理义务。

---

① 参见陈明辉《言论自由条款仅保障政治言论自由吗》，载《政治与法律》2016 年第 7 期，第 74 – 85 页。

（四）加强监督管理

1. 充分发挥政府职能作用

（1）引导公民正确行使网络言论自由权。由于网络自身的特性，网络言论在传播的迅速性、影响的广泛性上都不同于传统媒体。网络言论既有其独特价值的一面，也有可能损害国家、集体、社会和其他公民的利益。政府在强调监管违法言论的同时，应积极引导公民树立正确的权利行使意识，提高公民的社会责任感。

（2）政府监管应当遵守"合法原则"。所谓"合法原则"，包括法律优先和法律保留两个层面。法律优先要求政府的监管行为须与法律保持一致，不得逾越法律的规定。同时，在行使对网络言论的监管时，政府应当积极履行自己的法定义务，不能不作为。法律保留要求政府的行为以法律授权为前提，法无授权即禁止。

（3）政府监管也应当符合"合理原则"。不同于"合法原则"属于形式法治范畴，"合理原则"属于实质法治范畴。"合理原则"要求政府在监管网络言论时基于法律目的，应当采取符合适当性要求的监管措施，且所采取的措施造成的损害最小，符合最少伤害原则。

2. 规范政府行为

（1）完善政府信息公开制度。政府信息的公开、透明有助于公民对政府行政行为实施监督，并提出有针对性的意见与建议。因为言论表达的基本前提是获取有关的信息和材料；否则，在脱离事实真相情况下的言论表达毫无价值，这种言论通常会被他人的观点左右，或只是自己的主观臆断。完善政府信息公开制度，利用网络高效的信息传递机制作为政府信息的发布平台，使公民能够及时、全面地掌握政府有关行政执法动态，有利于公民对政府行政行为进行监督，从而规范政府行为。

（2）健全政府与公民的交流机制。规范政府对网络言论的监管，并不意味着网络言论自由的实现不需要政府的参与；相反，在某些时候，需要政府作为信息发布者来澄清相关问题。例如，许多行政机关都通过开通官方微博来宣传本行政机关的政策主张、通报有关事件处理结果等。这种公民与政府的双向沟通机制，有利于信息的及时传递与回馈，加强公民与政府之间的了解，从而促进网络言论自由的实现。由于我国正处于社会转型时期，政府应当充分利用互联网信息技术，为公民构建及时有效的利益诉求机制，保障网络空间的和谐发展。

（3）完善互联网举报制度。互联网举报主要是举报主体通过互联网向有关的国家机关提供被举报主体违法犯罪的相关线索，相关国家机关根据提供的线索对被举报者是否存在违法犯罪行为进行调查取证，以此确定被举报者有无犯罪。互联网举报制度是一种适应网络时代的民主监督模式，是对公民在网络空间的表达行为的监督，有利于维护稳定、和谐的网络空间环境。然而，由于公民缺乏对举报法律性质的认识，网络中的虚假举报现象时有发生。我国有关举报的法律制度尚不完善，对于举报主体的保护职责、保护方式等缺乏具体的规定。在涉及各方权利和义务时，应当限制举报者的责任。对网络主体举报的法律责任进行限制，一方面，对虚假举报等违法行为应当依法追究其相关法律责任；另一方面，不宜过多地加重举报人的责任。例如，不应该要求网络举报主体对被举报人的违法犯罪事实承担举证责任，因为证明犯罪事实与犯罪行为的成立是国家机关应承担的职责。

3. 加强行业组织自律规范及技术监控

（1）加强行业建设与自律管理。我国互联网协会自 2001 年成立以来，就以制定行业规范和自律公约为基本的任务之一。这些行业规范和自律公约的制定对于保障我国互联网行业健康有序发展、规制不正当竞争等方面有不可或缺的作用。但与国外的行业自律规范建设相比，我国互联网行业规范体系仍不成熟。为此，应当充分发挥互联网协会的作用，坚持监管与引导相结合的方式。一方面，吸引互联网从业者自愿加入互联网协会，提升互联网协会的影响力；另一方面，要注重加强协会的管理能力，构建对违约成员的内部惩处机制。另外，加强自律管理还应包括公民自律建设。法律不是万能的，法律调整的对象是人的外部行为，网络空间的独立性更需要公民的自律意识。而对于公民自律意识的培养离不开社会的公共教育以及正确价值观念的引导。

（2）建立实名制，加强技术监控措施。网络实名制是网络用户凭借真实的身份在网络空间活动的制度。网络实名制对于规范公民的个人行为、优化社会管理秩序有非常积极的意义。在实施网络实名制的同时，不能忽视对网络言论自由的保护，主要可以从两个方面对网络实名制作出合理限制：其一，网络实名制对网络言论自由的限制应当符合比例原则，在符合法律规定的情形下使用最小伤害的法律手段实现预期目的；其二，建立相关配套设施保证公民的个人合法信息不受侵犯，包括完善个人信息保护机制，防止个人信息泄露。

（3）审慎对待过滤软件。过滤技术作为规制网络言论自由的技术手段，在我国被广泛采用。过滤技术通过设立具体的言论界限标准对网络空间的相关言论内容所涉及的信息进行筛选，将不符合设立标准的言论内容自动屏蔽。过滤技术的使用，对防止网络空间的非法言论的传播，诸如危害国家安全、色情、暴力等网络非法言论，具有积极的一面。① 但是，现阶段我国的过滤机制尚存在一定的问题，需要完善。我国的过滤机制主要是通过设立关键字词的方式来过滤掉网络空间的有害内容，这样既无法确保过滤网络空间的一切非法、有害言论；也在某种程度上使得公民无法针对"热点问题""热点事件"发言，从而堵塞了言路，不利于我国的民意的传达和民主政治的建设。我国用于规制网络言论自由的过滤技术在某种程度上变相导致了信息阻塞。因此，要审慎对待过滤软件，建立完善细致的法律法规、提高公民的素质才是解决问题的关键。

六、结语

互联网技术的深入发展渗透到社会生活的方方面面。在网络时代，作为宪法基本权利的言论自由因网络媒体自身的特性而具有新的特征。网络言论自由在有助于社会多元价值进行平等的交流、实现个体价值、发挥人的创新能力等方面，都体现了其独特价值之处。网络言论自由将古老的言论自由价值在网络空间进一步发挥出来，极大地改变了传统言论自由的表达模式，在很大程度上突破了对传统言论自由的限制。但是，网络言论自由的实现不得牺牲国家利益、公共利益及他人合法权益。在现代社会，网络言论自由具有不同于传统言论自由的特殊价值，我们在保障网络言论自由的基础上，更应该思考如何确定网络言论自由的法律界限，从而保障网络言论自由权的正确行使。

第三节　公民网络监督权的法律界限

监督权是宪法授予公民监督国家机关及其工作人员的一种权利。自20世纪90年代中期互联网真正进入中国以来，互联网技术的快速发展和普及改变着人们生活的方方面面，为监督权的一种新型存在方式——网络监督权的行使创造了条件。此外，改革开放以来，随着公民的权利意识不断觉醒、监督意识不断提高，网络监督权得到广泛行使，其积极意义日益凸显。但是，任何事物都具有两面性。由于互联网媒介的新特点，以及公民的文化素质和法律素养有

---

① 参见张向英《传播净化法案：美国对色情网站的控制模式》，载《社会科学》2006年第8期，第136－143页。

待加强、我国法治建设也在逐步完善等原因，公民在实际行使网络监督权时会遇到一系列问题，这不可避免地会造成各种负面影响。因此，明确公民网络监督权的法律界限，解决公民行使网络监督权存在的问题，才能更好地发挥公民网络监督权的优势。

一、公民网络监督权的基础理论

（一）公民网络监督权的概念

公民网络监督权实质上是监督权在网络领域的延伸与发展。"所谓公民网络监督权，并不是指代一种独立的基本权利，其实质是特指监督权的一种新型的存在方式，意味着公民监督和网络媒介的有机融合。"① 相比传统意义上的监督权，对于网络监督权的客体对象应做出广泛意义上的解释，国家机关及其工作人员的违法失职行为应当接受网络监督，而且对于涉及社会公共利益的行为或事件也应该纳入网络监督权的范围。② 因此，网络监督权是指公民利用网络平台，通过多种网络渠道对国家机关及其工作人员的违法失职行为和涉及公共利益的社会事件及行为进行监督的权利，如公民在各种网站、论坛、微博、App 等对各种行为或事件进行揭露、检举，并进行广泛、热烈的讨论，引起有关机关部门对事件的关注，使其迫于社会舆论压力及时进行相应的处理。

（二）公民网络监督权的特点

公民网络监督权具有传统意义上的监督权所不具备的新特点。

1. 便捷性

由于互联网技术的发展与普及，公民行使网络监督权大大突破了时间与空间的限制，具有方便、快捷的特点。对比以前传统意义上的行使监督权的方式，一方面，公民进行网络监督的方式、渠道多样，既可以在国家机关或者职能部门建立的官方网站或 App 上检举、揭发国家机关及其工作人员的违法失职行为，也可以登录个人微博、微信账号，通过网络曝光不法事实或者对相关事件进行评论，发表自己的观点。另一方面，公民进行网络监督十分快捷，无须像以前的举报信一样等待层层递交，仅需轻点鼠标或智能手机，便能及时发

---

① 王昊宇：《信息时代公民网络监督权的法治化路径》，载《公民与法（法学版）》2016 年第 7 期，第 50 页。

② 参见王立《论我国公民网络监督行为的法律调控》（硕士学位论文），华中科技大学法学院 2015 年。

布言论，并通过多种传播媒介传播，引起广泛关注，大大节约了时间成本。①此外，公民行使网络监督权的程序简便，这就能有效消除地方保护主义及恶势力的阻碍，其形成的舆论压力促使相应机关不得不对公民监督的事件或行为做出及时的回应和处理，这进一步凸显了公民网络监督权的优势。

2. 自主性

中国经过改革开放几十年的发展，经过全国各族人民的不懈奋斗，中国特色社会主义进入了新时代，人们的基本生存需求得到满足之后，对更高层次需求的渴望不断加大。互联网的兴起见证着公民对权利和公平正义的渴望。公民参与政治的热情越来越高，维护和保障自身权益的呼声越来越高，构建民主和谐社会的愿望越来越强烈。相较于之前传统的自上而下推动进行的监督，公民进行网络监督不再是被动的。公民的网络监督行为或是基于自身权益被侵害的愤慨，或是基于对某一社会事件或公职人员相关行为的疑虑等。公民利用网络平台行使网络监督权，作为维护自己权益和维护社会公平正义的手段，其形成的监督力量不容忽视，这对于我国的民主法治建设具有重要意义。

3. 广泛性

一方面，公民网络监督权的主体具有广泛性。中国互联网络信息中心发布的《第44次中国互联网络发展状况统计报告》显示，截至2019年6月，我国网民规模达8.54亿人，互联网普及率达61.2%，我国手机网民规模达8.47亿人，使用手机上网者所占比例达99.1%。② 只需要一部智能手机或者电脑，每一位公民就可以通过各种网络平台行使网络监督权，在不违反法律法规的情况下，在网络平台上自由地各抒己见。公民行使网络监督权的人数之多、范围之广，具有传统监督权所不具有的新特点。另一方面，公民行使网络监督权的影响具有广泛性。网络媒介的传播速度之快、范围之广，赋予网络监督广泛的影响力。公民网络监督权的行使不仅推动国家机关对有关问题及时做出回应和处理，促使问题的解决，取得深刻的监督成效，还促使国家机关工作的透明化、公开化，这对共建阳光政府、和谐社会具有重要意义。

（三）公民网络监督权的功能

1. 制约国家权力

我国是工人阶级领导的、以工农联盟为基础的人民民主专政的社会主义国

---

① 参见刘红凛《网络舆论监督的发展态势与有效运用》，载《中共中央党校学报》2017年第3期，第74—82页。

② 参见中国互联网络信息中心《第44次中国互联网络发展状况统计报告》，见中国网信网（http://www.cac.gov.cn/2019-08/30/c_1124938750.htm）。

家，国家一切权力属于人民。① 网络监督权是监督权的一种重要形式，公民通过网络媒介对国家机关及其工作人员的工作进行监督，该权利的行使符合宪法的规定，具有正当性。需要注意的是，国家机关只是代表人民的意志行使权力，并不是所有人手中握有权力就能够确保不利用手中权力作恶，他们可能会借助国家权力谋求自己的利益而无视人民的福祉甚至损害人民的利益。由此可见，对国家权力进行监督是一项重大任务，公民网络监督权的行使具有必要性。不同于传统行使监督权的模式，近年来，网络监督权借助互联网的便捷性，其高效便利的监督过程使得不少贪腐案件被挖掘、不少官员被问责，凸显出卓越的反腐效果。借助互联网这一平台，公民能够更加便捷地了解国家大事，参与政治生活，对违法失职行为及涉及公共利益的事件进行监督，促使网络监督权行使的深度和广度得到进一步提升，将公权力套进监督的"笼子"里，避免公权力的滥用，这对公权力的制约具有十分重要的意义。

2. 完善监督体系

伴随着互联网技术的发展和依法治国进程的推动，公民网络监督权作为监督权的一种新型存在方式，不再是传统意义上的以党和政府为主导的监督，更大程度是基于公民真实的意愿，采取自由的方式以行使对公权力的监督。由于公众的参与不断加强，网络监督渐渐形成一个自觉的、组织化的监督格局。此外，由于互联网媒介的新特点，网络监督作为权力监督体系的一个重要环节，能够全天候、全方位地对违法失职行为进行监督，成为反腐的一把利剑，有效地与其他监督形式互为补充，共同发挥监督合力，这在完善与健全整个权力监督体系上具有重要意义，极大地促进了民主政治的发展。

3. 维护社会公平正义

公民网络监督权的广泛性能够有效拓宽监督的范围和领域。一方面，通过网络这一平台，来自各个专业领域的公民都可以对各项国家机关的工作、决策发表自己的见解，对相关国家机关工作人员的行为进行监督，对各种涉及公共利益的事件各抒己见。无论是在事件或行为刚刚被曝光时，或是在处理过程中，还是在通报处理结果时，公民都可以在其中担任分析员的角色，发表自己的意见和看法。不同思想的交锋、碰撞可以使真理越辩越明，在一定程度上有利于公平正义的维护。另一方面，由于公民参与政治的热情与影响，国家机关、政务部门等也纷纷推出网络问政、信息公开等，主动接受公民的监督。由此可见，公民网络监督权的行使，能够促进公民参与政治生活，推动政务公

---

① 参见《中国共产党第二十次全国代表大会文件汇编》，人民出版社 2022 年版，第31 页。

开，更进一步推动我国民主政治建设，有利于维护合法权益，体现社会公平正义。

二、公民行使网络监督权的现状及困境

（一）公民行使网络监督权的现状

1. 公民滥用网络监督权

依照我国宪法的规定，公民享有广泛的权利和自由，但任何权利和自由都不是无边界的，都应该受到限制。虽然宪法并未明文对公民的网络监督权进行规定，但《宪法》第四十一条是关于公民的监督权的规定。网络监督权是监督权在网络领域的延伸与发展，这也意味着公民只有在遵守宪法及相关法律的前提下才能享有网络监督权。此外，公民行使网络监督权，不仅要基于遵守宪法及相关法律这一大前提，而且其行使的目的和手段也应当具有正当性。然而，在现实生活中，网络社会纷繁复杂，个别人手中虽然拥有网络监督的权利，但仍心存歪念，滥用网络监督权以满足自身需要。一些人为了博取公众的关注，故意编造虚假的社会事件或者捏造某位政府官员的贪贿行为并在网络上发表，以此吸引眼球，激起互联网前所未见的刷屏浪潮，从中显现自身的存在感，煽动社会公众的情绪。例如，在王明祥与李庆保名誉权纠纷案中，李庆保在山阳论坛上发表与事实不符的帖子，称王明祥涉嫌利用职务之便，参与娱乐场所诈骗 29 万余元，并对王明祥的个人信息进行了罗列，随后跟帖称"不惩处骗子，天理难容"。该帖子被网民多次转发、评论，导致王明祥的名誉权被侵害。[①] 一些人为了谋取利益，不惜掩盖事实真相，或是夸大相关事件中某些方面的细节，并利用各种社交媒体平台进行大肆宣扬，以博得较高的点击率、赚取商业利润等。例如，在浙江淘宝网络有限公司与广东 IT 时代周刊社名誉权纠纷一案中，广东 IT 时代周刊社作为专业的新闻媒体单位，明知《淘宝腐败黑幕调查》一文中所描述的绝大部分事实无新闻来源，也未核实其真实性，仍然将涉案文章刊登在其出版的杂志和 IT 时代网的 IT 时代周刊电子杂志上，通过信息网络方式传播，侵犯了浙江淘宝网络有限公司的名誉权。[②]

① 参见《王明祥与李庆保名誉权纠纷二审民事判决书》，见中国裁判文书网（http：//wenshu. court. gov. cn/website/wenshu/181107ANFZ0BXSK4/index. html？docId = d23e8e1eea7f4eb7a19c3c034ba70f91）。

② 参见《浙江淘宝网络有限公司与广东 IT 时代周刊社名誉权纠纷二审民事判决》，见中国裁判文书网（http：//wenshu. court. gov. cn/website/wenshu/181107ANFZ0BXSK4/index. html？docId = 96e9a1a51830485b9925ac76c3dc3b99）。

2. 网络监督权与其他权利存在冲突

从法理学的角度而言，权利的背后象征着某种利益，有的是物质方面的，有的是精神方面的，有的是两个方面兼而有之。正因为权利主体之间追求的利益不同，自然而然便会产生矛盾和冲突。[①] 我国宪法有对公民的基本权利作出规定并予以保障，但每项权利背后代表着不同的价值取向，其行使过程也可能导致权利与权利之间产生冲突。公民的网络监督权也是如此，公民在进行网络监督时也有可能与其他权利如隐私权、名誉权、言论自由权、人格尊严等产生冲突。一方面，一些公民出于不良目的，利用网络社会的虚拟性做出诬告陷害国家机关工作人员的行为。这在一定程度上侵害了公职人员的名誉权，也对政府的公信力造成了损害。同时，由于某些损害公共利益的社会事件或政府官员腐败行为的曝光往往会引起公众的不满，公众的情绪处于不稳定、不理性的状态，部分民众很有可能做出一些不理智的行为以宣泄自身的情绪。例如，对事件的中心人物进行人肉搜索，随意公布他人的个人隐私信息，甚至将其家人的隐私也一并公布于网络上，这些行为实质上是侵害了他人的隐私权。另一方面，政府官员也有可能为了维护自身名誉，利用其权力和地位逼迫网络运营商截留或删除相关言论，阻止公民将要举报的信息在网络上公之于众，这在一定程度上侵犯了公民的监督权利。此外，网络的隐蔽性和虚拟性在一定程度上起到了减少打击报复现象发生的作用。但就目前而言，国家对公民行使网络监督权的保护手段还不够，公民进行网络监督仍然有受到打击报复的风险。而事后打击报复的现象同样会对行使网络监督权的公民的自身权利造成威胁。

3. 司法独立受到影响

阳光是最好的防腐剂，司法领域的工作同样也需要接受公民的监督。公民进行网络监督，能够有效地提高司法审判工作的透明度，提升法官的职业道德和业务素质，促进司法审判的公正，全面推进廉洁司法。但是在互联网环境下，公民对于相关案件信息的获取变得更为容易，一些没有进入公众视野的案件，可能会通过媒体的报道、传播，迅速成为社会公共事件，引起社会公众的激烈讨论。《宪法》为了确保人民法院依法独立公正审判，在第一百二十六条明确规定："人民法院依照法律规定独立行使审判权，不受行政机关、社会团体和个人的干涉。"法官进行审判工作时必须以事实为依据、以法律为准绳，依法办案，依证据办案。然而，不当的报道、偏激的言论会使公众的情绪趋于不稳定、不理性，此时社会上的舆论导向往往会给法官造成一定的压力，左右

---

① 参见邱新国《公民网络监督权与隐私权保护的冲突与协调——以国家工作人员隐私权的特殊保护为视角》，载《胜利油田党校学报》2015 年第 4 期，第 90 - 94 页。

法官判案，进而会出现为了维护社会稳定而作出符合公众意愿的审判的现象。① 此时，公民行使网络监督权的行为有可能会演变成言论暴力，影响着司法审判工作的独立性，损害司法公正。以药家鑫案为例，网民的广泛议论及对案件处理结果的关注所形成的舆论导向，比司法进程本身更快地作出了药家鑫必死的判决。② 在此案中，药家鑫有自首情节，最终法院却判定其死刑。由此可见，在社会舆论的压迫下，司法独立难免会受到影响，造成欠缺客观公正的结果。

（二）公民行使网络监督权的困境

1. 网民素质不一

随着互联网时代的到来，我国网民数量逐渐增多，互联网普及率逐步上升，网络的兴起为公民行使网络监督权创造了条件。但是，我国人口基数较大，区域之间发展不平衡，再加上以下两方面因素影响，我国网民素质不一。一方面，我国的教育体制仍在逐步完善，民主法治建设正在逐步加强，普法教育仍在推进，我国公民的文化素质和法律素养有待加强。另一方面，在我国的网民群体中，青少年占很大比例，他们虽然接受过一定的教育，具有一定的文化水平，但是由于缺乏社会阅历加之年龄的限制，心智尚未成熟，在看待问题上较为局限和片面。③ 一旦他们对社会、对他人的关切与担忧被网络上的有心之人利用，当错误的舆论导向顺着各种网络媒介影响青少年，他们很有可能会被情绪的浪潮裹挟而失去分辨是非的能力，不能理性地看待问题，从而做出肆意谩骂、发泄情绪的行为。

2. 权利行使缺乏明确的法律约束机制

《宪法》第四十一条明确授予公民监督权利，但其规定的是最根本、最重要的原则和制度，并未规定一些更为具体的实施细则和保障程序。加之网络监督属于互联网时代的产物，具有与以往传统行使监督权的方式所不同的特性，我国尚未制定专门的法律来对公民网络监督的行为进行调整，仅有以往制定的部分立法层次较低、缺乏可操作性的有关网络问题的规范性文件，以此解决公民行使网络监督权时所产生的问题是远远不够的。当公民滥用网络监督权时，

---

① 参见常鑫《"舆情审判"：逾越了法律界限的舆情监督》，载《青年记者》2019 年第 26 期，第 76 – 77 页。

② 参见刘明明、刘正全《网络舆情对司法审判的影响探析》，载《当代传播》2013 年第 2 期，第 89 – 91 页。

③ 参见冒业鑫《公民网络监督的法律规制》（硕士学位论文），南京航空航天大学法学院 2011 年。

由于缺乏专门法律的参照，缺乏对权利的行使界限、行使方式明确的界定，便无法确定哪些行为属于公民滥用网络监督权的行为。因法律界限模糊，当公民滥用网络监督权侵害到他人合法权益时，该问题便无法得到公正处理。此外，公民通过网络开展监督时也缺少有效的法律保护。由于没有明确的关于侵害公民网络监督权的行为如何处理以及公民网络监督权受侵害时应当如何救济的法律规定，一旦政府官员利用手中的权力对公民进行打击报复，公民便缺少明确的法律武器维护自身权利。

3. 监督机制的缺失

公民进行网络监督是对现有监督体系的补充，能够有效地完善监督体系，更好地发挥监督合力。但是，为确保网络监督真正发挥实效，还必须对公民行使网络监督权这一行为进行规范化管理与监督。一方面，由于缺乏专门的职能部门对公民网络监督行为进行监督，对公民在网络上随意行使网络监督权而产生的问题，难以直截了当地解决；另一方面，当前我国并未建立科学的网络监督机制，对于规范网络监督行为仍然采取传统的监管模式，忽视了公民监督和网络媒介的有机融合下公民网络监督权的特点。公民的监督权利或者其他合法权益容易受到公权力的侵害，但因监督机制的缺失而无法得到有效的救济。

通过上述对公民行使网络监督权现状的研究及成因分析，我们可以清楚地看到，公民网络监督权的行使具有两个方面的作用。一方面，它有助于制约国家权力、成为监督体系的有效补充，对于维护公平正义具有重要作用；另一方面，它也可以成为公民满足自身不良目的的手段，与其他权利产生冲突、影响司法独立。因此，必须对规制公民行使网络监督权的行为提出相应完善建议，对公民行使网络监督权的法律界限作出明确界定，使公民网络监督权发挥真正效用。

三、规范公民行使网络监督权的完善建议

（一）健全立法层面上有关公民网络监督权的规定

由于法律一经制定便具有稳定性，加之法律自身具有滞后性，而法律所调整的社会关系是不断变化发展的，因此立法者需要作出科学适时的制定、修改、废除和完善法律法规的决策。① 随着公民参与网络监督的热情不断高涨，我们既不能忽视公民的网络监督行为显现的优势，也不能对网络监督造成的问题置之不理。因此，在立法层面上，立法机关需要制定专门的法律法规，赋予

——————————

① 参见房文翠《法理学》，厦门大学出版社 2012 年版，第 23 页。

公民网络监督权的合法性，明确监督对象、行使监督权的程序，展开法律、法规、规章等各层次的立法工作，在立法层面上健全有关公民网络监督权的规定，做到有法可依。① 一方面，要明确界定网络监督权行使时应当遵守的规则及界限标准，并界定规制公民"越界"行为的方式及处理程序，规范网络监督的权利行使。另一方面，由于作为监督方的普通公民相比国家机关及其工作人员等被监督方而言在权力、社会地位上居于不平等地位，因此，需要规制公权力对公民网络监督权及其他合法权益的侵害行为，在立法上明确制定公民网络监督权的保障及救济性规定，消除公民关于因自身的网络监督行为而惹上不必要的麻烦的顾虑，推动网络监督权的行使以维护社会公平正义。

（二）明确公民网络监督权的法律界限

我国宪法明确规定，中华人民共和国公民在行使自由和权利的时候，不得损害国家的、社会的、集体的利益和其他公民的合法的自由和权利。公民是国家或社会的组成部分之一，因此，必须明确其在行使网络监督权时的法律界限，不得危害国家安全、不得破坏社会秩序、不得损害他人合法权益。

1. 不得危害国家安全

国家安全是指国家的基本利益。国家的安全关系到人民的福祉，关系到社会的持续发展。维护国家安全的责任和义务，遵守宪法和法律的规定，不得从事危害国家安全的活动，是我国公民负有的义务和责任。公民拥有行使网络监督权的权利和自由，但禁止任何公民利用网络随意发表、散布损害国家利益或危害国家安全的言论。此外，随着互联网的发展和技术的进步，公民更要提高自身的素养和法律意识，严于律己，不能假借行使网络监督权之名做出利用技术手段获取或泄漏国家秘密的行为，危害国家安全。

2. 不得破坏社会秩序

公共利益是协调权力与权利之间、权利与权利之间冲突的有效原则。当冲突激烈程度无法衡量时，需要向公共利益做出适度倾斜，以维护社会秩序。虽然网络社会与现实社会不同，具有虚拟性，但是网络社会也需要规范化的管理，其秩序也需要得到有效维护。秩序的建立，有利于维护权利行使的自由、维护社会的平等。因此，公民在网络上行使监督权，同样要遵守法律法规的规定，保障互联网的有序运行。对于那些胡乱编造谣言并肆意在网络上传播，意图利用公民对社会的关切煽动公众情绪、破坏社会秩序的行为，必须依法追

---

① 参见舒小庆《论公民网络监督权的法律规制》，载《江西师范大学学报（哲学社会科学版）》2010年第6期，第46—49页。

究，以保障社会的和谐安宁。

3. 不得损害他人合法权益

基本权利是一个相互关联的价值体系，行使一种权利可能会影响另一种权利，会受到基本权利体系内其他权利的制约。但是，个人生活在社会之中，每位公民都处于一个社会共同体中，为维护个人利益做出某种行为的同时需要注意与他人合法利益的界限。① 公民在行使网络监督权时，不可避免地需要去了解相关国家机关工作人员各方面的信息。但是，公民在行使权利时不能假借网络监督为由，随意行使、滥用手中的网络监督权，在网络上随意曝光他人的个人隐私，或是污蔑、诋毁他人，损害他人的合法权益。

（三）建立专门的公民网络监督权监督机制

网络监督是一把双刃剑：一方面，公民行使网络监督权的行为能够制约国家权力、完善监督体系、维护社会公平正义；另一方面，网络监督权也可能与其他权利存在冲突，公民行使网络监督权也可能使司法独立受到影响。因此，为了使公民网络监督权的行使适应建设公正法治社会的目标，发挥出网络监督的优势，需要对公民网络监督的行为进行监督，对监督进行再监督，建立专门的公民网络监督权监督机制。第一，要建立专门的网络监督职能部门，做好事前预防工作，对网络上公众发表的言论进行监管。对于那些制造谣言、煽动社会公众情绪、影响司法独立的言论及时制止其传播，以免破坏社会和谐稳定。第二，公权力干预程度过深、覆盖范围太广会影响公民网络监督权行使的活力。专门的网络监督职能部门应当把握好监督的界限，不能仅仅为了维护社会稳定，一味地控制信息、删除公民的言论。在网络社会上，应当保留公民行使网络监督权的空间，实现政府监管与公民有序监督之间的协调平衡。第三，专门网络监督职能部门需要与公安机关的其他职能部门、监察委、审判机关做好配合衔接工作，建立科学的监督机制。例如，对于公民检举揭发的事件应当及时展开调查处理，并及时在网络平台上作出回应，实现公民网络监督与公权力监督的有机结合，共同发挥监督的合力。再如，对于公民随意滥用网络监督权侵害他人合法权益、破坏社会秩序、危害国家安全的行为，应当作出公正的处理，以免造成更深的影响。第四，在处理公民行使网络监督权时存在侵权行为的案件时，专门网络监督职能部门需要保护好公民的个人信息，防止公民个人信息泄露，避免公民的网络监督权受到公权力的反噬。

---

① 参见冯文玉《网络反腐：虚拟社会中公民监督权的行使》（硕士学位论文），哈尔滨工业大学法学院 2017 年。

（四）提高公民道德修养和法律意识

公民网络监督权作为监督权的一种新型存在方式，其对公民的素质提出了更高的要求。对于公民自身而言，要清楚地认识，进行网络监督并不是一项无限制的权利，其在行使过程中也要承担相应的义务。在网络社会中，公民要不断提升自身的道德修养，进行网络监督时要时刻保持着辨别是非对错的能力和独立的判断力，做到不随波逐流、不人云亦云、不被网络上别有用心的人加以利用。同时，网络社会并不是法外之地，公民要时刻保持着正义感，自觉学习法律知识，努力提高自身的法律意识，不能为了一己私欲而滥用手中的网络监督权。更重要的是，国家应当加强素质教育工作和加大普法力度，提升公民的道德修养和法律意识，引导公民树立正确的权利行使意识和具备强烈的社会责任感，营造良好的网络监督环境，发挥网络监督的积极作用。

四、结语

与公民以往行使监督权的方式相比，公民网络监督权的行使打破了时间与空间的限制，且行使过程高效、便捷，同时体现了公民参与政治生活的热情。其行使主体具有广泛性。网络监督作为一种新型监督方式，应有效地完善现行监督体系，使其行使凸显出制约国家权力、维护社会公平正义的积极作用。但是，公民网络监督权在发挥积极作用的同时也产生了一些负面影响。因此，需要明确公民网络监督权的法律界限，提出规范行使公民网络监督权的完善建议，才能更好地发挥网络监督权的功能。本节对公民行使网络监督权的现状进行了探讨并分析了当下所面临的困境，提出了相应的完善建议，如健全立法层面上有关网络监督权的规定、建立专门的网络监督权监督机制、明确界定公民行使网络监督权的法律界限、提高公民道德修养和法律意识等。随着互联网的不断发展，公民网络监督行为也不断发生变化，因而需要针对实际情况与时俱进地解决存在的问题，不断完善公民网络监督权的法律体系以发挥其优势。

第四章　网络犯罪的法治化治理

本章分析网络谣言的刑法规制、P2P网络借贷犯罪的刑法规制，从这两个方面论述网络犯罪法治化治理的思路及具体对策。要客观、公正、有效地甄别和打击网络犯罪行为，就必须从法律层面上明确网络犯罪的裁量标准，严惩网络犯罪，依法规范治理网络犯罪行为，治理网络谣言，净化网络空间，推进网络犯罪的法治化治理。

第一节　网络谣言的刑法规制

我国正处在一个网络科技飞速发展的时代，但网民的个人素质有待提高，尤其是在近年疫情暴发的背景下，网络谣言四起，有关网络谣言的刑法治理问题再次引发人们的思考。在网络技术足以满足大部分民众实现零距离即时性交流的信息时代，谣言更加容易加剧社会恐慌、破坏社会秩序。因此，如何运用法律实现网络谣言的良好治理，成为当今社会发展亟待解决的问题。

一、网络谣言的定义与类型

（一）定义

要有效地从立法上规制网络谣言，首先要对"谣言"有明确的定义。谣言在字面上的含义有两个：一是指没有事实存在而捏造的消息，二是指没有事实根据的消息。从这两个含义来说，谣言和流言，似乎无法明确区分开来。

大部分观点认为：谣言的前提是编造者带有主观恶意地捏造散布虚假消息，而流言是有事实依据支撑的。这个定义便将谣言和流言区分开了。流言一般不存在主观恶意，只不过因为事件的模糊性和信息流通的不顺畅性，导致其在人们之间相互传播时出现失真的现象，并可能进一步导致社会的恐慌。① 还有一个观点将一部分网络暴力行为归入谣言规制的范畴。如对于刘学州事件②，这部分观点认为，网络暴力是在谣言的基础上升格而成的一种更具有社会危害性的行为。

哈佛大学法学院教授凯斯·桑斯坦在《谣言》一书中指出，网络谣言是以互联网为传播方式，没有事实根据或者有事实根据但在传播过程中发生变化，目的是对他人进行恶意攻击、诽谤或者故意散播虚假信息引起社会恐慌的信息。这一观点认为，对于谣言的定义不需要过多地着眼于是否有事实依据，重要的是信息来源者的主观心态和造成的客观危害结果。

本书认为，网络谣言是指以互联网为传播媒介进行传播的，其内容是没有事实依据而编造的，或者是对事实进行扭曲的虚假信息，而且该虚假信息对公共秩序或者个人法益造成威胁或者损害，具有社会危害性、刑事违法性和应受刑罚惩罚性三方面的特征。

（二）类型

网络谣言大致可以分为常识性谣言、新闻性谣言和政治性谣言三种类型。③

常识性谣言，如传播食盐可以抗辐射、板蓝根可以抗新冠病毒的谣言，导致民众疯抢食盐和板蓝根；又如各种各样的伪科普和所谓的"成功学"。这类谣言是在没有科学依据下对自然科学、人文社会科学、生活经验等知识的信口雌黄，从而博取关注度或达到不可告人的目的。

新闻性谣言，是指针对特定的人物或者事件，对其进行编造、夸大或者篡改之后，通过新闻媒体或者自媒体平台报道的"假新闻"。如 2007 年北京电视台某记者为提高关注度而自编自导的"纸馅包子"新闻。④

政治性谣言，是指出于政治诉求而攻击一国政府、抹黑一国形象的不当言论。这类谣言常常借时事评论之名，行政治攻击之实，意图激发政府和民众之

---

①　参见贾宏渊、贾博森《网络谣言的成因及防控对策》，载《中国广播电视学刊》2016 年第 9 期，第 60 – 62、79 页。

②　参见《刘学州被网暴致死案于今日开庭！网暴言论 2000 多条！》，见新浪网（https://k.sina.com.cn/article_5597141810_m14d9d9b320330168sa.html）。

③　参见张依纯《网络谣言分类与传播干预策略研究》（硕士学位论文），北京邮电大学法学院 2021 年。

④　参见《假新闻事件：纸包子露馅》，见搜狐新闻（http：//news.sohu.com/20071229/n254380891.shtml）。

间的矛盾，并将政府推上舆论的风口浪尖。

二、网络谣言的特征

（一）传播范围广，速度快，重复率高

根据中国互联网络信息中心的报告，截至 2021 年 12 月 20 日，我国网络用户数量达 9.89 亿，占全国人口 70% 左右。① 相比于现实社会口口相传的流言蜚语，网络谣言拥有更为广泛的传播渠道：同样是一件事，在网络上或许只需要轻轻敲几下键盘，几分钟内便可以出现在多个社交软件平台上，并且进入全国甚至全球数以亿计的网络用户眼中；而在现实社会，几分钟的时间，通过口述或许只够告知第一个人而已。一旦事件成功进入大众的视线，人们将会迎来新一轮的重复观看。亲朋好友间的相互转载，各大网络媒体跟风报道，大数据解读你的兴趣和关注后为你持续推荐，让你在一段时间内一遍又一遍地重复观看。

（二）谣言成本低，伪造失真易

网络谣言的传播者只需抓住普通群众的猎奇心理，采用夸大的语句来吸引眼球，并对内容进行歪曲，藏在屏幕背后便能轻而易举地误导一大群无法查证或对真相并不感兴趣的群众。而一旦这些迎合群众口味的虚假信息出现在大众视线之内，不需要传播者出面推波助澜，群众自然便会自动地将谣言扩散。而即使网络谣言的第一来源是真实客观的，但在传播过程中，一部分不忠实于原创的信息接收者，往往会按照自己的喜好或者猜测对信息进行加工，再传到下一个接受者面前。在如此链条里，任何一个环节都可以对信息进行恶意加工、篡改，到最后网络谣言泛滥开来时，我们甚至都不知道如何追根溯源。

例如，一些别有居心的人利用我国一些经济较为落后地区的特写镜头，误导那些不明真相的民众将中国描绘成一个贫穷落后的地方；还有在新冠病毒全球肆虐的背景下，我国成为全球新冠感染疫情防控最成功的国家之一，但在西方一些政客和媒体的渲染下，我国根据国情制定并实施的疫情防控政策却遭到质疑。这类最需要进行刑法规制的谣言，恰恰难以对其进行打击和整治。②

---

① 参见中国互联网络信息中心《第 49 次中国互联网络发展状况统计报告》，见中国互联网络信息中心官网（https://www.thepaper.cn/newsDetail_forward_17205595）。

② 参见陈韬、李方春《网络谣言刑法规制存在的问题及完善》，载《法制博览》2017年第 29 期，第 196 页。

（三）监管和控制难

如果说网络用户无法或者不想甄别谣言的真伪是导致网络谣言的主观原因，那么网络数据之复杂和区域跨度之广泛便是网络谣言难以监控的客观原因。

在信息时代下，互联网所能存储的信息已经无法用数字来计算。如何在海量或真或假，或有效或无效的信息中甄别出网络谣言，如何锁定隐藏于虚拟网络背后的传播者，如何分辨出谣言传播链条中无数网络用户的参与程度，这对于我国有限的司法资源来说，无论在人力、物力、财力、调度指挥能力抑或信息技术水平任何一方面都是一项极大的挑战。[①] 同时，网络社会没有距离概念，一条源自偏远山村的谣言，可能在几千里外的都市引起轩然大波。地域的跨度性之大让公安机关在线下展开调查时不仅要面对时间和空间上的极大不便，还要面临各辖区警力配合、各地区民情考虑等诸多问题。

三、网络谣言高发原因的分析

（一）迎合民众心理

互联网的发展，让普罗大众有了极为便利的发声平台。新中国成立以来，人民当家作主的理念越来越深入人心，加之言论自由是宪法赋予我们的基本原则，所以人们踊跃地发表自己对社会时政的看法，或只为吐一时之快，或为了寻找志同道合的观点，或认为自己是在行使当家作主的权利，或认为自己是在行使监督的权利，还有一部分认为自己不过是在针砭时弊。

然而，这其中很大一部分人，不过是为了寻求精神上的刺激感，或者是因为信息不对称而导致的盲目从众。[②] 而这，恰好是网络谣言最容易被传播、也最难防范的原因。因为他们迎合了许多网络用户的心理，而只有少部分人能够立场坚定地不信谣、不传谣，甚至看破谣言的内核从而抵制它。

（二）政治因素

社会主义在我国的成功实践令一些西方资本主义国家心有不甘。敌对势力

---

① 参见陈国飞《网络信息时代国家安全面临的挑战研究》，载《厦门特区党校学报》2018 年第 1 期，第 54 - 59 页。

② 参见刘雨欣《网络暴力行为的刑法规制研究》（硕士学位论文），吉林财经大学法学院 2021 年。

时刻企图打断我们民族复兴的进程，分裂中华民族。只是基于我国现今经济体量，忌惮我国国防实力，他们才不得不选择与我们合作。但经济贸易上的往来，不代表他们能够接受在政治上和我们和平友好。

基于破坏我国主权完整、分裂中华民族的目的，他们在外网肆意抹黑中国，向其国内民众输送中国落后不堪的观念，甚至收买个别人作为他们的急先锋，在网络上公开发表羞辱、曲解中国的言论。通过这样的言论，引发一些对生活现状不满的人士共鸣，从而引导其朝着仇视国家的思想发展。

（三）高额利益吸引

一段时间以来，"流量为王"和"黑红也是红"的观念占据了娱乐圈的大半江山。而在如今短视频平台的兴盛和"网红"职业兴起的热潮下，这种风气尤为严重。在短视频平台中，有一类视频尤为火热———一些所谓的网红为了流量，通过对路人的各种摆拍和特写镜头，再辅以令人动容的文案，以此来制造痛点和泪点，吸引平台用户的关注。

2021 年，睢宁 2 名网红仝某、李某某通过选择性假拍、捏造虚假事实等手段，将一户普通家庭刻画成夫妻收入低下、儿子罹患精神疾病、生活条件极其艰苦的贫困户。在被举报之前，这条视频已获得数十万浏览量、数千人评论。[①]

同样是在 2021 年，浙江网红黄某在路上偷拍一位年逾六十的老人，并配以约见网恋男友的内容。"老少配"的话题瞬间引起网友热议，仅这一个视频，便获得了 200 多万的点赞量。而那位毫不知情的老人，在视频传出后，一方面承受着网民的调侃、谩骂甚至人身攻击，另一方面还面临着妻子的质疑甚至离婚的危机。而黄某被抓后，也仅需删除视频并交 500 元的罚款。一个积攒 200 多万点赞量的视频和 500 元的罚款，收益之大和风险之小，二者远远不成正比。[②]

我国网络用户对娱乐事件和自媒体工作者的关注度远远高于对国家大事和各大官方媒体的关注度。不少明星和自媒体工作者，甚至是新闻工作者，为了博人眼球，肆意传播危言耸听和夸大其词的言论，即使最后被拆穿、被指责，他们也只需要出来道个歉，甚至以此再赚多一波热量。而一些自媒体平台为了

---

① 参见《睢宁 2 名"网红"造谣，被查处!》，见徐州网警（https：//baijiahao. baidu. com/s？id=1726932234060873651&wfr=spider&for=pc）。

② 参见《大爷过个马路 200 万人围观 竟成了女网红的"暧昧对象"》，见人民资讯网（https：//baijiahao. baidu. com/s？id=1715868629399299936&wfr=spider&for=pc）。

吸引用户，对此采取放任态度，任由这些扭曲、虚假但能吸引眼球的信息在网络传播。①

（四）规制力量不足，造谣代价偏低

刑法手段的最后性，是现代刑法的基本理念。网络谣言只有达到一定程度的社会危害性，才会触动刑法的惩罚机制。但刑法规制存在各类入罪标准不一，传谣行为入罪门槛较高等问题，故而更多的网络谣言依靠的是非刑罚的规制手段。但非刑罚手段在效力的强制性、手段的严厉性和后果的严重性上都远不如刑事处罚，故而非刑法手段往往无法起到有效规制的作用。这也是非法分子肆无忌惮地进行网络传谣造谣的一大重要原因。

1. 道德规范无法有效约束人们的行为

道德，是一种社会意识形态，是人们共同生活及其行为的准则与规范。但这种规范如果没有国家强制力的支持，则只能依靠个人的自觉遵守。在我国社会物质水平取得飞跃式发展的时代背景下，人们的传统思想观念受到了冲击，而道德素质水平也存在着一定的滞后性。② 而这种落差导致的后果就是任何小小的社会污点都可能轻而易举地被无限扩大，甚至带来社会道德水平的整体下滑。

最具有代表性的例子，就是遇到老人摔倒"扶不扶"的问题。自从第一例摔倒老人碰瓷好心人的事件成为热点之后，几乎所有与见义勇为反被诬有关的新闻都会成为流量的焦点。然而，这样的道德问题并非近年才有，只是在媒体的大肆宣传和刻意引导下，传统道德规范已然无法化解这场巨大的信任危机。

尽管以德治国是我国重要的治国方略之一，但道德需要长时间的培养和熏陶，且道德受制于社交关系圈的约束。③ 在网络平台上，隐匿身份让我们将内心的阴暗面无限放大，而法不责众的传统观念促使我们无视法律的权威参与到传播谣言的链条中。

古斯塔夫·勒庞在《乌合之众》一书中说道，人一旦进入群体之中，其智商就会严重降低，为了获得认同，个体愿意抛弃是非，用智商去换取那份让人倍感安全的归属感。

①　参见周苗《浅析网络谣言的法律规制》（硕士学位论文），北京邮电大学法学院2017年。

②　参见赵孟玲《新时代网络空间道德建设的路径研究》（硕士学位论文），重庆邮电大学法学院2021年。

③　参见杨启迪《网络谣言的德法兼治》，载《山西青年》2017年第12期，第61-62页。

互联网让我们在精神世界形成一个群体，一旦群体中有部分人受谣言蛊惑，而恰好这个谣言迎合了一部分人的口味，那么个体就会放下道德，抛弃己见，盲目地同群体站在同一阵线。以往曾多次发生的各类抢购风波，其背后的本质都是如此。

2. 民事责任偏低且救济困难

我国《民法典》规定了许多保护自然人和法人、非法人组织免受网络谣言侵害的条文，同时也颁布了专门保护英雄烈士姓名、肖像、名誉、荣誉等的《中华人民共和国英雄烈士保护法》，然而造谣者在民事方面的责任几乎只有经济赔偿和形式上的道歉。一方面，受害者可能无法追回损失。如柑橘生蛆事件中，全国水果行业遭受数十亿的损失，最后不了了之；[①] 而娃娃哈被两次造谣，总共造成超过 200 亿元的损失，最后通过诉讼也只得到了数十万元的经济赔偿和形式上的公开道歉。[②] 另一方面，经济赔偿的方式往往无法弥补受害者所遭受的精神、名誉上的侵害，且会带来"有钱就可以为所欲为"的观念导向，可能导致人们误认为只需"付钱"就可以肆意对他人进行人身攻击、精神折辱等。

在寻求民事救济方面，受害者在现实生活、精神状态遭受网络谣言侵害的前提下，往往还需要付出巨大的精力、时间来寻找施害方和参加民事诉讼。这无疑给受害者的日常生活、工作、经营活动带来沉重的负担，受害者甚至因为付出和回报不成正比而放弃救济。

四、网络谣言刑法规制存在的问题

（一）传谣行为入罪难

2013 年，最高人民法院、最高人民检察院发布了专门针对利用信息网络实施犯罪适用法律的司法解释，但解释无法代替立法，解释并没有直接把网络传谣确定为独立的罪名。[③] 直到现在，针对网络传谣的犯罪行为，大多是用刑法分则中的其他具体罪名进行规制，将网络传谣行为作为侮辱诽谤罪、寻衅滋事罪、损害商业信誉、商品声誉罪等传统罪名的情形之一。但对于传谣者的行

---

① 参见《湖北柑橘七成滞销 损失可能达 15 亿》，见新浪网（http：//news. sina. com. cn/c/2008 – 10 – 27/042116530150. shtml）。

② 参见《谣言攻击令娃哈哈损失惨重》，见搜狐网（https：//www. sohu. com/a/17024713_ 115402）。

③ 参见李佳航《网络谣言的刑法规制研究》（硕士学位论文），中央民族大学法学院2021 年。

为程度、造成的危害程度并没有根据不同的罪名具体规定。

同时，网络社会不是现实社会，互联网作为一个相对开放自由的虚拟世界，我们对它的管控和要求都不可能如对现实社会的要求那么精细。而在司法解释中针对网络传谣所触犯的具体罪名，在主观层面几乎无一例外地局限于故意。在客观层面，由于网络传谣的操作简单，司法机关在侦查过程中透过客观行为分析传谣者的主观心态也存在相当难度。

（二）传谣主体认定难

网络谣言具有传播范围广的特点，这意味着网络传谣的参与者众多。一条给社会带来巨大危害性的谣言，其编造者或许并没有主观恶意，也没有任何犯罪目的，却在某一个传播环节中被真正的不法分子扩大了影响，然而追根溯源之后，也无法追究任何一个传谣者哪怕是编造者的刑事责任。

如在 2015 年的娃哈哈造谣事件中，当事人于某某自称其只是无意中顺手转发了造谣娃哈哈企业的虚假微博，但就是她所谓"无意"的举动，给娃哈哈带来近 200 亿元的损失，甚至全国的饮料行业也因此遭受了巨大的打击。然而在这个事件里，于某某并未承担任何刑事责任，也没有任何一个谣言推手得到应有的处罚。①

此外，在刘学州事件中，一个心智尚未成熟的 15 岁少年被网暴致死;②在江歌事件中，在人民法院已然作出判决的情况下，网络上仍然充斥着江歌之母裹挟舆论意图逼死刘某，并以此牟取私利的言论。③ 但面对诸如此类的事件，我们似乎无法在刑法抑或其他法律方面，给出一个合乎情理的解决方案。

（三）量刑幅度不合理

立法者最初在制定某些具体罪名的时候，互联网技术尚未普及，这类立法主要规制的还是现实社会的犯罪行为。

如诽谤罪，在现实社会中，被害人的名誉影响或许只是及于某个社区、某个乡镇；然而，网络谣言却可以轻而易举地造成被害人在全国范围内的"社会性死亡"，甚至从个人问题上升到性别对立、职业对立、人权斗争等问题

---

① 参见《因为一句话 娃哈哈损失了 200 亿! 谣言之痛谁来买单?》，见搜狐网（https：//www.sohu.com/a/128888063_588988）。

② 参见《刘学州被网暴致死案于今日开庭! 网暴言论 2000 多条!》，见新浪网（https：//k.sina.com.cn/article_ 5597141810_ m14d9d9b320330168sa.html）。

③ 参见《9 场民事诉讼，让污蔑江歌的人受到法律制裁》，见中国青年网（http：//news.youth.cn/jsxw/202201/t20220113_ 13389977.htm）。

上。尤其是性别对立问题，在近两年的网络社交中争论尤为激烈。又如，损害商业信誉、商品声誉罪，通过拉横幅、贴大字报、派传单的方式和通过互联网传播虚假信息的方式损害他人的商业信誉、商品声誉，其影响程度无疑是不可等量齐观的。①

然而，诽谤罪的最高刑期仅为三年，损害商业信誉、商品声誉罪的最高刑期仅为两年。在社会危害性严重不对等的情况下，用传统罪名来规制网络传谣行为，与罪责刑相适应的原则并不相符。②

五、域外网络谣言法律规制的实践

（一）美国

美国是第三次工业革命的起源地，也是当今世界信息技术领域最发达的国家之一。但在先进的网络信息技术背后，美国的互联网平台也并非一片净土。自互联网逐渐普及以来，美国也先后多次发生了足以影响立法进程的网络犯罪事件，直到现在，美国已有包括《电信法》（*The Telecommunications Act*）、《电脑犯罪法》（*Computer Crimes Act*）等130多部关于规范网络犯罪行为的法律法规，可以说已经建立起了一个相对完善的互联网监管法律体系。③

2001年"9·11"恐怖袭击事件发生后，美国出于防止不法分子造谣夸大此起事件并防范此类事件再度发生的目的，在立法层面，联邦政府颁布了《爱国者法》（*Patriot Act*），规定政府有权强制要求网络供应商提供网络用户的个人信息及通信记录，以此来快速锁定犯罪分子的身份和位置；而在地方，纽约通过立法来打击传播金融谣言的行为，各州也纷纷采取立法措施来规制虚假恐怖信息。在司法层面，美国法律规定，即使网络谣言的受害者没有明确的被告也可以提起诉讼，法院有权要求网络运营商提供关于谣言传播者的个人信息。④ 造谣者匿名诽谤的，将采取强制禁网措施，甚至处以高额赔偿、社区劳动等惩罚。同时，在民事责任的认定上，对造谣者传谣的主观目的和受害者的

---

① 参见向长艳《自媒体时代网络谣言的刑法规制》，载《山西农业大学学报（社会科学版）》2018年第6期，第71－76页。

② 参见胡慧颖《刑法学视角下网络谣言的治理问题探讨》，载《法制博览》2021年第11期，第169－170页。

③ 参见汤磊《美韩两国网络谣言法律规制问题研究》，载《陕西行政学院学报》2014年第2期，第92－96页。

④ 参见洪芳、陈英《国外个人信息保护立法对我国启示与借鉴》，载《北方金融》2021年第1期，第63－65页。

身份情况进行区分。对于涉及公共事件的非公众人物的受害者，需要证明被告对内容的真伪认知上至少存在"过失"。而对于不涉及公共事件的造谣行为中受害的非公众人物，只需要证明被告在传播行为上存在过失即可。但在公众人物的举证责任上，美国法律则给予了极为严格的标准。

相比之下，我国在网络信息方面的法律体系，只有一部法律——《网络安全法》，其他规定大多分散在各个部门法和行政法规之中。即使是网络犯罪行为，在刑法中也并非具体罪名，而只是作为传统罪名的构成要件之一。

（二）英国

英国打击网络谣言的主要方式是行政管理以及司法活动。在英国，网络谣言的规范属于社会管理的范畴。[①] 为了在最短的时间内将公众所需要知悉的信息传播出去，英国在国内几乎每个社区都设立了公民咨询局。同时，英国政府出面组织各大网络平台运营商组建"互联网监视基金会"，并通过法律规定，不仅各大运营商要提前筛选网络信息，还要将信息报送至政府信息部门，以便政府对各类网络不良信息及时进行处理。

此外，英国在立法上，也对网络谣言采取了极为严厉的规定。1986 年的英国《公共秩序法》规定，只要行为人表达出具有侮辱或威胁内容的信息或传播带有这些标志性文字的物品，造成骚扰他人、令他人感到胁迫的后果就构成犯罪。2003 年的英国《通信法》规定，如果网络用户个人通过互联网传播具有威胁性、严重攻击性或者包含淫秽性的信息，并且把这些信息发布在公众可以浏览的网络平台之上则构成犯罪；如果网络用户个人通过互联网网络发布虚假的信息，并且个人主观明确知道信息的虚假性，造成他人的烦恼和焦虑的结果，则属于法律规制的犯罪行为。2006 年的英国《反恐怖法》第 3 条规定，在互联网中发布美化恐怖信息的行为构成犯罪。

英国《诽谤法》规定，损害他人利益、品格和名誉的内容一旦发表，就会被认定为诽谤，而直接或间接传播相关内容的人也可以被起诉赔偿。这就表示，在英国网络上造谣犯罪的主体并不只限于谣言的发布者，间接传播者也有可能受到法律的制裁。

---

① 参见曹博《网络造谣行为的刑法规制》（硕士学位论文），黑龙江大学法学院 2021 年。

六、网络谣言刑法规制的完善建议

(一) 完善网络谣言规制的法律体系

在互联网技术逐渐普及的大趋势下，网络已经不再是一项辅助人类社会发展的工具，而成为公众精神文明交流的一个新"世界"。通过司法解释来对网络谣言进行规范，显然已经无法满足社会发展的需要，应当从正式立法入手，综合《网络安全法》等网络安全法律，构建以刑法为中心的网络谣言规制体系。

1. 明确对网络谣言的划分和认定

明确对网络谣言的内容、传播者的主观目的、造成的社会危害性的划分和认定，并对诸如情节严重、手段恶劣等模糊情形做出具体分类，进一步探索对网络传谣行为的独立定罪。如造成经济损失，可以参考诈骗罪、盗窃罪等财产犯罪设定数额标准，如造成 10 万元以下损失则追究民事责任或处以行政处罚，造成 10 万元以上损失则追究刑事责任。若造成自然人健康权、名誉权等人身权利损害，或者危害社会秩序和国家利益的，可以按照传统罪名定罪量刑；但涉及利用信息网络实施诽谤犯罪的，考虑到网络传播影响范围广泛，可以将其作为诽谤罪的特殊规定，建议转化为公诉案件。

2. 通过刑法对网络谣言犯罪行为予以规制

整合规范网络信息的相关法律法规，形成以网络安全法为基本法的网络法律体系，通过刑法对网络谣言犯罪行为予以规制，从立法上为网络谣言罪名提供法理依据，并为后续的执行、适用给予法律支持。

(二) 区分各类传播主体的刑事责任

1. 明确网络运营商和单位主体的责任

网络运营商不仅是网络平台的提供者，还应是网络信息的监督者。[①] 在西方国家，为了防止网络运营商炒作热点事件以赚取流量，立法者大多都会制定法律法规对网络运营商的责任义务分门别类。我国在这一方面有一些行政法规中的追责条款，但与网络运营商赚取的利润相比，行政处罚显得微不足道。故而，应当首先明确网络运营商的责任义务，运用刑事法律对网络运营商进行规范，从传播载体上规避网络谣言的影响。

---

① 参见都关红叶《秦火火网络诽谤案研究》（硕士学位论文），黑龙江大学法学院 2015 年。

另外，2013 年出台的《最高人民法院　最高人民检察院关于办理利用信息网络实施诽谤等刑事案件适用法律若干问题的解释》明确将以非法营利为目的，通过信息网络扰乱市场秩序的，以非法经营罪定罪处罚。但一些企业单位出于吸引社会关注度或者引导舆论的目的发布虚假信息，扰乱了社会秩序，这种情形下用非法经营罪加以规制，难免与罪刑法定的原则不符。①

2. 明确个人造谣者、传播者或者媒体工作者的定罪量刑

一是造谣者是网络谣言犯罪的创造者或者第一传播者的这一类主体，不管其对谣言的危害性是否有清楚的认知，一旦其侵害个人利益或者公共秩序，就应当承担主要或者全部刑事责任。另外，在司法解释中，点击、浏览超过5000 次或者转发次数达 500 次的认定为"情节严重"。本书认为，在这种情形下，传播者可以视为造谣者，而不按传播者处理。二是对传播者需要再次进行区分，对于不明真相也没有主观恶意的传播者，一般不需要承担刑事责任。但传播者在知道或者应当知道该信息为虚假信息或者对信息进行加工改编，可能导致危害后果或者更大影响的，应当承当刑事责任。

3. 对媒体工作者应当加以更为严格的规范力度

媒体工作者的天职是发现并向公众传递真相，同时，其职业的公信力和社会影响力令其对社会舆论和风气有着普通群体无可比拟的引导力。一旦媒体工作者造谣、传谣，其言论具有更大的社会危害性。因此，对于媒体工作者，应当以较为宽松的定罪标准和更为严重的刑事处罚加以规范。

（三）提高量刑幅度

互联网平台的日新月异让网络谣言犯罪的社会危害性越发严重。根据罪责刑相适应原则，对于网络谣言犯罪的刑罚应当有相应的提升。例如诽谤罪中，致人死亡的情形可以参照过失致人死亡罪三年以上七年以下有期徒刑的刑罚，同时造成社会秩序混乱等情形也不再定以兜底的寻衅滋事罪，而是以网络谣言的独立罪名定罪论处的情况下，可以参照以危险方法危害公共安全罪的构成要件和量刑规则。同时，应在刑罚外辅以非刑事处罚，如单位犯罪则限制、禁止营业，个人犯罪则限制从业、进网等。

网络谣言犯罪的定罪量刑在考虑刑法谦抑性的同时，也应当具有相应的前瞻性。隐藏在网络背后的人性之恶会得到无限扩大，只有提高网络行为的犯罪成本，才能在新的网络环境下更好发挥刑法的预防作用。

---

① 参见刘宪权《网络造谣、传谣行为刑法规制体系的构建与完善》，载《法学家》2016 年第 6 期，第 105－119、178－179 页。

七、结语

在依法治国和以德治国相结合的道路上，需要构建良好的法律体系来为社会发展保驾护航。法律是一套规范全体社会成员行为的规则，在网络平台逐渐成为民众精神生活的新"社会"的大趋势下，针对网络谣言的法律建设也应当跟紧脚步，做好网络空间的净化工作，使不法分子不敢滥用网络进行违法犯罪活动，引导人们对网络谣言进行坚决的反击，确保网络和社会公共秩序的和谐稳定。

第二节　P2P 网络借贷犯罪的刑法规制

P2P 网络借贷是依托"互联网＋"时代产生的新型借贷方式，它的诞生为我国社会主义经济发展注入了新的活力。但其在发展过程中也暴露了许多问题，部分 P2P 网络借贷平台在短时间内吸收大量资金后跑路导致平台关闭、投资者损失惨重。设立伊始，P2P 网络借贷平台作为一种互联网媒介，旨在解决个人和中小微企业的贷款难问题。但是，由于行业的特殊性，在很长一段时间内，P2P 网络借贷都处于自由发展的局面，造成很多 P2P 网络借贷平台开始超出作为信息中介的角色定位，或多或少地介入实际交易，加上缺乏有针对性的有效的监管模式，导致 P2P 网络借贷平台产生了较为严重的社会危害。因此，本节将探讨 P2P 网络借贷中刑法规制的相关问题，通过刑法的手段对 P2P 网贷平台的犯罪行为予以规制，从而达到抗制金融犯罪和鼓励金融创新之间的利益衡平。

一、P2P 网络借贷概述

（一）P2P 网络借贷的概念

根据 2016 年 8 月中国银行保险监督管理委员会、工业和信息化部、公安部、国家网信办四部门联合发布的《网络借贷信息中介机构业务活动管理暂行办法》中给出的定义，P2P 网络借贷是指个体网络借贷，即个体和个体之间通过互联网平台实现的直接借贷。

网络借贷中的"P2P"最初来源于计算机术语，原意是指一种在对等者之间分配任务和工作负载的分布式应用架构。借贷领域的 P2P 对其最初概念进行了延伸，意指将小额闲散的资金聚集起来借贷给资金需求方。而 P2P 网贷平台在此过程中充当中介，集提供信息和监管于一体，促使借贷过程顺利完成。

（二）P2P 网络借贷的发展现状

P2P 网络借贷源于英国，发展在美国，现在其影响力已遍布全球。[①]"放贷俱乐部"是国外网贷平台的典型模式，即平台充当信息中介，投资人自负盈亏。由于我国个人征信系统尚不完善，国内大多数 P2P 平台为吸引更多投资人，会提供保本付息等承诺。此时，平台充当起信用中介的角色。2021 年，我国正对 P2P 网贷行业进行行业重整，P2P 平台信息中介的明确属性与信用中介的模糊属性存在争议。

随着 P2P 网贷行业快速发展，大量无资质平台涌入市场。市场理性的回归，将出现平台的兼并、重组和结盟。随着相关法律法规的健全以及征信系统、风控体系的完善，P2P 网贷行业的本土化进程已基本完成。

前瞻经济学研究院数据显示，在政策压力下，P2P 网络借贷行业规模持续被压缩，平台数量、交易量继续呈现"双降"特征。[②] 2018 年 12 月底，互联网金融风险专项整治工作领导小组办公室与网络借贷风险专项整治工作领导小组办公室联合下发的 175 号文首次提出"坚持以机构退出为主要工作方向"，2019 年网络借贷行业专项整治工作便进入深水区，从而奠定了 2019 年整个网络借贷行业清退转型的主基调，[③] 即推动机构良性退出。

（三）我国 P2P 网络借贷平台的主要业务模式

1. 居间模式

居间模式，即网络借贷平台自身仅承担信息整合的任务，作为信息中介参与进来。P2P 网络借贷的兴起是由于现有的金融体系难以满足规模越发巨大的融资需求。这种作为信息中介的 P2P 网络借贷平台是兴起之初的 P2P 网络借

---

① P2P 网络借贷于 2006 年引入美国，随着美国首家网贷平台"繁荣"（Prosper）的兴起，P2P 网络借贷模式就一直在创新发展。而之后在美国成立的"放贷俱乐部"（Lending Club），更曾一度将美国推向全球第一大 P2P 网贷市场。

② 截至 2019 年 12 月，正常运营的 P2P 网贷平台数量下降至 343 家，同比减少了 678 家。2019 年全年网贷行业成交量相比 2018 年全年网贷成交量减少了 46.26%。

③ 截至 2020 年 3 月 31 日，全国实际在运营网贷机构 139 家，比 2019 年初下降 86%；借贷余额下降 75%；出借人数下降 80%；借款人数下降 62%。机构数量、借贷规模及参与人数连续 21 个月下降。开展专项整治工作以来，累计已有近 5000 家机构退出。

贷的形态。居间模式下的 P2P 网络借贷平台本身并不成为资金在法律意义上的拥有者,它仅利用网络平台整合信息的巨大优势,通过建立平台的方式汇集有借款意愿的借款人和有出借能力的出借人,通过对双方信息进行筛选并且匹配,从而向出借人推荐借款人,然后由二者达成借贷合同,平台通过从中收取手续费和管理费等相关费用的方式来赢利。在该模式下,P2P 网络借贷平台既不是资金的流出方,也不是资金的流入方,并不承担储蓄资金的任务,而仅仅是利用其所汇集的巨大信息提供中介服务。因此,从法律关系上讲,此种经营模式下的网络借贷平台与出借人、借款人之间所签订的都只是居间合同。这种不参与资金的流动而只是作为信息中介的模式被称为"简单"居间模式,因为这种模式并不掺杂复杂的交易架构。① 在我国的金融实践中,最典型的采用居间模式的 P2P 网络借贷平台是"拍拍贷"②。

2. 债权转让模式

与居间模式相对立的是债权转让模式,它是指第三人将其对借款人已经成立的债权转让给网络借贷平台,网络借贷平台取得债权后成为借款人的债权人并收取借款人的利息,再将债权进行拆分重组后将其出售给投资者,投资者从网络借贷平台处获得投资收益。因此,在法律关系的架构上,债权转让模式存在多个法律关系,即在借款人和网络借贷平台之间形成借款的法律关系,在网络借贷平台与投资人之间形成投资理财的法律关系。显然,在此种模式下,网络借贷平台已经不再单纯地提供信息中介服务,而是作为信用中介机构参与到经营活动中,其承担信用风险,保证投资者的本金和利息的安全。在域外的 P2P 网络借贷平台债权转让模式中,最先向借款人形成债权的都是银行,如美国的维伯银行(Webb Bank)等。而我国逐渐发展出来的网络借贷债权转让模式却不是银行在参与,而是由个人以自己的名义向借款人放款形成债权,亦即所谓的"专业放款人"。这类专业放款人实质上是网贷平台的高级管理人员或者员工。在我国金融实践中,这种通过专业放款人进行的债权转让模式的典型代表是宜信财富,以至于这种模式甚至被称为"宜信模式"。

债权转让模式相比于居间模式具有更大的灵活性。因为在居间模式下,由于平台不主动进行干预,出借人出于对自己资金安全的担忧,可能对借款人的借款金额、借款期限等均有一定的预期,如果达不到预期,则无法促成交易。

---

① 参见纪海龙《P2P 网络借贷法律规制的德国经验及启示》,载《云南社会科学》2016 年第 5 期,第 117 - 124 页。

② 拍拍贷平台本身一般不参与借款,而更多具备的是信息匹配、工具支持和提供各种服务的功能。

换言之，在居间模式下，出借人与借款人之间的联系是"匹配"出来的。而在债权转让的模式下，出借人对借款进行干预，此种干预的显著特征是由于平台相关的专业放贷人先在借款人一侧将资金借出，然后再由平台对其享有的债权进行切割。这种切割可以将借款金额和借款期限设计成达到出借人想要的标准，从而满足出借人的不同需求。因此，在债权转让模式下，出借人与借款人之间的联系是"设计"出来的。在债权转让模式下，复杂的交易架构设计的经济根源是为了通过将"匹配"改为"设计"以更好地实现产品的销售；而其法律根源则在于我国法律上禁止除银行以外的法人及其他机构组织从事发放贷款的活动，但自然人之间的借款合同是《民法典》所明确允许的。

二、P2P 网络借贷的违法模式与刑事风险

（一）P2P 网络借贷平台的违法模式

1. 刚性兑付

从域外的 P2P 网络借贷发展看，网络借贷行业多是采取无担保的信用贷款，虽然也会提取一定的风险保证金以应对逾期风险，但是网络借贷平台并不提供保本、保息和回购以及类似的承诺。我国的网络借贷平台为了吸引投资者，常常提供保本保息的刚性兑付承诺。即使未明确提出，实践中也常常通过期限拆分和错配的方式予以实现。德国的网络借贷通过对债权拆分原则上只是对数额进行拆分，即将大额的债权拆分为小额的债权，但不对期限进行错配。一旦平台或平台的关联公司负担赎回债权的义务，那么平台便负担了保本付息的义务。[①] 期限错配存在的问题也引起了监管机构的高度注意，《互联网金融风险专项整治工作实施方案》中明确提出，"P2P 网络借贷平台不得代替客户承诺保本保息、期限错配、期限拆分"。

2. 自设"资金池"

在我国 P2P 网络借贷的平台上有一种极其危险的违法行为，即设立"资金池"。这是大量"暴雷"的网络借贷平台都会采取的一种经营方式。所谓"资金池"，从其字面含义理解就是把资金都放在一个池子里，亦即存在一个机构，负责不断吸入资金和放出资金，保障资金的不断注入和流出，使"资金池"事实上呈现一种不断变化的状态。银行的模式就是典型的"资金池"模式，银行的典型业务模式包括不断地吸收储蓄和放出贷款。自设"资金池"

---

① 参见纪海龙《P2P 网络借贷法律规制的德国经验及启示》，载《云南社会科学》2016 年第 5 期，第 117 - 124 页。

的网络借贷平台即是将投资者的资金都存在平台的账户中，这样可能产生网络借贷平台随意地挪用投资者资金的道德风险，危害极大。而且"资金池"的方式也具有极大的流动性风险，被挪用的"资金池"又需要新注入的资金不断进行补充，平台能够持续运营所依靠的完全是后面的投资者所投入的资金，一旦流入的资金无法满足流出资金的需求，那么整个平台就会崩溃，会发生我们所常见的一系列"跑路"事件，这也就是我们通常所说的"庞氏骗局"①。因此，我国的监管规则通常对自设资金池的行为严令禁止，只有银行等少数金融机构可以从事此类业务。

与之相对的是由第三方机构对运行资金的存管或托管。在第三方对资金的托管下，由第三方对投资者的资金运行进行监管管理，以防止网络借贷平台对资金的挪用，但是根据第三方托管模式的不同，平台对资金的控制力也不同，托管后可能存在资金被挪用的风险也是不同的。自设"资金池"是大多数违法的网络借贷平台都会采取的一种行为，因为只有自设"资金池"才能实现对资金的挪用。

3. 虚假标的

虚假标的是不合规的网络借贷平台惯常采用的一种欺骗手段。由于网络借贷平台上的投资都是线上审核，除了可能遇到借款人信用造假，还可能遇到平台伪造投资标的欺骗投资人的情形。虚假标的在大量的"暴雷"网络借贷平台中均有涉及，通过虚假标的吸引投资者投资从而达到自设"资金池"的目的。虚假标的主要具有如下特征：①标的的信息披露十分模糊。由于虚假标的的资料均为伪造，极不完善，因此对外公布的信息上必然会十分模糊。②由于虚构标的也需要真实的身份信息，因此往往是公司的大量内部人员在平台上借款，且会出现同一个人在平台上反复借款的情形。有些平台甚至为了规避同一个人多次出现的情形，而盗用他人的身份资料信息，在他人不知情的情况下伪造材料发布虚假标的。为了增强投资者的投资信心，网络借贷平台纷纷采取各种手段来保证平台上的标的是真实有效的。其中典型代表如网络借贷平台"微贷网"推出的"投资人监督委员会"。投资人监督委员会由投资人自愿组成，主要负责定期对贷款标的进行审查，以排除存在虚假标的的可能，任何投资者都可以自愿申请加入。总的来说，投资人监督委员会的设立不仅增强了投资者的信心，还保证了微贷网平台上的标的质量。

---

① 金融领域投资诈骗被称为"庞氏骗局"，在中国又被称为"拆东墙补西墙"或"空手套白狼"。它是指利用新投资人的钱向老投资者支付利息和短期回报，以制造赚钱的假象，进而骗取更多的投资。

4. 自融

自融往往是借助推出虚假标的的手段设立"资金池"以达到将资金挪用于平台实际控制人自有的实体企业。平台控制人自己的企业可能已经面临资金紧张的局面，但又无法从正规的企业融资渠道如银行等获取资金，因此只能通过设立网络借贷平台的方式为自己的实体企业"输血"。由于平台本质上是面向公众经营的，因此自融在本质上构成了吸收公众资金的非法集资行为，不过是披上了新兴的互联网手段和 P2P 网络借贷平台的外衣。

自融与虚假标的、自设"资金池"之间是紧密关联的。由于自融缺乏真实的项目，因此必须依靠虚假标的来吸引公众的投资。而投资者的投资不可以交给第三方支付机构托管，否则自融平台无法挪用资金，因而自设"资金池"也是必需的。在"暴雷"的网络借贷平台的调查结果和法院裁判书中可以发现，自融、虚假标的、自设"资金池"三者往往是相伴而生的。当然，平台的实际控制人自设"资金池"也可以用于其他目的，如为了个人的享乐而挥霍投资人的资金。典型的如网络借贷平台"e 租宝"的实际控制人丁某在平台设立期间，不断从平台中随意取用资金，生活极度奢侈。又如，在"庞氏骗局"中为了维持平台运营而"以新还旧"。①

涉嫌违法自融的网络借贷平台通常具有以下两个方面的特征：从其内在来看，自融平台往往都需要利用中间账户或者私人账户介入到资金往来中形成"资金池"，并挪用该资金投资自己的实体项目、垫付逾期项目和代偿坏账等。从其外在表现来看，自融平台由于为了保持其资金链不断裂，往往具有以下四种特征：①自融平台发布的项目借款的时间短、周转快，以便其可以快速地借款还钱，从而保障平台的资金链不断裂。②平台借款人高度集中，单笔投资额巨大。在自融的情形下，由于并无真实的借款人，因此所有的借款人都是与平台有密切联系的人。③虚构借款标的。自融的平台不仅借款人是平台的关联人，而且借款项目也是虚构的，因此平台上关于借款标的的介绍往往不够详细。④同一实际控制人投资并控制多家网络借贷平台，以便可以更大限度地扩充"资金池"。

5. 发行或者代销金融产品

在 P2F② 模式中，其融资人（借款人）不是个人，而是银行等金融机构，此时，处于中介位置的机构从事的是金融产品的代销服务。而根据中国证券监督管理委员会 2012 年发布的《证券公司代销金融产品管理规定》第三条第一

---

① 参见《e 租宝案》，见 360 百科（https：//baike. so. com/doc/24638406 – 25525529. html）。
② 个人对金融机构的融资模式（person to financial institution，P2F）。

款的规定①，网络借贷平台是无法从事 P2F 业务的，否则即属于非法金融活动，但为地方金融资产交易中心代销金融产品此前却并无资质要求。此外，为了体现网络借贷平台小额贷款的本质，网络借贷平台借款限额要求逐渐出台。这一要求构成了网贷平台规避监管，与金融资产交易中心展开合作的内在动因，亦即其在形式上作为金融资产交易中心理财产品的引流平台的网络借贷平台，而在本质上则是把有融资需求的借款人的大额融资需求在金融交易所进行包装，包装成各种债权转让、债权收益权转让和定向融资计划等业务类型，再重新挂在平台上吸引投资者进行投资。这实质上是利用金融资产交易中心的金融牌照实施的监管套利行为。这种混乱的套利行为存在极大隐患，地方金融中心也并非完全可靠，投资人的权益依然得不到保障。为此，互联网金融风险专项整治工作领导小组办公室出台相关文件，明确了利用互联网从事资产管理业务需经特别许可。② 因此，未获得许可而依托互联网以发行、销售各类资产管理产品③等方式公开募集资金的行为，应当被明确为非法金融活动。至此，网贷平台发行或代销金融产品的做法都得到了监管机构的严厉打击，该种模式的道路已经被彻底堵死。

6. 资产证券化

资产证券化（asset-backed securities，ABS）起源于 20 世纪的美国，是指由发起人将自己拥有的债权转让给特殊目的机构（special purpose vehicle，SPV），再由该特殊目的机构对债权进行拆分重组的结构化安排，分散债权的风险，拆分重新组合各债权，通过一定的方式提高债权的信用级别，最终将非标准的债权变成可自由流通的标准化的证券，并在金融市场上出售给不特定的公众投资人。资产证券化的优势在于能够将某些资产剥离出去，具有破产隔离的效果，同时这些资产的出售也会带来可观的现金流，增强流动性。

我国网络借贷平台在实践过程中存在大量与资产证券化相似的行为，但是其中的大多数仅可以被称为"类资产证券化"，而非真正意义上的资产证券

---

① 《证券公司代销金融产品管理规定》第三条第一款：证券公司代销金融产品，应当按照《证券公司监督管理条例》和证监会的规定，取得代销金融产品业务资格。

② 互联网金融风险专项整治工作领导小组办公室于 2018 年下发了第 29 号文件《关于加大通过互联网开展资产管理业务整治力度及开展验收工作的通知》，明确互联网经营模式只是一种经营手段，利用互联网从事资产管理业务在本质上与普通的资产管理业务并无差别，依然属于需经特许经营的金融业务。

③ 包括但不限于"定向委托计划""定向融资计划""理财计划""资产管理计划""收益权转让"。

化。此种行为的典型模式主要是针对小额贷款公司的贷款债权。[①] 但这类模式只是在拆分债务基础上进行的债权让与，没有起到资产证券化所具有的诸如破产隔离等作用。随后又发展出了更进一步的操作手法，亦即通过金融资产交易所进行产品的转让，典型如 PPmoney 网贷平台的产品"安稳赢"。PPmoney 网贷平台推出了一款名字叫作"安稳赢系列小额信贷资产收益权投资计划"的产品，该产品是以小额贷款公司的债权为基础，并在金融资产交易所上进行挂牌转让，再由相关的关联公司购买后，在 PPmoney 平台上向投资者出售。[②] 上述两种方式的共同特点在于都是小额贷款公司的债权作为资产管理计划的基础，并通过网络借贷平台进行销售。此种情形下，网络借贷平台提供的不再是金融信息的中介服务，而是扮演了理财产品的销售方或者为金融资产交易所代售金融资产的角色。这种"类资产证券化"的模式在我国现有的监管体系下已经行不通了。

7. 与区域性股权交易市场合作

此前，区域性股权交易市场上的一项重要业务就是销售私募债。网络借贷平台兴起后，不少网络借贷平台开始选择与区域性股权交易市场合作为其代销私募债。私募债原本只能向特定的不超过 200 人的投资者发行，不得公开发行，但区域性股权交易市场为了扩大私募债的发行，违规与网络借贷平台合作，利用网络借贷平台向不特定的社会公众公开发行，而且为了使普通投资者能够购买，网络借贷平台采取了拆分期限数额打造资产包的做法。这一做法使得公众投资人承担了巨大风险，也违背了区域性股权交易市场的设立初衷。在 2015 年，证监会出台了《关于加强对区域性股权市场与互联网平台合作销售企业私募债行为监管的函》，叫停了这种违规模式。根据该监管函，此类合作模式突破了私募债券的人数上限，未对投资者资格进行审查，由少数几家机构作为其增信机构，风险高度集中。

8. 网络借贷平台与助贷机构的合作

助贷机构，主要作用在于联系贷款，在借贷过程中处于中介人的地位。助贷机构的范围呈现扩大的趋势，诸如小贷公司、担保公司，甚至是网络借贷平台等都纷纷加入了助贷机构的行列。网络借贷平台作为资金的供给方，相比于银行等金融机构具有更明显的优势，如受政策影响更小、资金供给更加稳定，

[①] 此种典型模式具体而言，即小额贷款公司将其持有的债权出售给资产管理公司，然后由资产管理公司通过网贷平台作为理财产品向投资者出售，投资者购买其中的部分份额。

[②] 参见徐英军《网贷平台发行小额债权证券化产品的风险研究——以"安稳盈"系列产品为例》，载《管理工程师》2015 年第 6 期，第 1 页。

因而成了助贷业务的优先选择。最初与网络借贷平台合作的助贷业务主要体现为"债权转让模式",亦即助贷机构先向借款人放贷并且取得债权,再将该债权在网络借贷平台上转让。而随着 2016 年监管政策的落地,二者合作的模式则转变为单纯的居间模式(助贷模式),后一种主要体现为推荐借款人到平台上借款。因为在债权转让模式中,助贷机构本身已经成为放款人,这对小额贷款公司来说并没有问题,但对于作为中介机构的网络借贷平台来说就已经违背了其信息中介的定位,因而违反了监管规定。此外,助贷模式对于资金方而言,本身也具有很积极的作用,即可以避免资金流入合作方(助贷机构)的账户,从而减少资金风险。

(二) P2P 网络借贷模式的刑事风险

1. 擅自开展金融业务的刑事风险

虽然 P2P 网络借贷平台有着所谓"信息平台"的定位,但是作为促进双方进行借贷等金融业务的"中间人",不可否认其也具有金融主体的性质。P2P 网络借贷平台开展金融业务并不直接构成犯罪。根据 1998 年 7 月 13 日国务院发布施行的《非法金融机构和非法金融业务活动取缔办法》第四条对非法金融业务活动的定义①可知,在从事金融相关业务时,其往往逃不开要依法向中国人民银行报批通过。但是,对企业或者机构的资质认定的批准通过过程十分严格,报批十分困难。P2P 网络借贷平台从事的是广义的金融业务活动,即作为资金方和借贷方的中介提供信息、促成交易。在这个范围内 P2P 网络借贷平台实际上并未进行该办法中所规定的需要获批才可从事的活动。但是,由于发展前期的监管缺位,渐渐开始膨胀的 P2P 网络借贷平台并不甘于仅仅充当"信息媒介"的角色,而开始从事金融领域的其他业务活动。于是,在 P2P 网络借贷平台业务发展扩张的过程中,不可避免会触碰到该办法中所明确取缔的未经报批的金融业务。此外,许多 P2P 网络借贷平台开始自说自话发行产品,将募集到的资金汇集到平台形成"资金池",再将这些募集来的资金以"贷款"的形式发放出去,俨然将自己定位为"高仿银行"。显而易见,这些做法严重违反了该办法,属于非法金融业务的范畴。

根据《非法金融机构和非法金融业务活动取缔办法》第四条第二款对非

---

① 非法金融业务活动是指"未经中国人民银行批准,擅自从事的下列活动:(1)非法吸收公众存款或者变相吸收公众存款;(2)未经依法批准,以任何名义向社会不特定对象进行的非法集资;(3)非法发放贷款、办理结算、票据贴现、资金拆借、信托投资、金融租赁、融资担保、外汇买卖;(4)中国人民银行认定的其他非法金融业务活动"。

法吸收公众存款的定义可以得知政策制定者对于"非法吸收公众存款"的理解。① 比较国外的相关案例可以发现，现实生活中许多 P2P 网络借贷平台在未经中国人民银行批准的情况下就已经开始从事向社会不特定公众吸收资金的行为，这些行为在违反行政法规的同时，也触犯了刑法的规定。通常情况下，P2P 网络借贷平台擅自开展非法吸收公众资金这项金融业务的手段主要包含以下四种：①将资金、借款先行归集到"资金池"中，再寻找借款对象；②将借款人的借款需求或者债权 2 次设计为各色理财产品出售给投资人；③采用期限错配的方式，将长标拆成短标实行滚动融资，通过"发新偿旧"满足到期兑付；④开展自融业务，将所汇集的资金投向平台相关企业、用于本平台自身的生产经营或者通过构造虚假标的挪用资金。上述几类行为都具有一定的共性：这些 P2P 网络借贷平台的集资行为没有依法经过中国人民银行的批准；这些 P2P 网络借贷平台已经远远超出"信息中介"的性质定位，而成为直接经手借款资金的金融机构。无疑，要成为这样直接经手资金的金融媒介的前提是必须获得相关资质和行政许可，不然其吸收公众资金的行为就会被评价为刑事不法。

P2P 网络借贷平台一旦以上述的四种方式从事经营活动，将完全符合《最高人民法院关于审理非法集资刑事案件具体应用法律若干问题的解释》所规定的四个基本特征，即非法性、公开性、利诱性、社会性。擅自开展金融业务的行为即使达不到"非法吸收公众存款罪"的定罪标准，也可能构成非法经营罪。② 与 P2P 网络借贷平台机构擅自开展金融业务直接相关的情形系《刑法》第二百二十五条第三项③规定的行为类型。而在早期，部分 P2P 网络借贷

---

① 对"非法吸收公众存款"的理解为"未经中国人民银行批准，向社会不特定对象吸收资金，出具凭证，承诺在一定期限内还本付息的活动；所称变相吸收公众存款，是指未经中国人民银行批准，不以吸收公众存款的名义，向社会不特定对象吸收资金，但承诺履行的义务与吸收公众存款性质相同的活动"。

② 根据《刑法》第二百二十五条规定，非法经营罪一共有四种情形，分别是：（1）未经许可经营法律、行政法规规定的专营、专卖物品或其他限制买卖的物品的；（2）买卖进出口许可证、进出口原产地证明以及其他法律、行政法规规定的经营许可证或者批准文件的；（3）未经国家有关主管部门批准，非法经营证券、期货或者保险业务的，或者非法从事资金结算业务的；（4）从事其他非法经营活动，扰乱市场秩序，情节严重的行为。

③ 即未经国家有关主管部门批准，非法经营证券、期货或者保险业务的，或者非法从事资金结算业务的。

机构平台被称为"影子银行"①。因此，P2P 网络借贷平台如果从事信息中介以外的融资以及超业务范围的活动都有可能构成非法经营罪。当 P2P 网络借贷平台机构擅自开展金融业务的行为不能被认定具备构成非法吸收公众存款罪所要求的四个基本特征中的某个或几个特征时，应当认定其构成非法经营罪。②

2. 设立"资金池"的刑事风险

随着我国 P2P 网络借贷模式的蓬勃发展，许多 P2P 网络借贷平台也逐渐建立"资金池"。其基本的操作模式包括：①"资金池"模式。即把从出借人募集到的资金先行投入"资金池"，然后由流转人通过 P2P 网络借贷平台以借款项目的形式将"资金池"中的资金提供给借款人。②债权转让模式。流转人通过网络平台将自有资金借贷给借款人，从而获得债权；其后，流转人将债权包装成一种理财产品，再通过 P2P 网络借贷平台向投资人发售；投资人通过购买理财产品的形式获得了债权。这个模式中一共有三方主体，即投资人、流转人和借款人。在这个模式中，P2P 网络借贷平台实际扮演的是一个服务平台，而流转人则一般是平台的实际控制人。在这种情形下，虽然通过了 P2P 网络借贷平台这个媒介，但是流转人实际上是借款人与投资人之间真正的桥梁。③虚假标的模式。即通过假项目来进行融资，并通过反复发假标的方式来形成"资金池"，再利用这种方式进行到期资金兑付，剩余资金则被挪作他用。这种方式很大程度上已经成为一些线下传统的私募基金与线上 P2P 网络借贷平台联动运营所普遍采用的一种模式。在这种模式下，平台通过线下发行私募基金、在线上转让收益权的方式进行融资募集资金，但资金到手后即被挪作他用。④期限错配模式，即 P2P 网络借贷平台将部分借款方资金使用时间较长、发标时不受投资者欢迎的项目通过拆标的方式发布短标。借款第一次到期后，使用同一个项目再次发标，再将资金借给借款企业用于归还投资人，但借款并未实际归还。⑤挪用资金模式，即 P2P 网络借贷平台采用等额本息的方式来发

---

① "影子银行"是指游离于银行监管体系之外、可能引发系统性风险和监管套利等问题的信用中介体系。

② 非法吸收公众存款罪和非法经营罪之间存在一定的竞合关系，主要体现在未经批准且非法从事银行业务的，构成非法经营罪。但是，根据我国《刑法》第一百七十六条的规定可以看出，非法吸收公众存款的行为是以特别条款的形式所作的规定，非法吸收公众存款罪和非法经营罪之间系法条竞合关系。由此，非法吸收公众存款的行为在一般情况下应当适用特别法，即以非法吸收公众存款罪处罚。但是，值得注意的一点是，犯罪行为以特别法所规定的罪名能够对犯罪行为进行全面整体评价为原则，如果行为虽然构成非法吸收公众存款罪，但此时该罪名只能对部分犯罪行为进行评价，而适用非法经营罪能够对犯罪进行整体评价，则应当适用非法经营罪的规定。

售借款项目。虽然借款方每个月还本付息，但 P2P 网络借贷平台只向投资人付息，期满后才归还本金。在此过程中，借款方归还的本金则通常被平台挪作他用。这五种模式的共同点在于 P2P 网络借贷平台灵活拆分和组合债权并进行期限错配。如此便会有一部分资金沉淀下来，这部分资金可以被流转人任意按需处置，于是就形成了类似于银行吸储放贷功能的"资金池"。①

显而易见，上述设立"资金池"的运营方式存在很高的风险，其中主要风险包括：①P2P 网络借贷平台的"资金池"运营方式与非法集资行为之间的界限十分模糊。②由于网络平台缺乏透明度和有效的第三方监管，平台存在很大的"跑路"风险。③P2P 网络借贷平台利用资金池来借新还旧，这最终可能导致所谓"庞氏骗局"问题的产生。④同样是由于缺乏透明度和第三方监管，"资金池"中的资金也存在很大的挪用和自融风险。在实践中经常发生 P2P 网络借贷平台的经营者将"资金池"中的资金进行风险投资甚至借给其他平台的行为，这便是挪用。而自融指的是 P2P 网络借贷平台将"资金池"中的资金用于平台自身的运营拓展，收益则由 P2P 网络借贷平台自身独享，其本质上也是挪用行为的一种。由此看来，"资金池"的运营方式实际上对出借人的保护和 P2P 网络借贷行业的持续发展都存在着十分巨大的风险，这里风险主要在于增加了 P2P 网络借贷平台对其"管理"之下资金使用的肆意性。

从刑法的规范来看，P2P 网络借贷平台以"资金池"的形式来运作相关借贷活动主要涉及我国《刑法》第一百六十七条"非法吸收公众存款罪"和第一百九十二条"集资诈骗罪"。②

在对其是否构成"非法吸收公众存款罪"进行认定时，应当明确的是，立法者想要进行刑法规制的非法集资主要是未经批准而向社会公众募集资金的行为，其中主要是指以未来回报诱使社会公众提供资金投资的行为。P2P 网络借贷平台所设立的资金池便适用于这种情形。

除此之外，由于《刑法》并未对非法吸收公众存款下一个明确的定义，因此，非法集资犯罪行为要同时满足《最高人民法院关于审理非法集资刑事案件具体应用法律若干问题的解释》中认定非法集资所需具备的四个标准。③

----

① 参见赵凯、王天琪《P2P 网络借贷资金池法律问题探究》，载《现代商业》2015 年第 24 期，第 284－285 页。

② 在我国《刑法》中，并不存在非法集资罪，对于非法集资的行为是通过"非法吸收公众存款罪"和"集资诈骗罪"来进行定罪量刑的。《非法金融机构和非法金融业务活动取缔办法》实际上糅合了"非法吸收公众存款或变相吸收公众存款"和"非法集资"这两个概念。

③ 参见张明楷《刑法学》，法律出版社 2016 年版，第 778 页。

但是，上文所总结的 P2P 网络借贷平台设立"资金池"的五个模式中的虚假标的模式、期限错配模式和挪用资金模式都很明显构成了上述"非法集资"所要求的四个特征。相对比较具有争议的是基础模式和债权转让模式。这两种模式虽然脱离了 P2P 网络借贷平台的基本性质定位而发展出了一种债权转让的民事关系，但本书认为对这两种模式的评价不能一概而论。因为立法者要禁止"非法集资"行为的目的在于这种集资方式下的风险过大，禁止才有利于保护投资人；相反，在民事的债权转让行为中，如果转让的民事行为依法成立的话，这种风险是得到立法者和社会所认可的。因此，本书认为即使设立"资金池"的行为是刑法所禁止的，也并不意味着债权转让模式应该被禁止。

另外，在《刑法》第一百七十六条"非法吸收公众存款罪"的基础上我们可以再讨论"资金池"的运营方式是否构成《刑法》第一百九十二条的"集资诈骗罪"。二者的区别主要在于是否"以非法占有为目的，并使用诈骗方法"来进行非法集资。也就是说，在设立"资金池"的客观行为下，还要考察 P2P 网络借贷平台设立之时是否具有非法占有目的以及是否使用了诈骗方法。例如，部分平台在建立之初便以骗取集资款为目的，通过虚构集资用途，以虚假的证明文件和高回报率为诱饵，获得社会不特定公众的资金，最后将所得资金用于平台自身运营，或者用于其他股票、基金或房产等风险投资以及高利贷，甚至是平台机构运营人员的个人用途。这样的行为明显构成了集资诈骗罪。

3. 自融的刑事风险

由于与 P2P 网络借贷平台设立"资金池"的经营方式有高度的重合性，因此 P2P 网络借贷平台"自我融资"主要涉及的刑事规范也与其相同。[①] 具体的适用与上文所述"资金池"的情形相当，因此不再赘述。但是，值得强调的是，和规范合法债权转让模式的"资金池"不同，P2P 网络借贷平台进行自融的行为是绝对禁止的。甚至平台自融的行为很容易被理解为实施诈骗的手段，因而自融的情节对于在"非法集资"的基础上进一步认定为"集资诈骗罪"有重要的意义。

4. "超级放款人"模式的刑事风险

在工业和信息化部等四部门联合发布《网络借贷信息中介机构业务活动管理暂行办法》以及网络借贷风险专项整治工作领导小组办公室发布《关于做好 P2P 网络借贷风险专项整治整改验收工作的通知》后，"超级放款人"模

---

① P2P 网络借贷平台"自我融资"主要涉及的刑事规范也是《刑法》第一百七十六条"非法吸收公众存款罪"与第一百九十二条"集资诈骗罪"。

式被认定为"变相归集资金"而属于违规操作。P2P 网络借贷平台为了完成备案，这种模式产生的违规存量也必须在备案前清零。但是，违反金融行政监管要求的同时并不必然就违反了刑法规范。部分文献中有观点认为，即使转让真实、独立的债权也完全符合非法集资行为的四个基本特征，从而构成非法吸收公众存款罪。本书认为，P2P 网络借贷平台如果转让的是真实、独立的债权，并不构成犯罪。对此，本书的看法是，如果不存在虚假债权、不承诺回购、保本等情节，那么"超级放款人"与借款人之间的法律关系应该只是一种"民间借贷关系"，P2P 网络借贷平台则可以被视作借款人与超级放款人之间的信息中介平台，因此也并不构成非法集资。虽然"超级放款人"模式可能会产生资金错配或者是资金池还有杠杆问题，但是从严格意义上说，出借人支付的资金属于转让债权的对价，"超级放款人"归集出借人的资金因此并不能被理解为非法集资。行为人是否构成非法集资类型的犯罪问题，还需要考虑其他情节，对具体问题进行具体分析。

在"超级放款人"模式中，如果有向出借人转让虚假债权的情节①，则有可能构成非法集资。本书认为，应当将转让虚假债权的行为认定为非法集资，并根据具体客观情况分别定罪论处。② 此外，如果在"超级放款人"模式下还涉及用同一笔资金循环转让债权的③，就构成非法吸收公众存款罪。这样的行为从表面上看虽然系符合民法原理的债权转让行为，但实际上却在充当银行等金融机构存贷资金的角色，并通过吸纳资金与放贷资金之间的利息差来获取收益，这已经远离了 P2P 网络借贷平台的信息中介定位以及限度范围内债权转让模式，而成为所谓的"影子银行"并演变为吸收公众存款的工具。另外，这种用同一笔资金进行循环转让的行为还有非常高的流转性风险，如果有一名借款人无法偿还就有可能导致整个资金链断裂，由此严重损害出借人作为金融消费者的利益。因此，使用同一笔资金在多个出借人与借款人之间循环转让的行为实际上是非法集资的行为，可认定为非法吸收公众存款罪。④

①　实践中有不少 P2P 网络借贷平台借债权转让之名行非法集资之实，以虚构债权及高利率为诱饵吸收社会公众资金，最后大部分资金被用于个人挥霍、偿还债务等其他用途，对投资者造成重大财产损失。

②　具体应根据集资款项的使用情况、偿还情况来判断"超级放款人"是否具有非法占有目的，以及是否有使用诈骗行为募集资金等情节分别按照非法吸收公众存款罪和集资诈骗罪论处。

③　实践中具体表现为"超级放款人"，一般为 P2P 网络借贷平台的实际控制人或者高级管理人员，用同一笔资金在无数个出借人和借款人之间循环转让。

④　参见王勇《P2P 网络借贷的实务与法律分析》，人民出版社 2019 年版，第 120 页。

5. 挪用和侵占风险备付金的刑事风险

一方面，作为普惠金融定位的 P2P 网络借贷模式主要以小微金额为主，因此借款人的贷款质量远低于商业银行的借款人，这便会增加出借人的投资风险，而风险备付金便是用来减轻出借人顾虑的制度。但风险备付金也存在很大的法律风险，其中最主要的争议点在于所有权归属不明和资金存管混乱问题，而这又很容易诱发平台挪用、侵占等问题。因此，我国的政策制定者对该制度持否定态度。根据《关于做好 P2P 网络借贷风险专项整治整改验收工作的通知》中的禁止性规定，今后 P2P 网络借贷平台设立风险预备金的行为将被视为违反监管规定，但这并不能等同于构成犯罪。本书认为，P2P 网络借贷平台仅仅设立风险备付金的行为并不属于非法集资的范畴。另一方面，仅仅设立风险备付金的行为还不能被认定是集资行为，而更多的可以被理解为债权转让合同的一项约定内容，因此按照"债权转让协议"中的约定用途适用风险备付金仅是借贷合同各方的意思自治，是民事合同关系的范畴。对风险备付金性质的认定有保险说、担保说、无名合同说等多种观点。[1] 本书认为，风险备付金更多可以被视为一种约定的对投资者权益的保护协议，而非担保。因此，仅设立风险备付金不符合非法集资所要求的"利诱性"特征。

但与单纯设立风险备付金的行为不同，P2P 网络借贷平台挪用风险备付金的行为可以构成《刑法》第二百七十二条"挪用资金罪"。在 P2P 网络借贷行业规制与监管体系中的资金存管制度尚未建立之前，由于监管的缺位，P2P 网络借贷平台的违法成本十分低，于是风险备付金遭到挪用的风险非常大。对于这种挪用行为，可以按照《刑法》第二百七十二条"挪用资金罪"[2] 处理。该罪名系特殊身份犯，即"公司、企业或者其他单位的工作人员"，其他的构成要件要素则包含了"利用职务上的便利"以及"挪用本单位资金归个人使用或者借贷给他人"。对于特殊犯，也就是行为人主体资格的要求，P2P 网络借贷平台的工作人员都可满足，如具备主管、经手、管理风险备付金的人都可利用职务上的便利。比较具有争议的是"挪用本单位资金归个人使用或借贷给他人"，因为实践中对于风险备付金的所有权实际上是存疑的。本书认为，风险备付金的来源与用途决定了 P2P 网络借贷平台只对风险备付金具有使用权，并不享有所有权。对于平台挪用风险备付金的行为，可以构成"挪用本单位

---

① 参见陈万科《P2P 网贷平台违规业务的刑法规制研究——以风险备付金、超级放款人为切入点》，载《金融理论与实践》2018 年第 8 期，第 88 - 93 页。

② 《刑法》第二百七十二条：挪用资金罪，是指公司、企业或者其他单位的工作人员利用职务上的便利，挪用本单位资金归个人使用或者借贷给他人，数额较大、超过三个月未还的，或者未超过三个月，但数额较大、进行营利活动的，或者进行非法活动的行为。

资金归个人使用或者借贷给他人"这个客观构成要件要素。综上所述，P2P 网络借贷平台挪用风险备付金的行为可以构成"挪用资金罪"。

此外，如果是侵占风险备付金的情形，则可能构成《刑法》第二百七十一条"职务侵占罪"与第一百九十二条"集资诈骗罪"。其中，"职务侵占罪"的认定基本与上文中"挪用资金罪"的争议焦点类似，故在此不再赘述。而对于"集资诈骗罪"的认定，则要看 P2P 网络借贷平台是否将"风险备付金"手段作为一种集资手段，并具备非法占有之目的。

6. 默许借款人通过 P2P 网络借贷平台实施非法集资犯罪活动

此种行为模式，除了涉及违反《P2P 合规检查问题清单》中的合规要求外，还可能涉及刑法上共犯中的帮助犯问题。《网络借贷信息中介机构业务活动管理暂行办法》第九条明确规定，网络借贷信息中介机构（P2P 网络借贷平台）应当履行的相关信息审查及保存义务要求。[①] 在刑法理论中，此种行为并不直接构成"洗钱罪"或者其他恐怖主义犯罪等，而是会构成这些犯罪的帮助犯。这种区分按照刑法上流学说，是基于正犯和共犯的二元区分中来的。[②] 根据刑法上通说[③]，默许借款人通过 P2P 网络借贷平台实施非法集资犯罪活动的可罚性必须建立在借款人实施了非法集资犯罪活动的基础上。除此之外，在本问题中还涉及不作为的帮助行为，该行为应当理解为对义务的违反，即有作为义务而不作为。具体而言，表现在没有履行法定的审核义务，例如，P2P 网络借贷平台没有对项目的合法性进行审核、没有对是否涉及洗钱和反恐怖融资进行审核等。如果 P2P 网络借贷平台是故意对此不进行审核而直接支付了借款人所需要筹集的资金并实现了相关的构成要件加结果，那么其"默许"，也即不作为的帮助行为则可能构成相关进行非法集资所实施的犯罪活动的不作为的帮助犯。

总的来说，在司法实践中，P2P 网络借贷平台中具有很高刑事风险的经营行为包括擅自开展金融业务、以"资金池"的形式来运作相关借贷活动、平台的"自我融资"和"超级放款人"模式、对风险备付金的挪用和侵占行为，

---

① 根据《网络借贷信息中介机构业务活动管理暂行办法》第九条，网络借贷信息中介机构（P2P 网络借贷平台）应当履行"对出借人与借款人的资格条件、信息的真实性、融资项目的真实性、合法性进行必要审核"以及"依法履行客户身份识别、可疑交易报告、客户身份资料和交易记录保存等反洗钱和反恐怖融资义务"的要求。

② 正犯是指实现构成要件的行为，而共犯一般是指帮助和教唆等构成要件实现的辅助性行为。

③ 成立帮助犯要求有帮助的行为和帮助的故意，而根据共犯从属性说还要求被帮助者实行了犯罪行为。

以及默许借款人通过 P2P 网络借贷平台实施非法集资犯罪活动等。涉及的刑事法规范主要包括《刑法》第一百七十六条的"非法吸收公众存款罪"、第一百九十二条的"集资诈骗罪"、第二百六十六条的"诈骗罪"、第二百五十五条的"非法经营罪"、第一百七十四条的"擅自设立金融机构罪"、第二百七十一条的"职务侵占罪",以及第二百七十二条的"挪用资金罪"。

三、P2P 网络借贷刑法规制的必要性与谦抑性分析

(一)刑法规制的必要性

根据我国《刑法》第十三条,除但书以外的规定内容,犯罪必须是同时具备以下特征的行为:①具有社会危害性;②具有刑事违法性;③具有应受刑罚处罚性。

此外,在符合犯罪概念以及分则具体罪名构成要件的基础上,从刑法和刑事诉讼法的目的角度看,无论是从实体法还是程序法上讲,惩罚犯罪和保护人民都是进行刑事法律规制的目的。惩罚犯罪这一目的是通过刑罚的手段实现的,我国刑罚预防犯罪的目的包括一般预防①和特殊预防②。

传统的 P2P 网络借贷平台作为"信息中介"平台,属于民法的"居间人"。但是,异化的网络借贷除了提供交易撮合的中介功能外,它还兼具提供担保或者投资理财等功能。异化的网络借贷平台直接参与到借贷中,脱离了信息中介的本质,已经异化为民间借贷的"准金融机构",但其并未得到国家金融体系的认可,并存在着大量自融、放贷、期限拆分、提供担保甚至诈骗等非法行为,乱象丛生。近年来,P2P 网络借贷犯罪案件频发,严重破坏金融秩序,损害投资人的经济利益,甚至导致社会群体性事件的发生,相关行为完全符合《刑法》第十三条所规定的犯罪概念与刑法分则规定的具体罪名的构成要件。因此,刑法有必要对异化的网络借贷平台进行规制,对打着 P2P 网络借贷旗号进行违法犯罪的行为应进行严厉的打击和惩治以实现特殊预防,以此增强其他 P2P 网络借贷平台的规范意识,从而达到一般预防的目的,并净化 P2P 网络借贷的行业环境,促进 P2P 网络借贷行业的健康发展。

---

① 一般预防,是指预防犯罪人以外的社会成员也就是尚未犯罪的人实施犯罪。
② 特殊预防,是指预防那些已经实施了犯罪行为的人重新犯罪。

（二）刑法规制的谦抑性

根据刑法谦抑性①原则，在处理涉及 P2P 网络借贷犯罪时，应充分考虑 P2P 网络借贷作为金融创新所具有的特殊性。P2P 网络借贷作为互联网时代的产物，虽然存在着各种不确定的风险，但在满足民间融资的需求上起到了积极的作用。严格遵守"信息中介"性质的 P2P 网络借贷平台可以拓宽我国中小微企业的融资渠道，因此其在经济社会发展中具有不可或缺的作用，其存在和发展具有相当程度的合理性和积极性。对于正常的 P2P 网络借贷平台，相关行政法规已经作出了具体规定，在网络借贷过程中产生的民事借贷法律关系，也可以由《民法典》以及相关司法解释予以适用，需要通过刑法进行规范制约的主要是异化的 P2P 网络借贷平台所产生的犯罪行为。② 刑法规制的目的在于设法控制导致不合理的类型化危险的风险。我们应当充分考虑投资与风险之间的关系，正确区分哪些行为属于正常投资所带来的风险，哪些行为是属于触犯刑法的行为，对于能进行"出罪化"处理的行为，就不宜将其纳入刑法的制裁范围。即使 P2P 网络借贷触犯法律的红线，也应当充分综合个案的具体情节，能在法律的范围内作轻型化处理的应当毫不犹豫地酌情减轻处理。

刑法规制的必要性和谦抑性是刑法目的的两个方面，因此需要平衡与兼顾。刑法的谦抑性并不是无限度的，对于那些异化的 P2P 网络借贷平台打着金融创新的旗号进行严重违法犯罪活动的，仍应充分运用刑罚的手段进行规制，这才是尊重刑法的谦抑性原则的真正体现。

四、P2P 网络借贷犯罪刑法规制存在的问题

（一）刑事政策方面的问题

1. 与我国金融政策相悖

P2P 网络借贷作为"互联网＋金融"的创新产物，在激活金融市场、活跃

---

① 根据陈兴良教授的观点，刑法的谦抑性即刑法的经济性或者节约性，是指立法者应当力求以最小的支出（少用甚至不用刑法而用其他刑罚代替措施），来获取最大的社会效益（有效地预防和抗制犯罪）。张明楷教授认为，刑法的谦抑性是指刑法依据一定的规则控制处罚范围与处罚程度，即凡是适用其他法律足以抑制某种违法行为，足以保护合法权益时，就不要将其规定为犯罪，凡是适用较轻的制裁方法足以抑制某种犯罪方法、足以保护合法权益时，就不要规定较重的制裁方法。

② 参见马艳峰《我国 P2P 网络借贷中的刑法规制研究》（硕士学位论文），吉林大学法学院 2016 年。

金融创新方面起到了不言而喻的促进作用，亦符合我国逐步放宽金融市场准入与监管的金融政策。但是，在实践中有大量的 P2P 网络借贷平台存在设立"资金池"的现象，一旦出现经营不善、挤兑现象，导致投资人经济损失时，司法机关往往会将网络借贷平台设立"资金池"的行为认定为非法吸收公众存款罪。这无形中使得从事网络借贷行为的人极其容易触犯法律红线，构成犯罪，严重抑制了金融创新产物的发展，有悖于当下的金融政策。

2. 规制理念过于单一

通过分析现有的判决文书可知，司法机关在适用刑法对 P2P 网络借贷犯罪进行规制时，仅通过对平台主体的合法性进行审查从而认定是否达到入罪标准，却忽略了对其经营行为的审查与认定。

在国家鼓励金融创新的政策导向与金融自身的风险性和国家信用制度、法制建设的缺失的矛盾背景下，作为互联网金融创新代表的 P2P 网络借贷更容易触碰法律红线，《最高人民法院关于审理非法集资刑事案件具体应用法律若干问题的解释》中所规定的两个罪名成为 P2P 网络借贷犯罪的"重灾区"。对于平台具体经营行为的审查往往牵涉工商、金融、政法等多部门的联动，但各部门往往固守自身职权，难以形成打击此类犯罪的合力。[①]

（二）立法方面的问题

1. 所涉罪名的犯罪构成要素不明确

P2P 网络借贷平台非法集资行为触犯的罪名主要是非法吸收公众存款罪和集资诈骗罪，但这两个罪名的法条设置概括性过强、覆盖范围大、针对性较弱，而对于罪状的描述又过于单薄且缺乏普适性和说服力，以至于在司法实践中对于这两个罪名的适用一直存在争议。

司法解释以涉案金额、当事人损失和受害人数作为吸收公众存款罪的定罪和量刑标准，缺乏灵活性。本书认为关于 P2P 网络借贷非法集资常涉的两种罪名适用范围过于广泛。大多数 P2P 网络借贷平台是因资金链断裂导致无法提现，对于这种行为，以非法吸收公众存款罪和集资诈骗罪定罪居多。相关罪名的犯罪构成要素不明确：①入罪量刑标准过于简单。只考虑了人数、资金数额等作为入罪量刑的标准，对于主观故意以及资金去向所作规定较少，考虑不周全，无法涵盖当下的 P2P 网络借贷非法集资类犯罪范畴。②对于犯罪客体金融

---

① 参见张珣《P2P 网络借贷犯罪刑事规制研究》（硕士学位论文），扬州大学法学院 2018 年。

管理秩序①规定过于模糊。我国根据国情在金融领域的立法都带有一定的垄断意味。在金融犯罪的司法实践过程中，判断是否违反金融管理秩序已经变成是否由国家批准、经营是否经过许可。这样的做法失之偏颇，违背立法原意。

2. 现行罪名缺乏针对性

针对P2P网络借贷平台非法集资类问题，根据刑法规定所涉及的罪名有非法吸收公众存款罪、集资诈骗罪、非法经营罪、擅自设立金融机构罪、洗钱罪、挪用资金罪等。然而在司法实践过程中，由于P2P网络借贷平台的结构、功能、模式等方面存在着诸多缺陷，所以其引发的犯罪往往是超出刑法中所涉主要罪名的规制范围的。由于P2P网络借贷的受众广泛，相关案件涉及的数额巨大，并且隐匿于互联网之中，这就决定了案件的复杂性，而在当下刑法中无论是在此类犯罪中经常运用的非法吸收公众存款罪还是非法经营罪，都存在着概括范围过大、打击面过宽、入罪金额和人数与互联网金融类犯罪不适应等问题。目前在刑法中没有任何一个罪名对其特殊性作针对性的处罚规定。例如，平台最容易涉及非法集资类罪名的三类情形：①平台形成"资金池"；②平台因为没有做到仔细审核信息导致没有发现借款人的非法集资行为或默许借款人进行非法集资；③平台进行资金自融。对于这三类情形，平台的三个主要罪名（非法吸收公众存款罪、非法经营罪以及集资诈骗罪）都没有相关联表述。可见，简单、粗暴、"一刀切"的刑法规定对于P2P网络借贷平台的非法集资问题缺乏契合性。

3. 刑事立法与其他法律法规未能有效衔接

（1）刑法与相关行政法规存在不协调。P2P网络借贷平台非法集资行为犯罪在本质上说还是属于经济类型的犯罪，应该以经济领域的行政法规作为前置法。在司法实践中，对于P2P网络借贷平台的非法集资行为，前期一般采取放任政策，等到其行为愈演愈烈达到犯罪标准，会直接采用刑法进行规制。例如，《中华人民共和国商业银行法》规定对于不合格的主体进行的吸收存款的行为，要考虑追究刑事责任。但是，中国一直奉行"刑事责任优先"的原则，一般不合格主体吸收公众存款的行为都被认定为非法吸收公众存款罪、擅自设立金融机构罪等。而《非法金融机构和非法金融业务活动取缔办法》《中华人民共和国银行业监督管理法》也对P2P网络借贷平台可能涉及的违法行为作

---

① 国家金融管理秩序，即国家对货币、外汇和有价证券的管理制度，以及国家对金融机构、证券交易行为和保险公司组织与行为的监督管理制度。

出了行政法规相关规定。① 但是，在实践中，行政法规总是处于被搁置的地位。相关行政法规与刑法在应对 P2P 网络借贷平台非法集资问题上存在着诸多矛盾。很多社会问题总是在其发酵成为刑事问题以后才受到刑法的规制，刑法与相关行政法规没有紧密衔接，这也是对 P2P 网络借贷行业非法集资规制"厉而不严"的原因。

（2）刑法与金融类法律规定存在不协调。我国的一些金融类法律中存在着这样的表述："实施××行为，构成犯罪的，承担相应的刑事责任"。但是，这样规定的背后并不能找到相应的刑法法律条文与之对应；刑法法律体系追究简洁明了，很多法律条文的表述模式采用简单罪状，在其他法律法规中也找不到涉及此罪状的相关表述。因此，刑法和非刑事立法之间的相关规定存在着缺位的现象，以及同一问题在两个不同的法律之间存在着不同的规定或者表述。具体到 P2P 网络借贷案件中，例如，平台没有经过证券业监管机构依法核准，采取非广告的方式向特定对象发行证券，或者发行股票超过 30 万元，人数并未达到 200 人的行为应当作何处理？根据《中华人民共和国证券法》第九条②规定，采用广告等公开的方式向不特定对象发行证券的，或者向特定对象发行证券超过相应人数的，都是违反法律规定的行为。但是，按照《刑法》对于非法经营罪的相关规定，只要是未经相关主管部门批准非法经营并且达到情节严重程度，即可构成非法经营罪。③ 由此看来，刑法与证券法在此种行为的处理上处于尴尬境地，因为按照刑法规定只要没有经过有关机构批准从事相关业务就已经构成犯罪，但按照证券法的规定，未采用广告等形式向特定对象发行的不构成犯罪。本书认为，若依据相关前置法尚不构成违法行为，依据刑法却应定罪处罚，那么刑法作为维护社会公正的最后一道防线，就不能发挥出相应的威慑作用，刑法的权威性不能得到保障。

4. 刑罚设置不科学

对于 P2P 网络借贷平台常涉的金融领域犯罪，我国现行法律规定的刑罚一

---

① 依法取缔非法设立的金融机构、未经允许从事金融业务的机构。对于擅自设立的金融机构或者非法从事金融业务的相关机构，其进行相关业务活动不构成犯罪的，依法没收其违法所得，并处罚款。依法取缔未经法律允许擅自设立的证券、基金公司，依法没收违法所得，并处罚款。

② 《中华人民共和国证券法》第九条：有下列情形之一的，为公开发行：向不特定对象发行证券；向特定对象发行证券累计超过二百人，但依法实施员工持股计划的员工人数不计算在内；法律、行政法规规定的其他发行行为。非公开发行证券，不得采有广告、公开劝诱、变相公开的方式。

③ 依据为 2010 年 5 月 7 日印发的《最高人民检察院、公安部关于公安机关管辖刑事案件的立案追诉标准的规定（二）》第七十九条第三项规定。

般是按照犯罪分子触及的刑罚，包括有期徒刑、拘役、判处罚金。非法经营罪的刑罚主要与非法吸收公众存款罪类似，包括有期徒刑、拘役、没收财产等。集资诈骗罪刑罚还包括拘役、管制、并处或者单处罚金。这种沿用常用罪名的刑罚进行处罚的做法具有一定的合理性，容易被社会公众和被告人所接受，但在P2P网络借贷非法集资案件中采用的大多是自由刑、财产刑、资格刑。只有在犯罪后果较为严重、影响范围较广的案件才可能会采用将三者结合起来的做法。统计中国裁判文书网的案件数据得出，在涉及P2P网络借贷非法集资的132件案件中，判处罚金的只有37件，判处剥夺政治权利的有3件，责令退赔的有8件。

从财产刑和资格刑的适用数量看，本书认为，沿用传统罪名的刑罚在适用这一犯罪行为时并不能完全适应。具体表现为以下三点。

（1）财产刑判罚不合理。目前，我国刑法对于此类犯罪，在罚金数额方面的规定有两个弊端：其一，在罚金数额的确定上，仅有根据犯罪情节确定罚金数额这一个原则。本书认为这有失公平性。一方面，没有考虑犯罪人的个人财产能力，贫穷或者富有都判处一样的罚金；另一方面，没有考虑全国经济发展水平的差异，对于不同地区的P2P网络借贷平台的非法集资案件都采用统一的罚金制。其二，无限额罚金制本身存在着缺陷。一方面，无限额罚金制在很大程度上需依赖法官的自由裁量权，这与法官的个人能力与主观判断息息相关，容易产生同一案由、犯罪情节轻重相当，但由于处理案件的法官所处地区及个人水平的差异而导致案件罚金刑不同的现象，无法完全做到法律面前人人平等，也背离了宽严相济的刑事政策；另一方面，我国刑法采取的无限额罚金制与世界各国的罚金制存在较大出入。纵观世界范围刑法的情况，目前仅有很少国家采用罚金制。我国在罚金刑方面的立法与世界刑事立法大趋势相违背。

（2）资格刑适用范围不明确。现行刑法在司法实践过程中对于资格刑的判罚，适用最多的是剥夺政治权利，除此之外，我国刑法中有针对外国人犯罪的驱逐出境的规定。在经济领域并没有剥夺政治权利的规定，如职业资格、法人资格、公司实际控制人职务等，在我国现行刑法中都没有相应的规定；而在国外的立法中，资格刑的适用范围中除了包含选举权、被选举权，还包括公职权、职业权等。[①] 与此相比，我国的资格刑显得种类单一。在具体司法实践

---

① 公职权亦称官职权，被剥夺公职权的人在一定期间内不得担任某一官职或公职，其主要的适用对象是利用企业官职实施经济犯罪的人，如公司企业的厂长、总经理、董事长、总裁等。职业权又名经营权，主要是指禁止犯罪人在特定的时间内，或者永远不得从事某项特定行业的经营。职业权主要适用于那些利用其在特定行业的优势，进行重大经济犯罪活动的人。

中，对于真正判处非法吸收公众存款罪、集资诈骗罪等案件少之又少，尽管《中华人民共和国刑法修正案（九）》对《刑法》第三十七条增设了"职业禁止"① 的规定。这个规定就目前看来并不是尽善尽美的，一方面，《刑法》第三十七条中规定的免予处罚和实施非刑罚处置方式，原意是为了免除那些犯罪情节轻微的犯罪分子的刑罚处罚而增设职业禁止的规定，即禁止行为人再从事此行业，对于行为人的行为自由的处罚更加严厉。本书认为，这与立法原意不相匹配。另一方面，职业禁止的具体内容过于模糊，其中的"违背职业要求""特定义务"等规定的范围过于宽泛，实际操作存在难度。因此，在 P2P 网络借贷非法集资的犯罪案件中资格刑的适用应当审慎，应当明确适用的对象。

（3）非刑罚处罚措施适用较少。P2P 网络借贷在我国属于新兴事物，目前国家仍在扶持其发展，对于这一金融领域的发展一直是保持着刑法审慎介入的态势。P2P 网络借贷行业的发展也是参差不齐的，虽然某些行为引发了犯罪，但是其中仍旧存在一些犯罪情节轻微。行为人主观恶性不大的案件，可以适用非刑罚处罚措施。对于非刑罚处罚措施的规定在《刑法》第三十七条，但在司法实践中极少适用。② 因为其适用性不强，很多犯罪分子因被判处刑罚而容易产生其他社会问题。比如，在 P2P 网络借贷平台非法集资案件中关于从犯的行为，如果其并没有起到实际决策作用、社会危害不大，就可以适用非刑罚处罚方式；如果因为非刑罚处罚存在某些弊端就将其搁置，那么就很难对犯罪分子起到教育改造的作用，也无法体现刑法在互联网金融领域的轻刑化原则；如果能够明确非刑罚处罚措施的适用范围，增加相应处罚种类，就会更加有利于金融创新，维护刑法的谦抑性原则。

（三）司法方面的问题

1. P2P 网络借贷平台犯罪行为入罪标准亟须明确化

我国采用的监管模式是分业监管模式，当下 P2P 网络借贷并未与中国市场完全融合，对于这一领域的监管仍然存在着监管真空地带。而刑事立法在 P2P 网络借贷领域非法集资行为涉及的罪名规制存在滞后性，P2P 网络借贷平台是否完全属于金融领域，民事合法是否能够阻却行为的刑事违法性仍然没有明确的规定，更不用提清晰的罪与非罪的界限。现在，对于 P2P 网络借贷平台的行

---

① 职业禁止，即对于因利用职业便利或者违背职业要求的特定义务实施犯罪的犯罪分子，自刑法执行完毕之日或者假释之日起，禁止其在三年至五年内从事相关职业。

② 《刑法》第三十七条：对于犯罪情节轻微不需要判处刑罚的，可以免予刑事处罚，但是可以根据案件的不同情况，予以训诫或者责令具结悔过、赔礼道歉、赔偿损失，或者由主管部门予以行政处罚或者行政处分。

为在司法实践中存在两个问题。

（1）民刑标准不清楚，没有明确的入罪标准。对于平台发生的行为，如果维持在正常的网贷平台运行范围内，没有发生资金链断裂，能够及时地还本付息，通常不会被追究刑事责任。一旦平台出现资金周转问题，导致资金链断裂，如果没有造成任何危害，会被认定为普通的民间借贷纠纷；而一旦违法，一般都是刑事处罚先行。这样与我国刑法的谦抑性原则不符，也会压制行业发展。

（2）对于平台形成的"资金池"的认定问题无法拿捏尺度。平台一旦发生资金停转就很容易被认定为设立"资金池"，就很容易触犯刑法中非法吸收公众存款罪、集资诈骗罪。刑法成了维护网络金融类犯罪的第一道防线。综上所述，本书认为，关于 P2P 网络借贷的非法集资行为罪与非罪的标准还十分模糊，入罪标准亟待明朗化。

2. 非法集资类犯罪入罪门槛过低

按照现行非法集资入罪的追溯标准，P2P 网络借贷平台进行集资行为大多涉及非法吸收公众存款罪。若以《最高人民法院关于审理非法集资刑事案件具体应用法律若干问题的解释》规定的非法性、公开性、社会性、利诱性四个特征为依据，P2P 网络借贷平台进行资金的筹集大多都具备了这四个特性。基于互联网平台的性质，其已经完全符合非法吸收公众存款罪的标准。事实上，相关数据也已经远远超过了该解释第三条①规定的入罪标准。

五、P2P 网络借贷犯罪刑法规制的完善建议

（一）完善具体的刑事政策措施

1. 坚持金融交易本位的刑事政策②

现行法对于金融交易性视野的缺失，在某种程度上说是对刑法谦抑性的一种破坏。而管理本位的金融刑事政策正是以刑法为手段干预正常金融秩序的体

---

①　经修改并于 2022 年 3 月起实施的《最高人民法院关于审理非法集资刑事案件具体应用法律若干问题的解释》第三条规定的非法集资入罪标准包括：集资金额在 100 万元以上的；集资对象 150 人以上的；给存款人造成直接经济损失金额在 50 万元以上的；集资金额 50 万元以上，或给存款人造成直接经济损失金额在 25 万元以上，且曾因非法集资受过相关刑事追究（或二年内因非法集资受过行政处罚）或造成恶劣社会影响或者其他严重后果的。满足上述情节之一的，即构成非法吸收公众存款罪。

②　参见张珣《P2P 网络借贷犯罪刑事规制研究》（硕士学位论文），扬州大学法学院2018 年，第 29 页。

现。因此，在以创新为主题的"互联网＋"时代背景下，对于金融商事行为的判断应当审慎，明确违法与犯罪的界限，尊重和保持刑法的谦抑性，应坚持金融交易本位的刑事政策。从金融交易本位的刑事政策和刑法的谦抑性角度出发，考虑到经济的发展，应以维护交易秩序为目的，采取宽容态度，对 P2P 网络借贷平台运营过程中虽然违反了现行金融管理法规，却有利于金融交易与金融市场化的行为并无用刑法进行强制规制的需要。

2. 坚持综合治理主义的刑事政策

按照综合治理主义的政策思路，在对 P2P 网络借贷犯罪的治理过程中，应该摒弃过去单一的刑事规制理念，更加注重对实质经营行为的审查认定，建立公检法和金融监管职能部门的信息共享和工作交流机制，通过各部门的相互配合，实现对 P2P 网络借贷平台犯罪的提前防范和及时查处。各部门要形成抗制 P2P 网络借贷犯罪的"合力"。这也对国家提出了新要求：既要进一步完善信用制度和征信系统，也要进一步落实对 P2P 网络借贷平台的监管制度体系，还要构筑起健康多元的资本市场，为 P2P 网络借贷的健康发展提供必要的生存空间。

（二）立法方面的完善措施

1. 明确相关非法集资类犯罪的构成要件

对于非法集资类型的犯罪，本书认为对于常涉罪名的犯罪构成应当主要对非法占有为目的和国家金融管理秩序进行限缩。

（1）限缩对非法占有目的的认定。对于非法占有目的，通说认为对于他人的财产必须同时具有排除意思和利用意思，在涉及非法占有目的的集资诈骗类案件中，对他人的财产具有排除意思指的是完全没有将财产归还的意思表示，或者有返还他人财产意思表示中含有与侵害他人财产权利意思相当的意思。具体来说，网络借贷平台实际控制人已经取得了他人财产实际支配之后，采取多种手段，想要获得财产的完整权利，使财产完全摆脱权利人的控制。利用意思即在转移或者占有他人集资款项的同时，没有从事事先约定好的经营活动，或者仅用款项中的很少一部分用于协议约定的活动，实际用来非法集资收付款等。

有学者提出以"四点一线"法认定非法占有目的："四点"即集资的原因、集资的收益、集资款的使用以及事后的态度；所谓"线"就是根据主客观相一致的原则，看集资人在整个集资活动中的综合表现。① 其一，集资的目

---

① 参见曹乃婷《游弋于此罪与彼罪之间的集资诈骗罪适用研究》，见北大法律信息网（http：//vip. chinalawinfo. com/newlaw2002/SLC/SLC. asp？Db = art&Gid = 335568503）。

的。P2P 网络借贷平台的正常运营在于集资活动要有真实具体的项目，如果平台的项目或者投资标的是虚假的，那么就可以认为网络借贷平台或者网络借贷平台的实际控制人具有非法占有目的。其二，集资的收益。一般来说，通过 P2P 网络借贷平台进行非法集资都会承诺比民间借贷较高的回报率，但如果平台虚假承诺投资回报来引诱投资人进行投资，实际却并无高额回报，可以认为平台对投资人的财产有非法占有目的。其三，集资款的使用。对此的评判要看行为人对集资款的主要用途。对于集资款用途的认定，在集资款的目的和收益无法确定行为人的主观目的时，可以结合集资款的使用情况。如果行为人仅仅是将集资款用于挥霍享乐，那么当然可以认为其具有非法占有目的。其四，事后的态度。集资款到期后，要看行为人采取何种方式对待到期后的款项，平台是将本金和利息返还给投资人，或者是压根没有归还的意思，并在短时间内携款"跑路"。如果平台在发生周转问题时，行为人并没有将平台产生的利润积极偿还投资人的款项，而是用其他方式拖延返还集资款的时间，故意隐匿财产、转移平台财产的，则可以认定其具有非法占有目的。本书赞同上述观点，对于非法占有的认定，在具备排除意思和利用意思的框架内，还需要符合具体的"四点一线"原则。

（2）明确对"破坏国家金融秩序"的认定。非法集资类犯罪所保护的犯罪客体是国家的金融管理秩序。对于这一犯罪客体的认定是判定是否构成非法集资类型犯罪的关键标准，国家层面的金融秩序的稳定以及金融领域整体的风险防控应当作为金融管理秩序的核心。具体到 P2P 网络借贷的非法集资类案件，只有平台行为破坏国家具体的金融秩序安全和稳定，具有一定的严重情节才能被认定为危害国家金融管理秩序。P2P 网络借贷平台作为民间借贷行为的网络化，其中一些平台不遵守行业规定，突破中介者的身份进行交易，其在没有采取欺诈、虚假宣传的前提下，及时还本付息并不可能损害整体国家金融管理秩序。没有任何实质性的损害，即便这种行为违背相关行政法规，但能否将其纳入刑法规制还有待商榷。

2. 出台针对性司法解释

在 P2P 网络借贷平台不断触及非法集资类型的犯罪的大背景之下，刑事立法理应有所作为，然而刑法立法始终强调稳定性，法条的制定带有较强的抽象性。这与始终处于变动中的 P2P 网络借贷行为存在冲突，罪名与犯罪行为之间的契合性不强。如果寄希望于刑法去彻底解决这个问题，则只能通过改变立法内容、增设罪名的方式。有学者主张增设"非法借贷罪"这个罪名来囊括关于网络借贷非法集资类犯罪行为。① 但是，本书对这种观点并不赞成，增设新的罪名需要经过大量的调研和论证，这个过程需要漫长的时间；如果要保持时效性，那么就会缺乏充分的论证，可能会导致重刑主义的出现；况且一个罪名的增设对于刑法的稳定性冲击较大，且容易动摇刑法的权威性。

因此，本书主张出台针对 P2P 网络借贷平台非法集资行为的司法解释，从而在一定程度上解决刑法所涉罪名与实践中犯罪行为契合性不强的问题。现在，已经出现了几种较有代表性的 P2P 网络借贷平台非法集资行为，可以在调研之后将网络借贷平台涉罪较高的犯罪行为进行归类整理，出台关于非法集资类罪名具体适用的司法解释，将网络借贷平台涉罪较高的具有代表性的行为纳入司法解释，从而丰富刑法相关条文的空白罪状。如此一来，将 P2P 网络借贷非法集资领域一些新的行为纳入刑法规制，使得刑法法律条文更适应互联网金融犯罪的形势变化。此外，在立法技术上，通过对罪名中空白罪状的具体解释，对诟病较多的口袋罪名的限缩解释，在保持刑法整体格局不变的前提下，使刑法与网络借贷领域非法集资犯罪的社会现实相适应。

3. 加强刑法与其他法律法规的衔接，实现刑法后置

P2P 网络借贷平台非法集资行为往往涉及多种法规，例如金融法、经济法、行政法等法律法规，刑法作为社会防卫的最后一道防线，应当坚持自身的"二次违法性理论"，即在其他法律作为前置法仍然无法进行规范的前提条件下再发挥刑法的规制作用。这些前置法的相关法律法规应当与刑法前后呼应，发挥各自的作用。本书认为，要从根本上调和金融类前置法与刑法二者之间的矛盾，双方必须同时做出努力。

（1）要完善基础性金融类法律。可以在适当借鉴外国经验的基础上制定有中国特色的相关法律法规。例如，在行业监管领域制定法律的过程中，要对行业的基本事项作出明确的规定，包括 P2P 网络借贷行业准入标准、对运营资金的要求、资金的托管方三个主要项目。其中，行业的准入标准是最为重要的一项，只有提高行业的准入门槛才能在第一关保证行业的质量；加之对运营资金作出要求，保证资金流的来源才能保证企业在运行过程中不会发生大规模的"跑路"现象；而明确资金由第三方进行托管可以保证 P2P 网络借贷资金流转具有公开度和透明度。强化在监管方面的立法，有助于从源头对 P2P 网络借贷平台的行为进行限制，从而阻却违法性。此外，在域外国家的相关立法中，其他法律法规会对涉及刑法的部分作出明确详细的规定，比如，注释出对应刑法

---

① 参见陶晨烨《P2P 网络借贷的刑法规制研究》（硕士学位论文），华东政法大学法学院 2017 年。

的哪一条法律条文，刑事立法与非刑事立法有相当明确的界定，刑法的后置作用就能够较好地发挥。因此，我国在建立健全金融类法律具体条文时要注意与刑法前后呼应，协调发挥各自的作用。

（2）刑法也要实现自身的改革，与相关的法律法规相适应。尤其是在对P2P网络借贷平台的集资行为进行判断时更要注重违法界限，综合各方面判断这个行为是互联网金融创新行为，还是应当受到刑罚规制的行为，主要的判断标准是该行为在客观上是否有利于社会经济的良好发展。此外，在集资行为的入罪标准上，应当坚持社会危害性和刑事违法性的双重标准，二者之间应当是递进的评价关系：行为具有社会危害性是行为人的行为构成犯罪的前提，而行为具有刑事违法性应作为第二步评价标准。本书认为，在判定P2P网络借贷的集资行为是否触犯刑法时，应当坚持"就低不就高"的原则，刑事入罪的标准比行政违法行为的标准要高。因此，P2P网络借贷平台的入罪标准至少要高于行政违法的标准，使刑法在规制P2P网络借贷非法集资问题上处于后置地位，以维护刑法的权威性。

4. 完善刑罚制度

从刑罚规制的必要性和谦抑性出发，针对P2P网络借贷平台相关涉罪行为的特点，在完善刑罚制度方面，本书建议，完善财产刑的适用、增加非刑罚处罚方式以更有效地抗制此类犯罪，并明确资格刑的适用以适应P2P网络借贷犯罪的特点，从而实现促进金融创新和抗制金融犯罪的利益衡平。

（1）完善财产刑的适用。对于本节前述我国采取的无限额罚金制与P2P网络借贷非法集资类犯罪之间存在的错位现象，本书认为，可以在互联网金融经济犯罪领域探索适用"日额罚金制"[①]。采用日额罚金制的优势在于：一方面，符合我国刑法规定的罚金数额与犯罪情节相适应的原则，罚金数额的确定能够与犯罪分子的人身危险性、社会危害性相统一，能够更好地与刑法的罪责刑相适应的原则相呼应；另一方面，充分考虑经济类犯罪中的犯罪分子的经济状况，将犯罪分子的财产情况纳入了罚金数额的确定标准，结合犯罪人地区所在经济发展水平以及犯罪人的收入水平来综合确定罚金数额。如此一来，可以消除因为犯罪人经济水平不同而导致的罚金刑适用效果的差异，能够维持犯罪

---

① 日额罚金制主要按照以下步骤确定：第一步，对行为人身危害性和社会危害性进行评价，按照危害性的大小确定应当缴纳罚金的日数；第二步，走访调查，综合评价犯罪分子的经济状况，确定每日的罚金数额；第三步，将确定的罚金处罚日数与每日的罚金数额相乘，乘积即为应判处的罚金总额。

与刑法的均衡。① 在 P2P 网络借贷非法集资案件中，采用日额罚金制可以更好地遏制犯罪人的再犯心态。在财产刑的改革方向上，不仅仅是罚金刑的完善，前文提到在 P2P 网络借贷非法集资类案件的判决书中有少部分案件采用了退赔，但这类案件占比少之又少。本书认为，建立一套切实可行的退赔机制十分有必要。一方面，退赔机制的存在让犯罪分子不会因为承受刑罚就免除了民事赔偿责任，从而实现特殊预防的效果；另一方面，可在一定程度上解决执行难的问题，提高司法公信力，让受害者相信司法的权威，更好地维护社会稳定。在具体实施措施上，可以在判决的自由刑执行完毕以后，按照犯罪人所在地区的平均收入水平，给其保留家庭生活所必需的生活费用，使其按照相应比例退赔给被害人，在具体执行上要有一套完整的监督制度。比如，加强对社区义工的培训、建立社区人员辅助监督的制度，实现 P2P 网络借贷平台与中国人民银行征信系统的对接。要在全国范围内全面对外开放征信系统，各银行机构要建立起透明公开的黑名单制度，实时更新。退赔制度的建立，可以更好地遏制 P2P 网络借贷非法集资犯罪的发生，维护司法公正。

（2）增加非刑罚处罚方式。非刑罚处罚方式在刑法总则中已经给出相关规定，包括要求犯罪分子向被害人赔礼道歉、具结悔过等。但是，受长期重刑主义思想的影响，司法实践中适用非刑罚处罚方式的频率很低，对其在认识上存在着一定的误区。要建立起完整的刑罚处罚体系，必须重视非刑罚处罚方式。非刑罚处罚方式的设立目的在于减轻主刑的严厉程度，形成一套轻刑的制裁体系，让犯罪分子明白触犯刑法不仅要受刑罚判处，更要承担其他社会责任。在 P2P 网络借贷非法集资案件中，非刑罚处罚方式的有效适用能够在有效控制犯罪的同时，不过度干预互联网金融的发展，不会抑制金融行业的创新活力。非刑罚处罚方式对于罪行较轻的犯罪分子以及重刑犯同样适用。非刑罚处罚方式的主要作用在于教化犯罪分子，达到特殊预防的目的。对于非刑罚处罚措施的设置，可以增加一些具有实际意义的非刑罚处罚方法。例如，可以引进社区服务制度，对于自身罪行给他人带来的损失，通过为社区提供劳动服务的方式来增强犯罪分子的悔罪感。社区服务能够让犯罪分子付出体力劳动，既可以避免过度监禁，又可以使其真切感受社会生活，一直与社会保持联系，有利于犯罪人再社会化。不可否认，部分高智商、高学历的犯罪分子主观上并不愿意放低姿态去服务社区，而这种非刑罚处罚方法就具有实际威慑力，有利于教化犯罪分子。另外，也可以效仿国外的做法，引入指挥交通、照顾孤寡老人等

---

① 参见廖东明、朱华《关于完善罚金刑的构想》，载《法学评论》1996 年第 3 期，第 59 - 63 页。

方式，通过对这些非刑罚处罚方式设定一定的服务期限来达到辅助刑罚的目的。本书认为，可以探讨将更多的非刑罚方式纳入刑法，制定更加详细的法律规定。需要明确的是，非刑罚处罚方式的作用是辅助刑罚，而不是代替刑法。对于应当由刑法规制的情节严重的行为，仍要判处刑罚，杜绝放纵犯罪现象的发生。

（3）明确资格刑的适用范围。根据本节前文对《刑法》第三十七条规定的从业禁止的相关阐述，本书认为，其一，对于从业禁止的适用，在P2P网络借贷平台非法集资的案件中可以适当扩大范围。因为对于P2P网络借贷行业，在一定时间内或者终身剥夺行为人从事金融领域相关工作的资格①，其产生的效果会比剥夺政治权利更具有威慑力。此外，还可以借鉴西方国家"关联行业禁入"的举措，形成一连串的黑名单制度，一旦触及其中相关犯罪，与之关联的所有互联网金融行业都会将其拒之门外。其二，为保持刑法的谦抑性原则，对于能够适用从业禁止的对象应当作出明确规定，本书认为，资格刑的适用应当主要针对犯罪情节特别严重、造成的社会影响特别恶劣的犯罪分子，应剥夺其经济资格，阻止其再犯。对于总则中规定的从业禁止，为了实现对犯罪行为精确打击，可以将从业禁止的限制分散在刑法分则内非法集资类犯罪可能涉及的罪名中，以增加可操作性。因而，对于资格刑中的从业禁止来说，既要审慎明确其适用范围，又要在可控范围内增加其实用性，坚持刑罚轻缓化原则。

（三）司法方面的完善措施

1. 明确P2P网络借贷平台集资行为罪与非罪标准

（1）明确平台免于刑事处罚的情形。P2P网络借贷作为大数据时代的产物，同时具备金融犯罪和互联网犯罪的双重特点。P2P网络借贷发展速度惊人，但是刑罚规制显得捉襟见肘，刑、民界限不清的窘境使得规定平台免于刑事处罚的情形成了当务之急。我国《刑法》第十三条的但书规定和第三十七条规定的非刑罚性处置措施②，为司法实践中的不作为犯罪处理的情形给出了借鉴。同时，但书规定的模糊不清使其能发挥的作用微乎其微。本书认为，应

---

①　具体来说，在P2P网络借贷行业有一些专门利用自身职业优势从事非法集资行为的个人，可以永久限制或规定期限限制其从事该行业的资格。对在有关行业中利用行业的自身优势从事网络借贷平台非法集资活动的单位，责令其解散或者取消其继续营业的资格。

②　根据《刑法》第三十七条，非刑罚性处置措施是对于犯罪情节轻微不需要判处刑罚的，可以免予刑事处罚，可以根据案件的不同情况予以训诫或者具结悔过、赔礼道歉等行政处分。

当对实践中存在的情急、显著、轻微的网络借贷平台的具体情形，进行归纳整理，寻找共性，列出具有代表性的情况。例如，造成的损失较小，犯罪人认错态度诚恳并能够及时弥补且受害人自愿谅解的情况。在P2P网络借贷行业的集资类型犯罪中，如果确属情节轻微，社会危害性不大，可以适用非刑罚处罚方法，进行适当的行政处分，刑法便不再介入。对于P2P网络借贷平台无法经营携款"跑路"的情况，可以启用民法上的债务追偿制度或者援引企业的破产制度，在判决执行刑罚之前，可以对被害人的经济损失先行利用民事追偿的手段给予赔偿；如果达到犯罪判处刑罚的程度，再进行刑罚处罚，此时对于社会公众的经济补偿可以通过建立刑罚执行后的附随经济赔偿制度来进行。①

（2）降低对"资金池"的认定标准。P2P网络借贷平台突破自身中介的角色，掌握交易的主动权，成为交易的买家或者卖家，招揽客户，批量开展资金业务，在实践中极易出现投资资金与期限错配的现象，经过时间积累很容易沉淀成"资金池"。一旦平台在运营过程中出现资金问题，就会在触碰非法吸收公众存款罪的红线边缘徘徊。本书认为，互联网金融的发展处于蓬勃生长期，可以先行完善平台的准入方面的立法，出台相关的风险评估体系和风险预警机制，以及公司内部的基础设施建设标准等相关法律规范，借助适度宽松的监管政策，为互联网金融创新留下试错的空间，鼓励"资金池"的良性发展，可以适当降低对"资金池"的认定标准。正常经营的投资，对于较为模棱的"资金池"问题可以不予认定，给予行业一定程度的自由，初期成立"资金池"是为了解决网络借贷平台借贷双方的贷款逾期等问题，不适宜简单粗暴地禁止"资金池"的设立。对于"资金池"，应当充分利用，并做好平台之间的资金对接工作。

2. 提高非法吸收公众存款罪追诉标准

（1）提高该罪的入罪门槛。根据《最高人民法院关于审理非法集资刑事案件具体应用法律若干问题的解释》，符合非法性、公开性、利诱性、社会性四个特征，即可被定为非法吸收公众存款罪，当前的各种P2P网络借贷平台都有可能触犯此罪。但是，此类罪名的适用范围过大，应当提高追诉标准，适当提高入罪金额。本书认为，对个人和单位可以施行具有实质区别性的追诉数额，以现行法律的2倍进行规制，作为新的入罪标准。

---

① 参见史进峰、张烁《三类P2P平台涉非法集资 资金池业务首当其冲》，载《21世纪经济报道》2014年4月22日，第9版。

（2）犯罪数额不应当作为非法吸收公众存款罪的唯一认定标准。司法实践中确实存在一定数量的犯罪数额虽然没有达到犯罪的标准"起点"，但是，造成的危害性不亚于财产损失所带来的危害性，比如造成各种非物质损害、认罪态度恶劣等。所以，在某些情况下尽管没有达到犯罪的数额标准，可是社会影响差、没有积极退赃的也应作为犯罪处理。根据2022年修改后的《最高人民法院关于审理非法集资刑事案件具体应用法律若干问题的解释》第六条第二款规定，并非达到相关数额就能被认定为非法吸收公众存款罪，也存在某些例外情形。比如，将钱款用于正常的生产经营活动，且有清偿能力的，可以免予刑事处罚；情节显著轻微危害不大的，不作犯罪处理。① 综上所述，本书认为，首先应当限定吸收存款的用途。集资人使用P2P网络借贷平台进行贷款应当公开其贷款用途，刑法在金融领域下不应当贸然进行规制，此时就需要平台充分发挥主动性，实时公布投资人的钱款动向；在经营风险和操作风险过高且触及犯罪时，刑法适时介入，这也符合刑法谦抑性的原则。

3. 限缩非法经营罪的适用

随着改革开放的步伐加快，非法经营罪这一口袋罪类型的罪名因罪名的容纳性过强而难以为继，凡是非法经营行为都有可能被认定为非法经营罪。限缩非法经营罪的适用首先要对"违反国家规定"进行限制解释，学界对此有两种观点：一种持严格解释说，认为此处的国家规定仅限于法律，不包括任何行政法规、司法解释以及其他规范性文件。其理由是只有法律具有绝对的稳定性。但本书并不赞同这种观点。因为法律的魅力在于法律是处于动静结合的状态的，不会有绝对的变动，也不会有绝对的静止。比如，司法解释具有相对稳定性，但这种观点将司法解释也排除在外，本书认为过于极端化。另外一种持限制解释说，也就是遵循刑法对于违反国家规定的文义解释，对非法经营罪中的国家规定的解读应当与刑法总则的规定保持一致，不应该有所怀疑。② 非法经营罪中的"法"要和刑法总则的规定统一起来。③ 这种观点的优势在于通过限制国家规定的内涵和外延将一部分不合法的经营行为排除在非法经营罪的定

---

① 《最高人民法院关于审理非法集资刑事案件具体应用法律若干问题的解释》第六条第二款：非法吸收或者变相吸收公众存款，主要用于正常的生产经营活动，能够在提起公诉前清退所吸收资金，可以免予刑事处罚；情节显著轻微危害不大的，不作为犯罪处理。

② 参见刘德法、尤国富《论空白罪状中的"违反国家规定"》，载《法学杂志》2011年第1期，第15－17页。

③ 即非法经营罪中的"法"仅包括只有全国人大及其常委会制定的法律和国务院的部分规范性法律文件。

罪范围外，这部分不合法的行为交由刑法的前置法规制，体现了刑法的谦抑性原则，既能保护市场经济的平稳运行，也能保证互联网金融行业的可持续发展，还能维护社会成员的合法权益。

4. 探索 P2P 网络借贷犯罪案件专业化办理机制

P2P 网络借贷犯罪掺杂着互联网的特性，是一种涉及范围广、专业性强、取证难度大的新型金融犯罪。为了能精准打击 P2P 网络借贷犯罪行为，必须提高司法机关办理该类案件的专业化水平。具体可以采取以下三项举措：①成立专业化的案件办理机构，建立 P2P 网络借贷专业化办案团队，严格筛选进入该团队的专业人才，优先选择既有金融知识又具有丰富办案经验的人员；②应在全国范围内定期开展对 P2P 网络借贷专业化办案团队人员的专业培训，学习 P2P 网络借贷案件相关热点、难点知识，统一办案尺度和标准，提高案件办理质量，规范法官自由裁量权的行使，避免"同案不同判"现象的发生；③加强公检法与金融监管职能部门的信息共享与联动，定期开展职能部门业务座谈会，在抗制此类金融犯罪的同时，不断提升公检法办理此类犯罪案件的专业化水平。

六、结语

P2P 网络借贷自被引入我国后，逐渐发生异化，P2P 网络借贷平台不再是仅从事信息中介服务的单纯中介平台，而在异化过程中逐渐发展出多种违法模式，更有甚者利用自己的中介地位去实施非法集资犯罪。本节通过对 P2P 网络借贷的概念、发展现状和主要模式进行阐述，详细介绍从 P2P 网络借贷平台在其异化过程中发展出来的违法模式，分析相关违法模式下涉及的刑事风险，并说明进行刑法规制的必要性和谦抑性，探讨 P2P 网络借贷犯罪刑事规制过程中的存在问题，并提出有针对性的建议。国家认可 P2P 网络借贷的创新发展，所以刑法在对这一问题进行规制时，应当同时兼顾金融领域的创新，坚持刑法的谦抑性原则，维护 P2P 网络借贷行业的均衡发展，为金融经济的有活力且持续的发展保驾护航。

第五章　网络侵权的法治化治理

本章分析个人信息网络侵权的法律保护、未成年人网络欺凌行为侵权责任的认定、网络游戏直播的著作权保护、网络直播竞业禁止制度的法律适用，从上述四个方面提出网络侵权法治化治理的思路及具体措施，为网络社会出现的新的网络侵权法律问题提供解决方案。

第一节　个人信息网络侵权的法律保护

在互联网时代大发展的背景下，从网络时代走向数据时代，民众的信息通过网络不断进行交流与传播，很可能会被唯利是图的不法分子附上商业价值。正是因为个人信息的价值与数据时代的需要，个人信息网络侵权现象层出不穷，关于个人信息保护的制度与法律也自然而然地被催生。随着《民法典》《个人信息保护法》的出台，研究个人信息网络侵权背后的问题，发掘法律对个人信息网络保护的不足之处，能够更好地解决个人信息网络侵权的问题，促进数据的合法流通，保护公民的人格权益和财产权益。

一、个人信息控制权概述

（一）个人信息

对于个人信息概念的界定，我国学界多采取识别性学说。识别性学说认为，并非所有与个人主体相关的信息即为个人信息，而是具有可识别性的信息方可成为个人信息。如齐爱民教授认为，个人信息是可以直接或间接识别本人的信息总和，包括一个人的生理的、心理的、智力的、个体的、社会的、经济的、文化的、家庭的等方面；[①] 王利明教授也认为，个人信息是指与特定个人

---

① 参见齐爱民《法学前沿问题探讨个人信息法律保护问题研究专论（一组）——论个人信息的法律保护》，载《苏州大学学报（哲学社会科学版）》2005 年第 2 期，第 30 - 35 页。

相关联的，反映个体特征的、具有可识别性的符号系统，包括个人身份、工作、家庭、财产、健康等各方面信息。[①]

此外，关联说认为，所有与个人主体有关联的信息都属于个人信息。而隐私说则认为，个人不愿被世人所知晓的信息即为个人信息。此观点易将个人信息与隐私混为一谈，虽说二者具有一定的相似之处，但二者之间也有区别。相较于隐私，个人信息的范围在一定程度上较为广泛。若将个人信息等同于隐私而进行个人信息保护，则不利于在现今大数据时代下的信息流通、收集等，在一定程度上会阻碍科技社会的发展。

我国《民法典》对于个人信息概念的确定采用的是识别性学说，"个人信息是以电子或者其他方式记录的能够单独或者与其他信息结合识别特定自然人的各种信息，包括自然人的姓名、出生日期、身份证件号码、生物识别信息、住址、电话号码、电子邮箱、健康信息、行踪信息等"。法条内容明确了可以通过直接识别或间接识别特定自然人的信息属于个人信息。

（二）个人信息控制权

个人信息控制权（以下简称"个人信息权"）是一项独立的民事权利，是个人信息本人依法对其个人信息所享有的支配、控制并排除他人侵害的权利。[②]

民事权利是法律为保护民事主体的私益而设置。个人信息是抽象存在，是个人无法物理占有和支配的私益。为保护个人对其个人信息的控制，通过法律将该控制权利化、合法化，排除他人对个人所属信息的侵害，保护个人的私益即对个人信息的控制。我国法律尚未对个人信息权有明确的规定，尚未明确是否赋予公民该项权利。但《民法典》与《个人信息保护法》均有提及保护个人信息，且《民法典》第一千零三十五条至第一千零三十九条更多地说明信息处理者所享有的权利与免责事由、应尽的义务。其中第一千零三十五条中提及个人信息处理者在处理个人信息前应征得个人信息所有者同意，这表明建立在同意基础上的使用规则实际上已达到赋权的效果。[③]《个人信息保护法》第一条规定："为了保护个人信息权益，规范个人信息处理活动，促进个人信息合理利用，根据宪法，制定本法。"《个人信息保护法》从保护个人信息权益

---

① 参见王利明《论个人信息权在人格权法中的地位》，载《苏州大学学报（哲学社会科学版）》2012年第6期，第68—75页。

② 参见刁胜先等《个人信息网络侵权问题研究》，上海三联书店2013年版，第2页。

③ 参见高富平《个人信息保护：从个人控制到社会控制》，载《法学研究》2018年第3期，第159—190页。

目的出发，来制定规范个人信息使用的规则，也是公民对自身个人信息享有权利的实际体现。

个人信息权是一项独立的民事权利，不被隐私权所涵盖。隐私权的权利内容是禁止信息的披露，注重信息的私密性。而个人信息权的内容则主要体现在对个人信息的控制，个人信息本人对个人信息处理者的处理，包括个人信息的收集、存储、使用、加工、传输、提供、公开等活动，具有同意、明确处理目的与范围等的权利。个人信息权的行使是在可公开的个人信息已被披露的基础上进行的，行使权利的重点在于个人信息使用是否已被知情同意且合法合理。

（三）个人信息权的法律属性

在明晰个人信息权的法律属性之前，应先行了解个人信息权背后所保护的利益。① 个人信息权背后的法益包括人格利益和财产利益。人格利益是人格权的客体，是民事主体自然生存和社会生存所必需的利益。个人信息具有可识别性，经过间接识别或直接识别可以确定特定主体，此时的信息对信息本人来说具有专属性，一旦被信息处理者进行不当的处理，便会侵犯信息本人的人格尊严或自由等，这是对人格利益的侵害。此外，财产利益蕴含在个人信息中。在现今大数据时代下，可以通过收集网络用户的信息进行分析处理，取得网络用户的相关消费爱好或消费信息，使用这些数据信息促进商业的发展，此时的个人信息已蕴含商业价值。

对于个人信息权的法律属性的争论主要有人格权说、财产权说、新型权利说。王利明教授认为，个人信息权是一项独立的人格权，并认为有下列理由：①个人信息权符合人格权的本质特征，个人信息权背后蕴含人格利益。②将个人信息权作为人格权能够同时保护背后的人格利益和财产利益。我国针对人格权商品化的现象，出台了相应的法律法规进行保护，如《民法典》第一千一百八十二条规定，被侵害人身权益的受害者可以根据"获利视为损失"规则取得赔偿。③当多人的个人信息被侵害时，仅就损害的财产价值进行赔偿，不足以对加害人进行有效的惩治。④个人信息被信息处理者不当收集、使用、传播或者再开发，会给个人信息本人带来纷扰或者尊严的损害，这也属于对人格利益的侵害。学者谢文辉也赞同人格权说法，认为个人信息权的目的与财产权的目的不相符：个人信息权背后的财产利益是人格利益的延展，是依附于人格

---

① 参见谢文辉《个人信息权的权利属性及私法保护》，载《山西青年职业学院学报》2020 年第 4 期，第 67 - 71 页。

利益而存在的；财产利益并不是独立存在的，不符合财产权的独立价值。①

王利明教授认为个人信息权不是财产权，并提出以下理由：①个人信息有可识别性特征，由此可以识别出特定主体，符合人格权的特征，比如通过肖像、姓名、身份证号等信息确定个人。②信息处理者收集、使用信息的目的并非均出于财产利用的目的，其中有涉及国家机关、政府组织等公权力主体作为信息处理者，出于公共利益等目的收集、使用信息，比如新冠感染疫情期间所要出示的行程卡、健康码等都需要收集个人信息，以此来抗击疫情。③若将个人信息作为单纯的财产看待，则不利于确定计算实际的损害赔偿数额。因为作为财产权，每个自然人有着身份、财富的层次差别，损害计量标准难以确定。但若将之作为人格权看待，人格权强调人格平等的，在个人信息权受到侵害时，每一自然人的人格都是一律平等的，这是维护人格尊严和人格平等的体现。

持有个人信息权属于财产权观点的学者认为，赋予个人信息权财产权权利属性，能对个人信息提供有效的法律保护。其主要理由如下：①在大数据的广泛应用下，个人信息对市场发展的作用及其财产利益越发凸显；②个人信息是处于可分离的现状，为防止不法分子利用个人信息中的商业价值，采用财产权的权利属性是对传统人格权说的补充。②

刘德良教授则主张"人格权与财产权全面保护说"。他认为，当个人信息具有维护主体人格利益的价值或者功能时，则以人格权保护，当个人信息具有维护主体财产利益的价值或者功能时，则以财产权保护。③"新型权利说"也认为如此，其指出个人信息权是人格权和财产权双重属性的新型复合权利，④应针对不同的属性予以不同的保护。

本书主张个人信息权是人格权的观点。在大数据时代下，个人信息的商业价值虽日益凸显，能够为商家带来发展机遇，其背后的财产利益固然很重要。但归根于本质，个人信息权的最根本仍是其人格利益，而人格利益的出发点在于人格尊严与人格平等。在处理个人信息时，对信息处理者来说，个人信息中

①　参见王利明《论个人信息权在人格权法中的地位》，载《苏州大学学报（哲学社会科学版）》2012 年第 6 期，第 68 - 75 页。

②　参见谢文辉《个人信息权的权利属性及私法保护》，载《山西青年职业学院学报》2020 年第 4 期，第 67 - 71 页。

③　参见刘德良《个人信息及法律保护》，见中国民商法律网（http：//www. civil-law. com. cn/article/default. asp？Id = 42444. shtml）。

④　参见谢文辉《个人信息权的权利属性及私法保护》，载《山西青年职业学院学报》2020 年第 4 期，第 67 - 71 页。

的财产利益是至关重要的；对个人信息本人来说，个人信息的人格利益才是最首要的，而财产利益则是附带的。个人信息权是个人信息本人享有的，当权利受到侵害时，人格利益首当其冲受到侵害，因为人格利益是第一性，而财产利益的损害则低于人格利益损害的层面。因而，以人格权保护个人信息权才能更好保护权利享有者的利益。

二、个人信息网络侵权行为的认定及归责

不同于普通的个人信息侵权，个人信息网络侵权行为是指置身于网络环境下，网络用户通过互联网对他人实施的侵害民事权益的行为。因网络环境的隐秘性及开放与自由属性，网络用户更加容易肆无忌惮地在网络上侵害他人的民事权益。与此同时，在互联网的大环境下，对个人信息网络侵权行为的归责与追责也面临更多困难。因此，通过对个人信息网络侵权行为的认定，了解学者对于个人信息网络侵权行为的救济制度的建议，进一步完善相关法律，可以更好地保护个人信息。

（一）个人信息网络侵权行为的客观构成要件

1. 个人信息网络侵权行为的主体

个人信息网络侵权行为主体，是指违反法律法规的规定进行个人信息的处理活动、侵害个人信息本人的民事权益的任何组织或个人。一般将个人信息网络侵权主体分为公权力主体和私权利主体。

公权力主体主要有承担行政职能的政府机构组织，当政府在进行社会治理或推行政务时需要大量收集公民的个人信息，但在大量收集信息的同时会存在信息收集过度的现象，所收集的信息与公务事项并无太大关联，在一定程度上也属于侵犯了公民的个人信息。再者，政府掌握着公民的大量个人信息，若在管理信息的机制上存在疏忽漏洞，便会引发个人信息泄露的风险，使公民的个人信息遭受侵害。

私权利主体主要有企业与自然人。网络侵权中 App 侵权数量较多。2020年国家网络安全宣传周的个人信息保护主题论坛中提及，专项治理微信公众号收到有效的"App 违法违规搜集使用个人信息"举报 19503 条，证明 App 侵害个人信息现象严重，App 肆意搜集行为的背后便是企业的支撑。而自然人在网络环境下作为网络用户，在"人肉搜索"事件中未经个人信息本人同意，将受害人的个人信息暴露在公众的视野，这里面不仅有始作俑者，还有传播者，这些网络用户都成为个人信息网络侵权行为的主体。所以，自然人也可以

成为个人信息网络侵权行为主体的一员。

2. 个人信息网络的加害行为

个人信息网络加害行为的常见类型有如下三类：①个人信息收集不当。个人信息的商业价值让商家从中看到商机，网站的用户注册、购物、问卷调查、微信小程序使用、App使用等需要网络用户个人信息填写个人信息，然而这些个人信息的填写内容或多或少与所办事项并无多少关联，尤其是借贷App的用户填写内容更是如此。商家过度收集用户个人信息是收集侵权的一种表现，收集侵权的另一种表现是非法收集，如2020年中国青年网发布的四川省凉山市某通信公司的侵害个人信息案件。涉案的通信公司营销人员使用网络编程技术，将非法程序放在电信、联通的云主机、堡垒机、租户平台上，窃取访问浏览特定网页URL用户的电话号码，即精准确定访问浏览过赌博、彩票、股票等信息的用户的手机号码。① 这种非法收集情况并不少见，当我们访问浏览某些网页之后，经过一段时间手机便会收到一些垃圾短信，这侧面反映我们在访问浏览网站时或许已经被窃取了个人信息。②不当使用个人信息。这主要表现在，当信息处理者违反法律规定或者违反约定的处理范围，或是未经当事人同意而任意将其个人信息进行不当处理，损害其对个人信息处理的知情权和决定权，如恶意骚扰当事人或恶意传播当事人信息。又如不当加工个人信息，即侵权人出于获利目的，将收集的个人信息进行二次加工，挖掘个人信息的另有价值。③不当管理个人信息。收集者在收集信息者的个人信息后，未对这些个人信息进行安全保护、妥善管理，使管理机制出现漏洞，而被侵权人利用网络信息技术窃取个人信息，或是进行个人信息交易，如收集者受到金钱利益的诱惑，将个人信息出售给下游犯罪分子，造成电信网络诈骗。

3. 个人信息网络加害行为造成的损害后果

个人信息网络加害行为侵害了信息者本人的人格利益和财产利益，是个人信息网络加害行为所造成的损害后果。将个人信息肆意传播、暴露于公众视野是对信息者人格尊严的践踏；出于获利目的，将个人信息进行肆意使用加工并交易，增加诈骗风险，是对信息者财产的侵害。

4. 个人信息网络加害行为与损害后果间的因果关系

一般侵权行为，要求加害行为与损害后果之间存在因果关系，也就是责任成立的因果关系即前因后果。在个人信息网络侵权中，要证明是因侵权主体对信息的处理不当或非法处理而导致个人信息权利受到损害。

---

① 参见唐芷琪《小心内鬼！"杀猪盘"牵出侵犯公民个人信息案 通信公司员工竟成骗子帮凶》，见红星新闻（http://news.chengdu.cn/2020/0825/2146011.shtml）。

（二）个人信息网络侵权行为的主观构成要件

一般侵权行为只有在出现客观构成要件后，方有讨论主观要件即过错的必要，无加害行为则无过错之必要，无过错则无需对加害行为承担责任。就一般的侵权行为，采用过错原则的归责原则。对一些特殊的侵权行为则采用过错推定责任原则或无过错责任原则。网络侵权行为的归责原则一般是过错责任原则，要求受害者证明网络用户或网络服务提供者在主观要件上具有过错。

根据《民法典》第一千一百九十五条第二款、第一千一百九十七条，网络服务提供者违反通知与移除规则的，或是在知道或应当知道网络用户利用其网络服务侵害他人民事权益而未采取必要措施的，将被视为过错。

个人信息网络侵权行为虽说是在网络环境下对权利的侵害，但由于个人信息网络侵权行为的主体具有特殊性，这不仅是一般的网络服务提供者和网络用户之间的侵权，还存在公权力机关、技术强硬的信息管理者这样的侵权人。个人信息网络侵权的当事人双方在地位、技术上的悬殊，导致双方掌握的信息不对称，若坚持网络侵权行为的过错责任原则，则受害人一方会因举证困难，导致事实真伪不明，而承担败诉后果。

因此，有学者建议构建多元归责原则体系或二元归责原则，二者虽都提倡采用无过错责任原则和过错推定原则，但在适用主体方面有些许不同。刁胜先教授等学者在《个人信息网络侵权问题研究》一书中认为，在个人信息网络侵权中，公务机关作为侵权主体的，应采用无过错责任原则。对于网络服务提供者，可以采用无过错归责原则和过错推定责任原则，但并不排除过错责任，还要分清侵权主体是网络内容服务提供者还是网络技术服务提供者；对于一般网民，则采用一般过错归责原则。[1] 刘丹学者认为，根据侵权主体的不同，对私权利主体应采用过错推定原则，对公权力主体应采用无过错责任原则。[2] 两位学者都认同对公权力主体采用无过错归责原则，降低受害人的举证困难。

本书更认同刁胜先教授等学者提出的观点。网络服务提供者和一般网民均可视为私权利主体，若一概采用过错推定原则，实则是对一般网民的不公平，因双方处于平等地位，其取证举证能力应是同等的。若采用过错推定原则，举证责任倒置，将责任推卸给同等的另一方，实则是不公的体现，因此采用一般

---

① 参见刁胜先等《个人信息网络侵权问题研究》，上海三联书店 2013 年版，第 91 - 92 页。

② 参见刘丹《个人信息网络侵权的认定及其司法救济》，载《学习与实践》2020 年第 6 期，第 49 页。

过错原则更为适宜。倡导个人信息网络侵权行为的多元归责体系，是认为信息权人难以掌握可以证明"过错"的要件事实，目的是减轻信息权人的证明难度，但并不能一味地推卸证明责任，而应合理地减轻举证难度，同时也要考虑双方的主体地位。

（三）免责事由

针对个人信息网络侵权行为，《民法典》第一千零三十六条规定了三种在处理个人信息时的免责情形。法律条款虽将个人信息合法处理情形规定为免责情形，却未能详细列举说明个人信息合法处理的具体情形。对此，《个人信息保护法》第十三条较为明确地规定了个人信息合法处理的具体要求，包括取得同意、缔约或履约所必需、履行法定职责或义务所必需、应对突发公共卫生事件或紧急情况之必需、公共利益实施新闻报道或舆论监督之必需、法律或行政法规所规定的其他情形。[①] 此外，告知同意这一免责情形易成为企业处理个人信息的免责依据。但"告知同意"并非自愿的同意，而是带有"胁迫性"。支付宝、微信、微博等 App 已成为人们生活中必不可少的部分，当用户面对 App 使用前的"同意个人信息保护"协议时，要么点击同意可顺利使用 App，要么点击拒绝而不可使用 App。也就是说，用户想要使用这些应用程序，就不得不被动同意该协议。若某些用户较真阅读完协议后再点击是否同意，或许是几天后了。在这些意义上，告知同意形同虚设，且易成为企业实施侵权行为的保护盾。

（四）侵权责任形式

我国《民法典》确立的侵权责任方式有停止侵害、排除妨碍、消除危险、消除影响、恢复名誉、赔礼道歉、赔偿损失、返还财产、恢复原状。在《民法典》侵权责任编中，网络侵权行为的责任形式为停止侵害，即通知与移除规则。

在个人信息网络侵权行为中，《个人信息保护法》中的法律责任部分，对违反《个人信息保护法》规定的实施侵权行为的主体，要求其承担的责任除了停止侵害，还有没收违法所得、处以罚款；情节严重的，则吊销相关业务许可或营业执照。若侵权主体是国家机关，则会对相关直接负责的主管人员或直接责任人员予以处分。对于受害者本人，可以要求侵权人根据"获利视为损

[①] 参见韩旭至《个人信息保护中告知同意的困境与出路——兼论〈个人信息保护法（草案）〉相关条款》，载《经贸法律评论》2021 年第 1 期，第 47 - 59 页。

失"的规则予以赔偿，此为赔偿损失责任。在精神损害赔偿方面，我国法律对精神损害赔偿一向持谨慎态度，一般要求达到造成严重的精神损害，法院才会支持该诉讼请求，由于对"严重程度"的界定标准尚处于模糊状态，因此需要寻求更切实的解决此问题的方案。

三、网络环境下我国个人信息保护的现状与不足

（一）网络环境下我国个人信息保护的现状

在立法层面，对于个人信息保护，我国相继出台了相关规范性文件，如《全国人民代表大会常务委员会关于加强网络信息保护的决定》《互联网电子公告服务管理规定》《电信和互联网用户个人信息保护规定》。此外，《刑法》在侵犯公民人身权利、民主权利罪的章节中有侵犯公民个人信息罪。2016 年出台的《网络安全法》明确了网络运营者对个人信息的安全保障义务，确定了网络运营者违反法定义务后所应承担的责任。2018 年实施的《信息安全技术个人信息安全规范》旨在规范各类组织的个人信息处理活动，解决个人信息安全面临的严重威胁。2020 年通过的《民法典》在人格权编中明确了个人信息保护的相关法律条文，确定了个人信息本人的权利、个人信息处理者的义务与免责事由等。2021 年 11 月 1 日实施的《个人信息保护法》明确了个人信息侵权现象中各类主体的权利义务、监管组织的义务及违反该法所应承担的责任等，更加具体详细地阐述了对个人信息的保护。

1. 个人信息受保护的法律规定

（1）个人信息的法律定义。2016 年《网络安全法》第七十六条首次以法律的形式明确个人信息的定义，一是强调个人信息是被有形或无形的电子或者其他载体记录的各种信息；二是强调可以单独识别或者结合其他信息共同识别出特定自然人身份的各种信息，并采用列举的方式具体指出姓名、出生日期、身份证件号码、住址、电话号码等这类人们普遍认知的一般个人信息。此外，个人生物识别信息也被列举在内。2017 年公布、施行的《最高人民法院 最高人民检察院关于办理侵犯公民个人信息刑事案件适用法律若干问题的解释》首次以司法解释的形式明确个人信息的定义，其认为除了可以识别特定自然人身份的各种信息外，能够反映特定自然人活动情况的通信通讯联系方式、财产状况、行踪轨迹等各种信息也属于个人信息的范畴。

2020 年《民法典》的出台进一步加强了法律对个人信息的保护，其关于个人信息的定义与《网络安全法》确立的个人信息的定义基本相同，但在表

述上有所不同。① 其中《民法典》保护的是可以识别"自然人"的各种信息，而《网络安全法》保护的是可以识别"自然人个人身份"的各种信息。实际上，与自然人身份无关的信息也可能包含在自然人的个人信息中，《民法典》使个人信息的定义的内涵和外延都更加丰富，其保护范围也更广。而 2021 年《个人信息保护法》在《民法典》的基础上，规定"匿名化后处理的信息"不属于个人信息。②

（2）个人信息、敏感信息与生物识别信息。依据法律条文可知，个人信息、敏感个人信息与生物识别信息存在着包含与被包含的法律关系。其中《民法典》对"个人信息"的保护范围最广，包括任何可记录的识别自然人的个人信息，如姓名、电话、电子邮箱、出生日期、身份证号码、住址、生物识别信息、健康信息、行踪信息等。《个人信息保护法》在《民法典》的基础上提出划分一般个人信息和敏感个人信息，并明确规定敏感个人信息包括生物识别信息、特定身份信息、健康信息、金融账户信息、行踪信息等。因为该类信息通常用于身份验证以及与个人的金融、医疗等事务绑定等领域，一旦发生泄露和非法使用，其后果将导致人身、财产遭受损害。生物识别信息即是个人信息维度下敏感个人信息的一种，其包括个人基因、指纹、声纹、掌纹、耳郭、虹膜，以及人脸识别技术信息中的面部识别特征等。③ 可见，人脸识别技术信息既是生物识别信息，又属于敏感个人信息，应区别于一般个人信息而受到法律的特别保护。

2. 个人信息收集和使用的法律规定

（1）个人信息收集和使用的主体。根据立法目的和规制行为的不同，现行有效的法律对收集和使用个人信息的主体名称也有所不同。在电子商务领域，《网络安全法》称之为"网络运营者""网络产品或者服务的提供者"，其对网络运行和网络信息负有安全维护义务；在数据安全领域，《数据安全法》称之为"数据运营者""数据处理者"，并规定其对数据的收集和使用承担安全保护义务；在个人信息保护领域，《个人信息保护法》称之为"个人信息处理者"，对个人信息的处理不仅包括收集和使用行为，还包括存储、加工和传输等行为，该法课以信息处理者信息保护义务，而且规定了共同的信息处理者

---

① 《民法典》第一千零三十四条：个人信息是以电子或者其他方式记录的能够单独或者与其他信息结合识别特定自然人的各种信息，包括自然人的姓名、出生日期、身份证件号码、生物识别信息、住址、电话号码、电子邮箱、健康信息、行踪信息等。

② 《个人信息保护法》第四条：个人信息是以电子或者其他方式记录的与已识别或可识别的自然人有关的各种信息，不包括匿名化处理后的信息。

③ 见国家标准 GB/T35273—2020《信息安全技术　个人信息安全规范》。

对共同处理行为造成的侵害后果应承担连带责任。①

（2）个人信息收集和使用的法律原则和规则。一是个人信息收集和使用的法律原则。根据现行法律规定，我国《个人信息保护法》的基本原则包括合法、正当、必要、诚信、目的限制、公开透明、质量、安全八项原则。人脸识别技术应用过程中对人脸信息的收集和处理等活动也应遵循这些原则性规定。二是个人信息收集和使用的法律规则。收集个人信息必须获得信息主体的知情同意。根据现行法律，知情同意规则应包括告知规则和同意规则。在收集个人信息时，不仅应明确告知收集个人信息的主体信息、目的、方式、信息种类、保存期限、变更情况等，在告知信息主体收集个人信息涉及的相关事项后，还应获得信息主体明确的同意，才能开始做出收集信息主体的个人信息这一行为。

（3）个人信息法律保护的其他规定。一是个人信息删除权。现行法律在赋予信息主体知情权、访问权、更正权、反对权的基础上，还增加了个人信息删除权。个人信息删除权源于欧盟 GDPR 中被遗忘权的相关规定，旨在使信息主体对网络上已经存在的不恰当或过时的个人信息享有删除权利。个人信息删除权最早出现在《网络安全法》（第四十三条）中，其后，在《民法典》（第一千零三十七条）、《个人信息保护法》（第四十七条）中也有相关规定。此外，《网络数据安全管理条例（征求意见稿）》对个人信息删除权作出了更为细致的规定，如个人有权提出查阅、复制、更正、补充、限制处理和删除其个人信息的合理请求，数据处理者提供便捷的支持个人复制、更正、补充、限制处理、删除其个人信息、撤回授权同意以及注销账号的功能，且不得设置不合理条件等。在人脸识别技术应用过程中，信息主体享有个人信息删除权有助于保护大数据环境下的个人隐私。二是个人信息转移权。除了个人信息删除权，《个人信息保护法》在制定过程中，通过三审稿增加了个人信息转移权，正式颁布的法律文本第四十五条提出个人信息转移权的行使条件，即"个人请求"将其个人信息转移、"符合国家网信部门规定条件的"，此时个人信息处理者应当提供转移的途径。与个人信息删除权一样，个人信息可转移的权利早在欧盟 GDPR 中已有规定，且其为"个人数据可携带权"是指可使数据主体将其个人数据从一个数据控制者处转移至另一个数据控制者处，数据控制者则需协助配合数据主体进行转移。数据共享和数据流通已成为互联网平台间的惯常做法，即从一个平台上可以获取另一个平台收集和保存的信息。个人信息保护法

---

① 《个人信息保护法》第二十条：共同控制者应约定各自权利义务，侵害个人权益时承担连带责任。

赋予信息主体个人信息转移权，有助于保障数据共享和数据流通中信息主体对个人信息的控制，防止其人脸信息遭到滥用。

另外，在执法层面，我国开展了多项专项治理行动，其中包括 App 违法违规收集使用个人信息专项治理行动。

在社会层面，国家网信办于 2014 年在北京举办了首届国家网络安全宣传周。2020 年的网络安全宣传周更开设了个人信息保护主题论坛，通过宣传来增强广大网民的个人信息保护意识。

（二）网络环境下我国个人信息保护的不足之处

1. 在法律方面均未明确提出个人信息权

在法律方面，新出台的《个人信息保护法》《民法典》对于个人信息保护虽有相关的法律条文，但均未明确提出个人信息权。通过梳理个人信息保护相关法律法规可以发现，我国对侵害个人信息行为的惩罚力度较弱。停止侵害、赔礼道歉、处以罚款是针对个人信息侵权行为的主要责任方式，情节严重方可判处有期徒刑。这些责任的惩戒是公法层面对侵权人的惩戒，但在私法层面的惩戒相对于信息权人所受的伤害来说却是微不足道的，不足以让侵权人认识到错误。在进行诉讼时，原告方存在举证、证明责任困难。因为个人信息网络侵权行为发生在网络环境下，侵权主体具有特殊性，侵权危害性大、影响快速、传播广泛，确定具体侵权人困难。除了上文提及的原告举证困难，还有原告证明因果关系的困难。在数据时代，由于网络技术掌控者或是网络服务提供者或是公务机关，公民的信息已随时随地"无声同意"地被多个私权利主体或公权力主体收集。要证明被泄露的信息是被告所为，且是唯一泄漏的渠道，这一因果关系的证明是非常高标准、高要求的，而原告要承担的败诉风险更高。[①]因此，我国对公民个人信息权的保护任务任重道远，需要继续完善。

2. 对信息处理者的监管力度较弱

网络服务商利用所谓的"合法形式"来收集、处理他人个人信息，并超范围应用个人信息。要应对这些现象，除了受害人提起诉讼，或上升到刑事犯罪层面由公安机关或检察院出面，其他行政机关能起到的预防监督作用微乎其微。虽然《个人信息保护法》第六十条有规定国家网信部门负责统筹监督管理工作，县级以上地方政府有关部门根据国家相关规定对个人信息进行保护和监督管理。但该规定过于模糊，未能清晰明确各部门的职责，易造成职权混

---

① 参见刘丹《个人信息网络侵权的认定及其司法救济》，载《学习与实践》2020 年第 6 期，第 26 - 31 页。

乱，出现"踢皮球"现象或"争权"现象。

3. 行业自律的难以实现及公民个人缺乏保护意识

国外的个人信息保护制度均强调行业自律，对此，我国也有借鉴。但涉及自律这一主动性行为，让一向利润至上的企业达到自我监督、自我守法的高度尚且困难，更别说公民的个人信息保护意识薄弱，他们大多不知如何保护个人信息，更不知道为何要保护个人信息。若权利人本人不知权利被侵害，或在权利被侵害时不作为，就更会增加侵权人的侵害程度。

四、网络环境下国外对个人信息的保护制度

（一）美国

美国采用隐私权保护模式，对与隐私相关的个人信息进行有效的保护，而对一般个人信息则不予以法律保护。其立法模式是分散式立法，分门别类制定专门的单行法律。美国强调分散立法与行业自律结合，提倡以自律为主，以避免立法权力过度膨胀而导致商业活动受到制约。但该种分散立法模式却容易导致多个单行法律间存在冲突内容，或存在对同一事项的重复规定。[①]

美国对个人信息进行保护的行业自律模式有三种：①行业自律组织自行制定的保护公民隐私权的行业规范，靠组织成员自身自觉遵守；②第三方的网络隐私认证体系，通过第三方机构的认证获取遵守隐私保护规则的标志，出此获取网络用户的信任；③网络服务提供商同意网络用户下载类似允许用户自由选择是否同意信息收集的软件。但这种行业自律模式未达到预期效果，网络服务提供商还是相对缺乏自制力，该模式缺乏强制执行力。

（二）欧洲

欧盟采用统一保护模式，无论是公领域还是私领域，对个人信息的保护均采用统一标准。欧盟现采用《通用数据保护条例》（*General Data Protection Regulation*，GDPR）保护个人信息。GDPR 是全球比较完善的个人信息保护法，其在内容上丰富了用户信息的定义，新增了遗忘权和数据可携带权，加强了数据控制者的义务，完善了数据泄漏的应对措施。在特点上，该条例可适用于任何向欧洲地区开展服务的企业或组织；明确了处理数据的目的限制、准确性、

---

① 参见王昭《个人信息网络侵权问题研究》（硕士学位论文），兰州理工大学法学院2020年。

储存数据期限、可使用的数据量。①

我国的《个人信息保护法》第三条明确了该法的域外适用效力，其中以向我国自然人提供产品或服务为目的的个人信息活动适用该法。该法第八条规定："处理个人信息应当保证个人信息的质量，避免因个人信息不准确、不完整对个人权益造成不利影响。"上述条文与 GDPR 的第 3 条、第 5 条第 1 款 (d) 有着相似之处。

虽说 GDPR 属于严格的个人信息保护条例，但对大型跨国互联网企业的规范作用仍是有限的，因为这些企业会通过强迫性的"同意"或"退出"的选择方式令用户作出授权。即使相关保护组织向该企业发出投诉，但监管机构运作过程的时长难以想象。再者，GDPR 要求企业采用简单清楚的语言来书写隐私政策，然而企业的隐私政策仍然复杂冗长，令人"敬而远之"。最后，该条例导致信息的收集和使用受到严格限制，这使许多中小企业索性停止向欧洲地区提供服务。

（三）日本

日本的个人信息保护采用的是统分结合模式。《日本个人信息保护法》于 2017 年开始施行，其最大特色是设立个人信息委员会：该委员会对个人信息的保护起着监督与咨询作用，对行政机关、企业等获取信息者进行监督，协助民众了解个人信息相关问题或进行投诉。

日本也有行业自律规则，但该规则主要依靠企业内部的自行安排，如自行制定规则和风险机制等、自行培训工作人员。这些均完全由企业自主安排。

但日本政府未能起到正确的引领和指导作用，且媒体对个人信息保护的过度渲染使得日本民众对个人信息保护问题过度敏感，风向偏离了日本保护个人信息模式的意愿。②

（四）国外对生物特征数据的保护

如今既是大数据时代，也是人工智能时代的开端。人工智能被应用于民众生活的各个方面，民众被采集的个人信息已扩大至人脸、指纹、虹膜等生物特征信息。国外已开始针对个人生物特征信息作出应对措施。

---

① 参见倪希豪《大数据背景下个人信息保护研究》（硕士学位论文），浙江工业大学法学院 2019 年。

② 参见倪希豪《大数据背景下个人信息保护研究》（硕士学位论文），浙江工业大学法学院 2019 年。

2019 年美国海关部门遭数据入侵，导致出入美国的旅客和车辆照片泄露，这一情况给美国乃至全球敲响警钟，人们意识到如果大面积泄露生物特征数据，会危害到国家安全。① 欧盟颁布的 GDPR 扩大了个人信息定义覆盖范围从而对生物特征数据予以保护，其遗忘权与数据可携带权也包含生物特征数据。日本也同样将生物特征信息纳入个人信息范畴。美国采用的是分散立法模式，多州各自立法禁止人脸识别技术的应用，从技术层面根源上予以禁止。

五、完善网络环境下我国个人信息保护的建议

（一）完善个人信息保护法律法规

在实体法层面，我国针对个人信息保护颁布的法律法规众多。如新出台的《个人信息保护法》及《数据安全法》正体现了我国将对个人信息保护的重视落到实处，但这也会造成不同法律法规对同一现象或同一概念的不同规定，易形成冲突。比如，《个人信息保护法》与《民法典》对个人信息的定义存在差异：《个人信息保护法》明确表明个人信息的范围不包括匿名化处理后的信息，而《民法典》则未明确将匿名化处理后的信息排除在个人信息的定义外。《个人信息保护法》规定对不满 14 岁的未成年人的个人信息进行处理要经过其监护人的同意；《民法典》也有对未成年人信息的处理进行相关规定，但并未提及年龄界限，因此两部法律应就该问题进行协调。再者，《个人信息保护法》与《网络安全法》均有对违反法律规定收集个人信息的行为予以行政处罚，但行政处罚的条件和最高额度的罚款有所不同。② 因此，要协调各法律之间的关系，解决各法律之间存在的冲突点，避免重复性规定，由此对个人信息进行更完善的保护。

在程序法层面，在证明责任和举证方面存在困难，《个人信息保护法》没有规定具体的证明标准。在本节前文中有提及，针对个人信息网络侵权行为的归责原则可以选择采取过错归责原则、过错推定原则和无过错原则并行。对不同的侵害主体采取不同的归责原则，采用过错归责原则意在矫正过错，采用严格责任则意在衡平社会利益、保护弱者、促进公平、实现正义等。若责任主体为国家机关、法律法规授权的组织或网络服务提供者，则采用严格责任的归责

---

① 参见王林《国外个人生物特征信息保护经验与启示》，载《上海信息化》2020 年第 2 期，第 53 - 55 页。

② 参见黄道丽、胡文华《〈个人信息保护法（草案）〉的立法评析与完善思考》，载《信息安全与通信保密》2021 年第 2 期，第 2 - 9 页。

原则；若主体为一般的网络用户，则采用过错责任归责原则。对于证明因果关系这一要件，法官对此的心证标准可以降低，不要求达到唯一可能性的心证标准，以降低证明难度。

（二）加强行政监管，完善赔偿机制

个人信息网络侵害分为有实质性损害和未造成实质性损害两种。对于实质性损害，受害人通过诉讼程序可以获得相应的赔偿；但对于未造成实质性损害的侵权，则难以取得实质性胜诉。而行政监管机构的监管能够弥补这一缺陷，由国家网信部统筹协调履行个人信息保护职责的部门承担起监督互联网企业的个人信息处理活动、接受并处理个人信息有关的投诉举报、调查并处理违法收集和使用个人信息等其他职责。

新西兰和英国的个人信息保护机构可以对违法进行个人信息的收集和使用等活动直接处以罚款，并对民众展开咨询服务。我国制定的《个人信息保护法》也可以借鉴该行政职能。

对于赔偿机制问题，建议建立惩罚性赔偿机制。《个人信息保护法》对于受害人所损失的赔偿原则仍是依旧"填平原则"。《民法典》对于网络侵权行为、个人信息保护方面涉及的赔偿问题尚未明确。因为个人信息网络侵权行为的违法成本较低，用损失额度等于赔偿额度来弥补受害者的损害，对侵权人的惩戒程度较弱，并且无法切实弥补受害者的真实损害，这种赔偿责任只会让侵权人更加肆无忌惮。在《民法典》侵权责任编和《个人信息保护法》中都应对这些侵权行为建立惩罚性赔偿机制，但大陆法系国家则认为惩罚犯罪和不法行为是公法的任务，私法的任务是维护平等主体之间的利益平衡，对受害人进行补偿和救济。但李景义、李杰学者认为，我国的《侵权责任法》（现《民法典》侵权责任编）具备补偿、制裁和预防功能，只是强调补偿和救济功能。当恶意侵权行为不能受到公法调整，私法若具有惩罚性赔偿机制则可以弥补这一空缺。[①] 本书认为，针对个人信息网络侵权行为建立惩罚性赔偿机制，可以要求侵权人予以受害人倍数赔偿款。对侵权人处以罚款是体现法律的权威，对侵权人处以惩罚性赔偿是对受害人基本人权的维护和尊重，背后是对人格利益与财产利益的保护。

---

① 参见李景义、李杰《我国扩大惩罚性赔偿适用范围的理论探析——以侵权责任法为视角》，载《中国社会科学》2017 年第 2 期，第 72 - 81 页。

（三）提倡行业自律，增强公民自我保护意识

美国、日本的行业自律模式各有特色，也各有不足。我国可以从他国的行业自律模式中寻求可学之处，避免误区。但自律这一问题是靠行业自身的自主性，若有公权力的过分介入，自律便成为一种控制。《个人信息保护法》提及的风险评估制度是对企业的自律要求，并设计合规审计与风险评估制度的结合，由此鼓励信息处理者进行自我审计与自我评估。此外，政府还可以采取奖励机制来鼓励网络服务提供商遵守行业自律，遵纪守法保护个人信息，合法处理个人信息。

政府机关要加强关于个人信息保护的宣传，增加类似网络安全宣传周的活动，宣扬个人信息保护的相关法律知识，增强公民对个人信息重要性的认知。再者，要培养公民的维权意识，加强开展关于如何维护个人信息权的法律普及活动。

（四）坚持适度保护原则

如今，人们生活的方方面面已经离不开信息的传递与互通。个人信息权的背后蕴含着人格利益和财产利益，这就要求网络服务提供者保护自然人的权益，并在保护个体权益的同时坚持适度的保护。如果将个人信息完全封闭，禁止其流通和使用，那么信息所带来的使用价值和预测价值则无法得到发挥，科技进步将会受到影响。因此，在信息权保护理论中要贯彻信息自由流通理念，平衡信息权与社会发展之间的关系。

六、结语

综上所述，随着时代的发展与科技的进步，民众的信息不断通过网络进行流通，人们能够通过直接识别更多的信息来确定个体，个人信息的定义将会不断扩大，而其面临的侵权问题也会随之严峻起来。随着科技的发展，应根据网络特性与技术特性制定相应的法律法规与诉讼程序。但法律在解决侵权问题方面存在不足，本节指出了相关问题并予以建议：一是实体法与程序法存在立法缺陷，在立法层面要做到《个人信息保护法》自身完善及与其他法律相协调。二是行业监管力度较弱，行业自律制度尚需完善。对于行业监管要明确各部门的职责和权能，防止滥用职权、相互推诿；对于行业自律问题，要坚持风险评估制度与合规审计的实施，建立企业奖励机制以促进企业从根源上保护个人信息。三是公民缺乏个人信息保护意识的问题，需要政府部门加强宣传及公民自

身加强相关知识的学习。四是在维护个人信息权的同时，不能禁止信息的流通与阻碍社会科技的发展，要做到适度且取之平衡。在个人信息保护的道路上，法治化治理任重道远。

第二节　未成年人网络欺凌行为侵权责任的认定

随着互联网时代的到来，网络欺凌事件多发，由于对网络欺凌的监控难、其社会影响大，网络欺凌的话题越来越成为公众关心的焦点。但就未成年人网络欺凌这一专门性问题，我国未予以系统立法，加上社会上多发的网络欺凌问题及其给未成年人带来的危害后果，我国对未成年人网络欺凌的治理已经迫在眉睫。

一、未成年人网络欺凌行为侵权责任理论概述

（一）未成年人网络欺凌行为的概念界定

1. 未成年人的概念

《中华人民共和国未成年人保护法》（以下简称《未成年人保护法》）第二条规定未成年人以 18 周岁为界。该法对 18 周岁以下的公民进行特殊保护。此外，《中华人民共和国劳动法》（以下简称《劳动法》）、《中华人民共和国预防未成年人犯罪法》（以下简称《预防未成年人犯罪法》）均以 18 周岁为划分未成年人的依据。这与《民法典》第十七条①对未成年人的规定契合。但 2019 年施行的《儿童个人信息网络保护规定》出现了一个由英美法系借鉴而来的对特殊隐私进行保护的专有主体——"儿童"，规定该法特殊保护的对象为不满 14 周岁的未成年人。作为我国首部针对儿童个人信息保护的专门性立法，尽管该法具有里程碑式的意义，但该法在立法层面存在同其他法律法规衔接不畅的问题。该法对给予特殊网络保护的主体及某年龄范畴的定义容易让人产生误解。

2. 网络欺凌行为的概念

"网络欺凌"一词来源于英文单词"bully"（欺凌），但该词未被赋予法律

---

① 《民法典》第十七条：十八周岁以上的自然人为成年人，不满十八周岁的自然人为未成年人。

上的定义。联合国儿童基金会指出，欺凌即故意且重复发生的对他人具有攻击性的行为。在大数据时代，网络欺凌也有了新的发展，它兼具了传统欺凌的特点，也出现了更多的欺凌方式。比如，直接以文本、图片或者视频等形式将谣言发布至网络，侵犯他人名誉权；以披露隐私的方式，侵犯他人隐私权；获得他人隐私信息后，对他人进行骚扰，侵犯他人生活安宁权；等等。随着信息网络技术的飞速发展，网络欺凌的形态将不断丰富和升级。

学者陈代波以描述性和实质性对网络欺凌行为的概念分别进行阐述。描述性概念，即网络欺凌行为者利用网络工具营造舆论的方式，对被欺凌者做出言语攻击、诽谤，或暴露个人隐私等行为，对被欺凌者在现实社会产生直接的影响。实质性概念，即行为者通过网络或电子通信设备侵犯被欺凌者名誉权的行为，该种侵犯更具有群体性特征。[①]

学者廖焕辉指出，"网络欺凌"是指行为人利用智能手机等电子装置，反复多次向特定青少年发送含有侮辱、诽谤等侵权讯息，或透过网络将受害者的个人资料公布于网络，造成其身体与精神上的伤害。[②] 该研究将网络欺凌受害人特指为未成年人，要求法律予以特殊保护。

在威科先行法律信息库中，笔者以"网络欺凌"为关键词进行检索，检索结果显示：《上海市教育委员会关于发布〈预防中小学生网络欺凌指南30条〉的通知》等法律法规和部门规章更多呈现为未成年人之间的欺凌行为；而在司法实践上，"网络欺凌"问题不仅仅局限于未成年人之间，但被欺凌对象均指未成年人；从网络欺凌的侵权类型看，包括多样的侵权类型，如名誉侵权、隐私侵权等。

网络欺凌行为的概念有以下尚未明确的事项。①尽管立法和司法方面更多地呈现与未成年人的相关性，但在法律概念中仍未明确规定欺凌对象是否限定为未成年人。②网络欺凌与网络暴力有何不同之处？③网络欺凌行为是否可以以心理、精神或者情绪为实际损害？

我国在立法上率先提出"网络欺凌"概念的是《未成年人网络保护条例（草案征求意见稿）》。该条例草案征求意见稿指出，网络欺凌行为至少有一方为未成年人，然而该法至今还未切实颁布及实施。我国《未成年人保护法》未就"网络欺凌"概念进行强调，但也指出，实施网络欺凌行为的主体可以是"任何组织或个人"。

---

① 参见陈代波《近年来我国网络暴力研究综述》，载《青少年犯罪问题》2011年第2期，第63页。

② 参见廖焕辉《网络欺凌行为侵权责任研究》，中国政法大学出版社2012年版，第5页。

综上所述，网络欺凌行为是指行为人利用智能手机等通信设备向特定的未成年人发送带有侵犯人格权益的内容和信息，或将该信息予以转发散播，从而使被欺凌者遭受精神痛苦的行为。与网络暴力不同，网络欺凌特指未成年人为被欺凌对象。

3. 未成年人网络欺凌行为的界定

（1）校内网络欺凌行为和校外网络欺凌行为。网络欺凌行为的显著特征在于行为的对象为未成年人，因此，学校成为其当然的监管主体，具有一定的监管权和义务。所谓校内网络欺凌，是指利用学校提供的网络设施进行的伤害行为。校外网络欺凌，是指利用校外的网络设施进行的伤害行为，包括两种：一是由校园欺凌行为衍生升级的网络欺凌行为；二是欺凌人与被欺凌人在同一学校。目前，学校拥有校内网络欺凌的监管权限，这一点得到了学界的广泛认同，学校对该权力也已形成了一致意见。然而，关于学校对校外网络欺凌的监管权力及具体的义务范围，国内外学界都存在着一定分歧。

（2）私密的网络欺凌行为和公开的网络欺凌行为。私密的网络欺凌行为，是指行为发生在欺凌人和被欺凌人之间且不为其他第三人所知晓，比如，欺凌人以线上或者线下的方式，反复向特定对象发送带有危害性或骚扰性的侵权信息。事实上，私密的网络欺凌行为不至于产生被欺凌人隐私或者敏感信息对外泄露的风险。但正是这种私密性，再加上未成年人的自我保护能力弱，导致被欺凌人在受到侵害后不愿或不知寻求公开被欺凌的事实，使得外界很难对此种网络欺凌行为进行干预。梅根·梅尔案是促使美国立法防止网络欺凌的重要案例。被害人是 13 岁的初中女生梅根，欺凌人为同班一名女生的母亲。这位母亲利用网络的匿名性特征虚构其个人身份，在网上自称为某初中男生与被害人交往，有意设置分手的时间节点并以言语攻击的方式对被欺凌人进行人格侮辱。其欺凌行为对被欺凌人的身心造成重大伤害，梅根因不堪忍受网友的恶毒辱骂在家自杀身亡。①

而公开的网络欺凌行为，通常是指通过公共的社交网络平台进行的网络欺凌行为。该行为至少被一个第三人所知晓，具有公开性和传播性，较容易产生群体性网络欺凌现象。比如，行为人一般会通过贴吧、微博、微信群等公共网络平台发布具有贬损他人名誉倾向的信息或公开他人的隐私信息，或利用手机短信群发等其他方式使得第三人知晓有害信息，这些都属于公开性的欺凌行为。

---

① 参见《网络暴力：梅根事件》，见搜狐网（https：//www.sohu.com/a/118197112_466205）。

（二）未成年人网络欺凌行为的特点

1. 网络欺凌行为的群体性

网络欺凌行为的群体性一般体现在公开的网络欺凌行为之中。发生在贴吧、微博、微信等社交软件的网络欺凌行为比较多见，其群体性特征因公开性而显著。欺凌人可以通过各种方式对信息进行编辑、加工和传递。与此同时，网络传播的高速性以及跨平台间信息的可流动的特性，使得网络欺凌行为一旦发生，便会迅速扩散，导致网络欺凌行为从一开始的一对一变成多对一。由此，欺凌人利用网络舆论加重了侵权行为的危害性，这为预防和控制网络欺凌行为带来了极大的困难，也使得欺凌行为的危害后果更为严重。

2. 网络欺凌方式的多样性

从本质上说，网络欺凌行为是欺凌人为达到欺凌目的所实施的行为，即为达到控制、威胁或羞辱被欺凌人的目的而采用多种多样的欺凌手段。网络欺凌的方式主要体现在以下三种：欺凌人通过散播他人隐秘信息达到欺凌目的；欺凌人通过针对特定被欺凌人发布贬损性言论的行为达到欺凌目的；欺凌人通过直接威胁、恐吓的行为达到欺凌目的。

3. 网络欺凌行为的即时性

网络欺凌行为区别于传统欺凌行为的最显著特点在于其具有即时性。这表明，在任何地方、任何时间，欺凌人都可以通过网络电子设备实施欺凌行为，接受有害于被欺凌人的信息的网络用户也可以随时随地对信息进行编纂、加工和转发。这一即时性特征促成了侵权信息的迅猛传播。而这正是网络欺凌行为最本质的危害所在，也是监管机构对欺凌行为进行预防和管控的困难之处。

4. 被欺凌对象的特殊性

网络欺凌行为的特征还体现在，被欺凌人具有年龄和心智上的特殊性。被欺凌人面对的往往是一连串"昵称"对其施加的侵害，至于网络背后的人究竟是谁，无从辨认。而欺凌人借助互联网的隐蔽特性，利用双方之间的信息差，呈现比现实生活中的攻击更具有破坏力。由于被欺凌人是未成年人，其维权意识往往较差、心理承受能力较低，如果没有监护人或者有关部门介入，其被欺凌的事实可能无法为人所知，其难以进行有效的反击并接受及时的救济，从而导致严重的后果。

（三）未成年人网络欺凌行为的侵权表现

1. 网络用户的侵权表现

以披露隐私的方式侵犯未成年人的隐私权在校园欺凌行为中不鲜见，施暴者用电子设备录制施暴视频并在网络上大肆传播的行为，进一步加重了原校园欺凌行为对受害者的伤害。2018年，广东某地一女生遭同校多名同学扒衣服、殴打，全过程的视频被上传网络。事后，该视频被反复点击和转发，升级了原校园欺凌事件的危害后果，给被欺凌者造成了严重的心理伤害。[①]

获得隐私信息后进行电话、邮件等线下骚扰，侵犯未成年人生活安宁权。该侵权表现与上述侵权表现往往具有连续性。如2013年广东"偷衣门"事件中，某服装店店主在互联网上发布监控截图，请求网友人肉搜索截图中的偷衣嫌疑人。不仅当事人的个人信息被广而告之，更有不少网友获得该信息后通过电话、邮件、地址等相关信息直接联系到身为中学生的当事人，反复对其进行线下骚扰。当事人因不堪忍受压力，跳河自杀。[②] 此举大大侵犯了当事人的生活安宁权，对其个人身心发展造成重大影响。

对未成年人的名誉侵权。在当今大数据时代，利用网络侵犯他人名誉已经成为许多用户肆意宣泄情绪、排挤竞争对手、抒发不满的工具。对未成年人的名誉侵权有多种方式，其中包括通过侵犯姓名权、肖像权等行为方式，达到侵犯该受害未成年人名誉权的目的。而且，侵犯名誉权往往伴随着"侮辱""诽谤""披露隐私"等侵权行为的发生，使他人形象被贬损。在"曾某诉蒋某名誉权纠纷"案中，被告蒋某在无真凭实据的情况之下，通过网络平台公开称"原告曾某花20万欲得学生会主席一职，并在校门口店铺以视频方式循环拉票"，这一行为使得曾某的名誉权遭到贬损，并对曾某的竞选效果和个人身心健康造成显著负面影响。[③]

2. 新闻单位的侵权表现

人格权是人身权的一部分，是公民绝对拥有的权利。新闻传播活动必然要尊重他人的各项人格权利，这不仅包括自然人的人身权利，法人和非法人组织作为拟制人，也享有一定的人格权。新闻传播活动中一旦发生侵害他人人格权利的行为，应当严格依照法律规定承担相应的法律责任，特别是关于未成年人的民事权益，更应引起新闻工作者的重视。随着越来越多的媒体拥有自由表达的权利，许多网络媒体为争夺数据、赢得观众，常常出现未尽职审查即发布内容严重失实的信息的行为，致使他人名誉受损；或者未尽审查义务发布内容真实但未隐藏未成年人姓名、面容等足以辨识本人的特征信息的行为，侵犯了该

---

① 参见《潮汕校园霸凌频发！广东发布条例：校园给人起侮辱绰号属欺凌，严重者可被开除》，见新京报（https://www.sohu.com/a/275535945_715989）。

② 参见《怀疑他人偷衣服发微博人肉搜索，致其自杀被判赔12万元》，见澎湃新闻（https://www.thepaper.cn/newsDetail_forward_2185109）。

③ 参见湖南省怀化市鹤城区人民法院（2011）怀鹤民一初字第1511号民事判决书。

未成年人的权利。例如，安徽电视台曾在录制法制新闻节目时，未将犯罪嫌疑人指认的初中生李某等四人的面部图像做技术处理，也未对他人的协助混合指认性质在节目中作出特别说明。这使得公众对这几名初中生产生误解，其社会名誉遭到贬损。法院认定涉案公安分局与电视台对此损害结果都有过失，判处两被告对损害结果承担连带侵权责任，其中包括赔礼道歉声明的公开说明，以及向四名原告各支付精神赔偿金 6000 元。① 目前，我国传媒法正处于不断发展之中，新闻单位的职责和义务也将更进一步明确。此外，由本案及之，新闻单位对未成年人这一特殊主体的保护和注意义务也应当高于一般的人格权利主体，并且施以更重的赔偿处罚机制。

3. 网络服务平台提供者的侵权表现

2014 年，网易公司发布了一则新闻，其中涉及未成年人隐私的问题。涉及的图片和文章未征得未成年人及其法律代理人的同意，使用了被侵害未成年人的正面全身照，且未进行任何模糊处理，并附上"网络成瘾少女""此少女来此戒除网瘾"等文字内容，这些内容明显是对未成年人隐私的侵害。法院经过审理认为，由于网易本身拥有庞大的用户群体，该图片被大量浏览、转载，其行为已构成对该未成年人名誉权的侵害。②

在学术界中，网络服务提供者是否承担网络欺凌侵权责任一直是一个具有巨大争议的话题。根据我国《民法典》的规定，最直观的一种理解应是，当网络用户实施侵权行为时，受害人直接向该实施侵权行为的网络用户追究责任，而网络服务平台是否应承担侵权责任，则应当依据"通知—反通知"规则和"知道"规则进行价值判断。吸收学者们的观点，本书建议，如果受害人涉及未成年人，应给予网络服务平台更多的注意义务；若违反该注意义务，网络服务平台应承担相应的侵权责任。

二、我国未成年人网络欺凌行为法律保护的现状及问题分析

（一）未成年人网络欺凌行为法律保护的立法现状

1. 宪法

《宪法》第三十八条规定，中华人民共和国公民的人格尊严不受侵犯。此

---

① 参见最高人民法院公报编辑部《李海峰等诉叶集公安分局　安徽电视台等侵犯名誉权肖像权纠纷案》，载《中华人民共和国最高人民法院公报》2007 年 2 月 10 日，第 2 版。
② 参见《最高人民法院举办"法治阳光伴我成长"六一公众开放日活动》，见新浪网（https：//www.chinacourt.org/chat/chat/2018/05/id/49745.shtml）。

外，《宪法》中就确立了未成年人优先的原则，即未成年人应受国家特殊保护。同时，宪法也规定了言论自由权。因此，在立法和司法实践中，在保障未成年人的网络权益方面，应当在规制网络欺凌行为与言论自由权利保护中寻求平衡。

2. 民法典

2009 年，《中华人民共和国侵权责任法》（以下简称《侵权责任法》）第三十六条规定："网络用户、网络服务提供者利用网络侵害他人民事权益的，应当承担侵权责任。"2021 年，《民法典》生效，其中对人格权作出专编规定，特别是在姓名权、肖像权、名誉权和隐私权与个人信息保护上作出较为详细的规定。而在《民法典》侵权责任编中对涉及网络侵权责任的相关问题也作出了规定，并说明网络服务提供者的"通知—移除"规则与"知道"规则。

3. 未成年人保护法

《未成年人保护法》明确对网络欺凌行为作出禁止性规定，辐射侮辱、诽谤、暴露隐私等欺凌形式。被欺凌者及其监护人均享有通知网络服务提供者采取一系列必要措施的权利，包括但不限于屏蔽、断开连接等；网络服务提供者在收到平台内容存在侵权信息的通知后，应当及时采取行动，防止不良信息的进一步传播，从而达到控制欺凌行为影响的目的。但《未成年人保护法》在规制网络欺凌问题方面过于笼统，表述不够清晰，可操作性低，且未明确规定相关责任主体及其法律责任。

4. 其他

（1）民事立法保护。《全国人民代表大会常务委员会关于加强网络信息保护的决定》对公民个人信息保护作出相关规定，禁止任何组织和个人非法获取、窃取及出售提供他人电子信息。此外，该决定对网络服务提供者和相关企事业单位及其工作人员的义务作出规定，规定要求他们必须做好公民个人电子信息的保密工作，强调其不得泄密、擅自更改公民个人信息等。如违反该规定内容，以致侵害他人相关民事权益，被侵权者有权依据我国法律规定向侵权人提出侵权损害赔偿请求。《最高人民法院关于审理利用信息网络侵害人身权益民事纠纷案件适用法律若干问题的规定》也进一步对公民个人信息的范围作出解释，其中指出，公民的个人基因信息、病历材料、身体检查材料、犯罪情况记录、个人家庭地址等具有隐私性和敏感性的内容均属于我国法律保护的禁止非法泄露的公民个人信息。该规定还指出，审判机关在裁定确为侵权的情况下，可以依据具体的侵权内容和严重程度，处以 50 万元以下的赔偿数额。这对我国司法实践具有一定的指导意义。

（2）刑事立法保护。在以刑事规制网络欺凌问题方面，《刑法》对侮辱罪、诽谤罪、侵犯公民个人信息罪、敲诈勒索罪、寻衅滋事罪作出了明确的规定。然而该法同时规定了，对于 16 周岁以下的未成年人，如违反上述法律规定不负刑事责任，这就意味着，当欺凌人为未成年人时，即使其触犯了相应的罪，也仍可免予承担刑事责任。

此外，2013 年出台的《最高人民法院　最高人民检察院关于办理利用信息网络实施诽谤等刑事案件适用法律若干问题的解释》明确了什么样的行为是"捏造事实诽谤他人"，对于相应的处罚措施也作出了更明晰的规定。另外，该司法解释还指出，对于网络欺凌行为情节特别严重的，检察机关可以以寻衅滋事罪提起公诉。同时，对有意编纂不实内容以贬损他人名誉权的行为且产生严重后果的，可以以诽谤罪论处，并详细说明了利用网络技术诽谤他人的处罚措施。该司法解释特地对达至"严重"作出了具体规定，首先是消息扩散的"严重"程度的判断标准，即指有害信息访问数达到 5000 次以上，或被转次数达到 500 次以上；其次是对危害结果的"严重"程度的判断标准，即指当该欺凌事件造成事件相关当事人或近亲属严重的精神、人身损害后果。当以上判断足以成立时，该欺凌事件已产生严重后果，应当由公诉机关介入，以维护受害人合法权益。

该司法解释具有可操作性，有利于指导司法机关对该类案件的审理认定。但随着现代化技术不断发展，目前信息传播的速度越来越快，热门视频播放量动辄儿百万，点击量和浏览量达到 5000 次并不是一个曝光度高的指数。该司法解释对具体转发数和点击量、浏览量的规定已明显使得入罪门槛过低，若在司法实践中仍以此为标准，则达至入罪的欺凌行为将显著增多。因此，本书建议修改该具体数额的判定标准，综合评价欺凌行为在网络公开平台的关注度，如榜单排名、首页推荐等，以判断其是否属于严重情节。

（3）社会立法保护。在治理未成年人网络欺凌问题上，为肃清未成年人网络空间环境、保障未成年人网络权益，我国陆续出台了《关于进一步加强对网上未成年人犯罪和欺凌事件报道管理的通知》《儿童个人信息网络保护规定》《加强中小学生欺凌综合治理方案》等针对未成年人网络欺凌的保护法律。此外，《网络安全法》将网络实名制写进了法律，使得全网推行网络实名制有了法律基础，针对未成年人网络欺凌行为有了更好的追责路径。《预防未成年人犯罪法》设定了适用于规制当欺凌人为未成年人的网络欺凌行为的条款，且规定了有关部门建立学生欺凌防控制度，但这部法律存在和《未成年人保护法》同样的问题，即条文过于原则性，不够明确，可操作性低，且对未成年人的网上行为的约束较少。本书认为，应当将欺凌人为未成年人且造成严重后果的网络欺凌行为纳入刑法规制范围之内。

（二）未成年人网络欺凌侵权行为法律保护存在的问题

1. 特殊保护主体在年龄界定上不统一

我国《未成年人保护法》保护的未成年人以 18 周岁为界限，《儿童个人信息网络保护规定》则以 14 周岁为分界点，而 14 周岁至 18 周岁之间的未成年人的特殊保护无疑成为立法保护无法兼顾的地带。① 这与我国《未成年人保护法》对 18 周岁以下的未成年人的特殊保护在年龄界定上明显不统一。

2. 网络欺凌行为侵权责任不明确

当前，我国法律法规对网络欺凌行为作出了一定的规制，主要通过民事、刑事和社会法律法规、规章的形式共同维护公民在网络社会的各项权益，但通过司法实践可窥见，诉诸民事途径是最常见的权利保障方式。因此，对欺凌行为进行准确的定义，并以明确的侵权责任规制网络欺凌行为具有重要的作用。综观我国现行法律，修订后的《未成年人保护法》进步性地提出了网络保护层面，并对网络欺凌行为进行了简要规制，但该条文无可施行的具体配套解释及细则，因而无法对未成年人施以特殊保护。《民法典》对网络侵权问题作出了更细致的规定，但仍有亟待解决的司法实践上的争议点。综上所述，我国现行立法关于网络欺凌行为侵权责任的问题有待通过立法进一步加以明确。

3. 网络服务提供者责任设置不明确

我国现行的《民法典》和《未成年人保护法》都对未成年人网络保护作出了立法规制。比如，《民法典》侵权责任编第一千一百九十五条和第一千一百九十七条，分别规定了网络运营者"通知—反通知"规则和"知道"规则。而《未成年人保护法》第七十七条规定，遭受网络欺凌的未成年人及其监护人有权要求网络服务提供者对侵权内容采取必要措施，阻断侵害行为的产生和传播途径；网络服务提供者亦应当在接到通知后，及时履行删除、屏蔽义务。目前，法学界针对《民法典》第一千一百九十五条中网络服务提供者的"初步证据"审查规则仍在争论之中。而《未成年人保护法》在法条中并未提及初步审查内容，亦未涉及《民法典》中"反通知"的事项。《未成年人保护法》对此未作明确规定，这在事实上不利于网络服务提供者积极行使监管义务，也不利于网络用户实现言论自由权利，使得遭受错误认定的用户无法有效救济自己的权利。

---

① 参见华劼《论〈儿童个人信息保护网络规定〉之完善——以美欧儿童网络隐私保护立法的比较和借鉴为视角》，载《重庆邮电大学学报（社会科学版）》2021 年第 1 期，第 59 - 66 页。

　　另外，《未成年人保护法》第八十条规定，如果网络服务提供者发现平台用户在平台内对未成年人实施违法犯罪，应当停止该用户的使用服务，并保存有关记录，及时向公安机关报告。该条文是社会保护在互联网上的体现，也是对涉及未成年人保护的报告制度的延伸。尽管该条文使用"应当"字眼规定了网络服务提供者的应为义务，但"发现"一词稀释了该义务的明确性，且未对违反该义务的责任后果作出明确规定，使得网络服务提供者在此处的义务犹如虚设。

三、未成年人网络欺凌行为法律保护的域外经验与启示

（一）未成年人网络欺凌行为法律保护的域外经验

1. 欧盟

　　欧盟不仅高度重视个人电子信息保护，而且对未成年人保护也给予了特殊对待。对于未成年人网络欺凌行为的防治，欧盟更多采取法律管制和社会、企业协同保护相结合的方式。

　　（1）相关法律规定。1995年，欧盟通过《个人数据保护指令》，该指令对处理个人资料所遇到的问题进行了详细的阐述，也对未成年人的有关利益进行了保护。1998年，欧盟通过了《保护未成年人和人权尊严建议》，具体规定了对未成年人的特殊保护，这种保护表现在许多方面，尤其是在惩罚手段与措施上，侵权人将受到更严厉的惩罚。欧盟成员国正式实施GDPR，作为对《个人数据保护指令》的补充，其对欧洲和全球都产生了深远的影响。这项法规将检查网络服务商对欧洲用户和顾客的所有资料的保密程度，规定"同意"是数据处理的法定依据，并对儿童采取特殊的保护措施。GDPR第6条明确指出，如果向16岁以下的儿童直接提供信息社会服务，必须得到其家长或其他监护人的许可，方可依法处理；第12条指出，所有有关儿童的资料，均应以明确、简洁、易于理解的形式表述；第57条明确指出，管理机构应特别关注数据处理者针对儿童的行为。另外，《欧盟加强社交网络安全原则》是针对青少年的产业规范，它规定了社会网络服务商的诸项责任，包括用户须知、识别和保护未成年人隐私等，欧洲很多具有影响力的大的社会网络运营商都对此表示支持。

　　（2）社会保护模式。欧盟的社会保护模式体现在方方面面。欧盟积极推进网络实名制，并推行了电子身份证制度。这项制度一经建立，可用于解决受网络欺凌却追诉无门的问题。当自身网络权益受到他人侵犯时，受害人可向网络服务提供者提出公开侵权人身份的请求，并提起相应诉讼，以维护自身权益。在网络权益维护的宣传方面，一部专门针对网络欺凌的普及性读本成为人

手一本的读物。该书以简单易懂的方式介绍了网络欺凌发生的情境模型、行为类型等内容，对典型的网络欺凌案件做出了详细分析，旨在通过解说与案例结合的方式增强人们的防范和维权意识，并教育未成年人及其监护人如何自我维权、保留证据、寻求有关部门的帮助。除此之外，欧盟还开设了网络欺凌的专门网站，并相应设立举报中心。当发生网络欺凌现象时，被欺凌人及其监护人，甚至是一般网络用户都可向其进行举报。

（3）社会和企业协同保护模式。追溯到 2008 年，在 17 个社交网络中，如 YouTube（视频网站）和 Microsoft Network（微软网络）已经签订了关于青少年保护的协定。根据该协议，社交网站在提供社会化网络服务时，18 岁以下的网民的个人信息会被自动设定为"保密"状态，也会被搜索引擎屏蔽，从而更好地保障未成年人的隐私。此外，该协定还规定，社交网络上应设置报警按钮，一旦发现侵犯行为，就可以直接举报。2009 年，"欧盟安全社会网络指南"应运而生，该指南为欧洲很多顶尖的社交网站所采纳，包括 Facebook（脸书）、MySpace（聚友）、Google（谷歌）、YouTube（视频网站）、Yahoo（雅虎）、Europe 等。2017 年，欧盟发起了"网络安全日"，成立了"网络青少年保护联盟"。该联盟包含了公司的自律动议，联盟内的公司同意采取措施制止有害的网络内容、有害行为、有害的接触（网络欺凌、性勒索、消除暴力），同时，这些公司也致力于加强合作，交流最佳实践。在"网络安全日"概念被提出来之后，欧盟又出台了"安全互联网行动方案"，以保护网民的人身安全，并设立了"网上热线"，以帮助儿童、青少年解决在上网时遇到的问题，还建立了筛选和分级制度。

2. 美国

（1）通信内容端正法案。为解决当时日益泛滥的网络色情、暴力问题，美国于 1996 年出台了《通信内容端正法案》（*Communication Content Correction Method*），规定了通过互联网散布恶意贬损他人的言论等行为将受到刑法规制。其中，该法案明确规定，行为人在明知状态下通过网络向未满 18 周岁的未成年人发送"淫秽的或不雅的"内容，属于犯罪行为。1997 年，宪法违宪审查认为该法案的部分条款规定不准确，该法案因此被认定违宪。但该法案仍给后来立法带来了显著意义，其第 230 条规定，"故意"的认定以网络用户对转发的侵权内容是否明知为判断标准，为网络用户提供了保护；并且，该条款还鼓励网络服务提供者自愿对网络信息和内容进行限制。

（2）儿童在线隐私法。美国社会普遍认为，儿童的个人隐私相较于成年人来说，有必要予以优先特殊保护。1998 年，美国国会出台了《儿童在线隐私保护法》（*Children's Online Privacy Protection Act*）。该法案规范了网络运营者的信息处置行为，要求网络运营商在处理儿童个人信息时应明确告知家长，针对相关隐私权政策也应当加以公告。因此，不论是收集还是存储等以儿童个人信息为客体的行为，网络运营者都应当依法取得其监护人的同意。该法同时还保留了企业的"安全港"的设定，企业一旦提交相关自律性规范，经有关委员会审核批准后即可以成为"安全港"，组织内的网络运营者只要遵守该规范就可免责。该法由美国联邦贸易委员执行，违法收集、存储、使用儿童信息的网络运营商将面临高额罚金。

（3）梅根·梅尔网络欺凌预防法。美国《梅根·梅尔网络欺凌预防法》的出台起源于轰动一时的梅根·梅尔案，该法对网络欺凌行为的法律概念作出了明确的描述，以"严重、重复、恶意"作为判断是否为法律规制的欺凌行为的要件之一。该法还规定了，网络欺凌行为人一旦构成骚扰罪，将被判处有期徒刑或罚金，并应当对受害者的物质和精神损害进行赔偿。美国已有多个州法案规定了有关"网络欺凌"的内容。

（4）社会协同监管模式。除立法外，美国还采取了社会协同监管模式。该模式的重点在于以政府干预为主，建立了对网络欺凌法律规范的评价体系，并针对行为人和有义务旁观者、学校与相应的教职工的未履职追责机制作出了进一步规制。该模式以企业、社会、学校共同参与为辅，鼓励网络用户和网络平台自律自助，使网络欺凌行为的防治趋向常态化，并从宣传网民和机构的义务入手，提高社会对网络欺凌行为的关注以及干预意识及能力。具体来说，许多网络服务运营者（在美国互联网协会内成员）建立了专门性监督与咨询机构，并且提供了信息平台以确保学生报告机制的进一步实施。协同监管模式强调政府引导在行业内部建成自律规范，以实现对网络个人信息的保护，其特色在于制订了隐私认证计划，以认证为前提，通过行为规则监督行业内成员遵守隐私保护规则。

3. 英国

英国也出台了《儿童线上隐私保护法》（*Age Appropriate Design Code*），但因言论自由原则的限制，英国更多的是通过互联网行业自律机制来处理网络欺凌行为。

（1）互联网守望基金会。英国互联网守望基金会，是由政府支持设立的基金会，它通过通知或命令的方式发布各项通知和命令，但这些通知和命令并不具备法律上的强制执行力。尽管如此，各网络服务提供者都会严格执行其发布的通知和命令，因为如果网络服务提供者不遵照执行之，对互联网中的非法信息未及时采取必要措施，将受到政府执法机构的直接监管。所以，该基金会的通知和命令虽然不具备法律效力，但仍使得网络服务者无形之中形成了一种社会责任感和监管意识。

（2）不良内容举报中心。为了保障公民利益，英国针对网络中的不良信息建立了相应的举报中心，用以接收用户举报。该中心会根据举报内容，向相关网络服务者发出采取必要措施的通知，并要求其与不良信息发布者共同负责及时消除不良影响。除此之外，网络服务提供者还应当保留相关的记录，以备后续的司法调查取证。

（3）其他相关法律法规。英国在打击网络暴力方面始终保持着高压态势，同时加大了对网络空间的控制。英国政府在《1978 年儿童保护法案》（*Child Protection Act 1978*）中明确规定，禁止公开对儿童实施性侵犯的图片和录像。英国政府于 1996 年发布首部《网络管制行业条例》（*Internet Control Industries Ordinance*）。

（二）域外未成年人网络欺凌行为法律保护对我国的启示

1. 专门立法

在查阅外文文献时发现，不少美国学者指出了一种国内文献中鲜有提及的欺凌行为方式，那就是获得未成年人隐私信息后进行的电话、邮件等线下骚扰行为。《民法典》并非未对该行为进行规范。事实上，该行为属于侵犯隐私权中的生活安宁权的行为，但我国学者更多将关注点放在"私密活动、私密空间、私密行为"的隐私信息上，鲜有以侵犯生活安宁权推及侵犯他人隐私权。因此，尽管这类行为的侵权人数众多且危害后果较大，却未以侵犯人格权为由诉，从而导致侵权人没有承担相应的责任。为此，对未成年人网络欺凌行为进行规制时，我国立法对该类型行为也应予以重视。

我国在 2019 年新修订的《未成年人保护法》中，对未成年人的网络保护专设了一个章节进行规定，该规定具有一定的指导意义，但对于权责义务的具体落实承担的条款，仍不具有可操作性，体现出笼统而不明确的特征。

国外注重网络欺凌的法律规制内容，以及范围是否恰当、适度，注意保障公民的言论自由。但相对比可发现，如果被欺凌人为未成年人，公民言论自由的范围则受到较大程度的限缩。美国等国家拥有完备的社会保障体系，往往能通过各种社会或企业保护模式保障未成年人利益。但中国社区服务水平和社工人才发展水平均远低于这些国家，因而诉诸专门立法更具有现实意义，也更符合未成年人保护原则。因此，网络欺凌的有关规范应着力于将理论基础与法律逻辑相契合，保障言论自由与维护未成年人网络权益并重。同时，网络欺凌是新的欺凌形式，管控的重点、程序、机制应当与传统欺凌的规制模式有所不同，不能套用传统欺凌规制模式，而需要专门立法。

我国应关注未成年人的网络权益，通过专门的法律规范，可以更好地解决青少年受到侵害的问题，并对侵害未成年人的名誉权、隐私权等人身权利的行为进行相应惩罚，以保障未成年人的合法权益，从法律层面上保障未成年人的健康成长。

2. 明确民事侵权者的责任承担

网络欺凌行为的本质仍然属于人与人之间的问题。民法即规范平等主体之间的法律关系。因此，通过民事法律规制明确网络欺凌中的侵权法律关系更有利于解决网络欺凌行为这一棘手的问题，允许网络欺凌行为的受害人提起私法救济，对侵权行为人应承担的责任作出具体规定。

因此，我国立法和司法界应当对明确侵权行为人的责任事项作出具有可操作性的规定，这将有利于我国公民对抗他人不法侵害、救济自身权利具有显著意义。在互联网舆论环境中，每个人的权利均处在动态平衡中。具体来说，若网络用户在网络活动中对涉及可能侵害他人人身权益的内容抱有谨慎态度，在信息发布的源头和转载的过程中就能有效降低甚至制止危害结果；被欺凌人在遭受网络欺凌行为之时也能有效依靠平台程序或法律途径救济自己的权利。除此之外，校方及监护人对于未成年人在网络的权益维护方面将具有更高的注意义务。因此，应明确这些责任主体的责任，使得某些明显的网络欺凌行为得到及时、有效的控制，这有助于减少未成年人网络欺凌行为严重后果的发生。

3. 政府与社会、企业协同监管模式

近年来，我国正积极构建未成年人网络欺凌防治的社会监管体系，《未成年人保护法》中专设"社会保护""网络保护""政府保护"章节，初步提出了一套政府与社会、企业协同监管的中国特色模式。该法第十一条规定，必须向未成年人提供特殊的保护，即赋予更多主体强制报告的义务。这条规定指出，如果未成年人的合法权益被侵犯，任何单位及其个人都有权阻止，或者向有关部门提出检举、控告。该法第十一条第二款要求国家机关、居民委员会、村民委员会或与未成年人有直接关系的单位及其工作人员承担更大的责任，如果他们在工作中发现或怀疑未成年人的身体和心理健康受到侵害的情形，应及时向上级有关主管部门报告。虽然这一条款对有关部门及其工作人员的义务作出了明确的规定，但没有对未履行义务的有关部门及其工作人员应承担的相应责任进行明释。

该法"网络保护"章对网络服务提供者的监管义务作出了更多的规定，但同样也没有对未履行义务者作出相关惩罚性规定。只有通过《民法典》侵权责任编，才可以追究网络服务提供者的过失监管责任，但这种方式并不能对未成年人权益作出特殊保护。

四、完善我国未成年人网络欺凌行为法律规制的建议

(一) 统一特殊保护主体在年龄上的界定

综合考虑我国未成年人立法保护的过去与未来发展,应当对未成年人保护的年龄界定予以统一,以更宽泛的法律保护为互联网内活跃的未成年人设立更安全、有效的个人信息保障。

本书认为,应将《儿童个人信息网络保护规定》与《未成年人保护法》中的年龄予以统一界定,以18周岁为特殊保护主体的分界点。让18周岁以下的未成年人都能受到信息保护规定的保护,是个人信息特殊保护的应有之意。依据《民法典》的一般规定,18周岁以下的公民系限制民事行为能力人,仅当其具备个人独立生活能力时,赋予其步入社会的基本权利;法律将已满16周岁未满18周岁的未成年人视为完全民事能力人。法律的出发点是保障该年龄段未成年人的权益,并非削减未成年人权益,其特殊权益仍可由《未成年人保护法》予以保护。而已满14周岁而未满18周岁、已经涉网但仍在被监护和义务教育阶段的未成年人的主要生活空间多为学校和家庭,监护人是最直接控制和监督未成年人网络使用行为的人,往往能对这些涉世未深的学生在家庭、学校以及网络环境中使用个人信息的行为进行有效引导与保护。若不以18周岁为分界点保护未成年人权益,仅以14周岁为界突出保护儿童的个人信息,不利于14周岁至18周岁仍处于受教育阶段的未成年人的权益保护。

(二) 明确未成年人网络欺凌行为的直接侵权责任

1. 明确直接侵权责任的主体

司法实践表明,对私密的网络欺凌行为的归责原则不需要再考虑其他侵权责任主体的问题,而在公共网络平台之间的网络欺凌事件往往涉及许多不特定的侵权人,其中既有侵权信息的制造人和上传人,也有转发人,在多数情况下甚至还会有评论者、跟帖者,或者是线上、线下骚扰者。公共网络平台之间的网络欺凌事件涉及侵权信息往往是由不同的侵权主体各自扮演不同的侵权角色,他们的行为共同作用而加剧信息的传播,具有巨大的伤害力。在存在多个行为人的情况下,分类和确定侵权主体是一个重要的问题。

(1) 原始信息发布者。直接通过智能手机等现代通信设备发布侵权信息的行为人称为"原始侵权信息发布者"。当原始信息发布者知道或应当知道上传内容系针对特定人的侵权信息时,应该为此承担侵权责任。原始信息发布者的侵权行为既可以通过公开或者秘密的方式进行,公开与否并不影响行为人的

侵权责任承担。但违法信息内容一旦公开，有可能因其产生更严重的损害结果而须对原始侵权信息发布者施以更重的责任负担。

（2）侵权信息转发者。侵权信息转发者是指接收原始侵权信息发布者所发布的特定侵权信息后，对该违法有害信息进行转载，意在扩大该信息的网络影响力的群体。针对这类群体是否应当对欺凌事件承担侵权责任，司法实践中往往依据侵权信息转发者的主观故意及客观行为进行综合判断。绝大多数的侵权信息转发者并不会因其转发行为受到民事法律追究，否则将使得侵权责任过于泛滥，干预民众的言论自由和信息获取的权利，阻碍新闻媒体的发展。但当能举证证明信息转发者在转发时对信息的违法性持"明知"态度仍继续转发，即有意扩大网络欺凌行为的影响时，应认定其为直接侵权责任者。此时的侵权信息转发者应对其侵权行为承担相应共同侵权责任。

（3）评论者、跟帖者。评论者、跟帖者，是指在相应侵权信息下的评论区进行评论或者以跟帖的形式对侵权信息发表言论的行为人。一般情况下，因信息的评论者和跟帖者的人员范围极其广泛，侵权责任已由上位的主体承担，法律并不追究这类行为人的行为责任。但该豁免也并非绝对。评论者和跟帖者若在其原始信息之外杜撰、加工了更多虚假信息，并对该内容进行扩散导致被欺凌人的社会评价进一步降低，由此对被欺凌人造成巨大的精神压力时，信息评论者、跟帖者应当就其超越范围或再编辑的影响承担侵权责任。事实上，有许多侵权信息转发者在转发时对原内容进行再加工的行为，已经超越了原转发行为，附和了评论、跟帖者的行为效果。

（4）线上、线下骚扰者。线上、线下骚扰者，是指侵权主体以反复、多次的方式对被欺凌人进行攻击的行为人。这类行为人对被欺凌人有最为严重、直接的危害，严重危害了他人的生活安宁权。该类侵权主体不仅通过被暴露的信息进行线上骚扰，还依靠更多真实信息将违法犯罪的触角衍生到被欺凌人的生活之中，导致被欺凌人无处可躲，遭受严重的精神折磨。

2. 明确侵权责任的归责要件

（1）网络欺凌行为人主观上存在故意或过失。在美国，多数学者认为要使网络欺凌行为交由法律保护，行为人主观上应当存在故意，即欺凌人在实施网络欺凌行为时知道自己的行为会给特定人带来较大的精神痛苦，意图侵犯被欺凌人的相关人格权益，而行为人并不需要为过失的欺凌行为承担责任。

《民法典》对网络侵权内容明确规定，其适用过错侵权归责原则。根据侵权法的基础理论，过错包括故意和过失。在未成年人网络欺凌案中，故意是指行为人明知自己的欺凌是违法的，而且会对被欺凌人造成一定的伤害，但依然抱着一种期望或纵容的心态；过失则是指欺凌人应该预见自己的欺凌行为有违法性，并可能造成伤害，但由于行为人的疏忽，或者欺凌人本来可以预见危害后果的发生，却轻易相信可以避免其发生，从而造成损害后果。

基于此，本书先分析行为人主观的四种情况。第一种情况，即行为人对自己的欺凌行为内容具有认知的能力，且对其发布或转载的行为具有的危害性后果有一定的认知，并对被欺凌人受到的危害后果持希望的态度，此种情况应当认定欺凌人对危害结果具有主观故意，其应当承担故意侵权责任。第二种情况，即行为人对侵犯受害人权益持主观故意，但对自己的行为是否能对被欺凌人造成损害并不确定。这种情况应结合行为人的行为结果去判断，若该行为最终给被欺凌人带来损害，则行为人承担故意侵权责任。第三种情况，即行为人并无侵犯受害人的主观故意，但客观上做出了侵权行为并对受害人造成了损害后果，侵权行为与损害后果之间存在因果关系。此时是否构成侵权，还要就其过失情况做出进一步判断，通常需要审查行为人是否尽到了相应的注意义务。需要尽注意义务的不仅有网络服务提供者，还有作为转载者的媒体单位，这种情况需要结合行为人的职业等多种因素进行综合认定，由司法机关作出自由裁量。第四种情况，当行为人基于主观过失做出了侵权行为，如果被欺凌人或其监护人等提出相关证据证明其侵权行为，并要求行为人立即删除该信息或停止该侵权信息的传播时，行为人应当立即采取相应措施防止信息的进一步传播。如果行为人在接到受害人的通知后仍未采取相应措施使得侵权信息进一步传播，行为人应当对未及时采取相应措施而导致的损害扩大部分承担侵权责任。《民法典》对于网络服务提供者，除了原《侵权责任法》中的"通知—移除"规则，还新增设了"反通知"规则，为网络用户的自我救济提供了相应保护，更有效地保障了网络环境的稳定和公民的言论自由。

在网络欺凌行为案件中，针对行为人的主观状态，美国学界还提出应当结合侵权行为的时间持续性进行判断：一次的侵权不足以产生严重的危害后果，其行为模式和危害结果更类似于传统的一般侵权行为，无须予以特殊；只有当欺凌人反复持续地在网络上侵害特定未成年人的人身权益，才是应当予以重点关注的网络欺凌行为。本书认为，该判断方式将推迟保护未成年人权益的起始时间。随着时间的流逝，一旦达到时间持续性这一要求，也就意味着被欺凌人的危害后果又加重了几分。这样不利于对未成年人权益的保障，无法有效防治网络欺凌行为。因为有些网络欺凌行为并不需要时间持续性即可对被欺凌人造成严重危害后果。而反复的持续的侵害造成的危害结果更为严重，也更易于举证证明行为人具有主观故意，但该情况更应作为加重处罚情形和重点规制类型。无时间持续性则非网络欺凌行为这一逻辑在法理上并不成立。

还需要补充论述的是，网络欺凌行为往往有许多的侵权主体，当这些主体有各自不同的主观状态时应如何认定。一般来说，少数网络欺凌行为（如私密的网络欺凌行为）由单独特定的行为人实施，而绝大多数网络欺凌行为是由多个不特定的行为人共同为之。在此种情况下，行为人的主观状态应当以各自的情况进行判断，部分行为人的主观过失不妨碍其他侵权主体的故意侵权责任的成立。

（2）网络欺凌行为人客观上实施了侵权行为。从客观上说，行为人需要在客观上实施了网络欺凌行为，且该欺凌行为具有侵权性质，则行为人应当承担相应的侵权责任。如果行为人误以为自己实施了侵权行为，但事实上没有实施，或实施的行为并不具有侵权性质，在此种情况下，行为人虽然持侵权的主观故意，但因为缺乏客观的侵权行为，不能认定其侵权责任成立。

要界定网络欺凌行为是否在客观上达至侵权性，需要认定何种信息属于侵害受害人的"侵权信息"。就网络欺凌行为而言，"侵权信息"可分为四类。其一，具有隐私性的信息。传统隐私权保护的核心主要是保护个人隐私信息不被外界所知悉，是指公民的私人生活安宁与私人信息依法受保护而免于被公开和骚扰的权利，其侧重于私隐和安宁两个方面。除此之外，还有学者将数据纳入隐私范畴，认为应在互联网上对个人数据的信息的控制和使用予以规制。①其二，具有诽谤色彩的信息。在英、美两国的普通法中，传统诽谤体现为书面诽谤和口头诽谤。而互联网的兴起使得这两种形式的诽谤之间的差别越来越小。就网络欺凌行为而言，其更像以书面形式进行的口头诽谤，因为行为人往往通过即时的社交网站交流做出欺凌行为，兼具了书面性和口头即时性的双重特点。书面性欺凌形式更易于保存，而口头即时性欺凌形式则更利于传播，网络欺凌行为的这一双重特点使其规制难度显著大于传统诽谤。其三，具有敏感性质的信息。敏感的范围非常宽泛，通常指明受害人的某种缺陷，如种族、身体缺陷等。这些信息不一定具有秘密性，但该信息的广泛传播足以遭受受害人形成巨大精神压力或羞耻感。其四，带有恐吓色彩的信息。这类信息一般直接通过网络或电子设备传递，以公开或者私密的方式进行，内容通常体现一定暴力性或威胁性，且该内容足以使受害者产生恐惧心理，使受害人受到精神折磨。以上侵权信息无疑都会对被欺凌人的心理状态产生极大负面影响，更严重的欺凌行为甚至会在现实中产生贬损被害人名誉的效果，影响被害人的正常生活。

（3）网络欺凌行为人的侵权行为造成了损害结果。一是并非所有互联网

---

① 参见［美］邓可丽塔·L. 艾伦、［美］理查德·C. 托克音顿《美国隐私法——学说、判例与立法》，玛建妹等译，中国民主法制出版社 2004 年版，第 212－213 页。

上的侵权信息的相关主体都应为其网络欺凌行为承担侵权责任，该行为应当足以带给被欺凌人严重的社会和心理压力，网络欺凌行为必须达到严重的损害后果，其间预留了司法机关自由裁量的空间。我国的司法实践表明，判断网络欺凌事件的损害结果是否达至行为人承担侵权责任的程度，一般由法官依据相关司法解释进行裁量。这种程度的标准有两点：其一，侵权人通过电子通信设备在网络上发布侵权信息，这种传播行为将导致受害人的社会评价急剧降低或心理健康受到严重影响；其二，从正常理性人的标准而言，这类社会评价的急剧降低或心理健康受到的严重影响使得受害人的正常生活足以被严重影响，其心理上无法接受。二是受害人应当对其受到的损害后果承担举证责任，应回归到具体的个人情况交由司法机关判定。如受害人应出示其精神疾病诊断证明等证据，证明其严重的损害结果。如果侵权行为达至极端恶劣程度，但受害人因心理承受能力强而未受其损害，或虽已受其损害但未至正常生活被严重干扰的程度，此种情况下，即使存在侵权行为，也无通过侵权责任制度保障受害人的必要。当然，如网络欺凌行为侵犯了受害人的名誉权，受害人可通过传统名誉权侵权的途径寻求救济，网络欺凌行为与传统名誉侵权行为存在一定的交叉关系。

（4）侵权行为与损害结果之间存在因果关系。只有当欺凌人的行为与被欺凌人的损害结果之间能够在法理上构建因果关系时，行为人才应当为其行为承担侵权责任。换言之，网络欺凌行为的侵权人仅就其个人行为对受害人的损害结果承担责任，而该因果关系的成立与否将直接影响责任的承担，行为人不需要为不具有因果关系的危害后果承担侵权责任。因网络欺凌行为适用过错归责原则，经常涉及多个侵权主体，所以常常体现为多因一果。司法实践中，往往由法官根据各侵权主体对危害后果的原因力大小对责任进行分配。一般来说，在先的侵权行为往往会承担更大的侵权责任份额；在少数情况下，在后的侵权行为会超越在先的侵权行为而产生更严重的危害，则应承担更大的侵权责任份额。具体来说，在网络欺凌行为中，原始侵权信息发布者应作为最主要侵权主体承担主要侵权责任，而其他侵权主体，如信息转发者、评论者、跟帖者等应在其行为范围之内承担相应的次要侵权责任。

3. 明确未成年侵害人父母的监管责任

在司法案例中，许多网络欺凌行为发生于未成年人之间，这些未成年人欺凌者不但不具备相应的民事行为能力，而且不具有承担经济损害赔偿的物质条件。就此种情况，为更好地保障被欺凌者的权利，本书认为，完全可以让欺凌者的监护人在民事赔偿问题上承担替代责任。根据《民法典》侵权责任编对替代责任的规定，此条款当然适用于网络欺凌侵权行为。不论欺凌者父母是否具有过错，都应对此承担侵权责任，且过错并非其父母的侵权责任的构成要件，仅作为欺凌事实依据，由法官依据自由心证对损害赔偿责任的具体事项作出判决。

（三）明确网络服务提供者的侵权责任

1. 网络服务提供者承担的侵权责任

通常认为网络服务提供者有四类。第一类，网络基础设施服务提供者，一般是指网络传递的电话线、光缆等接入服务基础设施的提供者，这类提供者往往不对网络信息具体的内容控制提供服务，仅作为传输工具提供者，如中国移动、联通等；第二类，内容服务提供者，是指为用户提供信息内容的提供者，如搜狐、腾讯等；第三类，主机网络服务提供者，是指为网络用户提供服务器和存储空间的提供者，网络用户负责上传信息，其他网络用户可以浏览和下载信息，但服务提供者本身不参与信息编辑和加工，如留言板、论坛、微博等；第四类，搜索引擎服务提供者，是指可为网络用户提供检索信息的提供者，如百度、谷歌等，也被称为信息定位网络服务提供者。需要说明的是，以上分类仅是从内容和功能的角度所做出的基本分类。因网络服务者的服务范围常具有综合性，网络服务提供者有可能以同时具备多种类别的方式呈现在同一个网络平台中。

《民法典》侵权责任编中涉及的"网络服务提供者"仅指第三类网络服务提供者——主机网络服务提供者①。这类网络服务提供者通常只提供资讯内容存储服务，与信息内容本身的上传和编辑并不相关，对网络平台内的信息一般只具有合理注意义务。

（1）域外网络服务提供者侵权责任的规定。关于网络服务提供者的侵权责任规定最早源于美国《通信风化法案》（*The Communications Decency Act*）。该法案指出，当行为人在网络中对他人实施侵权行为时，网络服务提供者可依据其技术中立人地位免除己方责任。该法案的重要意义在于，在网络时代快速发展的进程中，对技术中立予以法律上的确认。这有利于破除科技发展的相关阻碍，鼓励网络研发人员对技术的持续钻研，以促进网络的发展。该法案通过后，涉及网络服务提供者免责的案例得到了法院支持，但该类判例还存在一种争议：当认定网络服务提供者同时作为内容提供者时，其责任有可能不因为该法案规定而被免除。

其后，美国《千禧年数字版权法》通过"通知—移除"规则和"知道"

---

① 本书均讨论此种类型。

规则（又称"避风港原则"和"红旗原则"），为网络服务提供者的知识产权侵权的免责规则作出了规定。当网络服务提供者已经履行了前述两项原则，则被视为不需要为侵权行为人的个人侵权承担责任；反之，若原告可举证证明提供商未履行该两项原则，网络服务提供商则需要依据法律规定承担连带的侵权责任。尽管该两项原则适用于知识产权侵权领域，但在引入我国时做了本土化的修改，成为我国网络服务提供者责任设置标准原则的参考之一。

（2）国内网络服务提供者侵权责任的设置。

《民法典》侵权责任编对网络服务提供者责任的认定具有进步意义。该法在第一千一百九十五条至第一千一百九十七条中明确了网络服务提供者的责任。其一，该法典升级了原《侵权责任法》中第三十六条的"通知—移除"规则。原规则规定，被侵权人发现侵权内容时，有权利通知网络服务提供者采取删除、屏蔽等必要措施。网络服务提供者在接到通知后，未及时采取措施而导致损害继续发生的扩大部分，其与直接侵权人承担连带责任。《民法典》新增一款条文，为网络服务提供者增设了"转通知"义务，如未履行该义务，而损害网络用户权益的，即使已及时采取必要措施控制侵权内容，仍应承担相应责任。其二，该法典修改了原《侵权责任法》第三十六条第三款之规定，将"知道"修改为"知道或应当知道"的表述，为网络服务提供者的义务进一步扩张，有将公共场所的安保义务在互联网体现的趋势。值得一提的是，《民法典》赋予了网络服务提供者"初步审查"的义务，该义务不仅针对"通知—反通知"规则中的"侵权内容通知"和"不存在侵权行为声明"，还针对"应当知道"的范围。这些义务的边界在法学界引起广泛争论，一些学者表明不应就此过于过分依赖司法机关的自由裁量权而泛化网络服务提供者的义务，因此举极易混淆其作为技术中立的角色，也容易影响互联网用户言论自由权利的实施。

新修订的《未成年人保护法》新设"网络保护"章，为对未成年人的全方位保护开拓了一个重要领域。该法第七十二条增设了作为信息处理者的服务提供者应尽的信息处理义务，规定其应当遵循依法、必要和正当的原则，且未成年人的监护人有权要求其更正、删除所涉个人信息。该法第七十三条就网络服务提供者对未成年人通过网络发布私密信息的情况还应负有及时提示并保护的义务作出了规定。该法第七十七条至第八十条针对未成年人实施违法犯罪的行为的问题作出了详细的规定。其一，该部分法条规定了"通知—移除"规则；其二，此处还强调投诉和举报渠道以及自主审查涉未成年人危害信息的重要性；其三，法条明确了"立即停止"对未成年人实施违法犯罪行为的用户的网络服务，及时采取断开、屏蔽等必要措施，保存相关记录并向公安机关报告的责任。但该法未就"转通知"事项和审查事项作出规定，且其更侧重于网络服务提供者的应为事项，并未规定具体的义务边界，应结合其他法律、参考学者观点对网络服务提供者责任作出统一解释。

新修订的《最高人民法院关于审理利用信息网络侵害人身权益民事纠纷案件适用法律若干问题的规定》与《民法典》一同生效，对《民法典》侵权责任编的具体条款进行了解释和细化，用于具体适用司法实践中处理信息网络侵权的案件。例如，该规定第四条针对《民法典》第一千一百九十五条所规定的"必要措施"是否"及时"应当从哪些要素进行判断。该条还表示，对是否"及时"的判断应当根据司法机关的自由裁量权，具体要求综合考量网络服务的特点和范围类型、有效通知的方式和消息到达准确程度、网络信息侵害权益的类型和程度等因素。又如，该规定第六条对认定网络服务提供者"知道或应当知道"的判定方式作出了明确的规定。该规定以上两条系对网络服务提供者间接侵权的判定，其后第七条至第九条系网络用户及网络服务提供者直接侵权判定的具体适用规定，第十条载明网络用户及网络服务提供者"有偿删帖"行为所负的法律后果。

2. 网络服务提供者合理注意义务的内容

《民法典》第一千一百九十四条规定了网络服务提供者在满足一般侵权构成要件时，应对其直接侵权行为承担责任，若未履行"通知—移除"义务，也应当承担相应的连带赔偿责任。但该条款并未对具体侵权责任的请求权基础为何作出合理界定，该网络服务提供者的"通知—移除"义务范畴也不够明确。简言之，若要从民事法律制度上对网络欺凌行为进行规制，需先从传统侵权理论进行分析，对行为人义务的判断需回到侵害民事权益的具体类型及其对应的侵权责任构成要件中加以明确。① 由上文对侵权责任的归责要件的阐述可知，网络服务平台提供者显然与一般的侵权人不同，若对他们施以义务，则其更类似于《民法典》第一千一百九十八条款中所指称的需履行监管义务的主体，如公共场合的经营人、管理者等。

经营场所的公共性不应作为类推标准，而应回归注意义务的基础法理，即考察网络服务提供者作为义务人是否开启和控制了特定危险源，考察其是否因与被侵权人存在特定的法律联系而负有特定的行为义务。例如，双方是否存在合同关系、法定义务或契约外债关系。

（1）直接侵权下合理注意义务的边界。论及网络服务提供者的合理注意义务，在直接侵权的场景之下，其应然边界由网络技术构成的虚拟环境所决

---

① 参见程啸《侵权责任法》（第二版），法律出版社 2015 年版，第 443 页。

定。因为网络平台实际上是由代码所形成的虚拟空间，服务提供者对该空间的支配体现为通过计算机程序实现的技术控制。目前，大数据时代已然到来，技术中立原则已深入人心，只有因为技术本身的瑕疵而导致用户的个人信息泄露等危害后果产生，才能说明网络服务提供者在提供技术服务时开启了网络用户的危险，需要因此承担责任。但需要说明的是，此种责任来源的义务边界，仅仅限于因技术瑕疵直接导致被侵权人的损害（财产损害为原则，人身损害为例外）。

除以上因技术瑕疵产生的责任外，网络服务提供者承担合理注意义务还有另一种情形，即其与被侵权人之间产生了具体的债务关系，在义务边界之下，限于防范因违反特定的契约性义务或交往过程的行为义务而造成的被侵权人的人身、财产损害。比如，在"吴永宁案"① 中，花椒直播平台与吴永宁签订了具体的协议，为其提供了拍摄并支付了报酬，双方就此开启了商业往来。吴永宁所做出的攀爬行为实际上是为了满足平台的利益，双方具有明显的债务关系，故该网络服务提供者不得以技术中立为由予以免责，其对吴永宁的人身、财产安全负有更高的注意义务。

（2）间接侵权下合理注意义务的边界。与直接侵权不同，间接侵权下合理注意义务人与受害人之间增加了直接侵权人这一角色。例如，在"李承鹏案"② 中，法院对于苹果公司课以更高的注意义务的原因在于，苹果公司对其旗下的商店具有很强的控制能力，该第三人因其侵权行为承担直接侵权责任，而苹果公司因对侵权人可实现支配和管控，且获取了经济利益，故苹果公司应负有更高的注意义务而未履行，就该为不作为行为承担间接侵权责任。

在"QQ 群相约自杀案"③ 中，张某在多个 QQ 群中向不特定对象发送相约自杀邀请，致他人死亡。该案曝光后，腾讯公司被告上法庭，经二审法院认定，腾讯公司被判无责。裁判文书指出，法律并没有赋予网络服务平台提供者事先审查、监管的义务，网络用户在 QQ 平台上每天有数以亿计的聊天记录，腾讯公司确有审查该危险信息的技术可能，但若为网络服务提供者苛以如此重的义务，则超出了合理的防控危险的边界，既有泄露网民信息安全的风险，又

---

① 参见《"极限第一人"吴永宁攀爬高楼坠亡 其母起诉直播平台 花椒一审认定侵权 赔3万》，见央视网（https：//baijiahao. baidu. com/s？id = 1634199405289086089&wfr = spider&for = pc）。

② 参见《作家诉苹果公司侵权案二审：苹果称未侵权》，见中国法院网（https：//www. chinacourt. org/article/detail/2013/09/id/1083708. shtml）。

③ 参见《浙江两男子 QQ 相约自杀，腾讯公司被判无责》，见腾讯网（https：//www. chinanews. com. cn/fz/2012/02 - 10/3660858. shtml）。

不利于网络发展和言论自由，严重影响网络平台的正常运营发展。因此，应当严格依照"通知—移除"规则，网络服务提供者在接到通知信息后审查相关证据并采取必要措施，以"通知"为开启网络服务平台义务的源头。

随着网络技术的发展，许多网络用户个人信息遭到非法泄露，使不法侵权人有了可乘之机，因此，网络服务提供者对公民的信息存储安全保障尤为重要。相关责任主体应当严格依照法律规定，以保障网络用户的信息安全性和私密性。这不仅对网络服务提供者的技术措施提出了必要要求，也对平台内的信息管理制度提出了挑战。网络服务提供者应健全、完善信息管理的流程，并加强行业内部人员自律，以科学有效的制度为网络用户的数据信息安全筑起坚实的安全网。若因网络服务平台的技术缺陷或信息管理过失而导致信息被不法侵害人获取和使用，网络服务提供商应当被视为未积极履行义务，应当对此承担过失监管的间接侵权责任。

综上所述，网络服务提供者的合理注意义务，与一般侵权主体一样，都应受到一定限制。原则上，网络服务提供者不负有审查乃至积极搜索危险源信息的义务。若产生间接侵权责任，有以下两种情形：一是网络服务提供者对其支配领域未尽管理义务，产生了外来的特定危险源；二是网络服务提供者与受害人之间具有特殊的契约，使得网络服务提供者作为契约方负有高于一般网络平台的注意义务。就第一种情形而言，网络服务提供者仅就其特定的支配区域内负有合理注意义务，一旦侵权行为是在超过其管控范围发生的，被害人便不可追责于网络服务提供者。就第二种情形来说，网络服务提供者与被害人之间存在的侵权责任关系来源于双方由契约建立的合同关系，由此形成了特定照顾义务，其所施以的义务也仍以合同规定的为界限，若超出该义务界限范围，损害事实也与网络服务提供者无关。

3. 网络服务提供者为规制网络欺凌行为应专门设立的制度

（1）建立未成年人网络安全提示制度。建立安全提示制度是网络服务提供者应当履行的社会责任，用以敦促平台间形成良好的网络环境。该类安全提示要注意以通俗易懂又能引起未成年人兴趣的方式进行，例如结合动漫人物表演、知名主播推广等形式，促使未成年人在轻松的氛围中学会自我保护。与此同时，对聊天记录的风险识别技术也应予以重视，例如，在聊天信息中涉及个人基础信息、账号密码等情况时，以弹窗方式对未成年人进行警示，提高其注意。目前，许多平台都已设立安全提示制度，但该警示因可迅速被关闭而丧失了其应有的社会效用。

（2）建立未成年人网络交流专门版块和限制年龄转换制度。我国互联网主管机构及未成年人保护相关部门应合力敦促网络服务提供者，特别是微博、贴吧等社交网站，设立专门针对未成年人的交流版块，并设专人监管该版块，当发现针对未成年人的侵权信息时，应当及时采取屏蔽、断开链接等必要措施。除此之外，网络服务提供者在建立未成年人网络交流专门版块后，还应当相应推行年龄认证制度，并采取必要的配套手段以禁止用户进行年龄转换，只有这样才能将不适龄主体排除在专门版块之外，防止成年人以虚假身份恶意进入并对未成年人造成侵害。

五、结语

随着信息时代的迅速发展，网络欺凌行为以越来越多样的方式对被欺凌人产生重大影响，我们应予以深切关注，在立法和司法实践上对未成年人这一群体予以特殊保护。网络欺凌在行为本质上是传统欺凌在行为方式上的升级和危害后果的加强，其间的侵权法律关系更多应当依靠民事法律规范进行调整。在《民法典》实施的今天，如何进一步保护未成年人的网络权利，以及如何应对日益复杂的网络环境所产生的新的网络欺凌法律问题？本书认为，首先，立法机构应该积极借鉴国外的社会治理经验，并尽快制定专门的法律法规。其次，我国应明确侵权责任承担主体和归责原则要件，赋予受害人私法救济的权利以有效遏制网络欺凌行为。再次，立法者应当以更有利于未成年人的立场为出发点，维护被欺凌人自身的人身权益。最后，本节就网络服务提供者的责任承担问题的细化规制进行了论述，但涉及侵权通知的审查标准及涉未成年人的特殊审查标准问题还有待进一步深化研究。健康的网络环境的建设需要互联网用户中的多方主体共同努力。我国应该大力强化相关责任主体在网络环境下保护未成年人的义务，在借鉴域外先进制度的基础上结合本国基本国情，为未成年人网络权益做好充分保障，以打造有利于未成年人成长的健康的互联网环境。

第三节　网络游戏直播的著作权保护

网络游戏直播市场的快速发展带来了巨额的商业利益，有了利益也就有了纠纷。不同于网络游戏只涉及游戏厂商和游戏用户两个利益相关方，网络游戏直播所涉及的利益相关方更多、成分也更复杂。近年来，许多游戏厂商针对游戏直播提起了有关著作权纠纷和反不正当竞争的诉讼，从已经判决的案例看，各方就有关问题并未形成统一的意见。产生这个现象的主要原因如下：一是网络技术快速发展，对著作权法律制度提出了新挑战。而法律本身具有滞后性，并不能很好地适应时刻变化的现实社会。二是我们对相关法律基础理论内容的理解还不够深入，不能准确对新变化作出界定。因此，本节选取了网络游戏直播中的著作权保护问题开展研究，一方面希望为著作权体系基础理论的剖析与完善提供支撑，另一方面希望为网络游戏直播的著作权保护问题提出一些建议。

一、网络游戏直播纠纷案争议问题及作品属性界定

（一）"梦幻西游案"案情梳理和争议问题

《梦幻西游》是一款由原告自行开发和运营的 RPG（role-play game，角色扮演游戏）。"梦幻西游案"原告为广州网易计算机系统有限公司（以下简称"网易"），被告为广州华多网络科技有限公司（以下简称"华多"）。2014 年，网易因被告雇佣主播直播《梦幻西游》游戏，以侵害著作权及不正当竞争为由将其诉至广州知识产权法院。网易主张《梦幻西游》属于计算机软件作品，由此软件作品运行而产生的连续画面应构成当时的类电作品，游戏内的剧情设计、场景、人物和音乐分别属于不同著作权作品类型，要求华多赔偿经济损失 1 亿元。广州知识产权法院于 2017 年对此案作出一审判决，双方均不服并向广东省高级人民法院提起上诉。广东省高级人民法院于 2019 年 12 月作出二审判决，判决华多侵犯了网易的著作权，需赔偿网易经济损失。

1. 案情梳理

在一审判决中，广州知识产权法院认为《梦幻西游》整体画面可以作为被保护对象，因其创作过程综合多种手段，与"摄制电影"的方法类似。游戏的整体画面表达了创作者独特的思想个性，这种个性可以通过作品表达出来，每位观众都可以通过网络获得此种感官感受，并且能通过网络进行传播，每位网民都可以下载获得，与现实中观众观看电影在形式上是相同的。因此，即使游戏连续动态画面是通过游戏玩家的操作与互动呈现出来的，也可认定《梦幻西游》在计算机上运行呈现的连续动态画面为类电作品。在权利归属认定上，《梦幻西游》本身涵盖了画面、音频和剧本设计等多种内容，是通过计算机软件来运行的。《梦幻西游》在计算机上运行呈现的画面所形成的类电作品之著作权为原告所享有。在侵权行为的认定上，被告直播平台的用户可以在平台上观看该游戏直播，游戏直播主要显示了该游戏的连续动态画面，还以小窗口的形式在屏幕边缘处显示主播人员，有些直播还以某些特效动画增加直播的趣味性。可见，只要主播在直播中，主播的粉丝就可以在网站或客户端看到

主播电脑上的所有玩游戏的画面，同时这种使用游戏画面的行为没有得到原告的许可的，侵犯了原告的权利。这种使用行为不属于《中华人民共和国著作权法》（以下简称《著作权法》）在2020年第三次修正前列举的权利，但应归入兜底条款中。且这种直播行为不属于合理使用，应属于被告侵犯了原告的著作权，被告应停止对直播游戏画面的侵权行为并赔偿原告2000万元人民币。①

原告以一审判决赔偿数额偏低为由提起上诉。被告则认为当前著作权法并没有对网络游戏直播画面的著作权问题作出界定，《梦幻西游》本身不能作为一个综合体来获得著作权保护，且使用原告游戏画面的行为不符合信息传播权的要求。游戏用户之间为了促进交流或学习技巧而直播该游戏，这种行为应属于著作权法中的合理使用。二审法院在围绕争议焦点的基础上依然从对象、权利归属和侵权行为上予以认定。在网站中非交互式地使用原告游戏作品的画面，信息网络传播权和广播权均不能规制这一侵权行为，但可以归入该兜底条款。针对被告合理使用的抗辩，法院认为从现行著作权法上看，网络游戏直播不属于著作权法关于权利的限制中的任何一种法定列举，被告应承担侵权责任。因此，二审法院驳回了双方上诉请求，维持原判。②

2. 本案争议焦点一——游戏整体画面是否具有作品属性

本案的主要争议焦点问题有三个。焦点一是《梦幻西游》的游戏整体画面是否具有作品属性。原告认为，《梦幻西游》的剧情设计、场景、人物与音乐分别属于不同的艺术作品，可以适用拆分模式保护，并且连续动态画面也构成作品并且属于类电作品。被告辩称，《梦幻西游》游戏画面不构成作品，更不构成类电作品。首先，游戏画面不能在某种具体介质上传播原告的游戏作品，无法满足当时《著作权法》对作品的构成要件要求。其次，虽然原告创作了这款游戏的计算机软件作品，但在后续过程中并没有出现导演、编剧、剧本等，也无统筹安排游戏画面的出现顺序，而需要游戏玩家参与才能形成，与电影的表现形式不一样。且游戏所形成的动态连续画面难以计数，这是原告所不能预设的。因该游戏的连续动态画面具有"交互性"和"不可穷尽性"，故不能被认定为类电作品。

3. 本案争议焦点二——游戏直播行为是否侵犯著作权

本案的争议焦点二是网络游戏直播行为是否侵犯了《梦幻西游》的著作权。原告认为，因其已经在国家版权局登记了《梦幻西游》为计算机软件作品，因此其享有该游戏整体画面的著作财产权；而被告在没有经过其许可的情

---

① 参见广州知识产权法院（2015）粤知法著民初字第16号民事判决书。
② 参见广东省高级人民法院（2018）粤民终137号民事判决书。

况下，组织主播直播该游戏画面，已经侵犯了原告的著作权。被告认为，游戏玩家通过操作形成了游戏动态连续画面，并基于游戏画面进行直播，并没有侵犯原告的著作权。一方面，该游戏是一种 RPG 游戏，其画面不是固定的，每个玩家看到的画面不一定相同。原告在创作之初并不能预设这种画面，也没有参与到画面的形成。另一方面，画面的形成融入了游戏玩家的智力创作，游戏玩家有权向他人展示游戏画面内容。

4. 本案争议焦点三——游戏直播行为是否构成合理使用

本案的争议焦点三是网络游戏直播行为是否构成合理使用。被告主张，游戏主播直播游戏画面的行为不属于侵权，是一种合理使用。直播不是简单地再现游戏画面的情景效果，而是经过游戏主播的创造性劳动，被引用的游戏画面占比较少，是一种新作品。作为一款 RPG 游戏，社区属性是该种游戏的重要属性。玩家的传播行为是借助游戏画面来表现自己对游戏有不同的理解和选择，具有转换性。同时，被告通过游戏直播推动了原告游戏的热度，不仅没有减损原告游戏的市场价值，反而增加了原告的收益。

（二）网络游戏直播的概述

1. 网络游戏直播的内涵

在计算机和互联网技术的浪潮中，网络游戏直播应运而生。网络游戏直播，即以互联网为媒介，向公众即时传播玩家对电子游戏的操作过程与游戏程序的反馈，进而使公众了解玩家策略与游戏进程的行为。[①] 有些专职主播还会在直播时制造一些视觉特效，可以与直播间观众实时互动，为观众介绍游戏，使观众既可以了解游戏的进程和操作，也可以深入了解游戏内容和背景。网络游戏直播具有三个特征：①非交互性。无论是游戏玩家还是专职主播都在一定的时间段内直播，观众只能在特定时间观看直播。②互动性强。直播平台都自带弹幕功能，在直播过程中，游戏主播可以和观众实现不间断交流。这也是游戏直播最具吸引力的地方。③娱乐性强。游戏主播往往都希望直播可以获得更高的流量。因此，主播会通过增强游戏画面观赏性、增加屏幕特效或加上趣味解说，以增加自己直播的流量。

2. 网络游戏整体画面的概念

网络游戏整体画面是游戏玩家在玩游戏过程中呈现的具有美感和特色的视觉效果，也可以叫作游戏的连续动态画面。游戏软件通过游戏引擎将游戏资料

---

① 参见王迁《电子游戏直播的著作权问题研究》，载《电子知识产权》2016 年第 2 期，第 11 页。

库里的素材调用出来后形成的连续动态画面，通常包括了人物、技能、文字、动画和音乐等。而游戏引擎是游戏最原始的框架，拥有一套可以被计算机识别的代码，按设计要求调用游戏资源库的内容。如果我们把游戏引擎理解为骨骼，则可以把游戏资源库理解为皮肉，要形成具有特色和美感的游戏整体画面，二者缺一不可。游戏画面是玩家在操作时呈现在电脑屏幕上的动态且连续的画面，该画面由上述游戏引擎和游戏资源库运行组成。游戏画面展示给公众时大多携带着背景音乐、技能展示或者互动对话等音频和视频的播放。本案中的《梦幻西游》是一款 RPG 游戏，以 2.5 D（人物视角可平面旋转）的游戏视角向公众展现。

3. 游戏整体画面与游戏直播画面的辨析

首先应该准确界定研究对象，因为这是本节讨论著作权问题的前提。游戏画面一般是指在玩家操作下，根据剧情的进程和玩家的不同操作而呈现不同的画面。游戏直播画面一般指通过网络向公众同步实时传播的游戏玩家操作游戏的画面。[①] 我们可以看出，二者并不是相互独立的，而是有紧密联系的，游戏直播画面主要是由游戏玩家实时传播形成的画面。

因为游戏直播画面和游戏画面的素材来源是明显不同的，所以需要区分看待。在认定网络游戏画面是否具有作品性时，针对的应该是玩家操控后呈现出的画面和背景音乐。而当我们认定网络游戏直播画面是否能够成为一个新作品时，可能还需要考虑在直播中增加的因素，如个人解说、个人独特的操作、音乐特效、剧本创作等。

在"梦幻西游案"中，两审法院都是先明确了网络游戏直播的含义，然后在此基础上区分上述两种画面。法院认为，游戏厂商根据自己的思想设计出故事情节、游玩规则及独特风格。法院更是对 RPG 游戏有着新理解，认为在玩家操作下变化中的场景或人物，而且这些变化都在游戏厂商的设计范围内，无论是主线剧情还是支线剧情，玩家最后完成时的整体画面也具有一致性。两审法院首先明确了两种画面的定义，在定义的基础上讨论了网络游戏直播行为的特点，为以后此类案件的认定与判定厘清了基本思路。

（三）游戏整体画面的作品属性

当前，学界对网络游戏直播画面是否为作品也有不同的观点，其中包括了作品肯定说和拆分保护说。作品肯定说的主要观点是主张游戏整体画面可以成

---

① 参见焦和平《网络游戏在线直播画面的作品属性再研究》，载《当代法学》2018 年第 5 期，第 79 页。

为作品，适用于著作权法的视听作品来保护；拆分保护说的主要观点是把游戏按列举的几个作品类型拆分并分别保护，如认为我国著作权法及其实施条例列举了受保护的作品类型。但是，网络游戏并未被明确列入其中，这导致难以将网络游戏作为一个整体进行保护，而只能拆分各元素进行保护。[①] 这种观点在前几年的司法判决中也得到了广泛认可。因此，我们需要先明确游戏整体画面是否构成独立的作品，如构成，我们还应继续讨论其属于何种类型。

1. 作品的构成要件

作品的构成要件是我们必须讨论的一个核心概念。因为只有成了著作权法意义上的"作品"，才能受到《著作权法》的保护。2020 年 11 月修正前，《著作权法》并没有对"作品"进行明确定义，而是通过行政法规的形式来定义；而本次修正后的《著作权法》对"作品"有了明确的界定。根据这个定义可以看出，"作品"的第一个构成要件是其必须是人类的智力成果，并且是文学、艺术和科学领域内的智力成果。在这一点上，本书认为网络游戏满足这个条件，因为其是艺术美感与科学技术融合发展的成果之一。对于一款网络游戏来说，它不仅是一个运行中的计算机软件，还是一个艺术作品的集合体。"作品"的第二个构成要件为"能以一定形式表现"[②]。这一个构成要件主要为了明确"作品"不包括人们内心的思想，并强调这种智力成果需要通过外在形式表达出来，不能停留在人类的内心中。

2. 独创性标准的界定

独创性是著作权法的基石。当今世界主要国家的著作权法乃至国际条约都将其作为作品受著作权法保护的前提条件。所以，"独创性"是构成要件中的核心因素，也是使得学术研究和法律实践过程中对游戏直播画面归属问题看法不同的原因之一。[③]"作品"作为一个大类集合体的代称，是一个抽象而模糊的概念。这是因为对象过于宽泛，人们往往不能抓住其本质，难以提炼出准确的定义。人们就只能通过宽泛的描述来说明一个事物，即要满足"独创性"要求才能成为一件"作品"。

"独"就是指源于本人的独立创作。一般来说，有两种情况可以满足上述的要求：①智力成果由创作者从无到有独立地创作出来，在此之前没有任何成

---

① 参见储翔《网络游戏直播著作权保护困境与出路》，载《中国出版》2016 年第 24 期，第 8 - 11 期。

② 王迁：《〈著作权法〉修改：关键条款的解读与分析（上）》，载《知识产权》2021 年第 1 期，第 21 页。

③ 参见刘铁光《作品独创性判定标准调适的准则及其遵守的路径》，载《苏州大学学报（法学版）》2019 年第 4 期，第 13 - 23 页。

果与之相似；②这不是一种全新的创作，是借用现有作品的灵感或启发，创作出一个全新的作品，并且新作品与原作品的区别是明显的，给予观众们不同的感官感受。对于第二种情况尤其要说明，如果新旧成果之间过于相似，以至于普通人并不能识别这种差别，则不能被视为新作品。这种辨析是很有必要的，可以帮助梳理网络游戏直播中不同画面的基础关系。

"独创性"的第二个层面是"创"，主要是指具有一定水准的智力创造。智力成果需要体现出一定的智力创造性，这样才能够体现出创作者独特的思维，表现出创作者与别人有不一样的地方。这个要求是对质量的要求，要有一定程度的创造性。如果简单且重复的体力劳动或普通人的乱涂乱画也可以作为成果受到保护，那么这样的保护是与著作权法的立法基本宗旨相违背的。同时也要指出，这种对质量的要求与有价值是有区别的，这仅仅是要求智力成果要有最低限度的智力创造。只要创作者有智力创造活动，并体现出创作者与众不同的个性，就可以被认定为符合"创"的要求。

3. 游戏整体画面属于视听作品

2020 年第三次修正的《著作权法》将"电影和以类似摄制电影的方法创作的作品"改为"视听作品"，第十七条将视听作品分为"电影作品、电视剧作品"和"其他视听作品"，对其权利归属也作出了重大调整。① 在视听作品概念没有取代类电作品的时候，人们普遍认为把其归于视听作品更符合视听作品的定义，并且会论证用视听作品取代符合时代发展的需求。但这一种观点是不正确的，它没有从根本上理解以上两种概念。从视听作品的起源上看，视听作品与类电作品应该属于同一范畴。因为各国对类电作品的定义争议较大，在斯德哥尔摩外交会议上，明确了不作任何"固定性"的要求。由此可见，《视听作品国际注册条约》中关于视听作品的范围与《伯尔尼公约》布鲁塞尔文本中的类电作品是一致的。从国际条约也可看到，视听作品和类电作品是可以互换的同义语。2020 年第三次修正《著作权法》关于"视听作品"的修改并不属于实质性修改，而只是改变了此类作品的名称，并没有扩大作品的范围。②

以当时的视角看，"梦幻西游案"的一、二审法院把游戏整体画面确定为类电作品引起了很大的争议，许多人都提出了反对意见，认为法院不恰当地扩

---

① 参见王迁《〈著作权法〉修改：关键条款的解读与分析（下）》，载《知识产权》2021 年第 2 期，第 18 - 32 页。

② 参见王迁《论视听作品的范围及权利归属》，载《中外法学》2021 年第 3 期，第 664 - 683 页。

大解释了这个条款。引起这个争议的主要原因是，当时我国的行政法规要求作品必须固定在某种形式上，即可以通过固定的形式来向大众传播。这是一个极为明确的定义，也就是之前广泛讨论的"固定性"要求。这样的定义无疑将这类型作品限定于传统电影电视作品，从而排斥了信息时代中通过网络产生的动态连续画面。2020 年《著作权法》第三次修正后，其对作品的定义似乎已经完整解决了本节提到的第一个争议焦点，唯一不确定的是未来相关行政法规在修改时是否会删除"可固定性"这一要求。游戏整体画面作为多种艺术作品的集合体，毫无疑问可以成为著作权法意义上的作品，受到法律的保护。所以，本书认可"梦幻西游案"中两审法院对游戏整体画面是类电作品的认定。根据上述论证，类电作品与视听作品是两个可以互换的同义语，那么，游戏整体画面也理所应当地属于视听作品。在明确了其所属类型以后，本节接下来会对第二个焦点问题展开研究。

二、游戏直播行为的合理使用分析

（一）游戏整体画面的权利归属

1. 保护对象的认定

通过梳理发现，网络游戏直播著作权纠纷案件中常会混淆保护对象，被告通常以坑家或主播的直播画面添附了创造性劳动成果，因而可以构成新作品来抗辩。首先应当明确的逻辑是，此类案件中如"梦幻西游案"原告请求保护的是关于《梦幻西游》画面的权利，我们判定被告引用其画面的行为是否侵犯了原告的权利，应当审查传播的画面是否全部或部分包含了原告画面的内容，是否构成对原告画面的复现。至于游戏直播本身在原告画面之上添附了主播的创造性劳动是否构成新的作品，并不会影响案件中侵权的认定。如果游戏直播包括了主播的创造性劳动，其权属应归属于游戏主播的权利主张，与此类案件中游戏直播是否侵权的认定并无必然联系，将不会影响侵权的认定。

2. 游戏玩家的定位

游戏厂商是一款网络游戏的开发者；玩家是操作游戏的普通民众，游戏玩家的操作对于游戏的进程有着重大影响。游戏动态画面通过玩家操作然后在计算机终端屏幕上显示出来，这说明呈现的动态游戏画面在一定意义上融入了游戏玩家的智慧与贡献。[1] 因为每一个人对剧情推进都有着不同的理解和选择，

---

[1] 参见祝建军《网络游戏直播的著作权问题研究》，载《知识产权》2017 年第 1 期，第 25 –31 页。

因选择的任务或技能不同，最后呈现的游戏画面也不会完全相同。网络游戏画面是游戏玩家以游戏作品为工具而创作出来的作品，游戏厂商对游戏画面并没有相应的著作权，也不能向法院主张权利保护。不过，在本案中，两审法院都否定了这种玩家参与是一种创作行为的说法。本书认为，两审法院的认定是正确的，但还可以从不同方面去论述，以更好地反驳上述观点。

（1）《梦幻西游》虽然是一款 RPG 游戏，有着丰富的社交系统和搭配系统，但归根到底还是剧情类游戏的衍生品。玩家玩游戏主要是为了完成各种各样的任务，推进剧情发展，以此获得满足感。从这样的行为看，玩家把自己定位于游戏参与者，而并没有创作的目的。虽然在《著作权法》上并没有把是否有创作目的作为取得著作权的条件，但也可以从侧面进行考虑。同时，在游戏里，整体画面无论有怎样的呈现序列，所有游戏画面都是游戏厂商预先编排的，只要触发了画面特定机制，游戏里表现的视听感受便都无差异。一种劳动过程要产生作品，该过程必须给劳动者产生足够的智力创造空间和个性发挥余地，否则由此获得的结果，不可能符合独创性的要求。[①]

（2）如果因为操作而使普通民众获得了游戏画面的权利，那就意味着某一段连续动态画面将属于某个玩家。虽然，游戏厂商在设计之初就创设了不计其数的场景，但由于游戏剧本和任务主线相同，总有一定数量玩家最后呈现出来的连续动态画面是完全一致或者是高度相似的。如果把游戏整体画面的权利给予玩家，那是否意味着只要第一个游戏玩家操作出这个片段，就直接排除了后续玩家继续经历这段画面的权利？如果后续玩家想继续玩游戏经历这个画面，就必须经过之前玩家的权利许可？这对于一个以剧情主线任务为主的 RPG 游戏是非常不合理的，巨额资金的消耗不可能只为少数玩家提供专门服务。因此，两审法院都否定玩家参与是一种创作行为是正确的认定。

3. 游戏整体画面的权利归属

我国 2020 年修正的《著作权法》明确规定了视听作品分类及其权利归属问题。关于权利归属，相关权利必须按照双方合同约定进行权利归属分配。双方之间没有合同或者合同分配约定不明确的，则由生产者享有全部权利。这次修正后的《著作权法》关于视听作品的规定似乎已经完全可以解决游戏整体画面的权利归属问题。经上述讨论可知，游戏整体画面属于游戏厂商，对此已经没有什么可争论的。那么还有一个问题是游戏玩家的贡献该如何定性。对于一些竞技类游戏，游戏玩家可创造性较弱，做出华丽操作的根本目的还是为了

---

① 参见王迁、袁锋《论网络游戏整体画面的作品定性》，载《中国版权》2016 年第 4 期，第 19 - 24 页。

赢得比赛。游戏玩家的技术是在展现游戏程序本身设定好的场景,游戏比赛仅仅通过玩家的操作使游戏中的场景活灵活现地表现出来。[①] 因此,可以排除这类游戏玩家对于游戏画面著作权法上的权利。但对于 RPG 类游戏,甚至是沙盒类游戏,完全排除游戏玩家对于游戏画面著作权法上的权利似乎是不太合理的。如《梦幻西游》里有丰富的装扮界面、家园装饰界面。玩家可以通过游戏提供的一些素材自由创作出丰富的画面,展现自己独特的艺术个性。而沙盒类游戏并没有胜负判定机制,游戏玩家在游戏内的自由度非常高,可以设计出具有美学外观的画面。

本书认为,两审法院对该游戏整体画面权利归属的认定是非常正确的,在2020 年修正的《著作权法》实施以后也使得这样的认定更有说服力。但还有上述两个问题需要我们继续研究,这或许可以通过"转换性使用"来解决玩家使用游戏画面的问题,下文将会有论述。

(二) 游戏直播行为的侵权问题

1. 著作权侵权的构成

"梦幻西游案"被告引发侵权的底层逻辑是主播引用的游戏画面是否侵害游戏厂商的著作权。如果平台的主播引用的游戏画面侵害了原告的权利,则直播平台也必然构成著作权侵权,原告有权向平台的主播和被告主张侵权责任;如果平台的主播引用的游戏画面没有侵害原告的权利,则直播平台也不会因此构成侵权,而原告无权向被告和平台的主播主张侵权责任。所以,我们应该将主播和直播平台的行为分开讨论。

(1) 直接侵权的构成。侵犯著作权的行为一般分为两种情况,这种区分的依据是著作权法中的核心概念——专有权利。根据王迁教授在其专著中的观点,只要一个行为落入了专有权利的控制范围就有可能构成直接侵权;而间接侵权则是另外一个概念,是没有直接实施专有权利控制范围内的行为,而与实施专有权利控制范围内的行为有关。[②] 直接侵权的概念与著作权权利内容是密切相关的。著作权的权利内容是由数项可以获得经济利益的专有权利组成,每一项专有权利都是可以用特定方式利用作品的行为。

(2) 间接侵权的构成。间接侵权这个概念直到互联网时代才越来越受到人们的重视,因为在著作权保护体系的发展早期,没有对应的技术手段来实施

---

① 参见王丽娜《网络游戏直播画面是否构成作品之辨析——兼评耀宇诉斗鱼案一审判决》,载《中国版权》2016 年第 2 期,第 46 – 49 页。

② 参见王迁《著作权法》,中国人民大学出版社 2015 年版,第 140 页。

间接侵权，只有本人有特殊机器设备才可以实施侵权行为。如用印刷机器大量印刷未经授权的图书，对这种直接侵权，只要通过追究直接侵权者的责任，就可以获得充分救济。网络环境下的著作权侵权行为和责任分配问题，是由《民法典》侵权责任编与《著作权法》共同规定的。我国《著作权法》虽未直接规定间接侵权，但在《民法典》侵权责任编的第一千一百六十九条规定了"教唆、帮助他人实施侵权行为的，应当与行为人承担连带责任"。在网络环境中发生的任何直接侵权行为都离不开网络服务商提供的服务器支持，也就是说，如果网络服务提供者以外的第三人使用了其网络服务进行直接侵权活动，如未经许可在其网站上转载他人小说供民众下载，网络服务提供者需作为间接侵权人与直接侵权人承担连带责任。

在网络服务提供者没有主观过错，也不知道他人侵权行为存在的情况下，其行为并不会构成间接侵权。这是因为网络服务提供者并没有不间断审查其网站内容的义务。一个大型网站上每天都会产生不计其数的数据，即使运营商主动采取了防范措施，由于数据的巨量性和流动性，也很难从海量信息中发现侵权信息。因此，如果直接赋予网络服务提供者审查每一项数据的义务，会极大地增加其运营成本，阻碍信息快速流动，与促进互联网技术发展的宗旨相违背。

2. 游戏直播行为侵犯的专有权利类型

从上文的论述我们可以发现，"梦幻西游案"中认定被告是否存在间接侵权的行为，关键在于在被告直播平台上直播《梦幻西游》的游戏直播是否存在直接侵权行为。广东省高级人民法院认为被告侵犯了规定的"其他侵犯著作权的行为"。对于这个认定有人提出了不同的意见，认为不应该随意适用这个兜底条款来规制新出现的行为，这不利于新事物的发展。直播是通过直播平台对画面进行实时传播，虽然主播的粉丝可以在指定的时间和指定的网站观看直播，但不是以无线方式而是通过网络有线的方式来传输直播画面，即该行为不属于广播权调整的范围。由于每一个游戏主播的直播时间都是不固定的，不能让观众在任意时间点观看到直播，因此，该行为也不涉及信息网络传播权。

那么，为什么原告的权利还可以通过"其他侵犯著作权的行为"来保护？因为著作权法中的著作权财产权可以以不改变作品的有形介质的所有权或占有的模式向公众传播作品，也就是传播权。大部分国家在立法时不会专门设立传播权的专有权利，将所有的方式都纳入其规制范围，这会给在司法实践中保护著作权人权利带来极大的不便。

我国《著作权法》就把传播权拆分为5个专有权利并对其定义。从5个专有权利的定义我们可以发现，并没有适用游戏直播这种需要在指定时间和指定网站才能看到的方式。而根据我国加入的《世界知识产权组织版权条约》（*The World Intellectual Property Organization Copyright Treaty*，WCT），权利人应当有可以向所有公众传播自己作品的权利，而且这项权利不仅应包含当前的传播技术，还应囊括未来发展起来的传播技术，例如，游戏直播这种非交互式传播行为也应纳入其中。而且《伯尔尼公约》和《世界知识产权组织版权条约》的缔约方都必须遵循这两个条约有关保护传播权的要求，各国著作权法对传播权的不同分类标准和分类结果并不意味着对传播权的保护水平有所差异。[1]"梦幻西游案"的二审法院之所以适用兜底权利来进行保护原告的权利，是因为我国当时的《著作权法》中尚未明确规定这一专有权利，法院的做法是符合相关国际条约和我国法律的，不存在随意扩大解释兜底条款的情况。我国《著作权法》所设定的"应当由著作权人享有的其他权利"这一兜底权利法律条款，本身具有开放性和包容性，能够适应司法适用的不同场景，可以规制网络直播行为。[2]

《著作权法》的第三次修正，对广播权的定义也进行了修改。对广播权这一定义的修改很可能是立法者认为原有几项传播权不足以满足 WCT 中向公众传播权利的要求，希望通过修改广播权定义将没有互动交流的远距离传播作品的行为统一纳入这个权利中，以解决网络直播等新型传播方式长期不能明确受到《著作权法》规定的专有权利保护的情况。这一修改解决了人民法院为了保护合法权利在判决时只能使用兜底条款的情况。自《著作权法》2020 年第三次修正并正式实施后，人民法院可直接适用广播权对画面是否侵权进行判决。这次法律修改回应了立法和司法的关切，衔接了著作权的相关法律制度，是我国知识产权领域治理体系和治理能力现代化建设的重要体现。

（三）现行法对游戏直播行为合理使用的判定

1. 合理使用的概述

一般认为是美国的"马什案"率先提出了著作权"合理使用"的概念，后来经研究发展，在 1976 年将合理使用制度法典化。[3] 设计合理使用制度的最初目的是解决如何利用以前作品的问题，因为作品的创新不可能凭空而来，大部分作品是基于原有作品的创新。各国根据《伯尼尔公约》均对著作权的限

---

① 参见王迁《著作权法中传播权的体系》，载《法学研究》2021 年第 2 期，第 55-75 页。

② 参见蒋华胜《网络游戏直播画面的著作权侵权判定研究》，载《法律适用》2021 年第 6 期，第 124-135 页。

③ Neil Weinstock Netanel，"Making Sense of Fair Use，" *Lewis & Clark Law Review*，2011，15（3），p. 719.

制和例外作出了规定，但各国对这种限制的名称和使用体系有很大的差别。美国《版权法》称这种限制为合理使用，但此法并没有像中国《著作权法》一样对合理使用的情形进行列举，而是为法官在审理是否满足合理使用类案件时提供了4个应该考虑的因素，也就是我们通常所说的"四要素法"。法官可以通过使用作品的用法、被使用部分的数量和重要性以及对作品价值的影响来判断他人实施了一种侵犯专有权利的行为是否构成合理使用。

2. "三步检验法"的判定

我国通过条款把符合合理使用的情形全面地列举出来。2020年第三次修正的《著作权法》对权利限制进行了相当程度的调整。一方面，明确纳入"三步检验标准"，并允许通过法律和法规的规定增加权利限制的类型；另一方面，对具体的权利限制规定进行了变更。① 所谓"三步检验标准"依据《伯尼尔公约》的约定，该公约没有对法律制度的构建作出具体要求，只是提出了原则性规定，允许成员国通过自由立法对著作权作出限制。但这样的条款规定不能随意适用，只适用于没有侵害原作品的使用价值，并且新作品在共同使用市场中和原作品不相冲突的情形。这就是著作权的"三步检验法"。根据该公约的条款规定，缔约国在某些没有侵害原作品的使用价值，并且新作品在共同使用市场中和原作品不相冲突的特殊情形下，可以把该特殊情形认定为合法的情形。也就是说，要想实施一项侵犯专有权利的行为而无须经原权利人同意并不用支付对价，要满足的条件不是符合各个国家著作权法的限制条款，而是通过"三步检验法"的检验。我国参与了《伯尼尔公约》的签订，理所应当地也应该设立这样的条款。

本次《著作权法》的修正直接使用了"三步检验法"的后两步，由此可以看出，我国的合理使用制度在司法实际认定应是分为两个部分进行。我国《著作权法》第二十四条列举的13项合理使用类型和其第二十四条第一款规定的两个判定标准分别对应"三步检验法"中的三个认定要件。② 要对一个作品完成合理使用的认定，首先看该作品是否满足13项明文列举的合理使用的情形，因为这是我国著作权合理使用的司法认定的范围。在社会变化日新月异的情况下，合理使用需要得到准确的界定，而明文列举的13项合理使用的行为本身在条款表述上也存在外延较为模糊的情况。因此，《著作权法》第二十

① 参见王迁《〈著作权法〉修改：关键条款的解读与分析（上）》，载《知识产权》2021年第1期，第20－35页。

② 参见熊琦《著作权合理使用司法认定标准释疑》，载《法学》2018年第1期，第182－192页。

四条第一款所涉及的两个判定标准，其存在的目的是限制 13 项行为的扩大解释，防止法院脱离明文规定，为新传播技术下的传播行为造法。网络游戏直播行为能否满足合理使用制度，需要先认定这种直播行为是否属于 13 项明文列举的行为之一，然后再判断直播行为是否影响了原网络游戏的推广销售，以及直播行为是否在使用市场里使原有网络游戏的价值被减损。本节下文将梳理这 13 项明文列举的情形，研究网络游戏直播行为是否属于其中之一。

3. 游戏直播行为不属于法定列举情形

通过梳理相关案件可以发现，被告利用合理使用进行抗辩时，一般都会引用"为个人学习、研究或欣赏"和"适当引用"对应的两个条款。

本书认为，游戏直播不属于"为个人学习、研究或者欣赏"的情形。因为个人需求一般是满足个人观看需求，而网络游戏直播行为具有很明显的吸引流量、推广自身的目的。更何况直播平台是一个营利性的公司，以营利为目的；部分游戏玩家也是以直播为专职职业。以公司营利或获得个人职业收入为目的，向普通的社会公众传播画面，这样的使用很明显超出了上述规定的范围。再者，虽然没有明确的法律条文规定此行为不能带有营利性目的，但因为个人使用往往不带有营利性目的，所以在行为性质上似乎也不满足。因此，网络游戏直播行为难以构成为个人学习、研究或者欣赏的作品。

"适当引用"条款，是指为了介绍、评论某一作品或者说明某一问题，在自己的作品里适当引用他人已经发布的作品，比如，为了介绍一部电影而使用了几张电影图片。之所以设置适当引用这种情形，是因为很多时候引用他人作品片段不是为了剽窃抄袭，而是想通过这些片段说明自己的观点或推广作品。《著作权法》在此条款中把两种情况并列，我们在实际运用中要区分这两种情况。一种是，引用已发表作品是为了评论已发表作品本身。如一个游戏视频为了介绍不同游戏的区别，引用了这些游戏的部分片段，这就是介绍、评论某一作品。另一种是，引用作品是为了说明其他问题。如在介绍网络游戏发展历史的时候，为了让观众获得更好的视觉体验而引用了大量的游戏片段，这就是为了说明其他问题而引用作品。该法律条文的设置主要是为了将引用者的引用目的限于上面所述三个目的，而不是直接地向观众展示原作品本身，使得新创作的作品影响了原作品的销售数量，减损了原作品的市场价值。同时，我们要注意到适当引用中的"适当"，即大幅度使用原有片段是不被法律认可的。创作者在创作作品的过程中引用的片段必须是合理且必需的，不能超过必要的长度，不允许全部或者主要由他人作品代替自己的作品。将他人的各种视频内容加以拼接、裁剪的行为并不属于本条款所说的适当引用。

根据《著作权法》的规定，如游戏直播行为不能通过"三步检验法"的第一步，则无须研究该行为是否满足《著作权法》第二十四条第一款的规定，可以直接认定网络游戏直播行为不能满足法律规定。根据前文所述，游戏直播行为就是侵犯著作权人专有权利的侵权行为，在不存在特定的法定免责事由的情况下，就可以确定网络游戏直播行为是一种侵权行为。

因此，"梦幻西游案"的两审法院认定的结果是正确的，被告应承担侵权责任，应依法承担停止侵害、赔偿损失等侵权责任。

（四）当前我国合理使用制度之不足

1. 对合理使用的判定存在问题

从前文分析我们可以看到，游戏厂商对游戏画面有绝对的控制权。著作权人的私有权与公众使用作品自由的边界是著作权法体系设立以来就存在的问题。著作权法本身便需要随着传播途径的发展而变化，其特点放大了法律的滞后性问题。相比于国外的原则性规定，我国的合理使用制度在法律实践中的实操性更强，但也存在着内涵和外延不够丰富、适用范围窄的问题，这样会难以及时适应新传播技术的出现。与此同时，如果不调整公众使用作品自由的边界，使得对著作权的保护过度，反而会影响创作的借鉴与创新，这和著作权法给予著作权人一定垄断地位的立法初衷相悖。

合理使用制度保护了一些侵犯专有权利的行为，这似乎并不符合鼓励创作的目的。但设计该制度的目的就是鼓励创作，使权利人让渡部分权利。因为如果权利人享有不可侵犯的权利，将不利于推动整个文化产业发展，也不利于整个社会的信息需求和创新需求。因此，若他人的新作品没有侵害原作品的使用价值，并且新作品在共同使用市场中和原作品不相冲突，则可以满足合理使用规定，从而保障整个社会的信息需求和推动创新需求。我国当前的合理使用条文里虽有法律、行政法规规定的其他情形，但若按前文所述，网络游戏直播行为并不满足规定。由于缺乏对此类案件的具体适用条文，法官在法律实践中没有具体的适用标准。针对这类著作权案件，法官往往只能通过寻找其他法律来实现案件的实质正义，如引入《中华人民共和国反垄断法》的相关规定。这样不仅不利于我们深化对著作权法律知识的认识，还会在社会上引起巨大争议。长此以往，著作权法的保护边界会越来越模糊，使我国的司法公信力遭到损害。网络游戏直播是一种新兴产业模式。在这种模式里，部分游戏玩家要在经济上付出一定成本购买游戏，以获得进入游戏游玩的权限。而这仅仅是游戏入门权限，游戏玩家还要付出劳动才能收获最终劳动成果，形成基于自己操作的游戏直播画面。游戏厂商制作游戏的主要目的是通过销售游戏而获得利润，游戏画面的利用并不属于其主要利润范围。著作权的合理使用制度简单地认为网络游戏直播的引用不属于合理使用范围，这存在一定的不合理性。

2. 扩张合理使用边界的必要性

社会在不断变革发展，为信息交流而生的传播技术也随着社会需求的扩大而不断进步，传播方式的改变使得公众可以在更多方面进行作品创作，但这样的创作也使得我们原有的著作权法律体系受到一定挑战。这需要我们不断更新自己的思想，推动著作权法律体系跟上时代的步伐。法律赋予著作权人在网络环境下传播作品的专有权利——信息网络传播权，这是对著作权权能的扩充，是对著作权人权利的强化。相比之下，其合理使用的范围缩小了。① 同时，新技术加持下的保护措施使网络作品获得了更为全面的保护，权利人通过对作品的使用权限和传播进行各种手段限定，比如，通过人工智能智能寻找、网络动态密匙等方式来阻止。又如，在互联网和直播平台的加持下，游戏玩家直播网络游戏的做法越来越火爆，其独特的交流性观看模式具有很大的吸引力。如果可以通过合理使用制度使这类模式合法化，不但有利于原本游戏的宣传和销售，增加游戏厂商的利润收入，还可以推动作品的再创新，以满足当前社会多元化的需求。它是一种文化再生产的传承活动，可以丰富内容创作和促进文化繁荣，为互联网文化创新孕育机会、注入活力。② 另外，《著作权法》的立法目的不仅仅是保护作者个人的利益，也要保证公众对作品的合理使用，以促进文化、科学等社会公共利益的实现。著作权实际上是一种由法律确立的相对的垄断权，从鼓励创作的角度来说，应当大力保护网络版权；而从平衡社会公共利益、防止权利人通过著作权控制作品传播的角度来说，应当对著作权予以一定程度的限制。③

三、合理使用制度的域外经验

（一）比较法视野下合理使用制度的判定

1. "四要素法"判断标准与使用

美国著作权法体系对著作权的权利限制一般被称为"四要素法"，这个理论包含了对四个方面的认定。即在法律实践中，通过判定这四个方面来认定是

---

① 参见李建华、王国柱《网络环境下著作权默示许可与合理使用的制度比较与功能区分》，载《政治与法律》2013 年第 11 期，第 12－24 页。

② 参见袁真富《用户创造内容（UGC）的著作权合理使用问题研究——兼论〈中华人民共和国著作权法修正案（草案二次审议稿）〉合理使用制度的完善》，载《科技与出版》2020 年第 10 期，第 5－13 页。

③ 参见丛立先《网络版权问题研究》，武汉大学出版社 2007 年版，第 114 页。

否满足著作权的权利限制，但美国《版权法》第 107 条中并没有任何关于核心标准以及适用顺序的规定。

"使用的目的和方式"是第一条判断标准，是在司法实践中判断能否满足著作权的权利限制首先要考虑的因素，其内容包括该使用具有营利性目的，还是为了非营利性的教学或科研。关于对营利性目的的判断，目前美国版权法并没有对营利性作出明确定义，因而有观点认为存在不同的认定标准。有学者认为，营利性的含义是出于个人营利的目的引用了现有作品，这是狭义上的营利性目的。也有学者认为，所谓营利性是指任何以及所有非个人性引用现有作品，这是广义上的营利性目的。在很长时间内合理使用的认定关键就是不满足"营利性"目的，这意味着其是"四要素法"中最重要的认定标准，凡是以营利为目的的即可以直接推定其属于侵犯他人著作权。在"梦幻西游案"被告无法提出反证的情况下，其具有营利性目的，应被直接排除出合理使用的范围。

"作品的性质"是第二个判断标准。人们往往会忽视这条标准，因为在司法实践中区分不同类型作品既有难度也有争议。由于该标准主要是为了区分不同类型的作品，以便使不同类型作品得到不同程度的保护。在司法实践中去区分不同类型的作品，以此来辅助认定使用者是否构成合理使用。这一观点主要是实现著作权法的目的，通过给予著作权人一定程度的垄断保护，以激励作品的创作，法律应该给予创意作品更多的保护。

"使用作品的程度"是第三个也是很重要的判断标准。所谓程度，就是要求法官评估新作品使用片段大小以及片段的重要性。这一判断标准的实践适用不仅要考量原作品在新作品中所占比例，还要评估被使用片段对于原作品的重要性。一般来说，引用原作品的片段或者涉及独创性的部分越多，理所应当地更有可能是剽窃或抄袭原权利人作品，其构成合理使用的可能性更小。这条认定在"四要素法"中起着重要作用，因为其既可以辅助判断使用人使用的目的，又可以帮助认定是否减损了对原作品的价值。如果新作品使用了原作品的独创性部分，一般就会影响到原作品的使用。

"对被使用作品的市场影响"是第四个判断标准。该判断标准长期以来被作为"四要素法"最重要的判断标准。一旦引用行为破坏了原作品的市场，毫无疑问地会损害著作权人的权益，影响后续创作者的热情，那么该行为就不能被认定为合理使用。这与著作权法的立法目的相违背。该标准要求法官不仅要审查使用行为对原作品的市场价值造成多少损失，还要考量新作品在后续推广过程中是否会对原作品的潜在市场造成实质性损害。"影响"这一用词意味着法官对使用的行为后果的审查应当不限于消极的影响，而应包括所有的影响。这一观点的问题在于任何使用行为必然会对原作品的市场造成影响，只是影响的程度不同而已，那么就似乎不应该存在合理使用这个概念。

在"转换性使用"被引入司法实践之前，主流意见认为第四个标准在合理使用的判断中处于核心地位。合理使用是法律允许使用者偏离市场机制的一种标签，只有在交易成本过高，也即市场失灵的情况下，使用者才能以合理使用作为抗辩理由。[①] 可见，对合理使用的判断基础就是新创作中的使用是否会对原作品市场造成实质性损害，在实践中也一直沿用这样的观点。随着"转换性使用"理论在合理使用判断中被广泛使用，营利性标准在第一个判断标准中的重要性日渐削弱。在后续判例中，即使被告未经许可便使用新作品并从中获利，也可以被认定构成合理使用。相较于第四个标准而言，"转换性使用"理论所包含的法理更适合在信息化时代下平衡权利人和公共利益之间的关系，也更能发挥合理使用原本的限制目的，这使得第四个标准在判断中的权重逐渐降低。

2. "转换性使用"理论的引入

"转换性使用"理论起源于美国。该理论的核心思想认为，若要满足转换性，新作品必须带给观众们不一样的感官感受，也就是普通公众可以感受到新作品完全不同于原作品，从不同角度或有新的内容。这样的情况下，合理使用就可以把这种行为囊括进去，因为其促进了社会文化的创新发展。这一理论在美国学术界经历了很长时间的讨论，直到1994年的"坎贝尔案"，美国联邦最高法院才在判决书中第一次引用了此理论，将一个谐仿他人音乐作品的行为视为合理使用。其指出，如果二次使用作品的行为是为了使原作品有不一样的表达效果，那么其应被视为已经转换了原作品的使用目的或方式，即其应被视为满足了"四要素法"第一个标准。

美国联邦最高法院之所以在案中引入了该理论，其目的是改变当时法律实践中法院适用合理使用判断时过于守旧的情况。不像我国的法定列举模式，"四要素法"作为一个原则性规定，其适用范围非常广泛，但也导致其适用时候法官的个人主观因素非常强。该理论还有一定局限性，如使用的性质和目的将会起决定性作用，法官将会严格审查其是否以收益为目的，一旦确认有此目的，将会排除其合理使用的认定。可以发现，这种原则性规定并非合理使用制度适应社会发展变化的可靠手段，因为过于不具体的四个判定方法和首先应检验非营利性目的使法官在争议较大的案件中仍然倾向于认定其为侵权。原则性

---

① 参见袁锋《论新技术环境下"转换性使用"理论的发展》，载《知识产权》2017年第8期，第42—57页。

规定在司法实践中表现出来的结果不是十分完美。

在"坎贝尔案"后，"转换性使用"理论在司法实践中得到进一步运用，其对最后结果的认定逐渐超出了第一个判断标准的限制，而整体运用"四要素法"发挥了更为根本性的作用。即只要一个引用行为符合了转换性使用，展现了新的表达就可以被认定为合理使用。从21世纪起，这样的"转换性使用"认定标准在合理使用案件中兴起，此时法官不再考虑新创作者的使用目的和方式，而是将行为是否具有"转换性"作为优先考虑的条件。内塔内尔教授的统计数据显示，2006年至2010年美国的法院审查过的第二作品转换性使用的比例为95.83%，十年前这一比例为70.45%；美国的法院认定第二作品构成转换性使用的被告全部获胜，十年前被告获胜比例为88.89%。[1]

引入转换性使用的意义，体现于对判定要件价值取向和解释重点的重塑。[2] 转换性使用不再以"营利性和商业性"为依据排除合理使用，而是以转换性作为首要判断标准，将判定的重点从使用者的创作目的和性质转变为一般理性人对作品改变的感知。主流观点认为，如果创作者的引用行为具有营利性和商业性，则难以认定该创作行为为合理使用。对比发现，转换性使用作为首要判定标准，重点是从一般理性人的感受角度看待是否在表现形式上有重大创新并可以带给我们不同的体验。这个创造性变化带给我们不同的感官体验，就可以被认定为通过"四要素法"第一步认定。同时，该观点也创造性地提出，转换性使用认定不应拘泥于计算原作品在新作品中所占的比例。

3. "转换性使用"的引入目的

（1）实现版权法激励创造的目标。版权法制度里的"激励创造论"也叫"功利主义版权观"，是一种功利主义财产权学说的具体化。功利主义财产权学说最早源于休谟和边沁的论述。休谟认为，私人所有权及其规则是为了个人的私利，同时自然也有利于公共福利，而边沁则在否认存在自然权利观时指出财产权完全是法律的人为创设。[3] 也就是说，设立财产权的目的不仅是保护私人的利益，这种权利还可以有利于公共价值的实现。这种学说的论述也集中反映在版权法的激励创造论中。激励创造论认为，设立版权制度是因为要通过法律激励民众的创新积极性，从而推动整个社会知识总量的积累，并且认为如果

---

① Neil Weinstock Netanel, "Making Sense of Fair Use," *Lewis & Clark Law Review*, 2011, 15 (3), p. 755.

② 参见熊琦《著作权转换性使用的本土法释义》，载《法学家》2019年第2期，第124-134、195页。

③ 转引自崔国斌《知识产权法官造法批判》，载《中国法学》2006年第1期，第150页。

没有经济上的奖励就会出现创造积极性的不足。同时，这种理论也注重实现公益目标，并认为版权制度应该服务于一定的公共利益，而不是为了服务版权本身。激励的途径主要是经济上的奖励，所以这种理论也和法律经济学相结合，利用法律经济学的成本收益分析方法可以很好地为在实践中使用版权制度提供具体的方法。把知识产权中所有的权利保护和权利限制的问题转化为可以用于实证分析的公式，也就是分析采取权利保护和限制传播分别有什么收益和代价。美国的版权制度从一开始就确立了要有公共利益属性的目标，其在美国的第一部宪法的版权和专利条款中明确表述了要"为了促进科学和实用技术的发展"，并且以宪法为基础制定了美国的第一部版权法。

正是因为美国版权制度一开始就确立了激励创造论的立场，所以才在实际判例中不断完善合理使用的范围，并最终引入"转换性使用"这一概念。在《论合理使用的判断标准》一文中，Leval法官对合理使用与功利主义之间的关系进行了更为深入的论述。该文首先从版权的目标着手，认为无论是版权制度的发展史还是美国宪法的立场，都表明版权法"被设计为因丰富公众的知识而激励艺术上的创作与进步"[1]。从Leval法官的论述也可以看出，在实践中要判断合理使用成立与否，就看使用行为是否可以在保护经济、激励创造积极性的前提下很好地服务于公共利益。"坎贝尔案"的判决书就使用了这个观点，强调在运用合理使用时应该时刻记住版权制度的目标，强调版权的过度保护有碍功利主义目标的实现，并因此首次在判例中引入了"转换性使用"标准。其核心思想就是认为若要满足转换性，新作品必须带给观众们不一样的感官感受，也就是普通公众可以感受到新作品是完全不同于原作品的，从不同角度或是有新的内容，这样合理使用就可以把这种行为包括进去。这种类型的行为都拥有共同的作用，其价值已经超越了原作品，为群众提供了更多的利益，提供了更多的知识创造。可以看出，将"转换性使用"引入合理使用判断标准的根本理由是基于有利于版权激励创造目标的判断。

（2）实现现代化信息传播的需要。首先，根据前述美国宪法的版权和专利条款可以看出，美国版权法的目标是"促进科学和实用技术的发展"，换句话说就是通过版权制度促进整个社会知识总量的增加。当使用者采用批评、评论等方式去评价一部已经发表的作品，可以丰富我们看作品的角度，满足现代化信息传播的需要，也就是使我们整个社会的知识总量增加，还可以让更多人对这部作品增进了解。其次，我们当前正处于信息化时代，知识传播的方式比

---

① 转引自李钢《"转换性使用"研究——以著作权合理使用判断的司法实践为基础》（博士学位论文），中南财经政法大学法学院2017年，第17页。

以往任何一个时代都要多。在新技术应用与版权发生冲突的案例中，是否认定其构成合理使用对技术发展的影响日益明显。正因为此，"转换性使用"理论被引入，一方面该理论蕴含着促进科学发展的价值目标，另一方面该理论适应了在不同的情形下避免技术在发展与推广中的版权风险，满足了现代化信息传播的需要。在"坎贝尔案"的判决文书中，法官也指出了"转换性使用"理论是直接服务于版权法的这个目标的。又如，在2013年的"谷歌图书馆案"中，法官认为谷歌挖掘了基于原作品的深层数据，为普通用户学习知识提供了极大的便利，推动了信息传播和传播技术的发展，实现了版权制度的目标，因此认为该使用行为属于合理使用。

（二）"转换性使用"的应用与启示

1. "转换性使用"在网络游戏直播的判定

在"转换性使用"的实践中，如何采用最为理性的感受来确定使用行为具有转换性，这是"转换性使用"判断中最具争议的地方。尤其是因为网络游戏直播先天具有专业性强和模式新颖的特点，部分法官不具备这方面的专业知识，用自己不客观的视角对作品做出评价。事实上，在"坎贝尔案"中，法官明确指出戏仿作品的滑稽特征必须可以被理性感受，也就是应用一种理性的视角来感受转换性使用。这明确表明了对转换性的判断不取决于法官，也不取决于使用者，而取决于一般理性公众。

所谓"一般理性公众"是基于现实的一种设想，用这种设想的标准代替实际生活中公众的观点。因为在实际生活中，要获取每一个公众对涉案作品的感官感受既不可能，也不现实，否则法院判案就会陷入无穷无尽的调查。同时，不管是哪一个类型的作品都有自己的爱好者群体，如因某个游戏而形成的爱好者社区等。所以，这里的一般理性公众还应是指某类型作品的所有理性爱好者，并非指社会上所有公众。即仅指喜欢这类型作品的爱好者，他们对爱好的作品有较为深刻的理解，对于新作品转化程度的敏感性也较高。这是因为合理使用的一大目的是平衡公共利益与私人权利，如果以不熟悉作品的普通公众的标准来衡量，容易偏向于原作品人，从而限制作品的传播。

具体到网络游戏直播行为，直播原本的目的并非为展示游戏包含的剧情设计与表达。在直播行业未广泛推广前，游戏玩家进行直播主要是为了分享自己玩游戏过程的心得体会，与部分观众形成爱好者社区，以及分享玩这个游戏的攻略。最初玩家进行游戏直播的重要原因，就是形成一个固定的爱好者社区，与社区内观众在游戏中组成队伍，一起研究游戏中未探索的新内容和刷怪升级。而无论是为了形成爱好者社区、探索游戏内容，还是如今为追求个人收益，游戏主播进行直播都不是为了展现原来作品本身的表达，而是为了表达自己思想的创造性。也就是说，游戏直播行为已经将网络游戏作品转换了，通过主播的新的视角将其从操作型娱乐转变为一种新的娱乐活动。同时，直播充当了游戏与观众进行交流的媒介，使得原作品在被新作品使用的过程中发挥了原作品作者预期以外的功能，给普通民众带来了不同的感官感受，而粉丝也是基于主播的原因才来观看此类直播。本书认为，网络游戏直播行为是可以满足"转换性使用"的。

因为网络游戏需要游戏玩家参与进来，一起推动剧情的发展，其画面的呈现不是每次都相同的，会因玩家的个性化操作而有所区别。所以，网络游戏直播并不像传播的影视作品，所有画面的出现顺序都是一样的，只要看过一次就可以完全了解整部电影，使其市场价值受损。网络游戏的使用方式是打开并操作游戏，一般都会有种类丰富的主线剧情和支线剧情，供玩家自由选择最喜欢的任务，每次不同的选择都可以让玩家产生不同的体验。由于转换性使用的功能与目的往往不同于使用作品本身，因此，转换性使用不会对作品市场价值产生过分的影响。[①] 从这个角度来说，网络游戏直播完全不同于传统影视作品。对于传统影视作品来说，大部分人在观看完一次盗版后，都不会选择消费正版产品，从而减损了原作品的市场价值；相反，网络游戏主播会促进游戏作品的销售，因为游戏是操作和视觉画面的双重体验，游戏玩家往往更注重自己操作带来的感觉，一定程度上网络游戏直播还帮助游戏厂商做了宣传。如2018年爆火的游戏《绝地求生》，就是因为几个头部游戏主播首先开始直播该游戏，从而带动了大量观众加入这个游戏，使得《绝地求生》成为2018年游戏的销售冠军。

2. "转换性使用"理论的启示

美国的"转换性使用"理论经过长时间的发展，其发挥的作用在司法实践中日益突出，其灵活性很好地适应了信息化时代带给著作权法和合理使用制度的挑战。一方面，"转换性使用"最大的特点是突破了"四要素"中的两个核心要素，使其为信息技术普及后大规模利用原有作品提供了合法基础。无论什么类型的作品都有其爱好者群体。这些理性爱好者不仅对新旧两个作品的理解更为深刻，而且对两者之间变化的程度有较高敏感性。不同于传统影视作品，从其他渠道观看会减损原作品的市场价值，影响其销售，游戏直播不仅不会减损原作品的市场价值，还可以帮助新游戏打开销售渠道。另一方面，"转

---

① 参见王迁《电子游戏直播的著作权问题研究》，载《电子知识产权》2016年第2期，第11-18页。

换性使用"可以更好实现版权制度这一公共政策的目标,因为版权制度的公共政策属性已成为普遍接受的观念。版权制度的公共政策理念是建立在创造激励的理论观基础上的,这种理论观认为版权制度并不以保护自己为目标而是服务于公共利益。因此引入"转换性使用"判断标准的根本理由是基于有利于版权激励创造目标的判断,可以实现版权制度最初的目标,防止因版权的过度保护而有损于功利主义目标的实现。

相较于美国的"四要素法"和"转换性使用"理论,我国的合理使用制度立法模式采用的列举形式难以应对信息化时代层出不穷的新问题。2020 年第三次修正的《著作权法》在著作权的权利限制中增加了"行政法规规定其他情形",但该范围受限于行政法规的规定,在可预见的将来行政法规所限定的列举范围也必定是有限的,无法解决使用范围有限的问题。而且我国并不像大陆法系国家的著作权体系那样,他们采取了限制与例外制度,法院可以采用其他原则性规定来适应实际情况,以弥补这种列举模式的不足。加入新制度将会对我国著作权法体系产生更大的影响,所以增加部分弹性规定或许是我们改革的方向之一。

四、完善网络游戏直播著作权保护的建议

(一) 网络游戏直播合理使用制度的构建

1. 游戏直播行为引入合理使用的正当性

著作权制度从设立之初就确立了一个目的,就是给予著作权人一定垄断利益,以此激励更多人参与创作,使得社会精神财富得到整体积累。这一目的体现了著作权制度对社会本位与个人本位的双重追求。对著作权权利的限制是著作权法律体系为了在鼓励创作的基础上,同时满足社会对于信息传播和创新发展的需要。当前的网络游戏直播行为在《著作权法》中无法通过合理使用制度来抗辩侵权行为,现实中双方存在一定利益失衡的情况。游戏直播行业推动了社会发展、促进了作品传播,而法律层面的缺失不利于该产业进一步发展,也会阻碍艺术作品的更广泛传播。在游戏直播中构建合理使用制度应平衡双方当事人的合法权益,激发大众的创作积极性,推动游戏和游戏直播的快速发展。

(1) 价值因素。在游戏直播行为中引入合理使用可以实现著作权法激励创作的目标,促进社会主义文化和科学事业的发展与繁荣。游戏直播行为多以游戏画面为基础,添加了许多游戏画面以外的因素或者在游戏内部独立创造出新内容,而这些新内容是由玩家独立创造出来的。这不但可以极大地丰富我们

整个知识总量，还可以更有效地促进知识传播。有时候游戏厂商提供的游戏就像为玩家提供的画纸和画笔，而玩家才是独立创作出画面的人。这种基于创作的文化再生产，丰富了我们的娱乐生活，促进了社会主义文化的发展，为互联网的创新提供了基础，注入了创新的活力。基于上述论述，为了推动我们社会知识总量的增加，我们不应该让著作权的保护制度成为我们社会知识增加的制约因素。

（2）现实因素。一是当前游戏厂商的选择性维权是对权力的滥用。著作权作为一种专有权，著作权人享有多项财产权，当他人实施了著作权法规定的专有权利控制的行为时，权利人可通过向法院起诉获得相应的赔偿。游戏厂商往往在一款新的网络游戏产品内测或公测之初，会希望自己的游戏获得更大的宣传力度，让更多玩家可以实时感受到游戏的玩法和精良的画面，因而会普遍默许各个直播平台和游戏主播直播该游戏，以免费为新游戏宣传造势，同时培养特定的游戏群体。但在这款游戏已经被市场接受并拥有一定数量的玩家群体后，法律却允许游戏厂商以著作权人的身份行使权利去禁止已经成型的游戏直播行业，同时游戏厂商还可以独享庞大的观看需求，以不合理的对价获得了巨额收益。这样做似乎与著作权法的目的相悖，有过分保护著作权人之嫌。游戏厂商在游戏推广前默许了网络游戏直播这种侵权行为，像是"躺在权利上睡觉"，却在游戏推广完后将此行为诉诸法院。在直播平台和游戏玩家投入大量成本，培养了若干属于该游戏的受众群体后，允许游戏厂商通过法律途径禁止他人直播其游戏作品，独享他人建立起来的社区团体与粉丝，这种行为显然不符合公平原则。

二是通过销售游戏作品或游戏商城物品获得收益是游戏厂商开发游戏的目的。在直播行业发展早期，直播所带来的流量收益并不属于游戏厂商的考虑范围。游戏厂商开发一个新游戏，其根本目的在于通过销售游戏作品获得利润。换句话说，销售游戏作品或游戏商城物品的获利已经给予了其开发游戏行为的对价。即使当前《著作权法》认定游戏直播行为构成合理使用，游戏厂商无法从中获得救济，也不会影响其开发新游戏的计划。早在直播时代没有到来的时期，没有直播流量带来的超额收益，游戏厂商也可以通过销售游戏作品或游戏商城物品赚取到足够多的利益，网络游戏也可以不断更新。

三是应以促进行业发展为考量因素。2020年第三次修正的《著作权法》在第一条中增加了"经济"一词，变成了现在的"促进社会主义文化、科学和经济的发展与繁荣"。"经济"这一名词的增加，说明立法者认为应更好地发挥著作权对于社会主义经济发展的作用。在信息化时代背景下，网络具有开放性和互动性的特点，著作权产业也因此变得更加复杂。网络直播在这个新网络环境下产生和发展起来，对网络游戏直播的著作权保护，同样需要考虑网络游戏直播行业的发展需求。前文已经提到网络游戏行业和游戏直播行业近年来发展迅速，其行业市场价值日益提升。尤其是本节研究的这种头部网络游戏，可以带来巨大的经济效益。

2. 我国"转换性使用"理论的司法运用

游戏玩家创新性地改变原作品内容的特殊性，在于游戏玩家既是生产内容的人，又是推动该直播传播的人，这必然使得其对原作品的使用明显不符合"适当引用"条款，进而在认定上遭遇广泛的质疑。对于既是生产内容的人，又有推动该作品传播的行为，"转换性使用"理论最早并没有在我国引起足够的重视，直到2007年它出现在"杨洛书诉中国画报出版社案"的判决书上，才引起了学术界的讨论。判决书认为，这种行为属于我国著作权法规定里的为了说明某一问题的情形。因为在这种转换行为下，新作品只是为了说明原作品以外的问题，不会减损原权利人作品的市场价值，也就不会减少原权利人的收益。不过，在该案的判决书中，既没有完整引入"转换性使用"理论，也未说明其在中国满足什么条件可以适用，只是表述了新作品满足了"转换性使用"的要求，然后认为这种使用可以被法定列举中的"适当引用"所涵盖。"我国作为成文法系国家，在立法和司法解释皆无先例的情况下，法院在著作权案件中直接引入转换性使用这一概念来认定合理使用，显然有脱离本土法源进行法官造法的嫌疑。"①

3. 我国借鉴"转换性使用"的合理方式

经过数十年的讨论和研究，"转换性使用"理论已经在司法实践中得到广泛运用。对于我国而言，我们急需结合中国实际情况来借鉴"转换性使用"理论。这主要是因为我国著作权保护的列举模式存在一定缺陷，已经越来越难以应对因当今社会的传播技术发展日新月异而产生的各种新型传播模式。

从使用方式上讲，我国借鉴"转换性使用"理论的方式可以分为两种。一种为直接使用，就是直接地借鉴"转换性使用"理论，完整地将此理论作为法律条文规定在我国《著作权法》中；另一种为实质使用，是指不拘泥于该理论在美国的使用条件，间接学习其理论实质考量和逻辑推理的方式。直接使用方式存在一定的不合理性，不符合我国的实际国情。当前，我国已经完整采用了"三步检验法"的方式来判定具体情形，而"转换性使用"理论是基于美国的认定方式，直接引用该理论，恐会造成我国法律条文适用的混乱，所

---

① 熊琦：《"用户创造内容"与作品转换性使用认定》，载《法学评论》2017年第3期，第68页。

以本书认为第一种做法不可取。而实质使用可以把"转换性使用"理论的实质内容纳入一般条款中,用更为确定化的表达来规定考量因素,以表达我们的价值倾向。如可以将《著作权法》第二十四条第十三款的"法律、行政法规规定的其他情形"调整为"增加作品价值的行为"。同时,也要在行政法规中对这一说明增加两点解释:一是关于"增加作品价值"的判断应当基于客观效果,而不以使用人或法官的主观意愿为依据;二是关于"增加"的情形应当包括提高使用效率(类似于谷歌对缩略图的利用行为)和开发新的使用价值。

这样调整的好处是,要求在法律实践中适用此条款时应当满足我国法律规定中合理使用判定的两项限制性标准:一方面,有利于防止法官基于此条款损害原著作权人的合理利益,既做到了促进创作的发展,又避免了因改动而动摇了著作权法保护创作者利益的目标,还使得在法律实践中适用此条款时尽可能地首先满足使用列举的特别模式,防止了法官绕过原有合理使用体系而直接使用此条款;另一方面,可以促使立法者考虑将法律实践中已经判决的特殊情况予以固定化。

(二)"转换性使用"在网络游戏直播的具体应用

当前,游戏爱好者已经成为游戏厂商以及直播平台竞相争夺的重要群体,广大的游戏爱好者无论是对网络游戏的更新迭代,还是对推动游戏直播产业的发展都起着重要作用。网络主播若拥有游戏爱好者喜好的游戏风格、操作技巧,则能大幅度增强其游戏直播的吸引力和影响力。从而我们也可以看出,一款游戏画面的呈现离不开游戏玩家的操作。就网络游戏而言,网络游戏直播画面能否满足"转换性",从而被纳入合理使用的范围,我们可以从网络游戏类型的两个方面来考虑:一是这款网络游戏能否为主播提供足够的操作空间;二是主播是否能从不一样的角度给观众带来更好的体验。只有当游戏厂商为网络游戏提供了足够的自由操作空间且玩家有转换性行为时,这样的网络游戏直播画面才能满足合理使用的判定。

1. 竞技剧情类游戏

竞技类游戏中,虽然游戏厂商为玩家操作游戏提供了足够的空间,但如前文所述,玩家的这些操作只是基于游戏厂商提前设定好的画面进行的机械性操作,既没有自己独创性的贡献,也不能在电脑屏幕上创造出新的连续画面。本质上,这和播放电影是一致的,只是可以按照自己的操作在有限范围内调整画面的出现顺序,而不能改变游戏厂商提前设计好的画面顺序。玩家只是通过个性化操作将游戏原本包含的各种可能性中的一种加以实现而已,并没有创作出有别于原有作品的新作品。① 玩家操作画面仅仅是对开发者预设画面的激活和显示，玩家并无创作行为，既然只是在游戏厂商预设范围内进行游戏操作，那就不可能满足"转换性使用"所要求的"增加了原作品某方面价值"。这样进行网络游戏直播的画面不能带给观众们不一样的感官感受，也就是作为普通公众不能感受到网络游戏直播画面是完全不同于原游戏画面的。即使游戏主播在直播时添加了背景音乐，或将多个作品片段糅合在一起，这种类型的网络游戏直播本质上也只是原游戏画面的再现。

如本节前文所述，《梦幻西游》游戏的本质是剧情类游戏，游戏玩家可以操控角色进行剧情推进、地图探索和战斗操作等，但这一系列操作所呈现出来的画面，只是在有限范围内选择画面出现的顺序，大部分的画面出现顺序都是由游戏厂商提前预设好的，玩家的操作仍然没有超出游戏厂商的设计范围。游戏玩家的贡献主要在于实现游戏画面的预设可能性，玩家绝大部分的操作均基于实用性与效率性。这类画面是玩家按照预定规则操作时呈现出的连续动态画面，而非著作权法意义上的新作品的表达和传播；展示的是游戏玩家的游戏策略和游戏熟练程度。综上所述，游戏主播在网络竞技剧情类游戏直播过程中，并没有创作新作品的实际操作，其游戏直播画面也没有增加原作品某方面的价值，不能给观众们带来不一样的感官体验，难以满足"转换性使用"的要求。因此，这种类型的游戏不能被认定构成"转换性使用"，不能被纳入合理使用范围。引用这种类型的游戏画面来进行网络游戏直播，应属于侵犯了原权利人的著作权。

2. 沙盒创作类游戏

沙盒创作类游戏是一种特别类型的游戏，游戏厂商在网络游戏中为玩家提供了充足的操作空间，且没有预设主线剧情或者闯关关卡，具有极高的自由度与创作空间，主要由玩家个性创作游戏画面。游戏玩家具有极大的操作空间，可通过网络游戏中已有的各种素材创作出游戏厂商完全没有预设到的画面。游戏玩家在游戏过程中，可以适当利用网络游戏中的工具和操作平台创作一些新的游戏故事情节，甚至还可以通过第三方软件导入素材进行独立创作。玩家的思想或情感可以通过构建游戏画面来表现，创作出富有美感的作品。主播在此类游戏的直播过程中，不断形成游戏厂商所没有预设过的画面，这实际上是形成新作品的过程。主播增加了原作品某方面的价值，赋予直播画面全新的艺术美感，增加了全社会的知识总量。这种类型的网络游戏直播行为具有艺术的美

---

① 参见许安碧《网络游戏直播中的著作权问题探究》，载《政法学刊》2017 年第 1 期，第 13 - 19 页。

感，能带给观众们不一样的感官感受，也就是说，普通公众可以感受到网络游戏直播画面是不同于原游戏画面的。

比如上文所说的《梦幻西游》游戏。游戏厂商给了玩家几个地图场景，并提供了丰富的游戏基本素材。玩家具有充分自由进行自我设计、自我选择，玩家可充分调用资源库素材来构建人物、图画、物品，可利用游戏素材自由搭建出游戏厂商完全没有预设过的画面，改变了连续画面的出现顺序。开发者为玩家提供了充分的操作空间，且玩家有极富个性的创作行为。对这种类型游戏进行网络游戏直播，不仅仅是添加一点背景音乐，而需要主播进行非常复杂的操作。这是一个具有独创性的过程，实质上也产生了新作品。同时，这个网络游戏直播画面也带来了全新的艺术美感，观看直播的观众可以通过这个新作品从不同于原作品的角度去欣赏这个新作品。综上所述，本书认为，这种类型的网络游戏直播画面可以满足"转换性使用"的要求，主播使用原作品的行为应该被纳入合理使用的范围，应对原作品权利人进行一定的权利限制，以满足《著作权法》所说的推动作品传播，促进社会主义文化和科学事业的发展与繁荣的目标。

五、结语

网络游戏直播作为一种基于网络传播技术的创新型娱乐方式，具有实时性、强互动性等优势，已经成为许多人日常娱乐生活的组成部分。在智能手机和5G通信技术越来越普及的当下，网络直播的应用范围只会越来越广泛。即使我们的法律体系不能如传播技术般快速变化，但也不能远远落后于整个时代。现行的著作权制度在处理此类问题时有其局限性，应当予以完善。

网络游戏整体画面本身具有独创性，满足著作权法作品的实质性要件，属于视听作品。基于网络游戏独有的互动性特征，在新的网络游戏画面形成的过程中，玩家与直播平台又为其添附了贡献。但当前在网站上向不特定公众传播游戏实时画面将会落入游戏厂商的广播权范围内，同时游戏直播不属于《著作权法》规定的"适当引用"，也就不满足合理使用构成要件的第一个要求，应当认为网络游戏直播是一种侵权行为，侵犯了游戏厂商的著作权利益。从比较法的视野启示来看，美国有使用"转换性使用"来认定引用游戏整体画面合法的先例。在看待网络游戏直播市场时，不应仅考虑游戏厂商的利益，还应考虑利益平衡原则，综合考量网络游戏直播所涉及的游戏类型、对原有游戏市场的影响等条件，有条件地认可网络游戏直播行为构成合理使用。这样做既不会减损原作品的市场价值，也不会影响原权利人的收益，能保持著作权的激励创作作用，还有助于发挥网络游戏直播产业带动经济发展的作用和推动社会创新。我国可以结合本土法律和网络游戏直播产业现状，构建针对网络游戏直播的合理使用制度。同时，应区分不同类型的网络游戏，根据竞技剧情类游戏和沙盒创作类游戏的不同游玩特点，明确"转换性使用"理论在我国的具体应用，使《著作权法》更好地发挥其激励创作作用，继续推动我国社会文化的繁荣发展。

第四节　网络直播竞业禁止制度的法律适用

竞业禁止制度具有规范市场运行的作用，该制度在我国主要运用于传统的劳动关系领域与公司治理。随着"互联网＋"的快速发展，社会上出现了与以往不同的法律关系，即网络主播与直播平台之间既存在契约关系，又具备劳动关系中的人身属性。直播平台通常与网络主播订立含有竞业禁止性质的限制性条款，但并未给予应有的竞业补偿，也未设置主播退出条款。直播平台在维护自身竞争利益的同时严重损害了主播的自由择业权和生存权。基于网络主播的职业属性和双方协议的性质，人民法院在审理个案时的裁判思路差异化，造成同案不同判的结果。从竞业禁止的起源来看，竞业禁止制度并非以存在劳动关系为前提，在互联网经济快速发展的今天，将竞业禁止制度的适用范围扩展至新型工作方式中，既顺应了竞业禁止制度的发展规律，也是保持市场规范运作的手段。

一、网络直播平台与网络主播"跳槽"纠纷案的案情梳理与争议问题

（一）案例简述

案例一

虎牙公司诉江海涛（网名：嗨氏）网络服务合同纠纷案①

基本案情：2017 年 2 月，江海涛、虎牙公司和关谷公司订立了三方合作协议。协议具体约定：江海涛许诺，不跨平台在与虎牙公司存在竞争关系的其他平台以一切形式开展直播活动，不私自承接任何

---

① 参见广东省广州市中级人民法院（2018）粤 01 民终 13951 号民事判决书。

商业活动。随后，虎牙公司斥巨资打造江海涛"王者荣耀一哥"人设。同年8月，江海涛私自开始在虎牙公司的竞争对手平台——斗鱼进行游戏直播，首播上线前其人气值就远超180万，此行为造成虎牙平台大批活跃用户迅速流失。随后，虎牙公司提起诉讼，要求江海涛赔偿损失。一审判决江海涛支付4900万元违约金，二审维持原判。

裁判要点：该案的争议焦点落在江海涛的违约行为及违约金数额认定上。首先，法院认定三方签订的合作协议有效。对第一个争议焦点，在该协议有效的前提下，江海涛主张虎牙公司违约在先，其享有单方解除权。但江海涛并未举证证明，其跳槽系虎牙公司违约导致的被迫行为，基于"谁主张，谁举证"原则，法院对江海涛的诉求不予支持。第二个争议焦点，系违约金数额过高的问题。2017年起，直播行业发展迅猛，网络主播的薪酬也水涨船高，上千万的签约费和数百万的推广费用，使得签约的头部主播身价倍增。

本案的最终判决结果表明，两审法院均认可最终的违约金数额，尽管此金额可能远高于主播取得的实际收入。

案例二

张宏发（网名：张大仙）与企鹅电竞公司、斗鱼公司合同纠纷案①

基本案情：2016年8月，张宏发与企鹅电竞公司签订《入驻协议》，约定由企鹅电竞公司为张宏发提供直播相关的技术支持，张宏发入驻平台并提供长期游戏直播服务，合作期限为一年，在合作期内张宏发不得在任何第三方平台私自开展直播活动。如张宏发违反了协议内容，企鹅电竞公司将有权单方面扣减张宏发应得的部分甚至全部收益及扶植奖金，同时张宏发须支付赔偿违约金300万元。2017年8月起，张宏发私自在斗鱼平台直播，其大量粉丝也随之移步至斗鱼平台。法院判决张宏发继续履行协议约定的非竞争义务，并向企鹅电竞公司支付违约金42万元、各项损失300万元。

裁判要点：本案的争议重点在于，张宏发是否需要继续履行竞业禁止义务以及如何执行。现行劳动法律规定，竞业禁止条款可由用人单位和劳动者自行约定，但以存在劳动关系为前提。本案中，法官基于张宏发与企鹅电竞公司签署的系合作协议，推定双方不具有劳动关系，无法用《劳动法》进行调整，故判处相应的违约金。同时，本

① 参见广东省深圳市中级人民法院（2018）粤03民终4623号民事判决书。

案中，法官判决张宏发在 2019 年 2 月前禁止到除企鹅电竞公司之外的平台进行直播，即要求其实际履行竞业禁止义务。

判决作出后，从斗鱼到虎牙直播，张宏发仍活跃在多个平台。因判决执行的滞后，张宏发不仅未受到竞业禁止的约束，反而人气继续高涨，收入颇丰，而企鹅电竞公司则损失了大量用户、流量，其在直播市场的地位也大幅度下降。

（二）类似案件的司法判决情况

上述案例并非少数，以"网络主播""跳槽""违约"等主要关键词在北大法宝网站进行检索，共检索到裁判文书 282 份（含一审、二审）。这些涉案纠纷大致具有以下特征：第一，系社会发展衍生出的新型法律纠纷，且从 2017 年开始呈爆发式增长，网络主播"跳槽"引发的纠纷成为在线直播行业矛盾集中之处。第二，纠纷之间存在明显的地域性。北大法宝网的检索结论表明，该类案件主要集中在广州、武汉、深圳、上海等经济发达的沿海或内陆省会城市，这些地区也是中国互联网直播产业中几大知名网络直播平台的所在地。网络直播行业的纠纷区别于一般的合同纠纷，具有直播行业的特殊性以及"前期投入，后期收益"的行业特点。为推动网络直播行业的稳定有序发展，对此类纠纷的研究不容忽视。

（三）争议焦点

通过梳理检索得到的 282 份裁判文书，可以发现网络主播"跳槽"案主要存在如下三种争议焦点。

1. 网络主播与直播平台之间协议的法律性质——合作关系或劳动关系

通过分析检索到的案例不难看出，实践中绝大部分法院都认为网络主播与直播平台签署的《独家合作协议》《网络服务合同》《演艺经纪协议》等并非劳动合同。尽管有网络主播主张，其与直播平台间具有人身和经济上的依赖关系，并受其管理，双方系劳动关系；但在审判实践中，法院在认定其法律关系时往往根据订立合同时双方的真实意思、协议履行过程中是否具有人身和经济依附性以及依附程度的强弱、直播平台是否为网络主播购买社会保险等方面作出判断。

2. 法院对于协议中约定的非竞争条款的认定——有效或无效

在网络主播"跳槽"类案件中，直播平台起诉网络主播并要求赔偿违约金的依据大多来源于双方所签署的协议中的非竞争性条款。比如，协议中约定

"保证在合作期内，不得在与平台存在竞争关系的其他平台开展直播活动，包括但不限于全、挂职或无偿直播"的有关条款。直播平台与网络主播约定的非竞争期限一般包括在协议有效期内，为1年至5年不等，部分还约定了协议到期后一定期限内的非竞争义务。部分法官认为，竞业禁止条款有效的前提是存在劳动关系，无劳动关系则该条款无效。

3. 违约金的酌减问题以及网络主播实际履行非竞争义务问题

大部分法官都驳回了被违约直播平台的该诉讼请求。网络主播在合约期内私自变更从事直播活动的直播平台，虽存在构成违约并承担相应赔偿责任的可能，但根据国家保障人身自由、人才自由流动的基本原则，法律上并未禁止网络主播利用自己的相关知识、经验或者技能在其他直播平台进行直播。

支持的法官认为，网络主播的随意违约"跳槽"行为不利于整个网络直播行业的健康发展。直播平台作为以互联网为必要媒介、以网络主播为核心资源的企业，在激烈竞争的环境中必然需要在带宽、培养网络主播上投入大量成本。网络主播"跳槽"至其他平台直播，会直接造成原直播平台的访问量损失、前期投入成本的巨大损失，这对企业经营和社会整体发展均造成了损害。

二、网络直播竞业禁止适用的理论概述

（一）网络直播相关理论概述

1. 网络直播的概念与分类

（1）网络直播的概念。近五年来，"互联网＋"俨然成了人们日常生活与工作必不可少的部分，而人们也正处在互联网关联万物的时代。由于互联网技术的日益发达，以及手机、平板电脑等移动终端设备的高科技应用的拓展，技术与第三产业服务业的密切结合，平台经济应运而生。互联网与从业者的"结合"在平台经济蓬勃发展中顺势而生，其中，网络直播成为平台经济中的热门行业、风口产业。

网络直播基于互联网流媒体技术，利用计算机、平板电脑等移动终端设备，采用有线或无线的方式传输数据信息，并利用计算机网页、移动客户端等媒介，以文字、语音、弹幕、图像等全媒体形式传送现场信息。它打破了电视直播专业机构制作和传递信息的单一模式，让主播能够进行即时的现场直播，并在现场与观众进行交流互动，让观众由接受节目的人转变成节目的创作

者。① 当前直播行业的主要运行模式是，用户在平台注册或与平台签约成为主播，通过直播平台为众多网站用户提供直播服务，并在直播过程中与正在观看节目的用户实现即时交流。平台、主播与用户共同构建出平台经济这一商业模式。

（2）网络直播的分类。类型划分是进一步了解网络直播的重要手段。网络直播可根据其类型、目的、产出的内容、主播类型等进行划分。

一是直播分类。网络直播大致可以分为秀场直播、网络游戏直播、泛娱乐直播。秀场直播出现得较早，体现为才艺展示者展示才艺并与观看用户互动，典型的直播平台有 YY 平台与六间房平台；网络游戏直播以解说电子竞技比赛、在线直播各种游戏为主，知名的游戏直播平台有虎牙平台、斗鱼平台、企鹅电竞平台；泛娱乐直播是指除上述两种直播以外的直播形式，重点展现的有体育赛事、文艺汇演、生活工作、厨艺等，是目前受众更广的一种直播形式。

二是直播目的。娱乐和游戏是直播最初的目的。直播正向着多元化方向发展，被赋予更丰富的含义，成为更多人群就业、营销、获利、解压的生活和工作方式。

三是产出内容。用户生成内容（user generated content，UGC）指使用者生产内容，用户通过直播平台发布个人创作，是网络直播常见的内容生产方式之一。全民皆可直播，其受众面广、内容产量大，但质量参差不齐、获利模式单一。随着直播行业竞争加剧，专业的主播经纪公司开始大量涌现，进化出专业使用者生产内容（professionally user generated content，PUGC）。这种模式的出现一定程度上提高了直播内容的质量。还有品牌生产内容（brand generated content，BGC）。因为直播具有营销功能，故企业 BGC 最重要的是展现企业品牌的文化、内涵、价值等。

四是主播类型。常见的主播类型主要有颜值主播、才艺主播、技能主播、明星主播等。

2. 以网络主播为代表的新型工作方式的特征

搭乘互联网技术和移动通信技术快速发展的顺风车，平台经济应运而生。平台经济是一种新型的经济形态，具有开放性、兼容性、产业融合性和市场化的特点②，已席卷至各个产业领域。网络主播成为平台经济中的热门行业、风口行业，是新型工作方式的典型代表。

---

① 参见《百播争"名"：是机遇还是泡沫？——直播行业研究报告》，见新浪财经（https://baijiahao. baidu. com/s？id=1667717105471307478&wfr = spider&for = pc）。

② 参见王文珍、李文静《平台经济发展对我国劳动关系的影响》，载《中国劳动》2017 年第 1 期，第 4 页。

（1）商业模式。在"互联网+"的社会环境下，商业模式也随之发生改变。在传统劳务需求方与提供方之间加入了互联网平台，劳务提供方或者说从业人员通过平台与劳务需求方达成交易。对各大互联网平台来说，流量是企业长远发展的关键所在，网络直播行业尤其如此。网络主播通过直播吸引观众从而获得高人气再将流量变现，平台借助头部主播和其他粉丝数量可观的主播提升平台知名度和人气，二者都是为了提升流量，再通过特定的方式、模式将流量变现从而实现盈利。

（2）网络直播平台是依靠互联网生存与发展的互联网企业，而流量则是互联网公司估值的关键指标之一。一是互联网公司利用大量成本提升流量，而后利用流量变现获得盈利。流量高的企业，可以更好地获得融资，最终实现企业价值。二是因主播是平台的核心资源，观看用户与主播间的正向关联性极强，因此平台需要通过主播吸引大量人气获取流量，而一旦优质主播违约"跳槽"，则会对原有的直播间观看用户产生巨大的冲击。三是新兴行业成本较高、收益可期。直播平台作为以网络为必要媒介、以主播为核心资源的企业，在激烈的市场竞争中必然要就带宽、主播宣传等投入巨大成本。

（3）就业的灵活性与劳动关系的弱化。在传统就业模式中，劳动关系的产生大多以企业发布招聘信息、求职者投递简历应聘为主，或者通过劳务派遣与雇佣单位形成劳务关系。员工与企业主要受《劳动法》《劳动合同》的约束。传统行业与直播行业之间存在壁垒，求职者根据专业能力选择相关工作，就业的选择面窄且单一。网络直播作为新型工作方式之一，成为主播只需要在直播平台注册账号并与直播平台签署相关《网络服务合同》即可，主播的类型与专业方向并无直接联系。传统的劳动关系注重雇主对雇员的工作时间、工作地点、工作时长、工作方式等人身从属性，但在以互联网为依托的新型工作方式中，劳动者能够通过网络直接服务于有需求的消费者，继续一味地强调对工作时间、地点等的严格控制已无法适应该行业的发展。

（二）传统竞业禁止理论概述

1. 竞业禁止的概念

竞业禁止又称"竞业限制""竞业限止""竞业回避"，国内学者一般对此不作区分。竞业禁止规则起源于西方，最初是在民法代理制度中加以规定，旨在防止代理人损害被代理人的利益。[①] 随着社会的进步和经济的发展，竞业禁

---

① 参见郑爱青《从英法劳动法判例看劳动法上的忠实义务与竞业限制条款——对我国〈劳动合同法〉规范竞业限制行为的思考和建议》，载《法学家》2006年第2期，第140页。

止的适用范围也越来越广泛，从合同当事人扩大到公司的董事、监事和高级管理人员再到知悉公司商业秘密的员工。

关于竞业禁止的定义，我国现有法律未有相关规定。部分学者认为，竞业禁止是指对与权利人存在特定关系的人在一定条件下从事特定竞争性行为的某种限制。① 也有学者认为，竞业禁止系依据特定民商事主体法律关系禁止或限制某些竞争行为的制度，旨在保护某些特定民商事主体的商业秘密和市场地位，并兼顾到劳动者的择业自由权。② 狭义视野下，竞业禁止存在于劳动法律中的雇佣关系领域；但从广义上看，除了雇佣关系，还包括公司法上董事、监事、高级管理人员的忠实义务，即民法上的委托代理关系、商法上的商业辅助人的竞业限制。③

2. 竞业禁止的内容

（1）竞业禁止的目的。根据《中华人民共和国劳动合同法》（以下简称《劳动合同法》）第二十三条的规定，竞业禁止制度的目的是保护用人单位的商业秘密不被侵犯。但从更深层次的角度看，是通过对劳动者在一定时期内对再就业的岗位、地域、从业范围等方面进行限制，避免劳动者在离职后一定时期和范围内的同业竞争行为，使用人单位保持长期、稳定的市场竞争力。

（2）竞业禁止的义务属性。我国学术界对竞业禁止的早期研究主要集中在公司法领域，关于竞业禁止的论述主要集中在公司治理层面方面，认为竞业禁止是一种不作为义务，公司董事应尽到自己的忠实义务，以维护公司的合法利益为第一目标。④ 而《劳动合同法》则规定由劳动者与用人单位协商订立，即用人单位须与具有保密义务的劳动者约定具体的竞业限制义务，否则无法通过合同义务约束劳动者。

（3）竞业禁止适用的主体。《劳动合同法》第二十三条、第二十四条规定了竞业禁止规则的适用主体，故而无劳动关系或不具有保密义务的劳动者不是竞业禁止的适用对象。

---

① 参见彭学龙《竞业禁止与利益平衡》，载《武汉大学学报（哲学社会科学版）》2006年第1期，第138页。

② 参见翟业虎《竞业禁止的域外法律实务考察》，载《法学杂志》2013年第12期，第69页。

③ 参见余卫东《商业秘密保护与竞业禁止》，载《湖北大学学报（哲学社会科学版）》2003年第1期，第35页。

④ 参见王林清《公司法与劳动法语境下竞业禁止之比较》，载《政法论坛》2013年第1期，第91页。

（4）竞业禁止的时间与区域范围。《劳动合同法》第二十四条①规定，竞业禁止协议具体内容可由用人单位和劳动者协商确定；第二十四条第二款规定，劳动关系终结或者解除后，相关人员的竞业禁止期限不得超过二年。

（5）竞业禁止的经济责任。竞业禁止协议系双务合同，用人单位在禁止期内应向劳动者支付经济补偿；劳动者违约的，应向用人单位支付违约金、赔偿相关损失。

3. 竞业禁止的分类

（1）在职竞业禁止与离职竞业禁止。此种划分方式是依据竞业禁止履行时间的不同加以划分，因现有法律对在职竞业禁止的规定较多，又可称其为法定的竞业禁止。在职竞业禁止常见于公司法、合伙企业法，为平衡董事与公司间的利益，通过要求董事履行忠实义务，即要求公司董事、监事、高级管理人员履行竞业禁止义务，以维护公司的合法利益。但《劳动合同法》中并未就劳动者在职竞业禁止作出明文规定。那么，在劳动者与用人单位签订的《劳动合同》中没有明确约定竞业禁止条款的情况下，在职劳动者是否应当履行竞业禁止义务成了争论所在。对于离职后的竞业禁止，《劳动合同法》第二十三条明确规定，可由用人单位与劳动者协商约定。

（2）法定竞业禁止与约定竞业禁止。从字面上理解，法定竞业禁止，即该义务来源于现有法律的明文规定；约定竞业禁止，即竞业禁止义务由当事人双方协议产生。法定竞业禁止多见于商事法律中，《中华人民共和国公司法》（以下简称《公司法》）第一百四十八条第五款②、《中华人民共和国个人独资企业法》（以下简称《个人独资企业法》）第二十条第六款③以及《中华人民共和国合伙企业法》（以下简称《合伙企业法》）第三十二条第一款④均规定了竞业禁止的具体内容。而约定竞业禁止则以民法的契约自由原则为基础，竞业禁止协议或条款的认定应根据民法中合同的精神来考量，应当尊重民法的自治精神与价值理念。

---

① 《劳动合同法》第二十四条：竞业限制的范围、地域、期限由用人单位与劳动者约定，竞业限制的约定不得违反法律、法规的规定。

② 《公司法》第一百四十八条第五款：未经股东会或者股东大会同意，利用职务便利为自己或者他人谋取属于公司的商业机会，自营或者为他人经营与所任职公司同类的业务。

③ 《个人独资企业法》第二十条第六款：未经投资人同意，从事与本企业相竞争的业务。

④ 《合伙企业法》第三十二条第一款：合伙人不得自营或者同他人合作经营与本合伙企业相竞争的业务。

（三）网络主播与直播平台的法律关系

1. 劳动关系说

直播平台为了规避劳动法的约束大多与网络主播签订名为"合作"的协议，若将双方的协议认定为合作性质，则不可避免地会出现一系列法律适用上的问题。①将双方协议性质拟定为合作，在产生纠纷时会导致法官无法准确判断当事人的真实意思，从而影响裁判思路、改变庭审走向。②法官在判断合同的实质目的时并非按照其所采取的名称进行判断。虽然双方能够自由选择是订立劳动合同还是合作协议，但由于在现实运作时协议的名称或条款对应的权利和义务未必相一致，因此，在讨论合同的真正目的时，双方为合同起的名称虽然是法官考虑的一个重要因素，但并不是一个决定性的因素。由此可见，不能仅凭签订合同的名称或条款来认定合同的性质，而应当依据实际标准来认定其是否属于劳动合同。实际上，司法裁判中认定网络主播与直播平台成立劳动关系的，通常是双方所订立的合同中包含了较多由劳动法律进行调整的条款，如竞业限制、工作薪酬、遵守员工劳动守则等，并且在实际履行的过程中，主播实际上也受到了平台的劳动管理，双方之间具有了较强的从属性。

平台与主播签订名为《合作协议》的合同并不能掩盖其劳动合同的真意，法官一般从以下三个方面考虑双方是否存在劳动关系。

一是合同约定。在界定主播与平台之间的法律关系时，法官首先要做的是审查二者之间签订的合同。若签订的合同中出现应由劳动法调整的内容，则法官会将该内容作为认定双方成立劳动关系的关键因素之一。如在（2017）黑0811民初563号判决书①中，法官认为上述合同约定的非竞争性条款明显属于《劳动合同法》中的竞业限制约定，并因此认定案件原、被告双方之间的关系为劳动关系。

二是主播与平台之间是否存在从属性。成立劳动关系需合同双方存在较强的从属性，这一点已成为法官认定成立劳动关系时的重要因素。如果平台对主播直接进行劳动管理，使得二者之间具有一定的从属性与隶属性，那么认定二者之间形成劳动关系的可能性就会提高，这和2021年出台的《关于维护新就

---

① 参见黑龙江省佳木斯市郊区人民法院（2017）黑0811民初563号民事判决书。

业形态劳动者劳动保障权益的指导意见》第一条第二款[①]的政策指向也是一致的。

三是直播平台向网络主播支付的报酬是否属于劳动报酬。若网络主播在一定的时间内从平台处获得固定的报酬，同时还可以按照直播的业绩情况获得相应的提成，通常该种情况被认定为劳动报酬的可能性较大。而若网络主播进行直播后，直播平台根据其所获得的网络打赏、广告代言费等收入，按照合同约定的比例进行分配，这种情况下则多数会不被认定为劳动报酬。

2. 合作关系说

在目前的司法实践中，相比于劳动关系，认为合同双方属于以合同为基础的法律关系占绝大多数。查阅通用的网络主播签约协议，二者通常订立名为《独家合作协议》《演员经纪合同》的协议，从合同名称上就排除了"劳动关系"，并在具体的合同内容上进一步声明"此协议的订立并不代表直播平台和主播之间具有任何劳动关系"。网络直播是随着互联网的发展而衍生出的行业。网络直播平台更多是出于对商业利益的考虑，如果将其与网络主播的关系定义为劳动关系，将会更多地受到劳动法律层面的约束，而当事人运用契约自由自主设定双方权利与义务的空间也将会受到挤压。主播和平台双方签署的协议通常会规定主播需要接受相应的管理，但这种管理更倾向于双方利用各自的资源开展合作，实现互利共赢。

在马某某与某某影视公司、吕某某确认劳动关系纠纷案[②]中，审理法官认为，从具体内容看，双方签订的《独家服务合作合同》系双方就原告参与网络直播等事项进行协商订立，该合同并不具有劳动关系的主要特征。合同实际履行中，也并没有反映出其所应该具备的经济从属性和人身依附性，因此认定双方之间并不存在劳动关系。另外，在报酬上，虽然原告每月用微信转账方式支付给被告报酬，但是主播的收入与其直播内容的质量、拥有的粉丝数量直接挂钩，其收入主要来源于粉丝的打赏而非原告实际支出。综上所述，从双方之间的权利与义务的构架看，双方签订的合同并非劳动合同。

3. 法律关系实质分析

在实践中，直播平台与网络主播普遍订立《合作协议》。根据前文分析，

---

① 《关于维护新就业形态劳动者劳动保障权益的指导意见》第一条第二款：符合确立劳动关系情形的，企业应当依法与劳动者订立劳动合同。不完全符合确立劳动关系情形但企业对劳动者进行劳动管理的，指导企业与劳动者订立书面协议，合理确定企业与劳动者的权利义务。个人依托平台自主开展经营活动、从事自由职业等，按照民事法律调整双方的权利义务。

② 参见广东省深圳市人民法院（2017）粤0307民初6503号民事判决书。

合同名称并非决定合同性质的关键因素，正因如此，才会在审判中产生诸多不同意见。从本研究收集、整理的两百多份判决书可以看出，关于双方关系主要存在两种观点，即到底属于劳动关系还是合作关系。

双方明显签订的是《劳动合同》，且对直播的时间、直播的地点、直播的内容等进行详细约定，主播从平台公司领取工资和提成，同时应当遵守公司规章制度，这种情况明确体现了经营管理中的人身属性条款和约束条款，具有劳动关系典型特征。

劳动关系在审判实践中也颇具争议。直播平台主张双方之间为合同关系，主播违约跳槽应当给付相应的赔偿金，而主播通常会主张自己与直播平台间存在劳动关系从而规避巨额赔偿金，此时应该审查双方是否存在隶属关系、主播是否受公司员工条例的约束、报酬的组成形式、一方是否存在建立劳动关系的意向等。从 2005 年原劳动和社会保障部发布的《关于确立劳动关系有关事项的通知》第一条①之规定可以看出，我国从劳动属性的角度来判断用人单位与劳动者之间是否存在劳动关系，包括企业规章制度、劳动者管理、薪酬给付、业务组成等，强调企业对劳动者的"控制"与监督。但该条款对劳动关系的认定仍较为宽泛，难以适应大数据与网络时代下的新型用工方式与新型就业方式。因此，法官在审理相关案件时应顺时代潮流，对社会经济的发展、科学技术的更新换代保持一定的敏感性，根据新型工作方式的特点，针对每一个案例的具体问题具体分析。

若双方不成立劳动关系，或难以形成劳动关系，在网络主播权利受到损害时如何救济？中外学者对于从属性的判断标准有不同的看法，主流的有"人格从属性""经济从属性"和"组织从属性"。中国对劳动关系的从属性审查包含了劳动关系的多种外部特征，但这其实是相对片面的，因为无法全面列举并完整细化相应的从属性审查要素，故应当以人格从属性和经济从属性为核心，着重考察劳动者与用人单位的关系。在平台经济快速发展的今天，人们提供劳务的方式多种多样，一味地将固有的劳动关系考察标准和要素机械套用于所有情况是不合理的。前文讲述了网络主播与直播平台的合作模式，双方在合作的基础上体现出部分人身属性，即直播平台依靠主播开展直播经营活动由此获得收益，网络主播通过直播平台获得用户打赏、带货等经济收入，并受平台

---

① 《关于确立劳动关系有关事项的通知》第一条："用人单位招用劳动者未订立书面劳动合同，但同时具备下列情形的，劳动关系成立：（一）用人单位和劳动者符合法律、法规规定的主体资格；（二）用人单位依法制定的各项劳动规章制度适用于劳动者，劳动者受用人单位的劳动管理，从事用人单位安排的有报酬的劳动；（三）劳动者提供的劳动是用人单位业务的组成部分。"

的管理。主播在此合作中呈现出很微妙的类似劳动者的身份，在德国劳动法、奥地利劳动法、日本劳动法中对"类雇佣"都作了相关规定或解释。

德国劳动法将"类似劳动者的人"定义为具有经济上的依附性，且相比较于劳动者也需要社会保护的人。① 判断合同一方是雇员还是类雇员，应该看他对合同相对方是有人格从属性，还是人格上独立但经济上有从属性并且像雇员那样需要倾斜保护。劳动关系的存在，取决于法律关系是否符合各种情况下的劳动关系类型。

奥地利劳动法对劳动者的定义有两大基本类别，判断标准取决于劳动者对雇主的从属程度以及人身和经济上的依附程度。如果没有人身依附情况，那么经济依附也足以构成某些法律条款的适用条件。这种情况指的是地位与雇员相近的个人（"类雇员"），因为他们为同一个雇主工作且依赖这一层法律关系所带来的报酬，即便从形式上看他们像是自雇者。②

日本学界认为，将"劳动者范围扩大"，使用"从属关系"的解释，扩大劳动者的外延概念，将契约劳动归入其中，要像德国劳动法那样把"契约劳动者"划入第三范围，即劳动者与个体经营的中间地带，通过立法给予一定的保护。③

从上述国家的立法不难看出，将以互联网平台为依托的灵活用工的服务提供者定义为"类雇佣关系"或提供类劳动者保护日渐成为趋势。我国学术界对此也进行了热烈讨论，关于对网络主播等类似劳动者的服务提供者是否应当进行劳动法上的保护将在本章后文详细阐述。

（四）网络直播竞业禁止适用的正当性

1. 诚实信用原则与法益保护

实践中，从网络主播与直播平台之间通行的协议来看，不可否认二者存在合同关系，但协议内容一般将劳动关系排除在外。虽然直播平台对网络主播直播的时间、地点、时长等传统人身属性的控制减弱或完全由主播自己决定，但对主播的管理和控制并没有减少，网络主播与直播平台存在一定的人身属性，若单纯依靠合同法调整则略显不足。本书认为，当下平台经济与新型工作方式

---

① 参见［德］雷蒙德·瓦尔特曼《德国劳动法》，沈建峰译，法律出版社2014年版，第227页。

② 参见［法］伊莎贝尔·道格林、［比］克里斯多夫·德格里斯、［比］菲利普·波谢《平台经济与劳动立法国际趋势》，涂伟译，中国工人出版社2020年版，第156－163页。

③ 转引自粟瑜、王全兴《我国灵活就业中自治性劳动的法律保护》，载《东南学术》2016年第3期，第108页。

快速发展，网络主播与直播平台间既然存在一定的人身依附性，也符合劳动关系的部分特征，在解决因网络主播跳槽而产生的竞业禁止条款纠纷时，可以参照适用劳动法律制度对竞业禁止的相关规定。

对竞业禁止规则的起源进行考察，可以发现其最早是出现在民法的代理制度中，而后开始向公司法领域拓展，并进一步拓展至雇佣关系领域。竞业禁止本身并不以存在雇佣关系为前提，其兴起的根本原因在于维护企业合理市场竞争权益，其规范的对象会随着社会发展不断变化。互联网经济在 21 世纪初开始萌芽，正处于蓬勃发展时期。因法律存在一定的滞后性，原有的劳动法无法解决新型工作方式中产生的诸多问题。

本书认为，诚实信用原则作为竞业禁止规则的法理基础更适当，竞业禁止是诚实信用原则在社会不断发展的背景下的衍生品。在劳动关系存续期间，劳动者履行该义务源于忠实义务，这种忠实义务又由诚实信用原则衍生而来；在双方的劳动关系终止后，劳动者须开始履行约定的竞业禁止义务。部分学者将此定义为合同的附随义务，这种附随义务是诚实信用原则在契约领域的具体体现。在实践中表现为，网络主播与直播平台订立合作协议，基于合同产生相应的权利义务，竞业禁止作为合同条款之一，受诚实信用原则的约束。具体表现为：一方面，直播平台为主播提供带宽流量、个人形象包装、宣传等；另一方面，网络主播不得在类似的平台上从事类似的业务或进行类似的活动。合同终止后，网络主播应保守在原直播平台时知悉的商业秘密。

2. 合理限制竞争原则与利益衡量

由雇佣合同的竞业禁止条款引发的诉讼可追溯至 500 多年以前。近 300 年来，英美普通法法庭援引最多的相关案例为"米特切尔诉瑞诺德案"。在该案中，麦克菲尔德法官提出，假如可以推论出对商业活动的限制是非法的，但是，可以证实这种约束是正当的，那么上述结论就能被推翻，因此，可以得出以下结论：对离职员工的合理竞争限制不适用于自由贸易[①]。所谓合理，是指为维护雇主利益在合同中明确规定限制的活动、地域范围、时间期限等。在司法实务中，法官一般根据具体案件而具体认定是否符合"合理限制竞争"，如果限制的范围超过了当事人通过限制想要获得的利益，即权利与义务不对等，那么该限制的合理性将会遭到质疑，乃至该竞业禁止条款无效。法院通常认为，对劳动者的限制是出于保护用人单位间公平竞争的需要，且并未不合理地限制劳动者的合法权益，同时适当考虑到公共利益和履行合同的情况和条件。

---

① 参见彭学龙《竞业禁止与利益平衡》，载《武汉大学学报（哲学社会科学版）》2006 年第 1 期，第 140 页。

利益衡量是指，关于某一问题如果存在两种或多种解决方式，需要依据利益衡量来决定采用哪一种解决方式。竞业禁止规则恰好是利益衡量的具体体现，当涉及劳动者与用人单位的权利和利益纠纷时，法官须在维护公共利益的基础上对双方的利益进行衡量。竞业禁止制度涉及劳动者的劳动权、自由择业权、市场竞争和人才流动等一系列权益，这些权益是市场经济所维护的；与此相对应的是用人单位的商业秘密、知识产权、市场竞争优势，用人单位的这些权益同样是良好市场经济不可或缺的，与企业的生存发展息息相关。因双方的权益存在对立，在发生权益冲突时，不管是维护哪一方的权益都会限制甚至损害另一方的权益，此时利益衡量就起到重要作用。

以劳动者离职竞业禁止举例，生存权是人最基本的一项权利，而择业自由与合法竞争是社会主义市场经济下劳动者生存权的集中体现。宪法赋予公民劳动权，劳动者可以自由地在法律允许的范围内选择想要从事的职业和工作场所。因此，若竞业禁止影响到劳动者的自由择业或生存权，法律上就应谨慎对待。对劳动者离职后再就业的任何限制都会阻碍人才流动，新技术无法自由在行业中流通，市场自由竞争下降，社会利益最终会受损。

三、网络直播竞业禁止适用的现状及问题

（一）网络直播竞业禁止适用的现状

1. 《劳动合同法》中的竞业禁止规定

《劳动合同法》第二十三条明确规定，用人单位和劳动者可以自行协商订立竞业禁止事项，以保护用人单位的隐私；对具有保密责任的劳动者，用人单位可以与其订立竞业禁止条款，并在满足要求的情况下，按月支付经济补偿。如有违约，劳动者应按协议赔偿用人单位损失。此条是对竞业禁止适用人员的规定，即"负有保密义务的"，以及定义了该条款保护的客体，即"用人单位的商业秘密和与知识产权有关的秘密事项"。此处存在的疑问是，商业秘密的范围不清、判断标准不明确，在实际适用时易产生歧义。

《劳动合同法》第二十四条对竞业禁止的范围和时限作了明确规定，在不违反法律、法规的前提下，具体内容可由双方自行协商约定。在劳动合同终止或劳动者被解聘后，有竞业禁止的劳动者不得再到与本单位具有竞争关系的其他单位工作，或者从事同类业务，但竞业禁止的最长时限不得超过2年。此条对竞业禁止的适用人员采取了列举加概括的模式，兜底条款应与所列事项类型相同。

2. 公司法及其他规范性文件中的竞业禁止规定

《公司法》第一百四十八条第五款、《合伙企业法》第三十二条对竞业禁止有明文规定。虽然民商事法律规定了董事、高级管理人员的竞业禁止义务，劳动法律规定了劳动者的竞业禁止义务，上述人员均被规定在竞业禁止的广义概念内，但二者有着本质上的区别，二者适用的法律体系也不相同。因本节主要是在新型工作方式的框架下谈论网络主播与直播平台之间的关系，二者不存在股东与公司的利益关系，故在此不详细展开讨论。

《最高人民法院关于审理劳动争议案件适用法律问题的解释》第三十六条至第四十条对竞业禁止进行了细化规定，基本立场和判断标准倾向于维护用人单位权益。其中第四十条明确规定了，劳动者违反竞业禁止义务，向用人单位支付违约金后，单位要求其继续履行竞业禁止义务的，人民法院应予支持。该条将竞业禁止的解除权和决定权授予了用人单位。

从上述法律法规不难发现，不论是《劳动合同法》，还是《公司法》等商事法律，网络主播并非传统意义上适用竞业禁止条款的主体。当网络主播与直播平台被认定为合作关系时，双方约定的竞业禁止条款是否有效会被质疑，由此导致的竞业禁止补偿金和违约金是否有效以及是否应当履行等问题便随之产生。

（二）网络直播中竞业禁止适用存在的问题

1. 劳动关系认定困难

依据《劳动合同法》第二十三条的规定，网络主播不是竞业禁止的适用对象，因直播平台和网络主播订立的大多为合作性质的协议。以游戏主播为例，主播通过娴熟、精湛的操作技巧，或详细、丰富的解说吸引观众观看直播。直播过程中，主播主要是把自己的游戏技巧操作优势或者分析解说优势转化为劳动力为平台吸引观众、增加流量，但这实质上仍然是劳动力与生产资料相结合的方式。故将网络主播这类新型工作方式纳入类雇佣的范围，将扩大竞业禁止的适用领域。在实务中，大部分法官在案件中均不认定双方存在劳动关系，而是认为主播与平台系合作关系，且双方所达成的合作协议、约定的非竞争条款完全是基于双方自愿，故双方应信守契约；只有少数法官认为双方存在劳动关系，但依据的是双方明确订立的《劳动合同》。将网络主播等网络服务提供者排除在劳动法的约束和保护范围外，相同项下的竞业禁止协议的有效性也随之令人质疑。随着人们就业方式的灵活化，如果司法仍套用固定的劳动关系认定标准，那么其将与实际用工情况渐行渐远。因此，今后我国完善劳动法律制度的基本观念应该是，以弹性劳动关系作为制度建设的起点，以人格从属性、经济从属性为核心要素，以"受约束的有酬劳动"为主要审查对象，以此回应互联网时代的劳动界限的模糊性和歧义问题。[1]

关于竞业禁止的适用主体与保护客体的问题，本书认为，竞业禁止约束的对象要么是劳动者要么是公司法中的董事、经理、高级管理人员，而网络主播与直播平台的关系并不属于上述范围，故网络主播不属于竞业禁止的适用对象。直播平台限制主播在合同履行期内跳槽的原因是，网络直播具有极强的主播个人色彩，主播通过展示个人特长吸引观众，获取流量并给平台带来收益。同时，为了培养头部主播，直播平台往往投入大量成本打造主播个人形象、投放广告或提供宣传。因在互联网时代以流量为王，直播平台欲通过竞业禁止的方式避免主播随意跳槽而损害自己的市场竞争力。一般来说，主播并不会接触到直播平台的商业秘密，或者接触到的商业秘密十分有限。对于以网络直播为职业的主播群体来说，直播产生的收益是其主要经济来源。在这相对固化的工作领域，如果限制主播在一定的年限内不能在该领域继续工作，必然会收窄主播群体的就业范围，甚至影响到这类人群的基本生存。直播平台通过运用此种手段来维护自身的市场竞争力的必要性值得法官谨慎考量，且竞业禁止条款保护的利益与产生的损害之间缺乏适当性。

2. 竞业禁止适用效力问题

竞业禁止协议实质上仍是合同关系。根据合同的基本原理，应当充分尊重当事人的意思自治，在不违反相关法律法规的情况下，合同有效，当事人应依约履行义务、享受权利。权利是有界限的，而民法作为一种私法，其意思自治也应当尊重国家法律法规和公序良俗。如果当事人被允许通过协议约定来限制另一方当事人的重大权益，那么需对此限制给出具体、充分、合理的理由。若无正当理由，则该限制的正当性将被合理怀疑。绝对排他性的合作以及竞业禁止要求，并不仅仅关乎利益的分配，还关乎网络主播一方的基本行为自由以及人格发展，所以，从法律的角度来看，竞争限制条款应该是一个敏感条款和关键条款，应该受到司法机关的谨慎审查。[2] 目前，我国基本没有对竞业禁止条款作出具体的规定，只有在法律明文规定或双方协议的情况下，该条款才被予以认可、接收，否则法院将认为该竞业禁止条款过度限制人身自由和择业自由而无效。在发生纠纷时，法官应当对合同利益的机构、权利与义务的具体分配

---

[1]　参见王天玉《基于互联网平台提供劳务的劳动关系认定——以"e代驾"在京、沪、穗三地法院的判决为切入点》，载《法学》2016年第6期，第56页。

[2]　参见薛军《网络直播平台与网络主播之间合同关系的几个疑难问题》，载《人民司法（应用）》2018年第22期，第80页。

等内容进行细致考察，依次分析该限制是否具备合理适用的理由，即竞业禁止条款正当化，以及合同一方是否滥用自身的地位优势，竞业禁止条款是否满足实质公平。

关于竞业禁止条款被否定的另一个重要原因系，依据《劳动合同法》第二十三条的规定，要求劳动者履行竞业禁止义务时用人单位须按月给付补偿金，而平台在约定该条款时则巧妙避开之；又或者，部分平台将补偿金包含在报酬中，但并未明确约定相应的计算方式和总金额，这显然不符合《劳动合同法》第二十三条的立法精神。法院在认定时应考虑平台是否提供了经济保障。

3. 网络主播违约责任与直播平台损失判定问题

（1）主播违约责任。合同的有效性是判断违约的基本条件。在直播平台与网络主播的合约中，竞业禁止条款是保障平台利益的核心条款，其主要表现为排他条款。实践中，违反竞业禁止条款的行为主要体现为主播跳槽的行为，即主播未经平台的同意，私自与第三方平台订立直播协议。根据本节前文所述，本书将网络主播与直播平台的关系主要归纳为两类，即劳动关系与合作关系。若认定为劳动关系，则劳动者须履行相应的劳动合同义务。根据《劳动合同法》第二十三条第二款，网络主播在协议期间跳槽到原直播平台的竞争平台违反了竞业禁止义务，对原平台造成一定损失，理应进行赔偿。若认定为合作关系，则合同双方应履行合同约定。如在"韦朕与斗鱼公司合同纠纷案"①中，根据主播与平台协议约定的非竞争条款（竞业禁止条款）与合同违约责任，韦朕不得私自在除斗鱼平台以外的任何平台进行游戏直播，而韦朕未经斗鱼公司同意单方面宣布开始在虎牙公司直播平台进行直播，这显然属于重大违约行为。故韦朕应当承担违约责任。

（2）平台损失判定与违约金。网络直播这一新兴行业，对于公平、诚信原则的适用尺度与因违约所受损失的准确界定，必须考虑网络直播行业的特点。主播违约跳槽给平台造成的损失，应理解为事实上存在的损失，而不仅仅是可量化的具体损失金额。在"韦朕与斗鱼公司的纠纷案"中，武汉市中级人民法院判决韦朕赔偿斗鱼公司 8500 万元违约金；在"江海涛与虎牙公司纠纷案"中，法院判决江海涛赔偿虎牙公司 4900 万元违约金。直播平台提出的天价违约金是否合理？违约金是指在合同履行过程中，根据合同各方的协议或法律明文规定，违约方必须向守约方提供一定金额的经济补偿。违约金一般可分为惩罚性和补偿性。惩罚性违约金的重要作用是债权人在要求债务人承担违

---

① 参见武汉市中级人民法院（2020）鄂 01 民终 3727 号民事判决书。

约责任的基础上，还可就其损害要求赔偿。而补偿性违约金则是债权人只能向债务人提出违约金损害赔偿，而不能要求其既承担违约责任，又承担相应的损失。[①]

本书在裁判文书网上检索到涉及网络主播与直播平台有关"违约""跳槽"的判决书、裁决书等共计282份（包括一审、二审），将主播违约跳槽所产生的责任形式梳理归纳为以下四类：一是对违约金的具体数额进行明确约定。二是对损失的具体计算方法进行了约定，在同时约定了具体数额与损失计算方法时，以数额较高者为准。例如，在（2020）辽01民终10274号案中，"乙方构成违约的，乙方应向甲方支付违约金人民币60万元，或违约金按照乙方已履行本协议期内近12个月乙方所取得的月平均营业收入乘以协议期剩余月份的总数，实际应支付的违约金以前述二者金额高者为准"。[②] 三是约定主播退还在平台所获得的所有收益。四是约定由主播赔偿因跳槽给平台造成的所有损失包括可期待利益的损失。上述四种承担违约责任的形式，可择其适用，也可同时选择数种，即既要给付违约金，又要赔偿实际损失和退还收益。通常情况，法院以合作费用及协议的实际执行程度为参考，结合协议期限、商业风险等多种因素综合考虑违约金数额。法院按照双方的约定，必要时会请第三方进行审计，在"江海涛与虎牙公司纠纷案"中，银通联作为第三方评估机构对虎牙公司的损失进行评估，但并未将评估报告披露，也未释明评估方法和结果。该案二审法院认为，该评估报告系虎牙公司单方出具，数据并未进行验证，对评估结果不予采纳。综上所述，网络主播违约跳槽对直播平台产生的损害并没有计算标准，直播行业作为近年新兴的互联网行业，法院在审理时均作出平台损失难以计算的认定。

四、网络直播中竞业禁止适用问题的成因分析

（一）劳动法律滞后于社会用工趋势

现行的劳动法律过于强调劳动关系中的身份属性和协议的书面性。然而，立法与实务认定之间的对立冲突不可避免。[③] 我国劳动法无法适应直播平台用工的原因之一是，现有的劳动法对劳动关系的认定仍然沿用全有或全无的认定

---

① 参见杨祥瑞《网络用户协议中个人信息保护的合同法研究：以〈淘宝平台服务协议〉为例》，载《吉林工商学院报》2019年第3期，第100页。

② 参见沈阳市中级人民法院（2020）辽01民终10274号民事判决书。

③ 参见秦国荣《网络用工与劳动法的理论革新及实践应对》，载《南通大学社会学报》2017年第7期，第54页。

标准，并以此为依据断定劳动者或用人单位应当履行的相关义务和所需承担的责任。但对处于劳动关系认定标准灰色地带的直播行业来说，这种全有或全无的认定标准并不能解决现有的冲突纠纷，而且这种"一刀切"的做法可能会起到反作用。在平台经济兴起之前，就已经存在类似的从属性与否的争议，法律所需要做的是确定此种从属（人身依附性或经济依附性）及管理与被管理的程度，并依据相关程度判断是否具有劳动关系。但我们不能忽视，劳动法的二元划分法存在较大的问题。依据本节前文所述，假设主播与平台之间具有劳动关系，那么平台作为用人单位将因此承担相应的义务。例如，为主播购买社会保险、发放工资且不低于当地最低工资标准等。反之，主播则无法享受此类作为劳动者应享有的合法权益。这反映出，在劳动法中，平台要么被劳动法完全规制，要么放任自流的二元划分。

一方面，若将网络主播与直播平台的法律关系不加选择地认定为劳动关系，则无疑将间接加重平台的社会责任。平台经济在一定程度上减少了劳动力市场的交易成本，使得劳动力市场的配置变得更为有效。[①] 直播行业为大量失业、待业的人群提供了工作机会，其中年轻人占比较大且收益甚多。直播行业使得用户因此获得了多元的直播观看体验，满足了不同群体的多样化需求。

另一方面，如果将网络主播与直播平台的法律关系完全排除出劳动法调整范围，那么，主播的合法权益在受到侵犯时将难以得到保护，甚至会影响到主播个人生存。虽然主播在与平台订立协议时基于自愿，但面对处于优势地位的平台方，主播无法与之进行力量相当的抗衡，潜在的工伤、福利保障的缺失等风险与主播所获利益无法相匹配。

1. 《劳动合同法》对竞业禁止内容规定模糊

关于职业限制。针对职业内容的限制可以分为两种：一是明确的关于职业的限制，即不允许员工在有关公司工作，如用人单位以列举的形式规定员工在离开后不得再进入有关公司，而这种竞业禁止的范围非常狭窄；二是对竞业禁止的约定模糊化，主要体现为对职工离职后不得进入的公司的范围模糊化。[②] 通常用人单位为了尽可能多地获得对竞业禁止条款解释权的优势地位，会直接引用《劳动合同法》第二十四条第二款"经营同类产品、从事同类业务"的规定。例如，在"江海涛与虎牙公司纠纷案"中，虎牙公司要求江海涛不得

---

① 参见丁晓东《平台革命、零工经济与劳动法的新思维》，载《环球法律评论》2018年第4期，第91页。

② 参见林欧《约定竞业限制范围的合理性分析》，载《法律适用》2017年第15期，第74页。

在其他直播平台以一切形式进行直播，不允许其承接竞争平台的全部业务活动。在实践中，采用第二种方式的明显多于第一种。

对竞业禁止范围的争议实质是用人单位的自身市场竞争力和经营收益与劳动者的自由择业权的冲突，双方都意欲将话语权掌握在自己手中，但基于用人单位天然的优势地位，劳动者的权益将受到一定的限制。

关于期限限制。从相关法律法规、地方性法规来看，我国目前将竞业禁止期限的上限控制在3年。例如，《广东省劳动合同指引》规定，竞业禁止的期限最长不得超过2年；《上海市劳动合同条例》第十六条第一款规定，限制的具体期限由双方自行约定，但最长不得超过3年。因以网络主播为例的新型工作方式中竞业禁止与现行劳动关系中在职竞业禁止有较大的相似性，故本书认为，网络主播的竞业禁止适用期限可以考虑以订立的合作协议的有效期为限，同样以3年为上限。

关于地域限制。竞业禁止适用的地域范围是协议的具体约定内容之一，用以明确劳动者履行竞业禁止义务的区域范围。竞业地域不应当是用人单位所处的行政区域，而应是用人单位或企业实际经营的区域。对于用人单位或企业现在未开发或将来可能开发的区域，不应当成为竞业禁止的范围，否则将导致用人单位不当扩大竞业禁止的地域范围。因网络直播以互联网为依托，而互联网传播具有地域无边界性特征，直播平台要求主播禁止到其他网络平台进行直播变相切断了主播从事该行业的途径。若在新型用工方式中套用此地域范围限制，一方面会损害劳动者的自由择业权，另一方面将会严重阻碍行业的发展，社会公共利益也将受到损害。因此，竞业禁止对地域范围的限制不宜过多。

2. 相关司法解释的欠缺

因《劳动法》《劳动合同法》对竞业禁止规则的适用对象、区域、期限的规定均十分抽象，无法据此解决网络主播从直播平台跳槽而产生的实际纠纷，再加上缺乏最高人民法院的司法解释指导各级法官审理相关案件，故而造成同案不同判的法律后果，这将有损司法公信力。结合前文所述，因缺少统一的裁判标准，在类似案件中，不同法官对同一事实存在不同见解。首先是双方法律关系认定的问题。例如，在"柏辰公司诉李艳合同纠纷二审案"[1]中，一审法院认为该案系劳动合同纠纷；而在上诉方柏辰公司涉及的另一起类似案件中，合肥市中级人民法院却裁定为合同纠纷，两级法院对案件双方的法律关系的定性产生了冲突，导致案件最终走向的不同。这引起了当事人的不满。其次是关于违约金的数额认定。违约金条款通常在协议中以具体计算方式或具体数额的

---

① 参见合肥市中级人民法院（2020）皖01民终7004号民事裁定书。

形式出现，巨额违约金通常是主播与平台纠纷的争议点之一，因缺少相关法规和司法解释，法官在酌定违约金数额时无标准可依，甚至出现两审判决结果存在巨大差额的情况。例如，在"仙洋公司诉肖可新行纪合同纠纷案"① 中，一审法院判决肖可新向仙洋公司赔偿违约金 377 万元，二审法院却改判赔偿 98 万余元，二者相差近 280 万元。两审法院对此金额的认定差距如此之大，有损司法公信力。在现有劳动法律零散规制又缺少相关司法解释的情况下，法律更加难以涵盖并解决复杂多变的用工实情，对互联网经济亦是如此。

（二）网络主播劳动者地位认定困难

1. 平台经济发展是影响主播地位认定的现实因素

从前期的收益分成、主播培养投入，到后期主播跳槽的违约金给付、竞业禁止义务的履行，主播与平台的权利冲突贯穿始终。

因直播平台只提供平台中介服务，不产生直播服务，主播才是直播内容的生产者，故二者的分成比例通常以主播占大额为主。因主播"门槛低、回报高"的特点导致大批年轻人涌入直播行业。主播职业大致可分为全职和兼职两种类型。全职主播以盈利创收为目的，是各大平台的重点培养对象。因网红主播自带流量，各大平台为巩固其竞争优势，一般会与网红主播在线下签订书面劳动合同，约定平台为其打造人设、收揽广告、提供变现渠道，向部分优质主播提供奖励金。主播需要根据合同约定完成平台公司的任务要求，并保持一定的人气，为平台创造收益。平台与主播的收益分成比例及平台对主播的培养投入可预先在合同中具体约定，也可在合同履行时双方达成合意进行调整。收益分成、培养资金等虽然可以在合同中自行约定，但主播往往缺少合规的团队支持，导致其在与平台谈判时处于劣势地位，合同的实际执行可能在平台的强势态度下偏离原有约定内容。例如，主播完成直播创收任务后，平台拒绝给付奖励扶植金，或者不履行平台的相关义务；在主播受到其他主播的人身攻击或与用户发生争端时，平台态度冷漠，拒绝处理。

虽然合同自由仍然是约定竞业禁止的法理依据，但当事人同样应遵守诚实信用原则。合同成立的前提是双方当事人处于平等的民事主体地位，享有相当的缔约能力；否则，双方地位不平等，就无法取得实质上的合同权利。双方之间的权利矛盾只是合同中伦理责任的界定与履行问题，而利益冲突仅仅体现在

---

① 参见沈阳市中级人民法院（2020）辽 01 民终 10274 号民事判决书。

当事人在履行过程中的公平性问题和特定的权益划分上。① 当事人通过合同对另一方的重大权益作出限制、约束，这样的限制必须予以慎重审查，被限制、约束的一方应当具有相当的议价能力和理由。从检索到的案例以及现在主播的年龄层次分布可以看出，主播年纪普遍偏小，有些甚至是刚成年，他们对社会没有清楚的认知，也没有相关的工作经验。在与直播平台签约时，主播通常难以运用自身所持有的资本影响协议内容的整体走向，因而往往在糊涂、非真实意思的情况下签订了竞业禁止协议。若是仅依据契约自由原则就认定主播应当履行竞业禁止条款，那么，在这种宽松的审查标准下，不仅会变相鼓励直播平台扩张竞业禁止的范围条款，损害或者影响网络主播的择业权、生存权，而且无助于整个行业的有序竞争。

2. 权益保障是影响主播地位认定的核心因素

随着我国社会经济的不断发展，劳动者权利呈现内容丰富多样的"权利群"或"权利体系"。② 现实用工情况需要给新兴行业的劳动者提供合理的权益保护。本书认为，法官在裁判相关案件时需要平衡网络主播权益与直播行业发展的利益，但更应该仔细审查直播平台是否在规避、否认双方法律关系的存在，防止部分直播平台借"合作关系"的外壳掩盖"劳动关系"的内核，防止直播平台将其应履行的义务和责任推卸给主播、相关行政部门。当然，短期内进行专门立法的难度太大且难以实现，但劳动法需要给予以网络直播为例的平台经济正面、及时的回应，对网络主播等新型工作方式群体的合法利益进行保护。

（三）未形成统一稳定的裁判思路

司法实践中，各地法院对网络主播与直播平台的纠纷案件的裁判结果相差较大。表面上看，这是法官自由裁量的结果；而实际上，这反映的是网络主播是否具有劳动者主体地位的司法困境。尽管《关于确立劳动关系有关事项的通知》第一条赋予法官自由裁量权，但在直播行业的实际裁判中，法官需要把握"度"，既不能完全照搬劳动关系认定的标准，也不能片面强调直播平台的用人单位义务。这个"度"即网络主播的合法权益与直播行业发展的平衡。

国家网信办于 2016 年 11 月 4 日发布的《互联网直播服务管理规定》不仅

---

① 参见秦国荣《劳动关系法律调整的伦理要求与法治内涵》，载《东南大学学报（哲学社会科学版）》2018 年第 4 期，第 72 页。

② 参见谢增毅《我国劳动关系法律调整模式的转变》，载《中国社会科学》2017 年第 2 期，第 124－144 页。

明确了直播平台的企业主体责任，还要求平台与直播服务提供者（网络主播）签订服务协议，规范双方的权利与义务。该规定看似对平台进行了制约，但并未表明双方服务协议的性质，只是笼统地概述平台对主播的监管义务，认定双方劳动关系的难题又回了到法院，由法官依据个案进行裁判。从《互联网直播服务管理规定》的内容来看，如果要求平台与主播签订劳动合同，那么在劳动法保护弱者权益的基调上，社会保险福利待遇、竞业禁止补偿金、违约金等相关制度须同步适用，这将给主播提供充分的劳动者权益保护，但会加重平台企业的运营负担和社会责任，影响整个直播行业的发展。根据前文所述的案例不难发现，不同的法官在审理主播与平台的纠纷案时，运用自由裁量权进行利益权衡后给出的却是相差较大的裁判结果，这将进一步导致此类案件的裁判标准在未来很长一段时间内变得混乱。现有问题是，主播与平台劳动关系认定的问题以及平衡二者权益的问题抛给了法院，但法官是否有此认定和平衡的义务？另外，目前并未显示自由裁量权不能够很好地解决网络主播这种新兴工作方式下产生的法律纠纷，反而"同案不同判"的情况使得该类纠纷更加令人难解。

五、网络直播中竞业禁止适用的完善建议

（一）网络直播中竞业禁止适用的制度完善

1. 完善《劳动法》关于劳动关系的认定

本书认为，可将网络主播选择性纳入非典型劳动关系进行保护。劳社部〔2005〕发12号文件《关于确立劳动关系有关事项的通知》的主要内容为，确定劳动关系可以从劳动者与用人单位之间是否具备人身属性、经济属性和组织属性进行认定。实践中，法官亦从上述三个方面审查劳动者和用人单位之间是否具有劳动关系。通过对200多个案例的分析，本书发现，关于网络主播与直播平台之间不构成劳动关系，法官们基本达成了共识，认为双方签订的合作协议系平等民事主体间基于契约自由的合同关系。在理论层面，关于网络主播与直播平台之间关系的性质已有诸多学者进行了研究分析。部分学者认为，应当对以主播为例的网络服务提供主体进行重新审视和保护，以便使现有的劳动关系法律紧跟市场经济发展的步伐，这也是对新型工作方式的服务提供者进行权益保护。

我国可以借鉴德国、意大利等国家的保护模式对网络主播的权益进行保护。德国劳动法将"类似劳动者的人"界定为存在经济上的依赖性，且相较于劳动者同样需要社会予以保护的人。保护措施有以下三个类别：一是对劳动

者进行完全倾斜保护；二是对类似劳动者进行选择性倾斜保护；三是对自主劳动中的营业者不进行倾斜保护。我国可以参考此种三分法，对新型工作方式中的提供服务者有选择性地进行保护。当主播与平台明确签署的是《劳动合同》时，若出现纠纷则依据《劳动法》《劳动合同法》解决；但当双方签订的为《合作协议》时，应当谨慎审查合同的具体内容。"合作关系"并非我国民商法中有名合同意义上的法律概念，缺乏明确的法律属性，"合作关系"可以与委托关系、劳动关系、承揽加工关系等并存，即使一方当事人坚持认为是合作关系，也不影响法官在审查后认定为劳动关系。法官需对具体的具有人身属性的条款进行分析。例如，规定具体的工作时间、地点和直播内容，付给主播的报酬是否为劳动报酬等，此时不宜适用合同法进行规制。非典型劳动关系以典型劳动关系为参照对象，具有典型劳动关系的部分要素。因此，法官在审理此类案件时应充分考虑到其特殊性，完全套用典型劳动关系的认定方法失之偏颇，对非典型劳动关系的认定标准可适当放宽。

2. 完善《劳动合同法》关于竞业禁止的规定

（1）明确竞业禁止人员范围。《劳动合同法》第二十四条对竞业禁止适用人员的范围进行了界定。国外判例对此也多持谨慎态度，例如，瑞士《债法典》第 340 条第 2 款规定："竞业禁止仅适用于劳动关系中雇员能够知悉雇主生产或商业中的秘密，泄露该秘密将会给雇主造成严重损失的情形。"[①] 因此，若将竞业禁止的适用范围扩张至网络主播这种新型工作方式中，同样应谨慎考虑适用的主体。

根据礼物收益、粉丝数量、直播人气等可以将主播分为头部主播、中腰部主播和底部新人主播。随着大量从业人员涌入，普通直播的收益也被拉低，对一些中小主播来说，盈利空间变小、生存压力变大。泛娱乐主播、游戏主播相比于电商带货主播获得的关注度更少、高人气保持的时间更短，中小主播的留存率更低。为了获得流量和关注度，主播在直播时确有不少哗众取宠的现象。近些年来，各种类型的主播蜂拥进入网络直播行业，造成主播之间的市场竞争日趋白热化。各直播平台上的人气和光环大多聚集在头部主播上，小主播很难有好的曝光机会。而做专业直播间的，从租用场地、直播设备、装修等前期准备工作，到后期主播培训、包装、推广等的资金投入都较大。

本书认为，在网络直播行业，可以参考主播所在的流量层次、社会影响力、收入等因素酌定其义务。针对与平台线下签订《合作协议》的头部主播、

---

① 转引自熊晖、王瑞宏《竞业限制对劳动者的泛化适用问题研究》，载《重庆理工大学学报（社会科学）》2021 年第 9 期，第 171 页。

中腰部主播可以约定竞业禁止协议，而对于线上的尾部主播、小主播、新人主播，考虑其竞争力较低、直播获取的收益较低，则不宜加以竞业禁止。

（2）明确竞业禁止期限与地域范围。各国立法对于竞业禁止的年限均有明文规定。德国《商法典》规定，约定竞业禁止的时间以 2 年为限；瑞士《债法典》规定，不存在特殊情况时，竞业禁止的期限不允许超过 3 年；我国《劳动合同法》规定，约定的竞业禁止时间不得超过 2 年。竞业禁止规则的适用在一定程度上缩小了劳动者自由择业的范围，如果限制时间过长将会影响劳动者的正常生活及其家庭成员的生活，但期限过短则易导致劳动者产生违约成本低的不良心态，用人单位或企业的经营权益会受到损害。对于网络主播违约"跳槽"可以参考适用离职后的约定竞业禁止制度，主播履行竞业禁止的期限以合同剩余有效期为限。对于影响力较大的头部主播，根据其造成的社会影响、主观故意程度、平台受损程度进行综合考量，可适度延长此类主播的竞业禁止期限，但不宜超过法律规定的期限，从而在一定程度上遏制主播"花钱买自由"的不良心态。

本书认为，对于竞业禁止的地域范围，由于直播这种新型工作方式中的工作者多以互联网为平台，而互联网又具有无边界等特征，且禁止主播等网络服务提供者在互联网平台工作会损害到此类人员的生存权，因此，对该类人员的竞业禁止义务的地域范围不应作过多限制。

3. 完善《社会保险法》关于劳动关系的保护

结合本节前文所述，网络主播以直播平台为中介提供网络服务，虽与传统劳动方式有所不同，但归根结底只是劳动所用的工具有所不同，其仍然被非典型劳动关系所涵盖。而非典型劳动关系的特点表明，其劳动关系的构成超出了标准劳动关系的范围，具有不规范性和复杂性，进而对现行的劳动关系发起了挑战。[①] 换言之，不论网络主播通过何种方式提供服务，只要其身为"人"、作为"劳务给付者"的劳动力主体的地位未改变，就应当给予其适当的法律权利和司法救济。[②] 当网络主播与直播平台存在人身依附性时，双方并非处于完全平等的地位，主播与平台具有非典型劳动关系特征。实务中，对于此类案件中的劳动关系认定存在较大困难，绝大多数法官基于双方订立的协议推定双方为平等民事主体，不具有劳动关系。只有个别主播在诉讼中被认定为劳动

---

① 参见杨红梅、马跃如《非标准劳动关系中劳动者权利保护体系的缺陷与完善》，载《湖南科技大学学报（哲学社会科学版）》2014 年第 1 期，第 74 – 79 页。

② 参见王立明、邵辉《网络主播劳动者地位认定的困境、反思和出路》，载《时代法学》2018 年第 5 期，第 3 – 14 页。

者。因此，在对符合适用非典型劳动关系的网络主播进行保护时，应同时适用社会保险等制度对其进行保护。因我国绝大部分社会保险，包括但不限于失业保险、工伤保险、养老保险等，适用对象均以劳动关系存在为前提，网络主播无法证明与直播平台存在劳动关系，其社会保障权益就会受到影响。例如，一些小主播被要求履行竞业禁止义务，3年内不得从事相关直播职业，此时，被行业限制的主播面临失去收入的风险，基本生活甚至得不到保障，却游离在失业保险制度之外。另外，应搭建以政府为主导的三方沟通平台。随着网络直播行业的快速发展，相关配套措施未能适时出台，主播的部分权益受到损害，引起行业乱象。为了保护主播等平台从业者的权益，保证直播行业的健康、可持续发展，需要建立以政府为主导的三方协商机制，解决直播平台强势地位造成的平台与主播之间的权责不匹配的问题，从而更好地保障主播的合法权益。

4. 建立网络主播转会制度

行业自律是指一个行业要想持续发展，行业内的经营者就必须制定行业规则，以保护自身的共同利益，并自觉遵守和执行这些规则。建立行业自律机制，是企业实现可持续发展、提高竞争力的一项重要保证。直播行业亟须建立行业自律机制，提升市场竞争力，提升行业服务质量，增进社会公共福利。职业体育运动员的转会制度发展较成熟，这为建立网络主播跨平台流动的自律机制提供了范本。

（1）网络直播行业适用的可行性。一是职业运动员转会制度系一种行业自律机制。职业体育，指商业化、市场化下的体育运动。职业运动员转会是指运动员在不同俱乐部之间流动，并由新俱乐部给付一定数额的转会补偿金。这种制度相当于赋予训练了运动员的原俱乐部以权利，原俱乐部在失去运动员将会产生的预期利益时，可以向接收该职业运动员的俱乐部要求经济补偿。职业运动员的转会行为会引起多重法律关系：运动员与原俱乐部终止合同，原俱乐部与新的接收俱乐部订立合同，运动员与接收俱乐部订立合同。二是网络主播与职业运动员的相似之处。网络主播与职业运动员具有诸多相似之处：其一，无论是平台还是俱乐部，都会投入大量的资金和资源来培养他们的签约对象。不论是直播行业还是职业体育行业，优质的人力资源都是不可复制、不可多得的，是各行业共同追求的。俱乐部对职业运动员的投入不亚于直播平台或更甚。其二，劳动力商品属性增强，尤其是在类雇佣关系中表现得尤为突出。因直播活动与体育竞技活动均带有娱乐色彩，故二者在提供服务时均自带商品化属性。无论是在直播行业，还是在竞技体育领域，那些有良好形象、有较高商业价值的人群，都会给自己、平台/俱乐部带来品牌价值。

（2）建立网络主播转会制度。头部主播往往因巨额违约金而引起网民高度关注，而小主播的真实生存现状却少有人问津。相对于为数不多的网红主播，小主播通常处于利益分配链条的尾端，其合法权益亟须受到重视与维护。对此，可以借鉴职业运动员的转会制度，建立、完善主播的转会制度，兼顾各方利益，推动行业繁荣发展。

一方面，建立完备的转会制度。《中华人民共和国体育法》第四十五条规定了运动员注册制，经过正式注册的运动员可以在各项赛事和参赛队伍间有序流动。根据竞技赛事的不同类型，运动员需要在相应的体育协会提交材料进行注册登记。因此，网络直播行业若要参考该制度，就需要先搭建一个行业协会平台，让网络主播在行业协会的指引下进行相关活动。另外，设立全国统一的登记注册制度，各平台及其所签约的主播进行登记，有利于行业协会的有序管理。另一方面，制定合理的转会规则。以电子竞技游戏为例，其转会市场则有两种。其一，"挂牌转会制度"，和平精英的 PEL 和王者荣耀的 KPL 等赛事都是采用这个转会制度。其二，拳头公司的"全球性转会制度"，英雄联盟、瓦罗兰特等全部采用这一制度。具体到网络主播行业：其一，转会条件，即主播必须解除或终止与原平台的协议。结合本节前文所述，因头部主播与小主播的影响力不同，平台在签约主播时会依据主播自身条件调整协议内容。对于头部主播，平台往往设置更为严苛的条款，其解除合同的要件较小主播更复杂。其二，转会补偿机制。在职业运动员转会制度下，培养过该运动员的原俱乐部将会获得相应的补偿，即转会补偿。[1] 转会补偿与违约金有异曲同工之处，用于弥补主播跳槽造成的损失。《中国足球协会球员身份与转会管理规定》第十九条[2]规定了球员转会的补偿要求。结合主播行业的特点，主播转会可依据主播的实际收入、人气流量、社会影响、商业价值等多方面确定相应补偿的计算方式，对网红主播和小主播合理地区别对待。

建立转会制度对网络主播跳槽行为进行规制发挥着平衡二者利益、维护社会公共利益、促进行业有序发展等多重作用。职业运动员转会制度给直播行业和主播流动提供了新的发展思路，有制度约束的直播行业才能走得更远。

---

① 参见任娇娇《球员转会补偿制度的实践构造》，载《苏州大学学报（法学版）》2019 年第 3 期，第 14 - 25 页。

② 《中国足球协会球员身份与转会管理规定》第十九条：涉及转会补偿的球员转会，原俱乐部与新俱乐部应当签订转会协议，并由球员签字确认。转会协议应当载明转会日期、转会补偿数额、双方权利义务、违约责任和终止条款等，同时应当注明球员代理人（如有）的姓名及其义务。转会补偿数额由原俱乐部与新俱乐部协商确定，但不得低于培训补偿和（或）联合机制补偿的标准。

（二）明确网络主播承担违约责任的方式与违约金标准

1. 网络主播须提升诚实信用意识

直播行业的兴盛发展吸引了大量资本涌入。在资本的加持下，各大知名直播平台大量引进优质主播或培养网红主播以期提高市场竞争力、获得更高的市场占有率，由此产生了一些影响行业健康发展的行为——网络主播随意跳槽。不管是本节前文所述的知名主播王江涛还是张宏发在违约跳槽至新平台时有新平台为其违约买单，还是不知名小主播跳槽对直播平台造成较小影响，根据实际案例可知，稍有名气的主播一旦违约跳槽就会面临高额违约金或竞业限制。面对如此沉重的法律责任，除了自带流量的超高人气头部主播能够继续发展，其他小主播不仅要面对人气的衰落，更有甚者直接退出了直播行业。因此，网络主播严格遵守合同约定是避免此后果的手段之一。

对于网络主播来说，应该严格遵守在不违背自己意愿的情况下签署的合同，虽然基于人身属性不宜强制违约主播履行竞业禁止义务，但其必须为此付出相应的财产上的代价。早期悍然违约的主播已经为后来者提供了深刻的经验教训。因此，网络主播必须提高诚信意识和合同严守精神，参与营造良好的行业氛围。此外，主播在履行与平台的协议时，应注意合同中于己有利的条款，在平台恶意压制己方人气、限制己方正常参与商务活动时，可以以合同约定的内容为依据主张抗辩，并通过书面的形式固定证据材料；当直播平台违约时，可以及时向人民法院举证，以此维护自身的合法权益和商业价值。[1]

2. 明确网络主播承担违约责任的方式

主播与平台的纠纷大多是由主播在合作协议期内跳槽至新平台引起。从检索到的案例来看，实践中，法官大多认定主播的跳槽行为系违约行为，主播应当承担相应的违约责任。具体的违约责任以赔偿平台损失、给付违约金、履行非竞争条款为主。合同违约损害赔偿通常是依据受害人所遭受到的实际损失计算，用以弥补受损害一方的损失。按照《法经济学》的基本观点，利益乃是法律的基础，法律制度本质上是利益调节的制度安排。[2] 本书认为，《合作协议》是主播和平台基于自愿而达成的，主播跳槽应当承担由此产生的违约责任，几种违约责任的承担方式可以搭配使用。

主播在要承担巨额违约金的情况下仍坚持跳槽至别的平台，其中一个原因

---

① 参见廖正《网络直播平台与网络主播的合同争议及法律规范》，载《山东科技大学学报（社会科学版）》2019 年第 3 期，第 56 - 63 页。

② 参见曲振涛《法经济学》，中国发展出版社 2005 年版，第 6 页。

是新平台愿意替主播承担巨额违约金。竞争平台看中头部主播的影响力和流量，愿意付出高额的违约金换取主播的流量；主播因背靠新平台而有勇气在要承担巨额违约金的情况下仍违约跳槽。根据检索的案例判断，主播跳槽系主观故意，新平台在承诺给付主播高额报酬的同时，愿意代其支付巨额赔偿金。本书认为，主播这种目标明确的恶意违约行为并不能实现合同的效率。主播的这一行为系效率违约，试图通过违约损失赔偿代替合同履行。网络直播作为互联网时代的新型工作方式，主播恶意违约跳槽给平台造成的损失无法具体化，也缺乏相关的第三方审计平台。法官因此只能在有限的证据范围内结合行业情况酌定平台的损失。部分案件中，平台会要求主播继续履行协议内容。虽然继续履行合同比其他救济方式更能减少履约方的损失或能使合同恢复到履行状态，但在主播明确拒绝的情况下要求其继续履行合同会侵犯到违约主播的人身自由。法院通常认为，平台该项诉讼请求实质是对主播提出了行为禁止性的诉求，平台无权对主播在合同解除后的行为作出禁止性约定或要求。因此，平台和法官退而求其次，选择损害赔偿，但这注定了赔偿结果会与继续履行协议的效果产生巨大差距，因而赔偿的目的是尽力而非当然使当事人双方处于合同得到完全履行的状态。[①] 因此，有必要区分故意违约者与非故意违约者。对于纯粹是因新平台给出的价格更高而跳槽的主播，应当要求其在赔偿违约金的情况下履行竞业禁止义务；而对于非故意违约的主播，在其赔偿违约金后不应再苛求其继续履行或承担补偿金。

对于故意违约的主播所获收益的归属问题，可以借鉴《公司法》中的"归入权"解决。当网络主播违约跳槽至新平台所得的收入超过了原平台的损失，可以考虑将超过部分补偿至原平台；反之，如果主播所得收入未超过平台的损失，那么归入权可以由损失赔偿责任进行吸收。头部主播频频被爆出"天价"罚金，但巨额违约金也暗示着头部主播的收入颇丰。例如，电商直播头部主播之一的薇娅被曝光逃税6.43亿元[②]，这直观地反映出头部主播的收入之高。

3. 明确新平台承担连带责任的情形

对于新平台的"挖角"行为可能涉及不正当竞争，因第三方"挖角"平台并非合同的相对方而不应承担合同义务。但依据合同法无法追究"挖角"

---

① 参见陈凌云《论"违约方获益"之归属》，载《法律科学（西北政法大学学报）》2018年第4期，第137－145页。

② 参见《主播薇娅偷逃税被罚13.41亿元　持续规范直播行业健康发展》，见新浪网（https://finance. sina. cn/tech/2021－12－21/detail－ikyakumx5382940. d. html? fromtech=1）。

平台的责任，对于由此给原平台造成的损失应以不正当竞争为由另行发起诉讼。另外，从网络直播的行业特点来看，仅依据合同约束主播的跳槽行为不足以制止该类行为的继续发生。综上所述，在主播违约跳槽纠纷中，合同法适用于主播与平台，但因第三方平台并非合同相对方而不能受合同法约束；相反，可以用反不正当竞争法追究"挖角"平台的不正当竞争责任，但不能约束主播的跳槽行为。

4. 明确违约金司法酌减的情形

在"虎牙公司诉江海涛纠纷案"中，江海涛一审被判决支付 4900 万元违约金。该案二审判决结果显示，虎牙公司有权追偿江海涛在其平台上获得的全部利润，并要求赔偿江海涛在虎牙平台上的全部经济损失和违约金人民币2400 万元，数额为江海涛在虎牙平台全部利润的 5 倍，以违约金较高者为准。一审宣判后，江海涛认为违约金过高，但在二审中并未提供相应证据佐证，因此被二审法院驳回。依据《民法典》第五百八十五条第二款之规定，人民法院或者仲裁机构可依据当事人的请求对违约金数额予以适当调整。

对于违约金司法酌减的正当性，有学者将其概括为三个方面：①允许自由约定无限制违约金则每个交易人都可能承担无限制责任；②缔约时债务人的预见义务与其违约时承担的超出预见的责任相比显得不公平；③缔约时双方的谈判力量不对等。[①] 本书认为，应当以守约一方的实际损失为客观依据，在实际损失认定困难时，可以依据违约方的实际收入作为酌减标准。同时，应结合案件综合考虑，包括合同的履行情况、主播的主观故意与否、平台的预期利益等因素。在考虑预期利益时，应考虑主播与平台的经济地位问题。结合实际情况，法院通常以主播恶意违约跳槽而支持平台高额违约金的诉请。本书认为，法院意欲以高额违约金遏制直播行业随意违约的不正之风。

本书对主播跳槽应支付的违约金持以下三种不同意见：一是法院想通过高额违约金来遏制主播跳槽的乱象，但忽视了以"实际损失"为基础。在大多数案件中，平台出示的证据难以充分证明其实际损失，此时应当以主播的合同收入为酌减的基准。二是法院应当考虑缔约时双方的经济地位，对违约金的约定应基于竞业禁止义务方的实际收入适当约定。若约定的金额过高甚至损害到主播的生存权，法院应当对其有效性进行审查。三是不应将企业的正常经营损失与主播违约跳槽挂钩。

---

① 参见王洪亮《违约金酌减规则论》，载《法学家》2015 年第 3 期，第 143 页。

(三) 明确网络主播实际履行竞业禁止义务的情形

1. 平衡网络主播与直播平台的权利冲突

为了保护用人单位的商业秘密和与知识产权相关的秘密，我国劳动法律规定了离职后的竞业禁止，但该制度在一定程度上限制了劳动者的自由择业权。从网络主播与直播平台签订的合作协议来看，其中的非竞争条款是基于双方合意自愿签订的，当事双方理应享受合同的权利并履行合同的义务。主播作为平台的合作者，实质上仍是提供网络服务的劳动者，且不谈在合同法项下竞业禁止条款的有效性，这与国家倡导的灵活就业相违背，阻碍了人员流动。但并不是说用人单位、平台的权益就与公共利益相违背，竞业禁止制度是为了在网络主播与直播平台之间寻求利益的平衡。在直播行业，各平台"挖角"、头部主播跳槽的事件频发，原平台试图通过竞业禁止条款维护自己的市场竞争力，实际上是想以竞业禁止的方式来达到防止不正当竞争的法律目的。本书认为，劳动者的自由择业权应当优先考虑，竞业禁止并非唯一有效的手段，提高主播的违法成本亦能在一定程度上遏制主播的恶意跳槽。

2. 网络主播跨平台流动反向促进行业发展

关于网络主播违约跳槽后是否应当继续履行竞业禁止条款，学术界有两种不同的看法。

(1) 认为应当继续履行。原平台要求主播不能在第三方平台进行直播是消极不作为义务，不具有人身属性，法院完全可以通过要求第三方平台配合下架主播直播频道和直播视频的方式强制执行。武汉、上海、深圳等地区的法院均有支持停播的判令。例如，深圳市南山区人民法院对企鹅电竞直播平台的头号主播张大仙作出禁播行为保全裁定，张大仙和斗鱼无视法院的裁定仍然合作直播。对此，法院对张大仙罚款10万元，对斗鱼罚款100万元的处罚，已敦促双方遵守法院的裁定。该案终审判决支持了原审的裁判。司法实践证明，通过判决支持禁播具有可行性。

(2) 认为不宜继续履行。例如，在游戏直播行业，主播是直播平台的核心竞争力。平台为培育主播会为其提供直播带宽资源、软硬件、包装、推广、培训等各方面的人财物支持，据此亦应享有主播在合作期间所带来的用户流量及变现收益。但是，跳槽是主播的人身自由和择业自由的体现。公民的人身自由和择业自由是我国宪法赋予公民的一项基本权利，也是一项重要的公共政策，具有更高位阶的法益。法律关于限制择业、就业、竞业均持严格的态度，因而，在市场经营主体的权益与公共政策相冲突时，必须首先保障公民择业自由的权利，必要时公共政策为之让路。

本书认为，保证网络主播跨平台流动的畅通，有利于直播行业的长久、健康发展，从而增加社会公共福利。造成主播跨平台流动有以下三个原因：其一，原直播平台的发展存在严重的问题，主播认为自己的职业发展受到威胁；其二，在直播行业发展初期，平台可以以低廉的价格签约主播，随着后期主播人气的不断上涨，平台已无法再向其提供与其流量相适应的薪资；其三，网络直播行业马太效应愈演愈烈，诸多中、尾部直播平台均遭遇资金链断裂等一系列困境，而头部直播平台通过不断规范运作方式、透明化信息披露，使得社会资源进一步聚集，为主播提供了更完善、公正、规范的从业环境。为解决上述问题，若单纯粗暴地用竞争法来约束网络主播流动，则必然会造成主播如同签订了"卖身契"被迫绑定在原平台。这将严重挫伤主播的主观能动性，也不可避免地阻碍消费者获得高质量的直播服务，削弱产业竞争，抑制市场竞争活力，最终导致社会整体利益的下降。若允许网络直播行业人员充分、自主流动，在法律框架内用违约责任处理主播行业人员流动产生的问题，鼓励竞争，该问题将会得到更好的解决。如此不但维护了主播的合法权益，还间接促使主播不断提升技能，为消费者提供更多优质服务，同时也促进了平台之间合理竞争，为主播与网络消费者提供更加优质的直播内容与更加和谐的直播氛围，并最终带动文化娱乐产业的繁荣发展，从总体上提高公共福利。

（四）适时出台相关司法解释及指导案例

1. 以司法解释协调处理行业纠纷

"如何认定劳动关系"，是《劳动法》适用范围的另一种表述。正如人类发展史上历次科技革命那样，随着互联网的发展和5G时代的到来，劳动用工方式的变革势不可挡，劳务给付方式的灵活化、弹性化和多元化将改写人们的劳动认知。[①] 面对新型工作方式，劳动法应当依据现实情况予以立法上的回应，厘清网络主播与直播平台的关系，减少纠纷，节约司法资源。劳动关系的认定是一项基础又十分复杂的事情，仅依据现有法律和部门规章难以厘清。尽管我国目前还未专门制定娱乐法，但包括民法典、劳动合同法、反不正当竞争法在内的一系列法律规范均涉及对娱乐行业的规制。随着平台经济和文化娱乐产业的发展，现阶段的法律保障覆盖面还远远不够。以直播行业为例，一部分案件中存在劳动合同法、著作权法、反不正当竞争法等多领域的纠纷。因此，相关司法解释的出台显得十分必要且急迫，有利于统一司法实践对此类争议的

---

① 参见王天玉《基于互联网平台提供劳务的劳动关系认定——以"e代驾"在京、沪、穗三地法院的判决为切入点》，载《法学》2016年第6期，第50页。

解决方式。

2. 以指导案例统一裁判思路

在司法层面，各级法院在累积了一定的解决该争议的成功经验后，利用最高人民法院出台的司法解释进一步强化此类案件的处理方式，并由最高人民法院整理出台一批关于直播行业主播跨平台流动纠纷的指导性案例，这既符合实际需求又兼具操作可行性，是司法实践急需的纠纷解决方法。最高人民法院出台相关指导性案例可以为地方各级人民法院提供"参照"，以推动有关判决、裁定的规范化与统一化，为今后的行业立法改革和深入实施做好准备。①

六、结语

直播行业属于新兴发展行业，解决了很大一部分劳动者的就业问题，具有良好的发展前景。对于该行业出现的不良竞争现象，不应一律否定并施以严厉措施。在考虑就业、行业发展前景、社会公共利益的情况下，令竞业禁止制度在适度的范围内适用，对于网络主播违约建议采取损害赔偿代替实际履行的方式，可以保证整个行业的人员流动性。本书认为，法官在审理该类案件时应当先行分析相关合作协议的性质，然后才是协议的利益结构，在利益平衡原则的基础上判决是否应当要求网络主播实际履行竞业禁止义务，以及违约损害赔偿代替实际履行时违约金、赔偿金的数额问题。本书认为，应完善相关的法律、司法解释，对网络主播等新型工作方式进行规范，建立网络主播转会制度，探索网络主播跨平台流动的可行性，从而促进直播行业的有序、良好发展。

---

① 参见廖正《网络直播平台与网络主播的合同争议及法律规范》，载《山东科技大学学报（社会科学版）》2019 年第 3 期，第 56 –63 页。

第六章　网络监管的法治化治理

本章分析网络慈善募捐的法律监管、App 个人信息收集与使用的法律监管、人脸识别技术应用的风险与法律监管，从上述三个方面论述网络监管法治化治理的立法思考及法律监管的具体措施，实现网络社会管理者与网络社会行为的可预期和可控制，以及网络社会治理的规范化和有序性，通过完善法律监管制度体系推动网络社会健康发展。

第一节　网络慈善募捐的法律监管

网络慈善募捐是新时代的产物，近年来得到了飞速的发展。在现实生活中，网络慈善募捐也展现了超越传统慈善募捐的优势。一方面，低碳高效的操作程序，节约了善款善物的流通环节，节约了开展慈善的时空成本；另一方面，通过全球范围的社会力量救助使身陷困境的主体脱离困难，符合我国社会主义核心价值观的要求。网络慈善募捐有效促进了社会和谐，是我国社会保障体系中不可缺少的一环。尽管网络慈善募捐活动取得了不错的成绩，但是其发展并非一帆风顺，诈捐、骗捐等恶性事件的发生为慈善事业的发展敲响了警钟。目前，我国有关网络慈善募捐监管的法律制度尚存在缺陷，监督管理制度严重落后，使得网络慈善募捐的良性发展受到极大影响。因此，有必要建立、健全我国网络慈善募捐监管相关法律制度，促进网络慈善募捐朝着健康、有序、良性的方向发展。

一、网络慈善募捐的概述

（一）网络慈善募捐的概念及特征

1. 网络慈善募捐的概念界定

根据《新华词典》的解释，"募捐"是指以公开方式筹集资金或商品。募捐与捐赠不同，捐赠是指将物或金钱直接赠与他人，但"募捐"是将善款、善物通过发起人由捐赠人交付给被救助人。募捐行业涉及的不是两个主体，而是三方主体。在本质上，网络募捐与传统募捐一样，只是前者主要是依靠网络平台来实现发起人、捐赠人、受赠人之间的募捐行为。① 慈善是指对人关怀，富有同情心，故慈善募捐不同于其他商业募捐，是为了实现慈善事业而开展的募捐，而不是其他商业经济目的。

《中华人民共和国慈善法》（以下简称《慈善法》）对网络慈善募捐的界定：以互联网技术为媒介，为了实现慈善宗旨而募集财产的行为，是个人、组织等社会主体在依靠自身力量无法解决所面临的困境，通过网络募捐平台发布慈善求助信息，发动广大网络、寻求他人救助的新型募捐。② 网络慈善募捐属于募捐和慈善的下位概念，募捐行为和慈善内涵囊括了网络慈善募捐。与传统慈善募捐相比，网络慈善募捐的区别只是该募捐行为发生于网络系统。上述对网络慈善概念的界定是从实现募捐的方式来阐述，即强调虚拟网络而非线下传统开展的募捐行为。根据募捐对象是否特定，网络慈善募捐可以进一步细分为以发展社会公共利益的募捐和以救助特定个人的募捐。前者如资助不特定的困难或患病的群体或孤儿，后者如资助特定人的医疗或教育费用。二者对发起人的要求也不一样，前者可称为"公益募捐"，要求发起人必须是在民政部门备案登记的慈善组织；后者可称为"私益募捐"，对发起人的资质没有特殊要求，可以是自然人，也可以是登记的法人、合伙企业等。③

2. 网络慈善募捐的特征

（1）募捐主体具有特殊性。多方主体共同参与网络慈善募捐，除了募集人（也称"发起人"）、捐赠人和被救助人（也称"受赠人"或"受益人"），还有募捐平台。募捐平台凭借互联网技术为其他主体提供服务，并不是具体法律关系的当事人。对于发起人身份，除了公益慈善募捐对之有要求，并没有特别的资格限制。从网络慈善募捐的实践来分析，特别是对特定对象进行救助时，一般发起人系与被救助人具有亲密关系的近亲属，或者是富有慈善情怀的爱心人士。传统慈善募捐发起人仅限于公益性社会团体和非营利性事业单位。但是，网络慈善募捐的发起人并不受身份和地域的限制，范围相关广泛。捐赠人具有匿名性，可以突破时空限制，任何民事主体均可以参与其中，即使没有

---

① 参见穆笛《论我国网络慈善募捐法律制度的完善》（硕士学位论文），西南政法大学法学院 2018 年，第 13 页。

② 参见向彭《关于完善网络募捐监管法律制度的思考》，载《华南理工大学学报（社会科学版）》2017 年第 3 期，第 92 页。

③ 参见张雪梅《我国个人网络募捐法律问题研究》，载《衡阳师范学院学报》2019 年第 8 期，第 73 页。

真实的实名认证也可以完成捐赠行为。网络慈善募捐的受赠人具有特定性，具体到一定范围内陷入困境的特定群体或特定人。

（2）募捐方式具有特殊性。借助互联网技术，网络慈善募捐在募捐方式上具有灵活性和丰富性。传统慈善募捐方式在地理范围和受邀群众上具有局限性，无外乎是通过在报纸上刊登广告、上门请求给予捐赠或者通过慈善拍卖、义务表演或者义务出卖产品来筹集款项，而且这些活动的开展需要经过层层备案或报批。网络慈善募捐在互联网高科技的辅助下，突破了地域限制，募捐平台使得募捐方式更加灵活，更加及时有效。网络慈善募捐可以通过资金募捐、物质募捐、网络义卖等多种方式来筹集慈善资金①，真正做到了募捐方式的多样化和多元化，能够最大地调动和组织潜在的慈善资源。无论募捐方式的外在表现如何，其表象之下的实质还是寄希望他人能够"无偿赠与"。②

（3）募捐启动具有自发性。传统慈善募捐一般由依法成立的慈善组织开展，募捐项目的发起到结束均需要严格按照组织章程和法律规范进行，需要经过层层审批和备案且基于地域范围的局限性，从上到下有序开展，难以对慈善需求做出及时回应。③但是，在启动性质上，网络慈善募捐具有强烈的自发性和自愿性，无须组织和法定义务。捐赠人没有对募捐项目进行捐赠的强制义务，完全基于内心确信来决定是否认可募捐事实，从而自发决定是否给予救助。正是基于此原因，对于一些社会名流和网络大咖发起的网络慈善募捐，捐赠人自发给予密切关注和重视。

（4）募捐具有绿色低碳、高效和便捷的特点。传统慈善募捐需要消耗大量的人力资源，同时需要花费大量的物力和财力；相比较而言，网络慈善募捐借助互联网技术，缩短了发起人、捐赠人、受赠人的空间距离，减少了走街串巷的成本消耗，节约了善款善物帮助受赠人的时间，实现了绿色低碳、高效便捷的社会效果。受赠人只需在募捐平台公布一个真实账号或者联系方式，就会收到来自世界四面八方的捐赠款项，实现了真正的"一方有难，八方支援"。在善款善物的使用效率上，与传统慈善募捐相比，网络慈善募捐省去了运输时间和募捐过程的沟通时间，也没有了严格的行政审批流程，所筹集的款项能够直接用于募捐项目，使得慈善爱心和情怀能够及时兑现。

---

①　参见张作为《网络慈善募捐模式构建与实施》，载《北方经济》2011 年第 2 期，第 31 页。

②　参见沈国琴《慈善募捐法律概念要素分析》，载《晋中学院学报》2019 年第 4 期，57 页。

③　参见金锦萍《〈慈善法〉实施后网络募捐的法律规制》，载《复旦学报（社会科学版）》2017 年第 4 期，第 167 页。

（二）网络慈善募捐的法律性质与法律责任

1. 网络慈善募捐的法律性质

网络慈善募捐属于募捐的下位概念，募捐的法律性质同样适用于网络慈善募捐的性质分析。关于募捐，学者们众说纷纭，主要有以下五种学说观点。

（1）信托关系说。该学说认为，募捐是基于当事人之间的信任，捐赠人将善款交付给募捐人保管、经营或者使用，其基于信任委托而产生的利益全部归被救助人享有。虽然募捐行为与信托行为在法律性质上有些类似，但是二者并不完全相同，仔细区分还是存在很大差别的。首先，募捐关系中并没有因他人利益而经营管理财产的意思表示要素，捐赠人、被救助人缺乏保管、经营和使用善款善物的意思自治。其次，在我国的信托关系中，没有转移财产所有权的法律效果，受托人没有取得财产所有权，受托人仅仅享有管理职权，也就是该善款善物的所有权并不能随着信托关系的发展而产生根本转变。但是，募捐不同，为了实现募捐，捐赠人必须放弃善款善物的所有权，而将该所有权归被救助人所有，具有转移善款善物所有权的意思表示。基于以上理由，募捐行为与信托行为存在很大区别。通常所说的慈善信托，并不是说募捐关系具有信托性质，而仅仅是善款善物的管理方式，是繁荣和发展慈善事业的一种途径。[①]

（2）代理行为说。该学说认为，募集人处于代理人的位置，为了被救助人利益而发起慈善募捐且接受善款善物，或者为了捐赠人的利益，在善款善物交付给募集人之后，募集人为了被代理人捐赠人的利益而实现捐赠人将善款善物赠与被救助人。此外，还有的学者进一步主张，慈善募捐的被救助人与募集人之间系隐名代理关系。[②]

代理说存在明显不合常理的地方，亦明显不符合我国法律的规定。首先，募集人、被救助人、捐赠人三者之间不存在委托代理的意思要素，而委托代理关系是民事法律行为，民事法律行为以民事主体的意思表示为核心要素。无论是被救助人还是捐赠人，很难说在募捐过程中存在授权募捐的意思要素。另外，法定代理也难以自圆其说。法定代理的目的在于弥补民事行为能力存在缺陷的自然人在从事民事行为能力上的不足，显然不适用于募捐行为。况且，目前法律并没有规定募集人与被救助人、捐赠人之间系法定代理关系。同时，法定代理双方当事人之间一般具有亲属关系，这与慈善募捐各方当事人之间的关

[①] 参见王琪《慈善组织的经营模式分析》，载《中外企业家》2015 年第 9 期，第 176 页。

[②] 参见冷传莉《社会募捐中捐款余额所有权问题探究》，载《中外法学》2006 年第 2 期，第 210 页。

系并非完全契合。在募集人、被救助人、捐款人之间亦不存在所谓的指定代理。故委托代理、法定代理、指定代理均不适合于募集人与被救助人、捐赠人之间的法律关系。

（3）利他赠与合同说。该学说认为，募捐行为在法律性质上类似于一般赠与合同，即捐赠人将所有的财产无偿赠与募集人。虽然募捐行为与赠与合同有一定的相似性，但是二者亦存在明显区别：募捐实质上是赠与合同的特殊形式，是为了被救助人的利益而订立，故募捐行为应该归属于利他赠与合同。①

按照合同相对论原则，双方当事人之间签订的合同仅能约束当事人，对于合同之外的其他人不能发生法律效力。然而，随着生产生活的发展和人们频繁的人际交往，第三人介入合同的情况不断呈现。利他合同是指当事人之间签订的但第三人能够享有合同权益的合同，权利的发生并不局限于合同当事人。虽然第三人没有在合同上签字，但是其按照合同条款享有合同利益。在募捐过程中，整个慈善募捐的完成涉及三方当事人。捐赠人与募集人之间发生善款善物交付的意思表示，目的却是将善款善物用于帮助被救助人摆脱困境。网络慈善募捐的特殊性主要体现在"利他"，即为了实现第三人利益而签订的合同。②当募集人与被救助人并非同一人且募捐的三方主体同时存在时，可以视为存在利他赠与合同，合同发生在募集人和捐赠人之间，但利益由被救助人享有。而如果募集人与被救助人系同一人时，则利他赠与合同并不能适用，此时社会募捐更符合目的赠与合同的特征。③

（4）无因管理说。该学说主张，募集人对被救助人并没有法定或者约定义务，为了被救助人的利益而管理善款善物，最终的受益人也是被救助人，故募捐的法律关系应该定位为无因管理。如果被救助人在事后予以追认，则双方的无因管理关系转变为委托代理关系。

无因管理说也很难自圆其说。从目的上分析，根据法律关于无因管理的规定，无因管理的目的在于避免他人利益损失，而募捐是为了帮助被救助人脱离困境，是增加其利益，并非使其避免利益损失。同时，在无因管理关系中，管理人享有必要费用的支付请求权。但是，作为社会救助机制，募捐是公益的慈善，是无私的奉献，被救助人无需也没有必要支付募捐过程而产生的必要费

---

① 参见蒋晓玲《非公益性捐赠存在的问题及其法律规制研究》，载《政法论丛》2015年第2期，第48页。

② 参见苏丹《网络募捐法律规制研究》（硕士学位论文），湖南师范大学法学院2017年，第15页。

③ 参见张曜天《慈善法背景下社会募捐的分类及其法律性质分析》，载《吉林广播电视大学学报》2016年第4期，第152页。

用。募捐作为社会公益事业，如果随时停止或者撤回，肯定会对被救助人的利益造成很大损害，也会伤害捐赠人的情感。但在无因管理中，管理人没有义务管理他人财产，其在停止或撤回上具有随意性。同时，从民事行为的性质分析，无因管理是引起民事法律关系发生的事实行为，其法律后果并不取决于当事人意思自治，而是由法律规定，而募捐行为以当事人的意思表示为要素，是引起民事法律关系发生的法律行为，这是二者在性质上的根本区别。故无因管理说显然不适用于对募捐行为进行定性。

（5）居间合同说。该学说主张，募集人与募捐平台之间的关系可以视为一种居间关系。被救助者通过募捐平台寻求帮助；而捐款人通过募捐平台知晓这一求助信息；募捐平台为二者提供了信息交换的媒介，为二者之间赠与合同的成立创造了条件，因其付出而享有提取一定的费用作为报酬的权利，而平台本身并不参与到二者的赠与合同关系中去，其权利义务类似于居间人。①

如果居间合同成立，居间人有权请求支付报酬；如果合同未成立，居间人有权请求支付必要费用。居间人在居间服务过程中应该负担的义务有如实告知义务、忠实勤勉义务、保密义务和及时汇报的义务。一方面，募捐平台往往会设置一定的服务条款，对募捐主体的资格认定、特定项目、权利责任等作出具体规定，募捐平台负有一定的监管责任；另一方面，募捐平台为了促成募捐项目，会收取一定的管理费作为报酬。这些关系的结合使募捐平台高度类似于居间人的角色，但是这并不完全代表募捐平台与被救助人之间就全部是居间合同，如果募捐平台本身就是发起慈善募捐的募集人，那么委托人与居间人系同一人。

2. 网络慈善募捐的法律责任

（1）民事责任。网络慈善募捐活动中，主要涉及的民事责任包括违约和侵权。依据民法典的相关规定，一旦出现了违约或侵权，违约人和侵权人就应该受到法律制裁并承担法律责任。网络慈善募捐的主体不同，承担民事责任的内容也不尽相同。如果被救助人违反慈善募捐目的、擅自挪用善款善物，那么就应该有义务承担返还善款善物的违约责任并赔偿因违约造成的损失；如果募捐平台在发布募捐信息过程中，侵犯了被救助人或捐款人的个人信息及隐私权时，则应该按照民法典的规定承担侵权责任，如赔礼道歉、消除影响、恢复名

---

① 参见郝熙勤《社会捐赠行为的法律定性及立法完善》，载《经济研究导刊》2017 年第 32 期，第 191 - 192 页。

誉、赔偿精神损害抚慰金;① 如果网络募捐平台因管理不善导致善款善物被挪用,那么就会发生对被救助人和募集人发生违约责任和侵权责任的竞合。

(2) 行政责任。行政责任是指依据行政法律和规章制度,对于违反网络慈善募捐行政管理规定的违法行为予以处罚和制裁。如被救助人虚构信息而试图骗取善款善物,应该以故意扰乱社会秩序为由对其进行行政处罚,甚至拘留。② 网络募捐平台在发现已有虚假信息的情况下,为了提取管理费,仍未采取任何有效措施,民政部门根据情节严重,有权对平台负责人进行约谈,责令整改,处以行政罚款;屡教不改的,可以吊销其相关资质。如在网络慈善募捐过程中存在轻微违法行为的,监管机构和民政部门应该责令其限期整改,拒不配合的可以进行通报。

(3) 刑事责任。网络慈善募捐活动常常会涉及两个罪名,即侵犯公民信息罪和诈骗罪。侵犯公民信息罪,即募捐平台为了牟利,利用网络的便利条件向他人以盈利为目的非法出售、贩卖在网络信息平台登记的各类个人信息,情节非常严重的,涉嫌构成侵犯公民信息罪,可以并处罚款,根据情节不同,处以3年以下或者3年以上7年以下的刑事处罚。而不当募捐行为可能构成诈骗罪,即通过虚构故事情节或者隐瞒陷入困境的事实来博取大家的同情,诈骗数额较大的金钱和财物,以达到非法占有的目的。根据新规,只要诈骗金额达到3000元,就可以成立诈骗罪。③

(三) 网络慈善募捐的运作模式

1. 以个人求助为主导的网络慈善募捐

以个人求助为主导的网络慈善募捐系在被救助人陷入困境时,其本人或者近亲属为了摆脱困境而向募捐平台发起的求助。该求助不具有社会公益性,不

---

① 《民法典》第一百七十九条第一款之规定:"承担民事责任的方式有:(一)停止侵害;(二)排除妨碍;(三)消除危险;(四)返还财产;(五)恢复原状;(六)修理、重作、更换;(七)继续履行;(八)赔偿损失;(九)支付违约金;(十)消除影响、恢复名誉;(十一)赔礼道歉。"《民法典》第九百九十五条之规定:"人格权受到侵害的,受害人有权依照本法和其他法律规定请求行为人承担民事责任。受害人的停止侵害、排除妨碍、消除危险、消除影响、恢复名誉、赔礼道歉请求权,不适用诉讼时效的规定。"

② 《中华人民共和国治安管理处罚法》第二十三条之规定:"有下列行为之一的,处警告或者二百元以下罚款;情节较重的,处于五日以上十日以下拘留,可以并处五百元以下罚款:……(二)扰乱车站、港口、码头、机场、商场、公园、展览馆或者其他公共场所秩序的……"

③ 《刑法》第二百六十六条之规定:"以非法占有为目的,用虚构事实或者隐瞒真相的方法,骗取数额较大的公私财物的行为。"

具有利他的特征属性。① 被救助人与募集人之间具有特殊的亲属关系，甚至募集人就是被救助人本人，这种募捐是一种私益行为。目前，我国慈善法并不禁止此种募捐方式。此种网络慈善募捐具有以下三个特征。

（1）网络公益行为的成本低廉，在被救助人与募捐人之间构建了救助与捐助的双向、特定渠道。随着互联网技术的广泛普及，捐助者能够在第一时间获取被救助者的求助信息，一系列网络支付操作下来，大大便捷了慈善行为，使得募捐行为变得更加简便。

（2）存在唯一的慈善需求，且该需求系基于特定困难而产生，伴随着社会同情。绝大多数个人求助网络募捐行为都是基于解决生活，尤其是生存领域的现实困难而发起的，此类困难会给个人和家庭造成极大的负担，极易引发社会的关注和大众的同情。

（3）具有私益性，属于典型的"利己"行为。以个人为主导的网络慈善募捐目的在于解决本人或其近亲属的困难实况，并不是为了纯粹的社会公益，其个人或者近亲属正是网络募捐中的最终受益人。

2. 以组织发起为主导的网络慈善募捐

不同于以个人求助为主导的网络慈善募捐，我国法律对以慈善组织为主导发起的网络慈善募捐有具体而明晰的规定。慈善组织只有在具备法定条件和资质后，才能从事募捐活动。以组织发起为主导的网络慈善募捐具有以下三个特征。

（1）主体具有特定性。以组织发起为主导的网络慈善募捐要求其主体是满足《慈善法》第八条规定的慈善组织，且具有法定的公募资格。而以个人为主导的网络慈善募捐，主体范围则更为广泛，不仅仅限于个人，个人既可以作为发起人，也可以求助网络慈善募捐平台，再由此类平台发起社会救助。②

（2）筹款具有公益性。以组织发起为主导的网络慈善募捐一般系以公益为目的，是为了社会公益而存在的。以个人为主导的网络慈善募捐目的在于私益，其以解决自身或近亲属的现实困境为目的，而不是以其他社会群众的利益为根本出发点。

（3）受益对象具有广泛性。以组织发起为主导的网络慈善募捐无法确定受益对象，只能够确定受益人不是组织本人及其法定代表人的近亲属。在

---

① 参见赵婧薇《个人网络募捐行为的规制策略》，载《沈阳师范大学学报（社会科学版）》2019 年第 6 期，第 55 页。

② 参见冯叶露《"互联网 + 公益"的筹资模式探索——以 13 家慈善组织互联网公开募捐信息平台为例》，载《西部学刊》2018 年第 12 期，第 20 - 24 页。

"互联网＋"的推动下，受助对象不再局限于某个群体。随着网络公益供给体系的丰富，受助对象更加广泛。[①]

二、我国网络慈善募捐监管的法律现状及制度缺陷

（一）我国网络慈善募捐监管的法律现状

1. 网络慈善募捐的立法现状

我国早在 1997 年便通过《中华人民共和国公益事业捐赠法》（以下简称《公益事业捐赠法》），规范在市场经济迅速发展中的慈善事业。彼时的互联网发展在我国处于刚开始普及的阶段，通过网络进行慈善募捐便无从谈起。网络慈善募捐的相关法律规定主要体现在《慈善法》及相关行政法规和部门规章中。按照《慈善法》的规定，慈善募捐的发起人是慈善组织，其目的是公益性慈善事业，根据不同的被救助人可以细分为公开募捐和定向募捐。向社会公开募捐需要具备一定的资质，并非任何组织和个人都有权享有。慈善组织需要在民政部门备案登记，才可能取得社会公开募捐的资质，即使取得上述资质，也需要将募捐项目及其相关信息在指定的网络募捐平台上进行发布。因而，对于公开募捐的资质和方式，我国均有所规定。同时，为弥补行为人在资质上的缺陷，其可以与有资质的慈善组织合作，由后者向社会公众进行募捐。此外，社会组织和个人不得借用或冒用慈善组织的名义向社会公开募捐。因此，在我国，个人是不能开展公开募捐的。[②] 但是，在现实社会中，个人为了摆脱陷入困境的窘迫状况，有时候也急需向社会求助，这就是个人求助，系"私益慈善"，不同于"公益慈善"。《慈善法》目前对个人因私益而向社会请求救助的行为没有明确禁止。[③]

慈善组织为了扩大募捐项目的影响力，可以通过电视、报纸等多种媒体进行传播。但是，各新闻媒体有义务负责审查发布慈善信息的募捐平台是否具备资质，否则媒体就构成失职，要承担民事责任。《慈善法》实施后，民政部先后对 22 家募捐平台予以认可。[④] 当下的网络慈善募捐平台有两类：一类是纯

[①]　参见朱虹、吴楠《〈慈善法〉背景下中国网络慈善募捐的现状、困境及其应对》，载《社科纵横》2018 年第 10 期，第 89－93 页。

[②]　见《慈善法》第二十一条、第二十二条、第二十三条和第二十六条。

[③]　参见沈国琴《慈善募捐法律概念要素分析》，载《晋中学院学报》2019 年第 4 期，第 54 页。

[④]　参见《注意了！这 22 家才是民政部指定的互联网募捐信息平台》，见新浪网（http://news. sina. com. cn）。

平台型，平台作为媒介。其功能是当被救助者请求网络募捐时，作为纽带为被救助者与募捐者提供信息。另一类是专业募捐型。这类平台又可以分为依托慈善组织型和不依托慈善组织型，前者如新浪微公益、腾讯公益、广益联募，后者如中国社会扶贫网、水滴筹、爱心筹、轻松筹、易宝公益筹。根据行业技术性标准规范的要求，如果个人在网络互助平台发起社会求助，对于该信息是否真实，是否存在诈捐、骗捐等情形，信息提供方有义务去调查核实。

现实生活中，以组织为主导的网络慈善募捐的制度规制不断健全，以个人为主体的网络慈善募捐平台鱼龙混杂，许多平台不具备资质还擅自发起个人求助网络募捐，容易引发慈善风险危机。现行的法律对网络慈善募捐平台的资质、准入门槛等没有明确规定，使得个人网络慈善募捐陷入无人管控之境，大大提升了网络慈善募捐的违法风险；在对网络慈善募捐平台（特别是个人网络慈善募捐平台）的义务承担、责任认定及责任追究上不明确，在其发生诈捐、骗捐等不当现象时，由于对各大平台缺乏统一的审核标准，根本无法判断和衡量平台是否尽到了注意和审核义务，因此无法认定平台的责任，承担责任就更无从谈起。

网络慈善募捐监督管理的立法条文比较分散，尚未形成系统的成熟制度。《慈善法》实施以前，慈善募捐的管理规则主要体现在《公益事业捐赠法》《基金会管理条例》中。随着网络慈善募捐的高速发展，现行的监管规则对其缺乏具有操作性的实施细则。在《慈善法》颁布后，我国对慈善募捐监督进行了专门规定，在一定程度上建立并完善了网络慈善募捐监督的相关制度，但是对于"互联网＋"时代下慈善募捐与个人求助二者的界限、区别和关系仍不明确。[1] 在行政处罚上，根据违法违规的具体情节和严重程度，民政部门有权给予慈善募捐平台负责人予以警告、罚款、责令期限改正、吊销登记证书、没收违法所得、责令返还捐赠人给予的善款善物。[2] 公安机关如果认为募捐活动存在违规行为，严重扰乱了社会管理秩序，针对该违法行为有权给予治安管理处理。如果募捐行为涉及犯罪的，公安机关有权开展侦查并移送司法机关追究刑事责任。根据行业标准规范的有关规定，对网络慈善募捐平台设定了一定的资质要求和条件，网络慈善募捐平台必须在合规的情形下开展社会募捐活动。如果网络慈善募捐平台因审查不严格而产生严重的社会负面效果，或者管理不到位导致出现重大安全事故，在募捐过程中出现不达标或者其他违规情

---

① 参见刘佳琳、马卫东《论"互联网＋"时代下慈善募捐与个人求助》，载《社科纵横》2018年第8期，第99页。

② 见《慈善法》第九十八条至第一百零九条。

形，则在一定期限内不能重新申报网络慈善募捐。可通过技术性标准规范网络慈善募捐平台的有序发展，以市场淘汰机制确保网络慈善募捐平台上募捐信息的真实性、纯洁性和可靠性。

2. 网络慈善募捐的司法现状

近年来，网络慈善募捐逐渐兴起并呈现蓬勃发展的态势，但虚假募捐、盗用他人身份信息进行骗捐的事件，使得网络慈善募捐蒙上了灰色的阴影。

（1）刑事：网络慈善募捐诈骗罪成立。

案例一

温州"公益少年"因诈骗受审

2015 年，温州市鹿城区人民法院宣判了一起"公益少年"的诈骗罪案件。该少年曾经热衷于社会公益事业，在公益圈内也颇受欢迎。2014 年，该少年加入温州一家民间公益组织，后在朋友圈发布信息称某学校条件困难，需要购买教学设备，结果被转发并先后收到 6 名爱心人士共计近 3 万元的捐款。但是，该少年违背了公益事业的初衷，以占有为目的，将其用于购买电脑、手机等满足自身物质生活条件的高档生活用品。案件进入审理阶段后，虽然其家属代为退还了上述善款，但是其行为仍然构成诈骗罪，需要承担刑事责任和刑罚的惩戒。[①]

案例二

"童谣女神"系男子实施诈骗

"童谣女神"是知乎 App 上的一个大 V，拥有上万粉丝。为了博取社会公众的同情心和爱心、骗取爱心款项，其利用多个小号自编自演了一场自幼家庭贫困却艰苦奋斗的励志戏。他编造，在自己小时候父母就去世了，且由于患有先天性心脏病而需要四处求医，因此生活比较艰辛，但是其凭借着超强意志和奋斗拼搏的精神，成功出国留学并学成归来。"童谣女神"编造生动形象的个人故事和情节，虚构自己对抗病魔的治病求医经历，并实时更新和记载，与社会公众相互鼓励，与广大粉丝进行互动，先后骗取善款十多万元。

后来，经广大网友查询，发现"童谣女神"系男性，所谓的困

---

① 参见《温州"公益少年"微信诈骗善款买 iphone 获刑 6 个月》，见温州网（https://news.66wz.com/system/2015/12/15/104663288.shtml）。

境根本不存在。

再后来，"童谣女神"承认进行了网络诈骗，并去公安机关自首，承诺诈骗的钱财将退还给捐赠人。①

网络给慈善募捐带来了极大的便利，缩短了传统慈善募捐的时空距离，但也给不法分子带来了可乘之机。无论是温州的"公益少年"还是知乎的大 V "童谣女神"，他们以非法占有为目的，利用广大网友的慈悲情怀，骗取巨大金额，严重伤害了社会公众的慈善情怀，违背了网络慈善事业的设立目的，伤害了广大社会民众的救助情感。通过诈骗罪追究行为人的刑事责任，从某种程度上可以起到很好的警示作用，告诫和提醒广大民众不要对慈善款物有非分之想。但是从某种程度上看，行为人实施诈骗并非靠个人就能完成，如果在资料审阅、调查核实上加大力度，在监督管理上健全制度，就可以减少类似犯罪行为既遂状态的发生，从而减少类似诈骗案件的发生。

（2）民事：募捐款项全部返还。

案例一

首例个人大病求助民事案：因为隐瞒财产被判返还全部善款及利息②

2018 年 4 月，莫某因为儿子出生后患有重病向水滴筹募捐平台申请网络筹款，先后共收到善款 153136 元，捐款次数超过 6000 次。水滴筹募捐平台根据莫某有关儿子治病需要资金的申请，将上述款项全部汇给了他。后来经查实，莫某有房有门面，根本不需要借钱，且医药花费并没有这么多。水滴筹募捐平台因要求莫某返还善款未果而提起诉讼。朝阳区人民法院认为，该案当事人在发起网络慈善救助过程中违反了诚信原则，且筹到的善款被挪作他用，构成根本违约，故莫某应该返还全部善款并支付善款占有期间的利息。为了规范水滴筹募捐平台的操作规范，朝阳区人民法院还向其发出了司法建议函。③

---

① 参见《知乎大 V "童瑶"涉诈骗被警方拘留 曾编造女神故事》，见中国新闻网（https：//www.chinanews.com/sh/2016/01－27/7735407.shtml）。

② 参见北京市朝阳区人民法院（2019）京 0105 民初 24711 号民事判决书。

③ 参见《全国首例网络个人大病求助纠纷案一审判决 全额返还筹款》，见中国青年网（http：//news.youth.cn/sh/201911/t20191108_12114494.htm）。

案例二

"罗一笑"事件：募捐款项全部退还网友

罗尔系某杂志的编辑，名下有车、有房还有公司。因女儿罗一笑被诊断患有白血病，罗尔将其女儿与病魔的斗争形象生动地写了出来，通过微信公众号发布，在社会上引起了很大的反响。罗尔在文章中的字里行间处处透露出对女儿的爱和关心，博得了广大网友的爱心和同情。罗尔因此先后通过微信赞赏等各种途径获得善款 200 多万。但是，后来经调查核实，罗一笑的实际治病开销不足 10 万元，罗尔只需承担治疗费 3 万多元，其余均有医保报销。该事件引发舆论炒作，后来民政部门深入调查核实，最终责令罗尔将通过网络慈善募捐的全部善款退还给参与该募捐项目的广大网友。①

网络慈善募捐的目的是通过社会慈善帮助陷入困境和危难的被救助者，而并非使其获得经济上的巨额利益。一旦发现慈善款项并非用于救助项目，或被救助人擅自挪作他用，捐款人有权撤销赠与合同并要求被救助人返还。

在首例网络个人大病求助案件中，水滴筹募捐平台根据其与捐款人之间的协议取得授权，请求被救助人返还全部筹款以及恶意占有期间的资金利息。在"罗一笑"事件中，罗尔亦是通过网络平台众筹获得巨额捐助，但实际的医疗花费很少，最终也将所获得全部款项退还给网友。从最后的结果分析，首例网络个人大病求助案件中返还的不仅是所有募捐款项，还包括被救助人擅自占有资金期间的利息；"罗一笑"事件返还的仅仅是所有的募捐款项。从诈捐原因上分析，上述两起案件的被救助人名下均存在巨额财产，不属于限于困境需要慈善救助的对象。

通过民事法律手段退还所捐款项在一定程度上减少了捐款人的金钱损失，挽救了捐款人的慈善情怀，但仅仅返还全部捐款不足以惩罚诈捐人。除了要求诈捐人支付利息损失，还应该要求其登报赔礼道歉。返还众筹平台的慈善款项如何利用，能否返还给捐款人，还需要进一步探讨和分析。

（3）行政：监督管理职责难以落实。

---

① 参见刘文廷《从"罗一笑"事件看我国个人网络募捐立法问题》，载《攀枝花学院学报》2017 年第 1 期，第 10 - 12 页。

案例一

民政局不履行管理职责而败诉①

李某通过朋友介绍加入他人组建的"每月10元救助流浪动物基金"微信群，先后共捐款1070元，后被他人移出微信群。李某向宁德市蕉城区民政局提交了《关于要求依法查处蕉城区群众崔某违法公开募捐的举报信》，要求依法查处非法公开募捐行为，民政局并没有受理该举报事项。李某申请行政复议，蕉城区政府撤销被告不予立案查处的行政行为，责令民政局依法立案查处举报事项。蕉城区民政局立案调查后，经集体讨论后对李某答复如下：崔某筹集资金的行为属于特定范围的对象间自愿救助互助行为，不属于《慈善法》的定义"公开募捐"范畴，无法适用《慈善法》规定给予处罚。李某不服，提起诉讼。法院裁决认为，涉案微信群成员最多时达145人，人员组成相对开放，组建目的具有社会性，该微信群具有一定的社会团体性。为加强对社会团体的管理和规范，民政局对组建社会团体具有监督管理的职责，故其拒不履行监管的行政行为存在认定事实不清、程度不当、法律适用错误，予以撤销。崔某设立微信群开展筹款活动是适用《慈善法》还是其他法律规范进行调整，需要更进一步的调查核实。

案例二

实名举报慈善的调查处理通知不具有可诉性②

杨某认为北京韩红爱心慈善基金具有不当经营行为，故向北京市民政局进行实名举报。北京市民政局作出《调查处理通知》，杨某认为该调查处理结果多处不合法并申请行政复议，请求重新作出调查决定。后北京市政府表示，举报答复系告知性答复，该告知性答复不会增设新的权利和义务，故不属于行政复议的受理范围，故不予立案。杨某不服行政行为，依法向法院提起行政诉讼。法院审理认为，杨某系基于维护社会公共利益向行政机关提供违法线索，行使的是公民监督权，市民政局的调查处理与其没有行政法意义上的利害关系，仅为一种告知行为，市政府的答复未增设其权利和义务，杨某作为行政相

---

① 参见宁德市中级人民法院（2020）闽09行终80号行政判决书。

② 参见北京市第三中级人民法院（2020）京03行初45号行政裁定书和北京市高级人民法院（2020）京行终2754号行政裁定书。

对人，并没有因为该答复增加义务或减少权益，故依法裁定，不予立案。杨某不服并向上级法院提起上诉。二审法院裁定驳回上诉，维持一审裁定。

对于网络慈善募捐，民政局作为监督管理的行政部门应该积极履行其职责，而公民则享有举报的监督权利。在李某案件中，民政局以筹集资金属于特定对象之间的自愿救助行为由认定其不适用《慈善法》，故无权对其进行处罚；而法院对该履行职责的行政行为进行了否认，撤销了不予受理的决定。在杨某案件中，杨某以慈善基金会存在违规向民政局进行举报，民政局调查后予以告知。但在这种情形下，对于告知结果不服且申请行政复议后仍不服的，无权提起行政诉讼。如何将公民举报的监督权利与行政部门的管理监督职责有效衔接，通过公民监督权利督促行政部门及时履行监督职责，值得深思。

（二）我国网络慈善募捐监管制度的缺陷

1. 网络慈善募捐的法律监督体系不完整

（1）网络慈善事业起步晚，相关监督法律制度并不多，甚至可以说是空白。相较于其他社会事业监管规制的法律规范，网络慈善募捐的监督立法相对滞后。在《慈善法》之前，对于网络慈善募捐如何处理，一般会参照赠与合同有关权利、义务的责任规定来约束各方当事人。依据本节前文关于利他赠与合同的阐述，从法学理论上分析，募捐行为的性质与赠与合同确实有很多相同之处，但在司法实践中，二者在法律关系的主体上仍然存在着诸多不契合的地方。在法院裁判此类纠纷时，往往是以《中华人民共和国合同法》（以下简称《合同法》）相关的法律规则作为参照，而并不是直接适用。

（2）《慈善法》颁布实施以来，慈善募捐的法律监督机制有所完善，但《慈善法》法律监督的重点是慈善组织，在适用范围和主体上均有所限制。慈善组织公开募捐，其对象是不特定的受益人。对于非慈善组织（如个人）开展的针对具体人和事的慈善募捐，并不能受到《慈善法》的约束和规制。然而，现在很多骗捐、诈捐事件又恰恰是由个人或者其他组织引发的。个人公开募捐被《慈善法》所禁止，但是对于个人为私益展开的募捐，《慈善法》并没有予以调整。为了个人或近亲属等特定对象发起的个人求助网络慈善募捐并没有禁止规定，这种立法技术上的暧昧态度导致个人私益募捐似乎成为"法外之地"。其实，由于个人为私益求助网络的募捐主体资格、募捐方式有太多的自由和随意性，再加上制度监管缺位，因此滋生了很多影响慈善募捐形象的不当事件。

（3）虽然慈善募捐终止后的剩余善款善物的使用情况在《慈善法》中有所规制，但是何为相同目的、何为相近目的，并没有具体明确的细化操作规则。剩余善款善物的使用需要向社会公开，但是如何公开、是否会公开明细、是否需要征得捐赠人的再次授权同意，这些在《慈善法》都没有予以规制。目前的规制对象仅限于慈善组织，对个人求助的私益网络慈善并没有规制，故更容易产生剩余款项被滥用或者挪作他用的情况。

2. 网络慈善募捐的行政监管不健全

（1）行政部门缺乏监督标准体系。行政部门对网络慈善募捐平台资格的认证混乱。为了便于对网络慈善募捐进行行政规制，2019 年 1 月 1 日，民政部先后授予部分募捐平台在网络上开展慈善事业的资质，根据性质可以分为以下四种类型：①在民政部门进行登记的募捐平台，这些平台具有公开募捐的资质，如慈善联合会等；②企业自身筹备建设的平台，这些平台系公司集团企业为了开展社会公益自行设置成立的；③专门从事慈善事业的募捐平台，如轻松筹等；④互联网平台自行设立的公益模块，如新浪微博网的慈善募捐版块。根据法律规定，如果要向社会公开募捐，从事某项具体的慈善活动，则应该在上述民政部门指定的平台上予以公布，否则就不具有法律正当性。但是，该行政管理制度在现实生活中的表现并不理想。比如，"同一天出生的你"系"慈善中国"开展的慈善募捐活动，但该募捐信息并没有在上述指定的平台上发布，这是否违反了行政管理的规章制度？"慈善中国"仅仅履行了备案程序，是否具备发布慈善募捐信息的资质缺乏明确的标准。慈善组织在备案和信息发布方面存在混乱，不利于网络慈善募捐的规范操作。[①]

（2）行政部门的监督职能弱化。按照法律规定，对慈善活动进行监督管理的职权机构系民政部门，由其负责督促、指导慈善活动有序开展，一旦发现违法行为，有权进行行政处罚。但是，从网络慈善募捐的执法监督来看，无论是人力资源配置的数量，还是其执行专业素养的质量上，民政部门均显得有些"力不从心"。例如，在本节前述李某诉蕉城区民政局的行政案件中，民政局以自愿救助互助行为不属于《慈善法》的范畴为由拒不履行监督管理职责，而最终败诉并被责令重新作出具体行政行为。能力不足、配置不充分的监管人员难以满足日益发展的慈善需求；备案流程形式审查[②]复杂化，执法监督也难

---

① 参见蒋晓玲《非公益性捐赠存在的问题及其法律规制研究》，载《政法论丛》2015年第 2 期，第 85－93 页。

② 参见华珍珍《个人网络求助行为的法律风险研究》，载《红河学院学报》2017 年第15 期，第 90 页。

以全面实现对网络慈善中违法行为的查处；再加上与公安部门和司法部门沟通不畅，进一步弱化了行政部门的监督职能。此外，行政部门监督弱化的另一个表现是缺乏对个人网络求助的指导和规范，使得现实生活中越来越多的个人利用法律漏洞与公众的同情心理进行诈捐，严重损害了慈善公信力。

（3）政府对于善款管理制度缺乏专门的实施机制。政府有权对网络平台善款的使用情况及后续款项的处理情况进行监督，应扮演好监督平台的重要角色，使求助者使用善款善物的行为符合慈善的公益目的。在处理剩余善款时，平台首先应该遵循募捐人的意愿，防止善款被挪作他用。然而，在现实生活中，政府对平台善款善物的监督管理成效并不明显，不仅对过程缺乏跟进管理，而且对于剩余款项的归属和处理也没有有效跟进，造成善款善物被求助者私自作为己用，或者被挪为他用，或者被平台恶意截留等，从而消耗了社会公众对募捐慈善事业的信任和爱心。正确管理平台的善款以及合理监控剩余善款，是政府通过监管规范募捐平台的有效途径。

3. 网络慈善募捐平台的配套机制不完善

（1）募捐平台的登记认定及日常运作监管缺乏明确具体的监管主体。[1] 目前，我国对募捐平台采取政府牵头，相关部门配合监督与协作，而这种模式容易造成"看似多人在管，实际上无人管理"的真空管理局面。监管主体之间权责不清、分工不明，容易出现职能缺位、错误的现象。此外，政府对募捐平台缺乏定期评估，对平台管理缺乏有效检验，未能做到定期考察，使得现有募捐平台的信用度参差不齐，社会对网络募捐的信任度下降，出现了越来越多的如质疑平台有内部操作的反对声音。

（2）募捐平台信息的审核制度争议大，募捐平台难以有效把握受助人真实的财产信息。受助人的个人身份认证、医疗诊断证明等可以通过平台人工审核，而对于家庭财产只能依靠患者及其家属自证。审核是慈善募捐的关键环节，但负责发布信息的募捐平台没有资格和能力去主动核实他人的房产、车辆等信息，上述资产是登记在患者本人名下还是在其家庭名下，查询起来确属不易。特别是有些众筹欺诈团伙善于进行包装和推广，甚至可以购买盖有真实印章的住院病历，这无疑增加了募捐平台审核监管的难度。[2]

（3）募捐平台信息公开透明的建设监管不到位，容易产生信任危机。当

---

① 参见杨伟伟《"七维"协同治理：推进我国互联网公开募捐信息平台的规范化建设——基于首批 11 家公开募捐平台的分析》，载《社会经纬》2019 年第 6 期，第 145 - 154 页。

② 参见林洁如《众筹平台漏洞频现监管亟待完善》，载《新产经》2019 年第 7 期，第 82 页。

前募捐平台欠缺公开意识，容易侵犯募捐人的知情权，如果平台不主动公布善款去向，社会公众就无法获知捐赠款项的使用情况、收支范围以及最后的救助成效。再者，网络平台的善款使用反馈机制不足，信息反馈不及时，慈善项目的相关进展难以实时公布，缺乏针对募捐者建立的行之有效的慈善项目反馈方式，政府监管出现纰漏导致平台建设问题频发。①

4. 网络慈善募捐的追责机制不完善

（1）善款善物监督不到位。一是缺乏对如何使用善款善物的规制。网络慈善募捐的受益人应该按照募捐项目用途使用善款善物，不得挪作他用。而现实生活中，如轻松筹、水滴筹、爱心筹等募捐平台并没有对善物善款的使用详情予以公布，比如善款的来源、去向及具体使用清单。"罗一笑"事件中，在发起人罗尔公布的信息中，其医疗费用与善款的使用极其不相符，充分暴露了善款支配使用监督不到位的负面影响。② 二是善款余额的监督管理不到位。善款之所以会有剩余主要基于以下原因：一方面，被救助人的信息没有如实陈述，导致募捐的金额超过了救助所需；另一方面，意外事件的发生，比如被救助人死亡，善款善物虽然已经募集但是无法实现募捐目的。③ 网络慈善募捐的受益人可能在完成募捐项目后擅自将剩余善款扣留或者挪作他用，甚至被不法分子利用，从而破坏网络慈善事业的有序健康发展，严重损害捐赠人对于慈善事业的热忱和激情。三是善款善物的救助效果难以监督。善款善物应该最终用于网络慈善募捐项目的救助，然而事实上的捐助结果，有的受助人得到的捐助超过其现实生活所需，有的受助人目前的救济程度对于其所陷于的困境来说远远不够。在捐助人与受助人之间，善款善物如何尽其所用，以体现慈善募捐活动的真正价值，有必要对善款善物的救助效果予以评估。

（2）追责惩戒力度薄弱。目前，我国法律对网络慈善募捐的追责惩戒力度整体比较薄弱。具体的法律规制，一般是通过《民法》，其次是按照《中华人民共和国行政处罚法》《中华人民共和国治安管理处罚法》，最后才是通过《刑法》追究刑事责任。当发生民事领域的矛盾时，捐赠人一般参照赠与合同有关规定主张权利，追回已经捐助的款项。但是，基于网络慈善募捐的复杂性，当相关纠纷产生时，单独依靠《合同法》是无法实现追责的。比如，若

---

① 参见汪国华、张晓光《中国网络慈善运作模式比较研究》，载《社会科学研究》2014 年第 10 期，第 106 页。

② 参见杨粤《我国网络募捐法律制度思考》，载《北京邮电大学学报》2013 年第 5 期，第 23 页。

③ 参见周子凡《慈善商业化的法律思考》，载《湖北大学学报》2013 年第 1 期，第 94 页。

信息披露不全面、不及时，善款存在结余时应如何处理，诈捐、骗捐等事件发生时，固有的法律制度无法有效应对新情况的发生，相关行政部门也无法通过严格执行法律对欺诈行为进行惩罚。①

（3）主体责任承担不明确。网络慈善募捐追责机制不完善还表现在各主体之间法律责任的承担不明确，主要表现为发起人和募捐平台的法律责任不具体和不清晰。个人募捐时，募集人上传一张身份证明及其陷入困境的材料证明，便可实施募捐项目。而募集人因为提供虚假信息或者伪造、捏造信息，需要承担声明责任。对此种责任的具体划分，目前立法上还属空白。同时，网络慈善募捐平台在正常运营期间应该对慈善募捐活动承担什么责任，以哪种方式承担，目前并没有明确依据。正是对募集人和募捐平台的责任承担方式的规定不够具体明确，导致二者相互推诿责任，诈捐事件时有发生，募集人、募捐平台常常会陷入复杂而尴尬的责任承担局面。而网络募捐平台还可能会出现因运营不当而亏损或者破产的情况，那么其如何宣告破产或退出，如何准许其退出？

（4）行政处罚对象和方式单一。追责机制不完善还表现为行政处罚对象和方式比较单一。现行的行政处罚主要针对网络慈善募捐平台，并没有涉及募捐发起人和受救助人。现行法律对募捐平台的行政处罚多采用约谈、整改等方式，而对严重影响网络慈善募捐的诈捐、骗捐等严重失信行为，行政处罚种类并没有涉及财产罚、能力罚和资格罚。没收非法所得、罚款、吊销慈善募捐平台的运营资格没有体现在行政追责机制体系中。对于具体的负责人的处罚力度明显不够，该自然人完全可以改头换面重新再来。如果不将其列入慈善募捐事业的黑名单，很难杜绝其利用已有的资源重新开展不当募捐行为。

三、我国网络慈善募捐监管法律制度的完善建议

（一）完善网络慈善募捐监管的法律体系

1. 网络慈善募捐监督立法的可行性

网络慈善募捐，特别是涉及个人求助的非公益慈善项目是否应该纳入《慈善法》的范围存在两种观点。一种观点认为，网络慈善募捐涉及非公益慈善项目，应该采取单独立法对其进行规制。因为现行的《慈善法》《公益事业捐赠法》等法律制度已经不能对公益类慈善活动起到有效监督，故对涉及非

---

① 参见蒋晓玲《非公益性捐赠存在的问题及其法律规制研究》，载《政法论丛》2015年第9期，第85－94页。

公益慈善活动的网络慈善募捐应该单独予以规制，如强行并入并不利于慈善法律制度的发展。① 另一种观点认为，网络慈善募捐是慈善事业的重要组成部分，不能因为网络慈善募捐的募捐发起人和救助人不同而区别对待，其主要特征是社会大众的广泛参与，故网络慈善募捐属于社会公益范畴。② 网络慈善募捐关系包括以下两种具体关系，一是慈善组织、捐赠人、被救助人之间的关系；二是募捐平台、慈善组织、捐赠人之间的关系，上述两种社会关系均应该纳入《慈善法》的调整范围。③ 明确网络慈善募捐的法律性质是完善网络慈善募捐监督的前提和基础，网络慈善募捐不论在形式上还是在内容上均属于慈善的下位概念，是新时代慈善事业发展的新形式，故在立法上完善网络慈善募捐的监督规则属于《慈善法》下一步修订的范畴。

本书认为，无论是单行立法还是修改现行的慈善立法，对网络慈善募捐监管进行专门立法都很有必要，可以通过单行立法进行明确细化约定，也可以在现行慈善立法的规定上增加相关章节对网络慈善募捐监管进行专门规定。无论采用哪种立法模式，通过专门的监管立法对网络慈善募捐进行调整和约束是很有必要且势在必行的。

2. 强化网络慈善募捐参与方的义务与责任

（1）细化被救助人及发起人的义务和责任。被救助人是网络慈善募捐的最初缘由，应该从源头上加强监督规制，从资格和义务上予以具体明确，以预防网络诈捐、骗捐事件的发生。被救助人只有在陷入困境急需帮助时才能申请网络慈善救助，但是何为"困境"、何为"急需"，应该交由网络慈善募捐平台制定信息审核和监督机制，并在具体的实行过程中，由专业机构进行判断、审核和监督。被救助人主体资格标准必须将救助事项的紧迫性与必要性纳入其中。④ 被救助人是从社会上获得慈善救助，故其有义务披露个人及家庭的财产信息和需要获得救助的原因，以便捐赠人全面及时掌握情况，从而决定是否捐赠。对于获得的善款善物，被救助人有义务妥善使用和管理，不得挪作他用。已经使用的善款，被救助人有义务公布具体明细。如果有剩余善款善物，被救助人有义务告知全体捐赠人，以便进行下一步处理。

---

① 参见胡卫萍、赵志刚《中国慈善事业法律体系建构研究》，中国检察出版社 2014 年版，第 55 页。

② 参见邹世允《中国慈善事业法律制度完善研究》，法律出版社 2013 年版，第 89 页。

③ 参见沈国琴《基于慈善法社会法属性的慈善网络募捐关系的应然走向分析》，载《学术交流》2019 年第 2 期，第 75 页。

④ 参见张雪梅《我国个人网络慈善募捐法律问题研究》，载《衡阳师范学院学报》2019 年第 4 期，第 75 页。

（2）强化募捐平台的义务履行和责任担当。在准入门槛上，并非任何平台都有资格开展慈善募捐。为了保障慈善资源的最大化利用，管理不规范、运行不透明的网络平台不得从事网络慈善募捐，从源头上杜绝"滥竽充数"。在平台义务上，细化募捐平台对慈善募捐项目真实性的审查义务、慈善流程的公开义务、善款善物的管理义务。① 在监督管理上，强化责任担当，通过对募捐前、募捐中、募捐后的全程无死角的监督和管理，确保募捐平台能够恪守自身行为，为慈善募捐的开展奠定基础。

（3）细化网络慈善募捐平台的权利。对于网络慈善募捐的募集者及募捐项目，平台有权予以审核，并制定详细完备的审核程序；有权要求募集人对项目的各项具体操作进行公示，如存在虚假可能性，有权暂停甚至下架相应的募捐项目。在募捐款项不符合救助目的，或者善款被挪为他用时，其有权在第一时间或者在接到举报的时候立即开展调查和核实，并有权采取必要的应对措施，防止损失进一步扩大。②

（4）网络慈善募捐平台的义务应该更加具体化。网络慈善募捐平台有义务对募捐信息进行及时、全面、真实的披露。对于募捐项目不能仅限于形式审查，应该进行实质性审查，确保信息的真实性。尤其是在被救助人系患者时，对其家庭财产状况及医疗信息进行审查时应该尽到更加谨慎的义务，否则容易出现诈捐、骗捐，损害网络慈善募捐的公信力。

（5）网络慈善募捐平台需要通过平台协议和法律条文进一步明确权利和义务。在网络慈善募捐过程中，仅仅依靠平台协议是不够的。平台协议大多数是为了平台自身利益量身定做，对于募集人和募捐人的利益难以有效保障。对于网络慈善募捐平台的各个募捐项目均需要进行法律规范，对权利、义务和责任进行细化，通过协议和法律为网络慈善募捐提供更多有效保障，从而降低网络慈善的风险。

3. 规范对个人求助网络慈善募捐的监督规则

规范个人求助网络慈善募捐的法律规则，通过法律强化对其的法律监督很有必要。①个人求助网络慈善募捐并非法外之地。与由慈善组织发起的网络慈善募捐一样，个人在自己的身体权和健康权受到侵害时，亦应该享有宪法所赋予的保障权益，个人求助社会救助的权利不能被无故剥夺和限制，故个人求助

① 参见崔震、李芳《个人求助网络募捐平台的法律监管》，载《社科纵横》2019年第4期，第79页。

② 参见田土城、袁洋《私益募捐活动中的法律问题研究》，载《中国法学教育研究》2015年第4期，第206页。

网络慈善募捐应该和慈善组织一样受到慈善法的规制。②设置有别于慈善组织发起募捐的特别门槛和平台。慈善组织具有规模性、专业性和规范性,其有能力对网络慈善募捐平台进行筛选;但个人属于弱势群体,在申请求助上并没有慈善组织那么专业和方法有效,故可以将二者区别对待,通过采取宽准入、严监管的方式对个人求助网络慈善募捐进行规制。③个人求助网络慈善募捐具有特殊性,发起人应该承担比普通慈善组织更严格、更重要的义务,确保募捐信息的真实性和准确性。一旦发布虚假信息,不仅应适用《民法典》合同编承担返还善款善物和赔偿损失,还应该适用《民法典》侵权责任编承担赔礼道歉和消除影响。如果社会危害性大,涉嫌构成犯罪的,应该适用《刑法》追究其刑事责任;如果情节特别恶劣,则可以依据从重情节予以处罚。

(二) 完善网络慈善募捐的行政监管

1. 制定内容完备的行政监督规章

在立法缺失的情况下,政府应该制定完善的行政规章并采取有效监督措施,推进慈善事业共建共治的治理格局。我国的民政部门和金融监管部门均应该对网络慈善募捐进行监督。民政部门可以根据网络慈善募捐的要求,对网络慈善募捐平台采取核准制的标准及内容审查进行规定,对网络慈善募捐平台资质和网络募捐项目的募集人资质的认证进行明确规定,促进合格的网络慈善募捐平台产生,使真正需要救助的募捐项目出现在捐款人的视野中。

同时,民政部门和金融监管部门应该制定完备的监管细则,发现募集人有比如诈捐、骗捐等不当行为时,有权对其进行行政处罚,同时可以将其列入网络慈善募捐的黑名单,限制或禁止其在一定期限内参与慈善募捐活动。① 对于网络慈善募捐平台,行政部门可以加大对违法违规的处罚力度,除了约谈、整改、适当增加财产罚和能力罚,还可以采取没收非法所得、罚款、吊销平台募捐资质的方式以发挥威慑作用。对于发起人和慈善募捐平台的负责人可以采取资格罚,禁止其再次从事慈善募捐。同时,可以采取优胜劣汰的市场退出机制,在网络慈善募捐平台丧失募捐资质或者无法有效完成募捐使命时,准许其按照法定的行政程序退出网络慈善募捐的市场。

为强化行政部门的监督职责,应该对其检查职权和履职责任予以重新规制。行政监督管理部门对于网络慈善募捐项目的信息有权进行质问和调查,有权调取相关材料,有权开展财务审查,以此来保障监督管理落到实处。同时,

---

① 参见吴宏洛《中国特色慈善事业的历史演进及发展路径》,载《东南学术》2016 年第 1 期,第 75 - 84 页。

应该明确规定监督者的责任，督促其积极行使管理职责；对于滥用职权或者玩忽职守的管理者应该作出明确的处罚规则。鉴于目前慈善事业的监督职责由民政部门负责，而实际上负责执法监督的是其内设机构，该内设机构配置低、人员的执行经验不足，故可以从长远发展角度考虑，将该内设机构独立出来作监督机构，以便能够更有效地履行监督管理职责。①

2. 明确行政监管主体

应该由哪个部门来履行对网络慈善募捐的行政监督管理职责，对此学者们有不同的观点，均具有可取性。一种观点认为，借鉴域外的规定，在政府部门设立专门的监督机构，有利于构建系统化、专业化、职业化的监督体系。虽然从长远看，成立该专门机构更具有可取性，但从目前来看，成立专门机构对网络慈善募捐进行监督的成本过高，这个方案可以在日后条件成熟的时候再实施。另一种观点认为，专门机构难以承担监督和约束的重任，应该基于我国目前的行政管理实践，以网格化管理为参考，鼓励基层自治组织参与到行政监督管理中，如村民委员会、居民委员会等。这些群众基层自治组织接地气、贴近百姓，能够掌握第一手资料，充分发挥自身优势，进一步考察和核实被救助人的实际生活需要，从而辨别是否为骗捐、诈捐等情形。

3. 建立定期行政检查制度

鉴于网络慈善募捐项目的开展并非一蹴而就，募捐平台的经营状况和募捐项目的实施情况一直在变化中。为确保网络慈善募捐项目的有序发展，有必要建立定期检查制度，特别是针对募捐平台的规范化运行情况和被救助人的困境状态。

（1）因为募捐平台担负着网络慈善募捐的重要责任和使命，故有必要对其规范运营进行检查和监督，避免出现监管漏洞，导致善款善物无法合理使用，最终损害慈善事业的发展。可以通过定期查询平台账目，确保其资金款项没有被挪用；也可以检查具体募捐项目，确保其在发起、实施、救助等方面符合程序规定；还可以通过税务检查，确保平台银行流水的真实性和合法性。通过定期检查，确保募捐平台的规范化运行、募捐项目的有效开展。

（2）因为从救助发起到结束会持续一段时间，为了将善款用到实处，避免出现剩余善款的尴尬局面，有必要及时检查被救助人的实际情况。通过定期调查走访、查询被救助人的医疗消费等可掌握被救助人所处的困境。在发现被救助人情况恶化，现有的救助不足以实现救助目的时，可以适当提升募捐的金

---

① 参见吕鑫《分配正义：慈善法的基本价值》，载《浙江社会科学》2018 年第 5 期，第 42 - 50、158 页。

额；在发现被救助人有所好转，现有的善款足以实现救助目的时，可以减少募捐金额。通过定期检查，确保慈善募捐主体之间信息的有效沟通，从而实现善款善物的最大效能。

（三）健全网络慈善募捐监管的配套机制

1. 建立网络慈善募捐项目预先评估机制

对于募集人提出的网络慈善募捐项目，募捐平台要及时提醒参与主体存在的潜在风险。在募捐人做出捐赠行为之前，将参与网络慈善募捐活动面临的不同风险通过微信公众号、短信、电话等不同的渠道告知捐赠人，捐赠人在支付善款时需要阅读并同意相关风险。在网络慈善募捐中，捐赠人非常关注项目对于被救助人的具体影响，因此，募捐平台向捐赠人进行风险提示能够让捐赠人对项目有个预先评估的准备，让捐赠人明确自身在募捐项目中的合法权益和预期期待。[①]

对于不合格的募捐项目，募捐平台有权直接将其下架，不让其出现在求助平台。对于把握不准的募捐项目，慈善组织或者募捐平台可以邀请相关的组织和单位对其进行评估，从专业的角度分析判断这一募捐项目的实施可能性，尽可能将募捐项目的所有细节全部展现于募捐平台，供捐赠人阅读和考虑。通过预先评估也可以科学衡量求助金额的总额，避免慈善款项剩余，也可以充分分配有限的慈善资源。

2. 建立网络慈善募捐项目实施反馈机制

目前的网络慈善募捐项目实施反馈不及时，仅在募捐项目的发起和结束时，社会公众才能详细了解募捐项目的进展情况，这不利于各方主体及时获知相关信息，可能会增加募捐项目的可疑度，阻碍整个慈善事业的顺利发展。实施反馈机制，目的在于进一步强化信息披露制度，确保信息的及时更新，减少发生或及时制止诈捐与其他不当募捐事件。

在募捐项目实施的全过程中，任何一笔款项的消费、被救助者状态的变化、善款用于何种支出，都应该及时给社会公众反馈，确保信息披露及时、有效，提高网络慈善募捐的针对性和高效性。[②] 反馈机制可以说是信息披露制度的一部分，通过信息反馈还能增进募集人、募捐平台、被救助人、捐赠人之间

---

① 参见王丹阳《慈善法视域下网络众筹平台的规制路径——以轻松筹为研究样本》，载《天津法学》2017 年第 6 期，第 45 - 50 页。

② 参见冷传莉《社会募捐中捐款余额所有权问题探析》，载《中外法学》2006 年第 2 期，第 209 - 222 页。

的信任感，从而促进网络慈善事业的深化和发展。

3. 引入独立的第三方监督机构

由于政府的资源有限，因此可以考虑引入独立的、专业性比较强的第三方对网络慈善项目进行评估和监督。第三方属于政府购买的服务，独立于政府和募捐平台，有独立的意思自治和办公环境，同时具备一定的执法调查权，能够与医院、社区、学校、政府、平台进行有效的沟通和交流并从中获取信息和资源。第三方监督机构基于独立的监督意识对网络募捐平台进行监督和管理，一方面，可降低行政监督部门的负担，弥补行政监督在专业能力上的不足；另一方面，可吸引社会力量，促进社会监督，提高平台运行的效率和透明度。

第三方监督机构的主要责任包括但不限于以下范围：①协助募捐平台核实募集人发起的各类求助信息，从源头上对善款使用进行监督。考虑到募捐平台的审核力量有限，为了防止利益勾兑，寻求第三方独立机构进行审核很有必要，通过审核进一步去伪存真。②监督网络募捐平台的运行情况，包括慈善项目的发起、中间环节、结束时善款善物的来龙去脉等各种情况。尤其是善款的走向，募捐平台甚至应该将资金交由第三方独立机构进行处理，在被救助人需要医疗资金时，由第三方监督机构与医院核实，并将上述款项直接汇入医院账号。③根据有效的评价机制提出专业性的建议和意见，定期开展专业性评估，并将评估后的资质、财务、信用等情况及时告知社会公众，以便社会公众进行选择，同时可以促进募捐平台的优胜劣汰市场机制的实现，筛选出更好的服务平台为社会公众提供慈善服务。

4. 明确网络慈善募捐的强制信息披露要求

（1）明确募捐项目的信息公开是建立健全网络慈善募捐信息公开制度的重要内容。募捐项目主要包括募集人、受益人等主体，募集人是慈善项目的发起人，处于关键的核心地位，其身份等信息的公开程度决定了整个慈善项目的开展情况；募集人除了应该公开其相关的资质，还应该披露其基本情况、财务经营状况、募集的项目情况。此外，如果募集人是个人，还应该将其基本信息、工作经历等资料信息进行充分详细的说明并公布。

（2）网络慈善募捐个体项目善款使用状况的精准化公开。对于不同性质和不同影响范围的善款使用可以有不同的公开程度。对于项目规模比较大、涉及范围广且具有一定影响力的网络慈善募捐项目，强制要求其对善款的来龙去脉进行公开；对于慈善募捐的金额较少、整个项目参与捐赠的人数不多、社会影响有限的慈善项目，可以不强制要求其公开，但鼓励善款使用人积极公开。

（3）网络慈善募捐平台财务使用状况的完全公开。[①] 一方面，募捐平台本身经营情况需要完全公开，如管理费的收取情况、员工工资的发放情况等，确保募捐平台自身系规范运行，系采取低管理费的方式实现募捐款项的最大效能。禁止募捐平台借助网络慈善募捐活动提供咨询服务，收取费用，同时亦不得通过平台启动或参与网络慈善募捐。另一方面，网络慈善募捐平台财务使用状况完全公开的重点在于对善款善物的来龙去脉进行公布。例如，募集人请求网络救助的事由和具体金额，募捐平台对此进行审查核实并说明善款来自何处、有多少金额、已经支付了多少金额、还剩余多少金额等。这些都必须向社会公众公布。

5. 建立网络慈善募捐款项核算制度

建立网络慈善募捐款项核算制度，以保障捐赠人捐助的款项能够落到实处，实现慈善募捐的目的。通过核算，能够促进善款善物使用的透明化。通过线下传统的会计核算，即相关部门在回访后将相关的钱款使用情况予以公布，从而保障善款结果的准确性。

除此之外，还可以借助线上支付的成熟技术，依托技术的革新来实现对善款善物使用的监督管理，通过技术手段追踪善款使用情况。例如，现在我国公民大部分都会使用微信、支付宝等电子支付手段，医院一般也会准予采取此种方式交纳医疗费，故可以通过电子追踪手段详细记录每一笔善款的去向，促进善款善物使用的透明化。借助高科技手段对善款进行实时跟踪，可以进一步促进网络慈善募捐善款使用过程的核算。

同时，可以采用第三方资金托管的方式，进一步细化和精确化善款使用情况。募捐平台有选择第三方支付平台的权利，通过托管方式由第三方完成资金的拨付。第三方机构须具备合法资质且处于中立地位，不参与网络慈善募捐的过程，接受募捐平台的委托和指示，对网络慈善募捐的善款善物进行保管和转移。在网络慈善募捐中，必须把募捐款项与募捐人等其他主体的个人财产进行严格分离，避免混用。为了详细核算募捐款项，还可以建立款项托管账户、募捐账户、合作医疗账户，同时对众筹资金流转进行登记记录，以便查询。[②]

---

① 参见朱书敏《论民间爱心捐赠行为的法律保障——以水滴筹平台为例》，载《山西青年职业学院学报》2020 年第 9 期，第 64 - 67、97 页。

② 参见方子豪、孟彦辰《互联网背景下个人医疗募捐行为的法律规制研究》，载《中国卫生法制》2019 年第 5 期，第 16 - 20 页。

（四）健全网络慈善募捐追责法律制度

1. 建立网络慈善募捐失信人制度

网络慈善募捐通过互联网技术将完全陌生的募集人、被救助人、捐赠人等紧密联系在一起，捐赠人将款项捐给被救助人，需要在各方当事人之间建立信任关系。新时代下的个体或企业的信用都十分重要，直接影响了网络慈善募捐工作的开展。一旦失信，将会给慈善事业带来严重的负面影响。

目前，我国各个行业领域都在加快推进信用评价制度建设，以加强对失信人的惩戒力度。2016 年，法院、检察院、公安等多个部门签订了实施联合惩戒的备忘录，对于失信被执行人可以采取多项惩戒措施。在网络慈善募捐领域，可以借鉴对失信被执行人的惩戒措施，根据募集人、募捐平台、被救助人等参与网络慈善募捐的主体在全面范围内的信用评价关系，借助已有的中国人民银行征信数据和最高人民法院有关被执行人的信息系统，对失信人予以惩戒。如果募集人信用等级低且经平台审核属实，可以启动信用惩戒措施中的处罚条款，将募集人纳入网络慈善募捐的失信人员名单，禁止其通过任何募捐平台发起捐款项目。

2. 建立网络慈善募捐平台训诫制度

网络慈善募捐平台需要强制披露慈善募捐的信息，履行对募集人发布的求助信息的审核义务，对个人信息进行严格保密，防止泄露客户隐私，并采取有效措施防止不当募捐事件发生。如果募捐平台产生损害慈善事业的负面影响，民政部门或其他监管部门有权对其进行约谈，对于违法违规行为要求限期整改；如果拒不整改或者整改以后仍不符合标准的，民政部门或其他监管部门有权取消其作为网络慈善募捐平台的资质，并将平台相关负责人列入禁止从业人员的行业。

同时，网络慈善募捐平台也可以顺应时代潮流，利用人工智能和科学技术建立平台信用惩戒制度。相关主管部门应该通过募捐平台的表现对其进行分类分级，通过政府专家测评、公众投票、参与主体体验打分等各种途径对网络慈善募捐平台进行评价，及时向社会公众公布有过失、假借募捐而进行自我融资、非法集资以及乱收费等信用不良记录的网络慈善募捐平台，并及时对其予以淘汰，以降低对慈善事业的负面影响。

3. 设立善款善物追回机制

《民法典》合同编中与善款余额相关的法律规定并不多，如果将网络慈善募捐的法律关系视为附条件赠与，一旦条件没有成立，被救助人未按照约定履行，出现乱用善款善物的行为，那么捐赠人就有权撤销自己的赠与行为，并责令被救助人返还财产。在 2019 年的"首例全国网络大病救助纠纷案"中，北京朝阳区人民法院正是适用《合同法》认定受赠人隐瞒实际财产收入，违反了赠与人协议将所筹善款挪作他用，属于违约情形。一审判令受赠人返还所筹全部善款并支付相应的利息。即依据法律规定，对于网络慈善募捐的剩余善款，募捐人享有所有权。

在网络慈善募捐中，除了募集人以外，法律授权社会公益组织与检察院为了国家利益提起诉讼。在网络慈善募捐案件中被损害的是特定多数人的财产权益，而这不属于公共利益，因此公益组织与国家机关是无权代为诉讼的。而网络募捐平台可以作为替代组织，代替受害人提起诉讼追回剩余善款。由网络募捐平台对此提起诉讼，可以增进捐赠人的信任感，增加其曝光度，提高企业知名度。这是一个双赢的局面。目前，以水滴筹为代表的募捐平台在《用户协议》中，以黑色加粗的方式提醒，捐赠人可以授权平台调查取证并代为提起诉讼。

四、结语

完善我国网络慈善募捐监管的法律制度，首先，需要健全网络慈善募捐监管的法律体系，通过单独立法、制定完备的行政规章、细化《慈善法》的有关规则来实现。其次，要健全网络慈善募捐平台的法律制度，加强对个人求助网络平台的规制，细化权利和义务，通过募捐项目预先评估机制和及时反馈机制来促进募捐平台的规范运行。最后，通过建立网络慈善募捐信息公开制度、行政监管制度、责任追究制度等综合配套措施，进一步促进网络慈善募捐事业的发展。

第二节　App 个人信息收集与使用的法律监管

随着互联网信息技术的飞速发展，App 的使用给人们的生活带了诸多便利和强烈的体验感。个人信息成为推动信息技术发展的重要基础性资源，App 运营者通过收集 App 用户的个人信息，并利用计算机信息技术对信息进行整合和深入分析，以此来推动 App 的有针对性的运营、提供服务以及拓展 App 的功能。同时，人们要使用 App 就避免不了要允许 App 对个人信息进行收集与使用，并且在有些 App 的使用过程中可能需要进行人脸识别、上传个人信息认证等，这其中除了涉及对一般个人信息的收集，也存在对敏感个人信息的收集。因此，需要对 App 个人信息的收集与使用进行法律监管，才能够更全面地保障公民的个人信息安全，促进信息技术与各领域间的健康发展。

一、App 个人信息收集与使用的概述

（一）个人信息的内涵

1. 个人信息的定义

"信息"一词指的是"事物发出的消息、指令、数据、符号等所包含的内容。人通过获得、识别自然界和社会的不同信息来区别不同事物，得以认识和改造世界。在一切通信和控制系统中，信息是一种普遍联系的形式"[①]。也就是说，信息是用于区别各个不同事物的主要载体，也是联系各个事物最为普遍的方式。信息的特征主要表现为对物质的依赖性、确定性和传递性。

随着个人信息越来越成为各行各业人们的热议话题，社会各界对个人信息的概念也都有着不同的观点。法学界学者对个人信息的理论界定也存在着不同的观点，大致可分为关联说和识别说两种理论观点，而识别说则是被大多数学者普遍认同的观点。第一种观点是关联说。关联说是指以信息与信息主体是否具有一定的关联性作为判断是否能够认定该信息为个人信息的标准，与信息主体具有一定的关联性的信息即为个人信息。但随着网络科技的日益发展，仅仅将信息之间是否具有关联性作为判断是否为个人信息的准则，会使个人信息的保护过于宽泛，将个人信息的保护绝对化。例如，当收集的信息无法识别到个人时，允许个人对此实施个人信息自决权，会导致收集方的目的无法实现，也就可能会限制其行业的发展。第二种观点是识别说。识别说是指可以独立或者通过与其他信息结合作为直接或者间接识别特定自然人的信息，亦即能够直接或者间接地确定特定自然人的特定信息，其主要体现为对特定自然人的可识别性，通过建立信息与个人之间的识别关系作为判断是否为个人信息的标准。识别说认为，可以单独识别特定自然人的信息主要指身份证号码、肖像等，需要通过间接的方式才能够识别为特定主体的有兴趣爱好、性别、职业等，个人信息在 App 中的定义的界定还应包括用户的搜索浏览记录、行程记录、购买记录等。识别说认为，各信息之间不仅必须具备一定的关联性，而且必须通过此信息能够识别到具体的个人，才能够被认定为个人信息。可识别性也是个人信

---

① 叶湘：《〈民法典〉术语"个人信息"的名与实："个人信息/数据/资料"辨析》，载《中国科技术语》2021 年第 4 期，第 44 页。

· 265 ·

息的实质性要件。此外,应当在现有的科技以及合理的成本下得以识别,才能够认定其存在可识别的可能性。识别说是现阶段比较具有普遍性的理论学说,我国的《民法典》《网络安全法》等法律法规中对个人信息的界定,也体现了可识别说理论。

在立法层面,我国于 2010 年首次将"个人信息"列入立法的保护范畴。《最高人民法院关于审理旅游纠纷案件适用法律若干问题的规定》规定,旅游经营者等服务主体不当泄露或者未经旅游者同意而披露其私人信息的行为,应当承担一定的法律后果。2016 年,我国颁布的《网络安全法》对个人信息的含义进行了界定,同时也列举说明了个人信息的具体类型。值得一提的是,《网络安全法》将个人生物识别信息界定为个人信息,这是在立法层面第一次将个人生物识别信息纳入法律范畴。随后,2020 年颁布的《民法典》第一千零三十四条第二款规定:"个人信息是以电子或者其他方式记录的能够单独或者与其他信息结合识别特定自然人的各种信息,包括自然人的姓名、出生日期、身份证件号码、生物识别信息、住址、电话号码、电子邮箱、健康信息、行踪信息等。"该法归纳总结并概括后以列举的方式再次对个人信息进行了界定。《民法典》对个人信息含义的界定出现了"健康信息""识别特定自然人的各种信息"等新的词语,丰富了个人信息的内涵,肯定了"个人信息是能够识别特定主体的特殊信息"的观点;同时,也更进一步地体现了个人信息内容的可识别性,表明可识别性是个人信息的实质要素。随着 App 等互联网科技的广泛运用和发展,个人信息范围也在不断扩大,个人信息的内涵也更加丰富。

2. 个人信息的法律属性

在日益信息化的时代里,互联网给予人们诸多生活便利的同时,也带来了许多的社会问题,而信息在网络中的获取和使用也引起了世界各国与社会各界的密切关注。为此,我国关于个人信息的立法也随之展开,法学界学者对个人信息的法律属性有着不同的看法,主要包含以下四种观点。

第一种,隐私权说。隐私权说最早起源于美国,1974 年颁布的《美国隐私权法》就体现了隐私权说,认为个人隐私包含了个人信息,个人信息是作为隐私权的客体。该学说认为可根据隐私权的保护模式和有关方面的法律法规,对个人信息加以保护以及处理个人信息的相关问题。美国关于个人信息的立法对其他各国的立法起到了借鉴作用。隐私权保护模式也得到我国部分学者的赞同和认可,认为隐私权就是个人信息、个人领域等不被他人所侵犯的基本权利。

第二种,近似人格权说。该说认为,由于法律没有直接规定个人信息属于人格权，但个人信息在《民法典》中的界定会更倾向于人格权说。张新宝教授在其专著《中华人民共和国民法总则释义》中指出，对个人信息权利的保护对于保障信息主体的人格尊严有着重要的意义，同时，该权利也是人民群众在信息时代应当享有的不可或缺的重要权利。此外，其对于保持良好的社会秩序具有现实意义。[①] 由此可看出，张新宝教授认为，对个人信息的保护是对公民人格尊严的保护，他对个人信息的理解更倾向于人格权说。

第三种，人格权说。德国法对个人信息的保护采取的是人格权的保护模式。德国联邦法院认为，不能仅仅通过信息是否触及隐私来认定该信息是否敏感，即应当保护个人人格权在个人信息处理时免受侵害。杨立新教授在其主编的《中华人民共和国民法总则要义与案例解读》一书中提到，民法中的个人信息是指自然人对于个人信息所享有的个人信息权，以及义务人不得侵犯他人的个人信息的义务的规定。[②] 杨立新教授认为，《民法典》中关于个人信息的规定应当是一种对于人格权的规定。

第四种，法益说。法益说认为，《民法典》关于个人信息的规定没有肯定个人信息是一种具体的人格权，所以，根据现行法律的规定，个人信息无法被认定为是一种具体的人格权，而应当将其作为一项法益来保护。王利明教授的理解与张新宝教授和杨立新教授对《民法典》规定的"个人信息"的理解也存在着差异。王利明教授认为，《民法典》只是明确了个人信息必须受到法律的保护，而没有使用个人信息权的措辞。由此可见，《民法典》并未直接规定个人信息是一种具体的人格权，但是，个人信息作为公民的一项合法权益，应当要获得法律的保障。[③]

3. 个人信息的保护与隐私权的关系

在信息技术不断发展的今天，信息正在以不可估量的速度流通，仅通过以前对隐私权的法律规定来对个人信息进行保护，已经无法实现对个人信息的全面保障。同时，对隐私权的法律规定已无法概括所有个人信息。此外，隐私权对于信息的保密程度较高，但并非所有的个人信息都能够符合隐私权对于信息的保密程度。在立法与司法实践中，个人信息的保护与隐私权之间具有一定的联系，因此，对于个人信息的保护与隐私权关系的划分也显得尤为重要。

---

① 参见张新宝《中华人民共和国民法总则释义》，中国法制出版社 2017 年版，第 220 页。

② 参见杨立新主编《中华人民共和国民法总则要义与案例解读》，中国法制出版社 2017 年版，第 413 页。

③ 参见王利明主编《中华人民共和国民法总则详解》，中国法制出版社 2017 年版，第 465 页。

隐私一般情况下是指人们在社会生活中不希望被他人所知晓的、私人的信息。依照《民法典》第一千零三十四条第三款的规定，个人信息中的私密信息适用隐私权的规定；没有规定的，适用有关个人信息保护的相关规定。[①] 从该条明文规定可以看出，个人信息权与隐私权之间具有一定的交叉或重叠的内容，且解决了个人信息权与隐私权的交叉或重叠的部分内容的法律保障，更有利于保护个人信息。但实际上，隐私权与个人信息的权利也存在着许多不同的地方，并且个人信息权利和隐私权在《民法典》中分属于不同的章节。因此，关于隐私权与个人信息权的关系在理论学界也具有不同的看法，大致有以下三种观点：第一种学说主张，在个人信息权的范围中涵盖了隐私权，隐私权是个人信息中的隐私信息的部分，称为"个人信息包含说"。个人信息权包含的并不只是人格利益，还有信息的自由流通和自决利益，这是隐私权所没有的。第二种学说认为，隐私权包含了个人信息权，个人信息权只是隐私权的延伸，也即"隐私权包含说"。但该学说并没有得到广泛支持，无法解决当今逐渐复杂的问题。第三种观点是交叉说，认为个人信息权与隐私权存在着一定的交叉关系。王利明教授主张，个人信息权在客体内容、法律属性、救济途径等方面都与隐私权有着明显的区别，二者是交叉的关系。

个人信息权与隐私权有着明显的区别，同时也存在一定的相同点，二者存在一定的交叉关系。隐私权属于私密类型的个人信息，而《民法典》规定的个人信息则属于一般的可识别为特定自然人的信息，隐私权和《民法典》中所规定的个人信息分别属于不同信息类型。除此之外，隐私权和个人信息权还存在以下区别：一是隐私权和个人信息权的侧重点有所不同。隐私权保护个人的私人信息，避免不当披露，维持私人的生活安宁的权利，强调的是一种秘密性与私密性。信息被自主公开后，则不属于隐私权的保护范畴。而个人信息权的产生源于第三次工业革命，初始的个人信息带有公共性质，是因国家需要而被国家所用的信息，人们为了公共利益而作出让渡的信息，因此，这与隐私权所强调的私密性相比较存在着明显的不同。[②] 二是隐私权与个人信息权的救济途径也有所不同。由于隐私权更倾向于保护个人隐私的信息，即不被他人所知晓的个人信息，并且该个人信息在一般情况下不会被商业利用，因此隐私权主要是指一种防御的权利，只是在信息被不当公开后，个人信息权主体才会因此寻求司法救济，并且赔偿方式一般以精神损害赔偿为主。但由于当今科技时代

---

① 见《民法典》第一千零三十四条第三款。

② 参见陈淇华《个人信息权与隐私权的关系——论个人信息包含说的科学性》，载《上海法学研究集刊》2021 年第 14 期，第 70 页。

的个人信息存在一定商用价值，信息权主体希望自由控制、支配个人信息，并决定其是否被他人所用，因此，个人信息权不仅具有防御性，而且具有主动性的权利。所以，个人信息权主体在个人信息权利遭到侵犯时除了可以选择精神损害赔偿，还可以选择财产赔偿的方式。

综上所述，隐私权与个人信息权的范畴虽然不同，但也具有重叠和交叉的内容。因此，应清晰界定隐私权和个人信息权的关系，使个人信息和隐私权得到更全面的法律保障。

4. App 个人信息收集的类型

App 对用户个人信息的收集与使用已常态化，App 运营者会通过不同的方式将收集的个人信息经过处理后再使用。而 App 收集个人信息的方式也有所不同，App 个人信息的收集类型大致有以下两种：第一种方式是直接收集，即 App 运营者在用户使用 App 时通过隐私条款等方式，在征求用户同意的情况下收集 App 用户的个人信息。直接收集 App 用户个人信息应当在法律规定的情况下获得信息主体的授权，才可收集个人信息。第二种方式是间接收集，是指 App 运营者通过数据的对比、转化或者其他算法技术等收集 App 用户的个人信息，包括通过数据追踪功能、App 内的浏览记录或搜索的关键词等收集信息，进行技术处理后获得 App 用户的习惯轨迹或是产品喜好。通过间接的方式收集 App 用户的个人信息，虽然不是直接收集 App 用户的个人信息，但其经过技术算法后仍然能够推算或识别出 App 用户。因此，不论是通过直接收集的方式收集个人信息，还是通过间接收集的方式收集个人信息，都应当让信息主体知情并获得其授权。

（二）App 个人信息的收集与使用的原则

1. 知情同意原则

知情同意（informed consent）即自然人在被充分告知作出明智决定所需事实的基础上，同意做某事。知情同意最初适用在医患关系语境。而在今天，知情同意原则通常情况下是指，不得在没有经过信息主体许可的情况下获取个人信息。2013 年 9 月颁布的《电信和互联网用户个人信息保护规定》中第九条首次明确了知情同意原则，随后颁布的《网络安全法》《个人信息保护法》等法律也逐渐明确了知情同意原则。知情同意原则现已成为 App 个人信息收集与使用中普遍认同且最重要的原则之一，是规范 App 个人信息收集与使用时不可或缺的原则。知情同意原则要求 App 运营者与信息主体不存在认知差异，且在信息主体需要有一定的认知和判断能力的情形下，App 运营者通过隐私条款或告知等形式，在获得信息主体的授权的情况下，对 App 用户的个人信息进行收集。但知情同意原则属于原则性规定，适用范围较宽泛，在收集者与信息主体存在认知差异或无法确定信息主体是否具有相对应的认知和判断能力的情况下，可能会对信息主体的信息造成泄露。

2. 信息最小化原则

信息最小化原则，最初出现于欧盟颁布的 GDPR 中的 "data minimization"（数据最小化准则）。2019 年，我国颁布的《信息安全技术移动互联网应用（App）收集个人信息基本规范（草案）》要求运营者获取和收集信息的行为必须遵守 "最小必要信息" 与 "最小必要权限范围"。该草案规定了 App 运营商只能收集必要的个人信息且收集的信息内容和范围不得超过必要的限度，因此，信息最小化原则在我国关于个人信息的相关立法中体现了对自然人民事权利的法律保障。信息最小化原则对于 App 用户的个人信息提供了强有力的保障，可以有效遏制 App 运营商过度收集用户个人信息的问题。App 运营商只能够收集信息主体授权的最少信息，但不能够主动获取用户的信息，因此，信息最小化原则在没有得到合理利用的情况下，可能会因为过于保护信息主体的权益而忽略了 App 的权益，限制了 App 的发展及其功能的拓展和延伸。

3. 必要性原则

必要性原则，是指当 App 运营商收集个人信息时，这些收集的信息应当是与其提供的业务或服务相关的，为了实现该功能必不可少的信息。该原则是欧盟 GDPR 中目的限定原则的延伸。在我国，2021 年 11 月颁布实施的《个人信息保护法》规定了处理个人信息时必须具备明确、合理的目的，而该个人信息也必须与处理的目的直接关联。App 运营商在获取收集用户信息时应当符合必要性原则，并且收集的信息应当与目的直接关联。例如，影视类 App 收集个人用户的通讯录、实时定位等个人信息，则与其收集信息的直接目的无关且其无法提供明确、合理的目的。必要性原则的参照标准需要在个案中具体明确，我国暂时没有通过立法明确必要性的标准。不同类型的 App 适用必要性原则的标准不同，目的也会随之改变。不同类型的 App 的收集目的虽然有所不同，但都应遵循明确、合理的原则，并且仅能收集和目的具有直接联系的个人信息，同时，必须以明确告知的方式来得到信息主体对收集权限的授权；不能违反必要性原则的规定，提出不合理的收集目的或过度收集与目的无关的信息。

（三）App 个人信息收集与使用法律监管的必要性

1. 保障 App 用户个人信息安全

随着互联网科技的迅猛发展，App 不断被应用到我们生活的方方面面，同时 App 也在不断创新和升级。但通常情况下，App 个人用户在打开 App 时会被询问是否允许获取其个人信息，或者个人用户在首次登录该 App 时会被要求使用个人信息注册账号。由于 App 发展的速度较快，人们起初对于个人信息的法律保护意识还不强，直至个人信息遭到泄漏或因此给个人用户带来一定程度的精神或财产上的损失时，人们才开始重视个人信息保护的重要性和必要性。

在个人信息网络安全问题越来越受到社会的关注和热议的今天，对 App 用户信息的获取和使用的依法规制能够有效保护 App 用户的信息安全。关于 App 用户信息的保护已成了全社会公民密切关注的重大问题。早在 2015 年，我国工信部网络安全管理局就公布了《2015 年中国网民权益保护调查报告》，该报告显示我国超过 70% 的网络用户的个人信息以及至少 60% 的网民在网络上的活动信息曾被泄露过。由此可见，网络个人信息安全问题早在 2015 年便开始不断暴露，而随着大数据时代中网络科技的不断发展和创新，App 广泛应用于我们的日常生活中，App 用户个人信息的安全问题也成为网络个人信息安全问题的一部分，通过各种各样不同的形式显现出来。因此，App 用户的个人信息安全问题也成为当今社会人们共同关注的重要问题之一。

综上所述，只有规范了 App 个人信息的获取和使用，才能够有效保障 App 使用者的信息安全，保障公民的个人信息权益，解决因为信息网络科技发展而造成的网络用户信息的安全隐患，增加网络个人用户对网络行业的信心。同时，我国的国家政策也明确要不断加强对个人信息的保障。

2. 促进互联网行业的健康发展

信息科技的进步带来了互联网行业的发展，任何行业的发展都需要有法律的合理规制，只有在合法的前提下进行发展才是该行业的健康、可持续发展。在互联网迅速发展的今天，App 个人信息的收集与使用存在着诸多问题，而这些问题也可能会在一定程度上限制互联网行业的发展。尽管科技在不断进步，但如果个人信息的安全问题无法得以解决，那么互联网行业则无法做到健康、可持续的发展。在 App 的开发和广泛应用中，App 用户的个人信息是 App 不断升级和优化必不可少的数据基础，App 开发商、运营商以及第二方等主体应当在符合法律规定、保障用户个人信息安全的前提下收集与使用 App 用户个人信息，以此来升级和优化 App 的内容，进而促进该行业的健康发展。

二、我国 App 个人信息收集与使用法律监管的现状及问题

(一) 我国 App 个人信息收集与使用法律法规的现状

1. App 个人信息收集与使用的相关案例

案例一

今日头条 App 被指侵犯个人信息

2019 年 6 月 20 日，北京市海淀区人民法院审理了"今日头条 App 被指侵犯个人隐私案"。原告刘某于 2018 年 1 月 29 日之前登录并使用了今日头条 App。2018 年 1 月 29 日，刘某换了其他的手机并且用同一个账号登录今日头条 App 时，却发现在其已经拒绝向今日头条 App 提供获取其手机的通讯录权限后，今日头条 App 仍推荐了其在通过前一个手机注册时的手机上储存的通讯录好友。为此，刘某指出，通过今日头条的行为可看出该 App 储存了其通讯录中的信息。今日头条 App 的这一行为严重侵害了刘某隐私权，也违反了个人信息收集的"合理、必要"的基本准则，将刘某个人信息过多地披露。原告向法院请求让被告今日头条 App 方立即停止违法储存原告个人信息的侵权行为、赔礼道歉并支付精神赔偿金 1 元。

在案件的审理过程中，被告今日头条 App 承认曾将原告刘某的通讯录信息上传至服务器，理由为：当用户想点选"查找好友"弹窗中的"现在看看"窗口，即表示用户想查看通讯录好友的头条账号的意向时，授权通讯录好友是推荐好友的必要方式。今日头条 App 想要向用户展示这个功能，但 App 本地无法识别和判断哪个通讯录好友具有头条账号，因此存储通讯录是上传通讯录的必要操作，这并没有超过法律法规规定的范围。另外，根据被告今日头条 App 的说法，其在 App 的隐私条款中已经告知了 App 的用户 "App 可能会获取与使用您的有关个人信息，如果您选择了使用'今日头条'软件或接受了相关的服务，即表示同意了该公司依照本隐私政策获取、使用（含商业合作使用）、保存您的有关信息"。并且，今日头条 App 也告知 App 个人用户在其使用 App 期间，可能会获取、收集的有关信息可能包括了名字、性别特征、联系方式等独立或者综合后能够识别 App 个人用户身份的信息。信息使用的方法是通过使用获取收集的信息，公司则能够向用户提供更加个性化的精准服务并改进现提供

的服务，使用户获得更好的体验感。今日头条 App 认为，其在隐私政策中告知了刘某，存在获取收集并"储存""使用"用户的相关信息的可能性，因此不能构成对原告的侵权。

在该案件中，原告刘某认为今日头条 App 的收集、储存并上传自己的通讯录信息的行为并不合乎常理以及法律的规定，但今日头条 App 认为其在 App 隐私政策中已告知用户会储存、使用用户的相关信息，且用户同意了该条款。双方的争议焦点在于：今日头条 App 是否以明示的方式收集和使用 App 用户通讯录信息的授权？今日头条在 App 隐私政策中告知用户可能会储存或使用其相关信息的范围如何界定？

在该案例中，刘某在第一次登录时，今日头条 App 仅告知刘某有添加通讯录好友的功能，但并未明确告知刘某会储存并上传其通讯录，在刘某换了手机并以同一账号登录时，刘某已明确拒绝使用该功能，但 App 仍然在使用添加通讯录好友的功能，因此不符合刘某拒绝使用该功能的意思表示，且今日头条 App 在刘某拒绝使用该功能后，并没有删除其原来的通讯录信息。由于今日头条 App 在隐私条款中告知了 App 使用者可能会储存和使用其相关联的信息，但对与 App 用户相关信息的具体范围是否涉及用户通讯录的内容，今日头条 App 方并没有对此作出明确的告知，从而造成了今日头条 App 和个人用户双方对于个人信息的收集和授权范围判断产生了歧义。

按照《网络安全法》等法律法规的规定，网络运营者获取与使用用户个人信息时，应当明示使用用户的个人信息的目的、方式和范围。① 今日头条 App 须明确其需要获取的用户的信息范围包含何种个人信息，而不能以模棱两可的概念让信息主体为了使用该 App 而选择允许 App 在其使用过程中去收集其个人信息。因为如果在 App 获取和使用 App 个人用户的相关信息的过程中出现了信息主体与 App 方对获取和适用用户的相关信息的范围理解不清或者认知差异大的问题，就会给信息主体信息安全造成一定的隐患。

案例二

滴滴出行 App 违法违规收集个人信息

在 2021 年 7 月，滴滴出行 App 由于可能存在违法违规收集用户个人信息的不法行为而被我国网络安全审查办公室进行安全审查。在网络安全审查办公室对滴滴出行 App 进行安全核查期间，为保障人

---

① 见《网络安全法》第四十一条。

民群众的利益、社会公共利益，滴滴出行暂停了新用户注册。随后，国家网信办核实了相关人民群众对滴滴出行 App 的举报，要求应用商店下架滴滴出行 App。同时，要求滴滴出行 App 运营公司根据国家标准，严格遵守法律法规，对于出现的关于违法违规收集用户信息的问题进行认真的整改，应当切实地保护 App 用户的个人信息安全。并且在滴滴出行 App 整改期间，暂停所有新用户的注册。

滴滴出行 App 作为一款热门 App，涉及用户数量巨大，其违法违规收集 App 个人信息的行为对用户造成较大的安全隐患。按照《民法典》《网络安全法》等法律法规的要求，通过 App 来获取用户的个人信息都需要事先经过信息主体的许可，且不得违反法律法规进行收集与使用。因此，滴滴出行 App 的违法违规收集 App 用户个人信息的行为，不管是过度收集个人信息还是滥用收集后的个人信息等行为，都可能会泄露用户的信息，损害了 App 用户的合法权益，且用户对此可能不知情或即使知情但难以寻求司法救济。除了滴滴出行 App，在我们的日常生活中也有其他 App 未遵守法律法规的规定，获取并使用 App 用户的相关信息，比如 App 强制授权、超范围收集个人信息等。因此，App 个人信息的收集与使用的法律规制问题应当逐渐完善和细化，以更好地保障公民的个人信息合法权益。

2. App 个人信息收集与使用的相关法律规定

随着计算机技术的日益发展，App 的广泛应用方便了广大人民群众的日常生活，大数据信息技术在各领域得到了充分的应用与发展。而对个人信息的保护在当今社会中是不容小觑的重要议题。个人信息逐渐成为各行各业进行数据分析的基础与核心，关于违法披露公民信息的侵权案件大量发生，其中 App 成为过度获取和使用信息的重灾区。[①] 因此，App 个人信息的收集与使用问题也开始得到国家的高度重视，App 个人信息的收集与使用相关的立法也开始陆续颁布与实施。我国现阶段关于 App 个人信息收集与使用的相关规定如下。

我国于 2021 年 1 月实施的《民法典》中第一百一十一条规定了自然人的个人信息受法律保护。获取他人信息应当依照法律规定并保障信息的安全。禁止非法获取、使用他人信息，禁止违反法律规定买卖、提供和披露他人信息。此外，该法第一千零三十四条则对个人信息定义作出了界定。该法第一千零三十五条也对个人信息作出了相关的规定，处理个人信息，必须遵守合法、正

---

① 参见韩德民、汪子辰《App 过度收集与使用个人信息的法律规制问题研究》，载《现代交际》2020 年第 13 期，第 84 页。

当、必要等基本原则，处理个人信息的行为包括对于个人信息的获取、保存、使用、发布等行为。① 于 2021 年 11 月 1 日实施的《个人信息保护法》明确了信息收集与使用主体以及信息收集与使用中各环节的规定，包括原则性规定和各环节的具体规定。此外，《网络安全法》第二十一条、第四十一条等条款明确了收集和使用个人信息的主体在收集与使用个人信息时，必须以明示的方式获得提供者的同意；对已经收集与使用的个人信息，应当遵循合法、正当、必要原则等规定。《网络安全法》第四十三条规定个人发现网络运营者违反法律规定或与用户的约定获取和使用个人信息的，用户个人有权请求网络运营者撤销其信息；用户个人发现信息有误的，也可以要求互联网运营者对该个人信息进行修改与补正。② 在《民法典》和《个人信息保护法》颁布实施前，《网络安全法》关于互联网运营者向用户获取和使用其个人信息的规定在一定程度上有效地遏制了网络运营者对 App 用户个人信息过度收集与使用的行为。除此之外，《中华人民共和国消费者权益保护法》（以下简称《消费者权益保护法》）、《侵权责任法》等也对保障个人信息安全作出了相对应的法律规定。

在 2019 年 5 月，国家网信办出台了《数据安全管理办法（征求意见稿）》，该办法中规范了应用程序、网络运营者等对于信息的获取与使用等活动，指出了个人信息中敏感信息的收集应当明确数据安全责任人等相关规定。该办法还规定 14 周岁以下的未成年的个人信息的收集与使用应当征求其监护人的同意。③ 该行政法规实际上是对相关法律的进一步细化与解释，保障个人信息的安全。《数据安全法》自 2021 年 9 月起施行，公民的个人信息将受到数据安全法的严格保护，App 对用户个人信息的收集与使用也成为该法第二条所规定的保护范围。随着信息技术的不断发展，个人数据保护也涉及个人用户在使用 App 时，App 对其个人数据的收集与使用。因此，《数据安全法》对于 App 用非法手段获取个人信息的行为进行了规定，如该法第五十一条规定了窃取或者以其他非法方式获取数据的处罚措施，即窃取或者以其他非法方式获取数据，开展数据处理活动排除、限制竞争，或者损害个人、组织合法权益的，依照有关法律、行政法规的规定处罚。此外，《信息安全技术移动互联网应用（App）收集个人信息基本规范（草案）》在规范了 App 获取采集个人信息的基础要件的同时，还规定了 App 运营者采集个人信息应当遵循的范围、不得收集设备不能被改变的唯一标识以及当 App 用户在使用 App 时存在第三方代

---

① 见《民法典》第一百一十一条、第一千零三十四条、第一千零三十五条。
② 见《网络安全法》第二十二条、第四十一条、第四十三条。
③ 见《数据安全管理办法》第十二条、第十七条。

码或其他插件时，若第三方代码或插件不可避免的需要收集用户的个人信息时，App 的运营者需要为此履行安全保障义务。① 此外，由我国工业和信息化部出台的《电信和互联网用户个人信息保护规定》的部分条款也对个人信息的法律保护进行了相应的规范。

国家行政部门在法律法规、部门规章的基础上，还出台了其他的文件，如《移动互联网应用程序信息服务管理规定》、推荐性国家标准的《信息安全技术个人信息安全规范》以及《App 违法违规使用个人信息自评估指引》等，进一步细化与 App 个人信息获取和使用相关的法律规定，规范 App 个人信息的收集与使用。在法律法规原则性的规定下对 App 个人信息的获取和使用作出细化规定，进一步推动了相关法律法规的实施。

（二）我国 App 个人信息收集与使用法律监管存在的问题

我国 App 数量在不断增长，根据我国工信部 2021 年数据统计，我国能够监测到的 App 数量已经超过了 300 万。尽管我国在不断进行关于 App 收集和使用用户信息方面的立法，但诸多环节仍然存在许多问题。我国工信部每年也会对 App 收集和使用用户信息的情况进行检查，并对不合格 App 进行通报批评或下架处理。

2019 年全年通报违规 256 款、下架 11 款 App；2020 年全年通报违规 444 款、下架 120 款 App；2021 年全年通报违规 1549 款、下架 514 款 App。

1. App 收集与使用个人信息的范围认定难

App 和信息主体之间由于收集与使用个人信息的范围认知存在差异引发的案件层出不穷。对个人信息的范畴认定不清，也会给信息主体造成信息安全隐患，个人信息安全难以得到切实的法律保障。有学者认为，在立法层面上，规范个人信息获取行为的规定不能过于关注如何限制个人信息的收集范围，而应着重关注数据流动的生命周期。② 随着人民群众开始逐渐关注个人信息的价值性，对 App 用户信息获取范围的清晰界定是保护用户个人信息的前提条件。所以，有学者主张，通过对 App 收集用户个人信息范围的界定、合理规制对于用户信息的获取和使用行为，是对信息收集和使用者的合理限制。③ App 个

---

① 见《信息安全技术移动互联网应用（App）收集个人信息基本规范（草案）》第四章。

② 参见邰江丽《关于 App 收集个人信息实务及规范研究》，载《北京航空航天大学学报（社会科学版）》2019 年第 4 期，第 11 页。

③ 参见杜静、邹晓玫《大数据环境下个人信息利用之授权模式研究——重要性基础上的风险评估路径探索》，载《情报理论与实践》2020 年第 3 期，第 37 页。

人信息认定范围模糊的原因主要有以下两个方面。

（1）无法准确界定 App 收集个人信息的范围。"范围"一词，最早出现于《网络安全法》第四十一条中，要求网络运营者获取和使用个人信息时，必须明示获取和使用信息的目的、方式和使用的范围。随后"范围"一词也逐渐开始出现在各类相关法律法规及文件中。而对于"范围"一词的理解，是将该词语理解为时间、地域范畴，还是指收集与使用的主体的范畴？由于该词具体指向难以明确，可能会使 App 运营者或者第三方等收集和使用 App 用户个人信息的主体在获取个人信息时根据自己的主观意图对"范围"一词进行解释，也就可能会出现随意扩张或限缩，并可能因此损害信息主体的合法权益。

（2）个人信息的收集范围呈动态性。随着信息科技的不断发展，需要获取的 App 用户信息的范围往往呈现动态的变化趋势，范围可能会被扩大或缩小。而现在的 App 在收集 App 用户的信息时一般会采用隐私协议和让个人用户同意其获取权限二者相结合来确定 App 获取收集用户信息的范围。也就是说，当用户安装 App 时，通常会先向用户展示其隐私政策，以此来说明其要获取和收集的用户信息并获取该权限；而当用户使用 App 时，如果由于 App 的功能或服务进行拓展后，更新了其功能而要获取的用户信息超过了之前与用户所约定的协议范围时，则会采用独立的新的协议的途径来获取权限，以扩展信息的获取范围。① 随着各方面技术的不断发展和进步，许多 App 都增加了语音的功能，在新增了该功能的同时，App 可能会因此需要获取用户的语音信息来为用户提供更多的精准的服务，也就会发生获取用户信息范围的扩大。而如果 App 用户停止使用该语音功能，App 也会停止获取用户的语音信息，也就会产生收集信息范围缩小的情形。例如美团 App，如果用户开启了定位功能，此 App 则会获取个人用户的地理位置信息，以此来为用户推荐可配送范围内的商家或商品；但如果用户没有使用需要定位地理位置的功能，而是使用了美团借贷的功能，那么此时的 App 对获取用户信息的范围则会变小。各类 App 收集用户信息的范围变动十分常见。

2. 个人信息收集与使用的知情同意原则形同虚设

知情同意原则作为 App 个人信息收集与使用的基本原则之一，是 App 个人信息收集与使用过程中必须遵守的原则，也是 App 运营者的基本义务。我国关于 App 个人信息收集与使用的相关立法也将知情同意原则作为一项重要的原则，并对该原则作出了相应的规定，但知情同意原则在实践中仍然存在诸

---

① 参见岳希凝《App 收集个人信息的"范围"认定》，载《南海法学》2020 年第 3 期，第 74 - 84 页。

多困境。

（1）用户协议、隐私条款等协议内容过于繁杂。知情同意的基本原则一般出现在用户安装 App 后，App 运营商会用用户协议或者隐私政策等方式，让用户将获取其个人信息的权限授权给 App 运营商。而随着 App 的普及和广泛应用，以及用户对个人信息保护意识的增强，App 平台在用户初次登录时，会向所有的用户发送该平台的用户协议、隐私条款等，以获得用户授权的文本。通常情况下，平台会将需要提前告知用户的相关注意事项以及需要用户授权的权限，在协议中进行完整且清晰的呈现。而用户通过同意协议的内容来授权平台对其信息进行获取和使用。这就是当 App 用户使用 App 时，平台对知情同意原则的使用。

但现在市场上流通的 App 的隐私条款的篇幅较大，例如我们经常使用的淘宝 App 的隐私条款的字数达到了 13937 字[1]，而微信 App 的隐私条款的字数也高达 11487 字[2]。并且，有许多 App 的用户协议或隐私条款的字体过小，且内容冗长，许多用户通常情况下没有耐心将全部条款仔细读完，因此会选择直接勾选，这就导致了用户的授权并非出于用户本身的真实意思表示。[3] 而能够阅读完用户协议或隐私条款的通常可能是相关的专业人士或 App 的运营者，并非 App 的个人用户。除此之外，许多 App 提供的用户协议都包含着诸多的专业术语，例如 IMEI 信息、服务器日志等，可能会导致 App 用户因为隐私条款或用户协议的专业术语过多而直接忽略。因此，App 在收集与使用个人信息时实际上未得到个人用户的真正授权。

（2）App 平台的用户协议存在不合理条款。某些 App 平台的隐私政策中，对于用户来说包含一些不合理的条款。有部分 App 平台的隐私政策或者用户协议中，未通过明示的方式将用户信息进行转让、共享信息种类或是目的，向 App 用户进行清晰和完整的告知，只是列出了平台在行为违规后所需要承担的法律后果。而有些平台则在协议中提到，当出现为了向平台用户提供平台以外的其他业务，平台方与关联公司合作时，会向关联公司共享必要的个人信息，但并没有具体说明关联公司和共享个人信息的范围。[4] 除此之外，还有 App 会在用户协议中提出，新用户在 App 上注册账号或者使用该 App 的服务时，是

---

[1] 见《淘宝网隐私权政策》。

[2] 见《微信隐私保护指引》。

[3] 参见韩旭至《个人信息保护中告知同意的困境与出路——兼论〈个人信息保护法（草案）〉相关条款》，载《经贸法律评论》2020 年第 1 期，第 48 页。

[4] 见《今日头条隐私政策》第 3.1.4 条。

默认许可该 App 能够和相关利益方共享该用户的个人信息的。①

由此可见，这些平台的行为均是让用户默认平台可以将用户的个人信息提供给第三方。App 用户对 App 将其信息共享给关联方的行为，并没有实质上的选择权。从侧面也可看出，知情同意原则并没有得到真正落实，也就意味着，App 用户的相关合法权益并没有得到切实的保障。

3. 个人敏感信息的法律规制不足

随着各项信息技术的发展，个人信息的范围十分广泛。虽然我国对 App 个人信息的收集与使用的法律规制在逐渐完善，但对敏感信息的法律规制仍散见于各法律中，并未形成体系化的规定。在实际生活中，也存在由于 App 对于敏感个人信息管理的疏忽，而造成敏感个人信息泄露等事件。

例如，在"申某诉携程 App 案"中，由于携程 App 在信息管理上的疏忽，申某在携程 App 上帮他人订购机票后，于第二天上午收到了东方航空的短信。短信内容显示由于飞机故障，该航班被取消，要求申某联系该航空公司的客服进行退票。为了进行退票，申某在该诈骗者的诱导下，开通了银行卡的网银等功能。随后，诈骗者陆续转走其银行卡和支付宝内的款项约 12 万元。申某因此将携程 App 诉至法院。在该案的调查中发现，申某在携程 App 预定的机票信息，包括预订人的姓名、航班信息，以及预留的手机号等都被泄露。这些个人信息被泄露后，诈骗者通过预订人信息诱导申某开通付款业务，从而造成申某财产上的损失。而在该案中，被泄露的个人信息中存在敏感个人信息，但在庭审的过程中，携程 App 并没有对其在收集和使用用户敏感个人信息时是否获得授权，以及对敏感个人信息的传输、监控等环节的合法性提交相对应的证据。而其在发现用户的订单信息被泄露后，也没有及时地给用户发送相关的防止被诈骗的提示。此外，携程 App 在 2018 年将对用户订单信息的保护级别从加密保护降至不加密传输。因此，最终法院判决携程 App 对申某进行赔礼道歉，并赔偿其经济损失 5 万元。

App 用户等信息主体并不排斥信息控制者对于个人信息的合理收集和使用。但是，由于敏感个人信息的特殊性，信息主体更希望敏感个人信息能够得到法律上的特别保护。因为相对于一般个人信息而言，敏感个人信息的不当使用可能会给个人带来难以承受的精神损害或者财产损失。

（1）敏感信息与一般信息的保护思路相同。《个人信息保护法》对敏感的个人信息的定义和《个人信息安全规范》基本一致。敏感个人信息通常是指涉及人身、财产、名誉等不可泄露或滥用的个人信息，一般包括身份证件号

---

① 见《拼多多用户隐私政策》第 2.5.1 条。

码、银行账号、征信资料、通讯记录等。随着信息技术的不断发展，在个人信息的价值被不断挖掘的今天，我国也逐渐开始把敏感个人信息和一般个人信息分别进行立法，并且加以差别保护。在 2021 年通过的《个人信息保护法》中第一次明文规定了对敏感个人信息和对一般个人信息的法律保护，但其中只有 5 个条文是对敏感个人信息保护的规定。而且由于《个人信息保护法》对敏感个人信息保护的立法逻辑和一般个人信息的保护不存在根本性差别，主要是在细化知情同意原则的基础上，因而对敏感个人信息进行立法，并未根据敏感信息的特点而进行特别的法律规制。但知情同意原则仅是 App 收集和使用敏感个人信息的前提条件，而在信息主体同意 App 收集和使用其敏感个人信息后，对敏感个人信息在收集和使用等环节中的保护也极其重要。在 App 收集和使用信息主体的敏感个人信息的各环节中，有着比一般个人信息更大的风险，因此，也可以对 App 收集和使用用户敏感个人信息的各环节进行立法。

（2）对敏感个人信息保护的规定不全面。在理论上，个人信息的敏感程度是由其性质和种类决定的。但在现实生活中，因为个人信息的处理场景不同，人们对个人信息是否能够被认定为敏感个人信息的理解也会不同。[①] 目前关于个人敏感信息的法律保护仍处于静态，并未根据场景来对敏感个人信息进行相对应的保护。虽然《个人信息保护法》对敏感个人信息和一般个人信息进行了区别，但仅是在细化原有的个人信息保护的基本原则，并没有做到实质上的区别保护。总而言之，我国现有法律体系对敏感个人信息保护还不够全面，《个人信息保护法》并没有充分体现出敏感个人信息保护的特殊性。因此，我国应当在立法上根据不同的处理场景来对敏感个人信息进行保护。对于敏感个人信息保护，应当与一般个人信息的保护方法进行区分。也就是说，应当把对敏感个人信息的法律保护的侧重点放在如何在动态情景下，有效保障敏感个人信息安全。[②]

4. App 个人信息收集与使用侵权行为的规制不足

（1）App 个人信息收集与使用侵权的惩治力度弱。在司法实践中，针对 App 非法获取和使用用户个人信息的案例层出不穷，除了因为运营商等主体的管理疏忽而发生的员工或他人非法入侵系统获取用户信息的情况，对大部分的违法收集与使用，或未妥善管理个人信息的 App 经营者仅以行政处罚为主。

① 参见孙清白《敏感个人信息保护的特殊制度逻辑及其规制策略》，载《行政法学研究》2022 年第 1 期，第 119 - 130 页。

② 参见杨芳《个人信息自决权理论及其检讨——兼论个人信息保护法之保护客体》，载《比较法究》2015 年第 6 期，第 98 - 110 页。

而在对违法收集与使用个人信息的 App 经营者的行政处罚中，主要以公开责令改正、警告等方式进行，只有造成严重后果的，才适用罚款等较为严厉的处罚。对 App 违法收集与使用个人信息的侵权行为的惩治力度较弱，难以引起 App 运营者的重视，使其自觉遵守法律法规收集与使用个人信息。

例如，在"黄某诉微信读书、腾讯公司案"中，微信读书在没有经过黄某许可的情形下，自动获取了黄某微信中的好友关系，并在获取后自动关注了黄某的好友。而在微信读书中，不需要关注微信好友，也可以任意互相查看微信通讯录好友的读书时长、书架等个人隐私的信息。尽管腾讯公司辩称在用户协议中已经将读书记录共享的情况告知用户，不构成侵权。但由于微信读书与微信是两个独立的应用软件，不可直接将微信好友关系移至微信读书，并且应当在迁移前将该信息的处理方式通过明示的方式显著标明，并重点告知用户以征求用户的同意。因此，北京互联网法院对此作出了认定，微信读书、腾讯公司的行为侵犯了原告黄某的个人信息权益，要求其停止侵权行为、书面赔礼道歉等。本案对侵权行为的处罚力度与 App 运营者的违法所得相比，不足以让 App 运营者引以为戒，更加无法有效遏制 App 违法收集与使用个人信息的行为。

（2）App 个人信息收集与使用侵权损害赔偿难。在实际生活中，当信息主体发现个人信息权益遭受侵害时，信息主体无法计算实际损害，因而无法对侵权者提出相对应的赔偿。尽管在个人信息收集与使用的案件中，规定了双方的举证责任倒置，这在一定程度上有效解决了个人信息侵权案件举证困难的问题。但我国关于个人信息损害赔偿的计算没有详细的规定或计算方式，使得信息主体不知道该如何计算自己的损失。虽然有学者主张采用定价补偿的方法计算赔偿数额，但通过其他机构的定价补偿的方式来计算赔偿数额的方式在我国没有得到普遍认可，目前我国法院采取的是对涉案信息的大致数量来酌情判断。因此，对于 App 个人信息收集与使用侵权的具体损失仍然是比较难以计算的，信息主体较难获得相应赔偿。

三、域外 App 个人信息收集与使用法律规制的比较

（一）域外 App 个人信息收集与使用的法律规制

1. 欧盟 App 个人信息收集与使用相关规定

（1）统一的立法体系。一是在立法层面上，欧盟大多数国家采用的是统一的立法模式，在关于 App 个人信息的收集与使用方面也不例外，即统一规范了各个主体对 App 用户个人信息的收集与使用的行为。他们通常将个人信

息称为"个人数据",早在 1995 年,在欧洲部长会议上就通过了《欧盟指令》(也称"个人数据保护指令")。该指令主要从两个角度对个人信息进行保护,一方面是对个人信息主体权利的保护,另一方面是关于信息数据管理者、控制者应当承担的义务和责任。除此之外,《欧盟指令》提到,自动数据的处理、人工数据的处理两种对于个人信息的处理方式,都应当适用其法律规定。由此可以看出,网络个人信息安全也适用该法律规定,即 App 个人信息的收集和使用也同样适用《欧盟指令》的规定。欧盟的成员国会基于《欧盟指令》的统一性规定,再根据本国国情对 App 个人信息的保护进行相对应的立法。[①] 而在欧盟随后颁布的《欧盟基本权利宪章》中,将对个人信息的保护作为了一项基本人权。

2016 年 4 月,欧盟对个人信息的保护作出了进一步规定,并颁布了 GDPR。该条例肯定了个人信息主体所享有的权利,明确了数据经营者等各主体应当承担的法律义务。此外,对于个人信息的保护提供了以财产权保护为主的模式。欧盟在关于 App 用户个人信息的收集方面的立法中将知情同意原则作为最基本的框架基础。欧盟 GDPR 中对 App 用户个人信息的收集也是建立在知情同意原则的基础上的。信息主体将获取和使用其信息的权限授权给信息的控制者,是信息控制者合法收集与使用用户个人信息的关键。所以,欧盟 GDPR 对于如何有效取得信息主体的同意,制定了十分严格的条件[②]。在该条例中,对个人信息安全权的具体权利内容进行了明确规定。由于该条例是在知情同意原则的框架下对个人信息权进行规定的,因此要求 App 平台在获取信息主体的同意的时候,应当以最为简洁明了的方式获得信息主体的同意。除此之外,App 平台还应当保障信息主体有随时撤回同意的权力。

在关于 App 平台的相关规定中,要求 App 运营商或者经营者在严格遵守法律法规的前提下,设计 App 平台的体系,并且能够证明其设计的体系是符合相关的法律规定的。关于用户共享其在平台的信息,App 用户作为信息主体,App 平台应当保障用户的选择权,App 用户有权选择共享或是不共享其信息。同时,任何公司企业需要获取信息主体的个人信息,都必须获得信息主体的明示许可。

(2)严格的监管体制。欧盟关于监管 App 用户个人信息的收集与使用行为的规定中,要求欧盟的各成员国应当按照相关的法律规定,设立数量不限的

---

① 参见邱小玲《大数据时代个人信息的法律保护问题研究》,载《重庆科技学院学报(社会科学版)》2016 年第 12 期,第 12 页。

② See *General Data Protection Regulation*, Article 7.

个人信息监管机构，对个人信息的收集和使用等行为进行严格监管。各国设立的个人信息监管机构，独立行使职权，不受其他组织的干扰，且该机构内的工作人员由机构进行选择和管理。同时，为了更好地配合个人信息监管机构进行监管，欧盟 GDPR 规定公司企业应当设置相对应的信息记录制度，以能够清晰地看到对个人信息的保护情况。欧盟 GDPR 中还规定了某些特定的公司企业应当设置数据保护官的职位，用于监管公司的个人信息的处理行为，对公司可能出现的违法违规行为负责，并接受公司对数据处理方面的咨询。[1]

此外，对于信息处理者违反欧盟 GDPR 的情形，GDPR 也规定了严厉的处罚机制。当信息处理者在处理用户个人信息时，没有采取适当的技术和组织措施来保障用户的信息的安全，如果发生了严重的泄露等情况，信息处理者可能面临着前一年全球营业收入总额的 2% 的罚款，或最高 1000 万欧元的罚款。[2]而当信息处理者在处理用户的个人信息时，没有指派相关的、专业的人员来对敏感个人信息进行处理的，也将会面临巨额的罚款。由此可以看出，一旦信息处理者违反欧盟 GDPR 而实施了个人信息违法行为，则需要接受严厉的处罚和高额的罚款。

2. 美国 App 个人信息收集与使用相关规定

（1）分散的立法模式。美国对于 App 个人信息的收集与使用的法律规制，采取的是各行业各自立法方式。虽然美国对此并未制定统一的法律，但是其根据个人信息保护在不同领域的不同要求，体现在各领域的法律规定中。而且，美国在保护个人信息方面更加提倡行业的自律，并非完全通过法律法规的形式对此问题进行规制。以《消费者信息隐私权法案》（Consumer Information Privacy Act）为例，美国各行业关于 App 个人信息的收集与使用的相关立法也是建立在知情同意原则的重要基础上，再对知情同意原则作出细化和延伸的规定。该法案要求经营者严格依照透明原则，用简洁、易懂的语言将其需要获取的信息主体的信息种类、目的等提供给信息主体，以获得信息主体的同意。[3] 除了知情同意原则外，美国关于 App 个人信息的收集与使用的相关法律规定中，还提到了个人控制原则。该原则是指，信息主体对于是否允许经营者获取和使用其信息、获取信息的范围等内容，有自主选择的权利，不受经营者的干涉。

---

① 参见《欧盟立法保护个人数据隐私意义重大》，见搜狐科技（http://www.sohu.com/a/57454053_257305）。

② 参见《罚款 7.46 亿欧元后，亚马逊正面临双重打击，美企为何总在隐私监管上中招？》，见搜狐网（https://www.sohu.com/a/480999088_466942）。

③ 参见李明发、孙昊《论个人信息隐私权的法律保护——以美国〈消费者信息隐私权法案〉为例》，载《东北农业大学学报（社会科学版）》2015 年第 1 期，第 42 页。

虽然欧盟、美国对 App 个人信息的收集与使用采用了不同的立法模式，并都对 App 个人信息的收集与使用的过程以及行为作出了相关的法律规定，但是欧盟的排除默示许可等法律规定会比美国的规定更加严格。

在监管上，相较于欧盟设置具有专门知识的机构来监管个人信息的收集与使用，美国对于个人信息的处理的法律规定并没有要求必须设立个人信息的监督管理机构。在美国，关于信息处理者对个人信息的收集和使用行为，主要是由联邦贸易委员会进行监督管理。在通常情况下，联邦贸易委员会通过行使其相对应的职能，来规制信息处理者对信息主体的信息进行收集与使用的行为。同时，根据美国联邦法律规定，各行业应当有负责监督管理行业内个人信息保护的相关部门。除此之外，对于某些需要特殊专业知识的领域，也规定了专业的个人信息的保护机构。例如，对医疗保健行业的个人信息的处理，由联邦卫生和公共服务部门进行监督管理。美国对于个人信息的收集与使用由各领域的监督机关进行监管和保护，而没有统一的监管机构。各领域都有不同的监管机关，这也与美国关于个人信息的收集与使用的分散式立法模式相对应。

除了各行业对 App 用户个人信息的收集与使用有不同的规定以外，美国各州对于个人信息的规定也存在各方面的差别。例如，加利福尼亚州规定了在经营者、公司或企业在违反法律不当披露、未经消费者的许可获取消费者信息等情况下，消费者可以对侵权主体提起诉讼，获得相对应的精神或财产上的赔偿，或要求侵权主体停止侵权行为等。同时，当经营者、公司或企业在收到责令改正的公告时，应当及时改正。如果没有及时整改则将面临一定的惩罚性赔偿，并会收到相应的禁令。由此可见，虽然美国没有对 App 用户个人信息的收集与使用进行专门立法，但各领域关于个人信息处理的法律规定也适用于 App 用户个人信息的收集与使用的情形，且各领域会根据其领域的要求和规则监管个人信息的收集与使用。虽然美国的监管在更多情况下注重事后救济以及行业的自律，但严厉的事后救济能够遏制违法违规的个人信息收集与使用的情况并起到一定的警醒作用。

（2）关于未成年人个人信息的保护。随着网络科技的不断发展和进步，网络的普及程度越来越高，接受网络服务的群体年龄跨度也越来越大，而未成年人也逐渐成为接受网络服务的群体之一。但由于未成年人在行为能力和认识能力上存在着特殊性，因此，在网络上对未成年人群体的保护显得尤为重要。

美国在关于未成年人信息保护方面的立法比许多国家要早。美国主要是通过《儿童在线隐私保护法》来保护未成年用户的信息安全。未成年人不一定具备认识和理解网络上内容的能力，也就是说，当网络运营者想要获取未成年用户的信息时，该用户可能无法完全理解或知悉网络运营者的收集行为。因此，美国通过《儿童在线隐私保护法》，要求运营者在征得未成年人父母的同意的情况下，才能获取未成年用户的信息。① 收集未成年用户的个人信息时，App 运营者需要向未成年用户的父母提供获取其信息的内容，包括需要收集的个人信息的范围、方式等，即应当要让其监护人知情。

3. 日本 App 个人信息收集与使用相关规定

日本作为一个信息化程度较高的国家，对个人信息的保护立法时间较早。当时，日本设立对个人信息的保护制度，是为了规范行政机关的行为。随后，由于个人隐私侵权事件频发，日本在 2005 年出台了 5 部关于个人信息保护的法律，这些法律均建立在个人信息控制论的理论基础上。2017 年，日本对《日本个人信息保护法》进行了修改，其中包括将分散于各行业各地区的监督权，从各省主务大臣处集中到了个人信息保护委员会。因此，日本设立了个人信息保护委员会，作为新的个人信息保护的监管机构，并对该机关的行为进行了严格的限制，例如，不得进行营利性活动、参与政治活动等。不仅如此，日本不断吸收和引进国际标准来辅助保护个人信息，使个人信息的监管和保护更加专业化。

2019 年 8 月，日本 Recruit Career 求职信息网站运营公司在未获得学生知情同意的情况下，获取了学生在调查问卷中填写的内容，并且向其他企业共享了"内定辞退率"等数据。该信息共享事件对于日本的个人信息监管造成了重大的影响，因此，在 2019 年个人信息网络侵权事件发生后，《日本个人信息保护法》于 2020 年进行了修改。这次修改加强了对个人信息的保护力度，对于个人信息的获取设置了更加严格的规定。② 如增加了信息主体有权为了不让自己的信息以不希望的方式被使用而收回公司使用的权限，扩大了个人信息主体的信息权，并且在公司存在严重违规行为的情况下，对该公司最高可处 1 亿日元的罚款。

日本的本次修改不仅对网络经营者施加了更为严格的义务和责任，而且国外的经营者也被纳入法律规制的范畴。要求日本国内经营者向国外的经营者提供个人信息时，除了需要征求个人信息主体的同意外，还需要国外经营者所属的国家采取的个人信息的保护措施与日本相当的情况下，才可向国外经营者提供。

---

① 参见刁胜先等《个人信息网络侵权问题研究》，上海三联书店 2013 年版，第 276 页。
② 参见颜丹丹《［述评］日本〈个人信息保护法〉修改的"三年之约"》，见搜狐网（https：//www.sohu.com/a/458677457_570249）。

(二) 域外 App 个人信息收集与使用法律规制的经验与启示

1. 对 App 个人信息的收集与使用进行严格立法

以欧盟为代表的大陆法系的立法体系，和以美国为代表的英美法系，关于 App 收集和使用用户个人信息的立法存在差异。欧盟以统一的立法模式为主，各成员国根据欧盟制定的《个人数据通用条例》、结合各国的实际情况再进行相对应的细化立法。欧盟较早之前就开始重视个人信息的保护，且重视程度高。为了使知情同意原则得到有效的使用，GDPR 以知情同意原则为基础，严格限定信息收集者的自证收集个人信息的行为符合法律法规要求的责任；规定个人信息收集者的自证责任，在一定程度上减轻了被侵害人的举证责任；同时，也排除了个人信息被收集的默示同意，规定了信息所有权人有权决定被收集的个人信息是否被共享，而并非一定被共享。美国没有对 App 用户个人信息的收集与使用进行统一的立法，而是将个人信息的收集与使用的法律规定放在了各领域相对应的立法中，各领域根据自己的要求对个人信息的收集与使用提出不同的要求并相应立法，例如，美国《消费者权益保护法》严格规定了运营者对于用户个人信息收集的方式、范围、目的等的披露机制。同时，美国的个人信息保护除了在各领域有规定外，还与各行业的自律相结合，对 App 用户个人信息的收集与使用的规定更成熟。

在违反 App 用户个人信息的收集与使用法律法规后的惩罚规定方面，无论是欧盟还是美国，都进行了较为严厉的规定。例如，在欧盟，个人信息收集者若没有采取适当的技术和组织措施确保信息处理过程的安全性，最高可被处以 1000 万欧元或者前一年全球营业收入 2% 的罚款。[①] 而在美国，违规收集与使用个人信息或儿童个人信息的，都将受到联邦贸易委员会的惩罚。除此之外，联邦贸易委员会还会对侵犯消费者个人信息的情形进行对应的惩罚。

因此，虽然各国家对于 App 用户个人信息的收集与使用设置了不同的法律规定，但大部分国家关于 App 用户个人信息的收集与使用的法律规定都较为严格。这也使个人信息的收集和使用者自觉遵守法律法规，更有利于保障个人信息的安全以及遏制个人信息被违法收集与使用的情形。

2. 设立专门的监管机构

根据欧盟 GDPR 规定，每个成员国均须设立个人信息监管机构，且监管机构有权独立选择工作人员并独立行使职权，不受其他机构和组织的干涉。当信

---

① 参见《罚款 7.46 亿欧元后，亚马逊正面临双重打击，美企为何总在隐私监管上中招？》，见搜狐网（https://www.sohu.com/a/480999088_466942）。

息处理者违反个人信息收集与使用的法律法规时，将面临严厉的处罚。此外，一些公司还会设立专门的数据保护官，有效管理公司的数据处理情况，对公司的数据处理负责，根据 GDPR 的相关规定监管公司数据并在数据发生泄露时及时向有关监督机构进行汇报。欧盟对于数据管理的严格规定，体现了对个人信息权的尊重和保护，能够更全面、充分地对个人信息进行保护，并有效遏制 App 违法违规收集和使用个人信息的行为。

虽然美国对个人信息监管机构没有特殊的要求，规定各行业应当设立相应的个人信息监管机构，但对于消费者的个人信息的保护通常是由联邦贸易委员会进行监管的。联邦贸易委员会对违反个人信息的收集与使用的法律法规的行为进行处罚。同时，美国对未成年人的个人信息保护的重视程度和保护措施也是值得参考的，其通过未成年人的监护人对未成年人的个人信息进行保护。法律规定了未成年人的监护人可控制未成年人的个人信息，使未成年人的个人信息不轻易被泄露。

综上所述，欧盟和美国关于个人信息的收集与使用的规定都较为完善，对个人信息收集过程中的各个环节的规定较细致，对违反相应的法律法规的规定更严厉，能够更好地遏制违法违规收集与使用个人信息的行为，对于个人信息保护的重视程度较高。

四、我国 App 个人信息收集与使用法律监管的完善建议

（一）明确 App 个人信息收集与使用的范围

1. 多角度区分 App 个人信息收集与使用的范围

个人信息的无形性和多样性使我们对规制 App 个人信息的收集与使用的行为产生了诸多困难，规制 App 个人信息的收集与使用的前提是确定其收集与使用的范围。而对信息进行有效分类有助于认定收集与使用的范围。在此前，有学者曾提出应当强化个人敏感隐私信息的保护、强化个人一般信息的使用[1]，通过两个强化的方式来实现对个人信息的保护和使用。通过对 App 用户个人信息进行多角度的分类有助于保护 App 用户个人信息。

（1）可以根据来源不同区分 App 个人信息的收集范围。[2] 在基于知情同意

---

[1] 参见张新宝《从隐私到个人信息：利益再衡量的理论与制度安排》，载《中国法学》2015 年第 3 期，第 50 页。

[2] 参见岳希凝《App 收集个人信息的"范围"认定》，载《南海法学》2020 年第 3 期，第 82 页。

原则的前提下，App 收集与使用用户个人信息可以分为用户主动提交的信息、用户授权并在用户使用 App 过程中获得的信息。对用户提供的信息应当尊重用户的选择，此时的范围应当以 App 用户自主提供的范围为限，而不应当扩展或限缩该范围。在收集另一类需要通过 App 用户授权所获得的个人信息时，应当严格遵循知情同意原则，为了避免用户仅仅通过简单的授权就让 App 收集其个人信息，但无法预估授权背后的风险且无法认知自己的个人信息被收集的程度和范围的情形，应当设置更细致的规定来规范该行为。例如，一个需要用户授权才能访问相机和相册的 App，虽然该授权是为了 App 的正常运行所需，但每个人的相册都存在着大量的个人信息，信息主体在简单授权的情况下，对于哪些信息会被获取和使用，并无法进行预先的判断。所以，虽然 App 将用户打开个人相册的功能授权给了平台，但如果平台需要获取相册中的相片内容等信息，则应当设立更加严格的规定来规范该行为。

（2）除了上述关于 App 个人信息的分类，还可以根据信息主体的不同对范围的认定做出区分。我们通常会认为在 App 中被收集个人信息的主体应当是 App 的使用者，但也存在例外情形，例如，当 App 用户授权 App 读取其手机通讯录时，或者通过第三方程序与好友进行"集福卡""抢票"等互动时，App 都有可能获取除 App 使用者之外的其他用户的个人信息。而该情形在日常生活中很常见。因此，获取非 App 使用用户的个人信息时的要求应当与收集 App 用户个人信息的要求有所区别。App 平台在收集除 App 直接使用用户以外的第三人的个人信息时，应当重新针对该行为提供相应的规则，并对被收集的信息范围、类型、目的和方式等进行明示的告知。

此外，App 应当在收集用户个人信息时，说明 App 平台需要收集的个人信息是用户直接授权的还是包括用户在使用 App 时产生的衍生信息，例如游戏时间、行踪轨迹、购物记录等。利用现在的信息科技手段，收集到一定量的衍生信息后，能够对用户做出精准计算，甚至得出的个人信息可能比直接授权的个人信息更为私密。因此，对于衍生信息的收集也应当体现在 App 收集与使用用户个人信息的规则中。

2. App 个人信息收集范围认定的其他方法

对于 App 收集和使用用户个人信息的范围认定，在通常情况下，存在界定不清或者理解存在差异的情形。因此，当对 App 收集和使用用户个人信息的界定存在困难时，可以采用反向认定等方法，对 App 收集和使用用户个人信息的范围进行认定。

（1）对于确实难以确定 App 用户个人信息收集范围的情况，除了可以对 App 收集用户个人信息超出范围的概念进行认定，还可对超出范围的情况进行举例说明，通过对超范围的情况进行界定来推断 App 收集个人信息在何种情况下是符合范围的。例如，假设高德地图 App 在一秒内上传 7 次定位信息属于在规定的时间内，则超出频次收集用户个人信息的行为就属于超范围收集用户个人信息；反之，如果没有违反法律法规关于超频次的规定，那就不属于违法违规收集个人信息。

（2）对于 App 收集个人信息是否属于服务所必需或合理应用场景，可以结合具体的场景来判断其合理性。这是一种更为动态的，在某些特殊情况下更具有可操作性的认定收集信息范围的方法。① 结合场景论，当 App 对用户个人信息的收集突破了妥当性和流动性的标准，则属于 App 收集个人信息的侵权行为。例如，美团外卖 App 为了给用户提供和推荐更精准的服务，而获取用户的定位等个人信息时，美团外卖 App 的行为是合理的，并不是违法违规收集用户的定位信息。

综上所述，法律法规对 App 收集用户个人信息的范围作出了相对应的规定，但由于具体的范围认定需要根据具体的个案情况进行分析，因此，在特殊情况下，可以通过反向或者动态的方式来辅助个人信息收集范围的认定。

（二）严格执行 App 个人信息收集与使用的知情同意原则

1. 细化知情同意原则

知情同意原则作为 App 个人信息收集与使用的基本原则之一，却因为得不到实际的落实而形同虚设。有学者将当前学界所提出的应对告知同意困境的方式概括为"放宽同意的要求和形式""降低告知的约束力""用风险规则置换同意规则"。② 知情同意原则是 App 平台收集用户个人信息的最重要的基本原则之一，应当遵循知情同意原则的基本框架，对知情同意机制进行更加细化和严格的规定。当 App 平台选择用格式合同规范来制作用户协议与隐私政策时，应当保障 App 用户的选择权，并且可选择的选项应当包括不共享信息、不同意某种信息被获取等。通常情况下，App 平台提供的用户在协议和隐私政策繁杂，使用过多的专业术语，让用户失去阅读的耐心。因此，应当提高该文本的可阅读性，即文本内容应当明确、具体和简明，而且篇幅应当适中。同时，可以将用户协议或隐私政策分为全文版和简要版供 App 用户自行选择。

---

① 参见 App 违法违规收集使用个人信息专项治理工作组《对〈App 违法违规收集使用个人信息行为认定方法〉的分析》，载《中国市场监管报》2020 年 1 月 7 日，第 7 版。

② 参见蔡培如、王锡锌《论个人信息保护中的人格保护与经济激励机制》，载《比较法研究》2020 年第 1 期，第 70 － 89 页。

关于现有的 App 平台编制的用户协议和隐私政策，应当遵循规范的格式，不能采用简单的同意或者不同意来获得用户的授权。对于数字或者其他信息数据的展示，可以通过绘制图表等方式，采用简洁、明了的方式向 App 用户展示协议的内容。由于使用 App 的用户在通常情况下并不具备专业的信息技术的知识，因此，App 平台提供的协议应当减少过于专业化的术语的出现，通过简单的语言文字，向用户介绍协议的内容。与此同时，可以根据各行业的需求及其特殊性，制定相对应的适用于该行业的用户协议，来规制 App 用户协议混乱的状况，使同行业的 App 平台能够适用相类似的用户协议。① 另外，App 平台在用户协议中的重要条款，例如平台需要获取的用户信息的类型、范围或者向关联的第三方共享 App 用户的条款，需要重点标注，必须让 App 用户能清晰识别该内容，而不是用与普通条款同样的字体大小。

2. 完善知情同意的例外情形

规范 App 收集和使用用户信息的行为是必要的，但如果过于限制 App 对个人信息的获取，仅对 App 收集与使用用户信息采用禁止性的规定，可能会限制该行业的发展，或在紧急情况下可能会损害社会的整体利益。App 平台与信息主体之间是互负权利与义务的关系，是相对的关系。因此，可以借鉴欧盟制定的 GDPR，对于知情同意原则的例外情形进行更为详尽的举例说明，使例外情形的法律规定界限更清晰、更具有可行性。我国关于 App 收集与使用个人信息的行为，可以参照欧盟的立法，在规范 App 收集用户个人信息的同时，给予 App 在紧急情况下的权力②。这也是对公共利益的保护。因此，我国在《个人信息保护法》第十三条中的例外情形可以做进一步的细化，对合理的范围等模糊的词进行更为详尽的解释；第二十四条中关于信息主体有权拒绝自动化决策的情形中，也可添加信息处理者能够进行自动化决策的例外情形，以完善知情同意原则的例外情形，更好地保障 App 等信息处理者在例外情形下的权益。

(三) 完善个人敏感信息的相关法律规定

1. 加强对敏感个人信息的管控

随着信息技术的不断发展，应用软件在人们生活中的普及化程度不断提高，用户的信息成为 App 提供精准服务以及开拓新功能的基础资源，因此，App 收集了大量的用户个人信息。由于敏感个人信息相较于一般个人信息而

---

① 参见石文静《个人信息保护视野下的知情同意原则》，载《辽宁公安司法管理干部学院学报》2019 年第 1 期，第 51－58 页。
② 见欧盟 GDPR 第 9 条。

言，更具有特殊性，因此，对敏感个人信息的收集与使用的管控，应当更为严格。敏感个人信息的不当处理或泄露等情况的发生，可能会损害信息主体的人格尊严、甚至造成财产上的严重损失。

为了有效规制 App 对用户敏感个人信息的收集与使用，在立法上，应当通过法律规定对敏感个人信息的处理进行更加严格的规制。

（1）针对 App 收集与使用用户的敏感个人信息，应当覆盖从收集和使用敏感个人信息的目的、范围到收集和使用的过程是否符合法律规范，甚至是 App 在收集和使用用户敏感个人信息的方式是否合法等环节，设置一套完整的机制，来防止信息主体的敏感个人信息遭到不当披露或者被盗窃等。App 平台在收集用户的敏感个人信息之前，应当通过最明显的方式提示用户，并征求 App 用户的明确同意，获得 App 用户的授权。App 收集用户的敏感个人信息的目的，应当符合相关法律法规的规定。在使用用户的敏感个人信息时，应当做加密处理。同时，在信息处理的过程中应当进行实时监控，以免其间发生信息泄露，造成严重的损害后果，及时发现并处理敏感个人信息被盗窃或不当披露等情况。

（2）规定 App 应对信息主体的敏感个人信息进行去标识化的处理。由于敏感个人信息能够精准地识别出特定的自然人，因此，App 平台在经过信息主体同意对其敏感个人信息进行收集与使用的过程中，也应当注重保护信息主体的敏感个人信息。去标识化处理可以使信息主体的敏感个人信息不再被识别而指向该信息主体，从而能够降低敏感个人信息被泄露的风险，这在一定程度上能够更好地保护信息主体的敏感个人信息。

综上所述，我国逐渐开始对一般个人信息与敏感个人信息进行区别立法，在一定程度上对敏感个人信息进行特殊保护。对敏感个人信息的收集和使用，可以设置技术处理机制的法律规制，对敏感个人信息处理的各环节进行特殊立法，以更好地保护信息主体的敏感个人信息的安全。

2. 结合具体情况界定敏感个人信息的范围

我国关于敏感个人信息的定义在《个人信息保护法》中，通过概括含义与列举的方式呈现出来。但不同 App 的应用场景不同，对于个人信息是否能够构成敏感信息，也存在着不同的看法。例如，我们将银行卡号告诉亲人时，并不会认为该银行卡号是敏感的个人信息，但我们的银行卡号被银行 App 软件或者其他金融软件泄露，或者被公之于众时，我们就会感到自己的敏感个人信息遭到了侵犯。同时，敏感个人信息的范围不是一成不变的，是有可能会随着社会生活、思想观念的变化而变化的。所以，如果仅仅通过静态列举的方法来确定敏感个人信息的范围，会导致法律规定的敏感个人信息的范围小于实际生活中的敏感个人信息的范围。静态的列举也可能会导致法律产生滞后性，从而无法全面保护公民的敏感个人信息及其相对应的合法权益。

但由于成文法、制定法是更具有稳定性、可预测性、客观性，若抛弃制定法的静态列举的方式，而直接使用动态列举的方式对敏感个人信息的范围进行界定，则会使判断的结果过于主观，且每个人对于敏感个人信息的理解可能存在偏差，从而使界定敏感个人信息的范围失去标准。所以，在实践中，我们可以对照个人信息保护法中对于敏感个人信息的定义，以及对敏感个人信息种类的列举情形，再结合实际情况，根据不同的应用场景对敏感个人信息进行界定。也就是说，在遵循基本标准的前提下，对敏感个人信息的范围进行界定可以使用更加灵活的方法，这样既能解决由于信息科技的发展而导致法律产生的滞后性，又能够使认定的结果呈现出客观性。

（四）完善 App 个人信息收集与使用侵权的规制

1. 加强对 App 违法违规收集个人信息的惩罚力度

虽然我国已经颁布了《个人信息保护法》，但由于 App 违法违规收集个人信息的案件不断发生，且该类案件存在一定的特殊性，无法直接确定损失的大小，特别是关于如何确定 App 用户因 App 平台违法收集个人信息而遭受损害的具体数额。因此，许多被侵权的信息主体因为不知道自己的权益是否被侵害，或者被侵害后是否存在损害以及赔偿的数额，而无法很好地维护自己的合法权益。除此之外，在实践中，有些案件的精神损害赔偿数额与信息主体的实际损害并不对等。

（1）我国关于侵权赔偿数额的规定，一般要求是受害人因侵权人的行为而遭受的损失。但在实践中，由于 App 个人信息侵权的案件存在一定的特殊性，对 App 用户的个人信息权益的侵害，在一些情况下可能不会带来肉眼可见的损失，并且由于个人信息的权益在民法中并没有被规定为一项具体的人格权，无法直接使用对人格权的保护方式。但个人信息权作为公民的重要合法权益，既具有人身性，也具有财产性，因此，当 App 违法收集和使用用户的信息时，通常无法直接计算信息主体的实际损失。同时，App 对个人信息的收集和使用的侵权行为给信息主体带来的精神损失，通常情况下也只是信息主体的主观感受。因此，我国在个人信息的精神损害赔偿数额方面没有具体的硬性规定，而是通过授权性的规定让法官根据个案的具体情况来酌情决定损害赔偿的数额。法院在酌情考虑的同时，应当综合考虑信息主体的精神上的损害，并给予信息主体更多的尊重和保护。

（2）在司法实践中，许多关于 App 收集和使用用户个人信息的侵权案件，在最后的法院判决中通常以赔礼道歉、停止侵权为主。由于 App 用户个人信息的收集与使用侵权案件在大多数情况下不会带来严重的财产损失，因此多使用停止侵权等禁止约束类的判决，致使 App 运营商等并没有得到应有的惩罚。这样的情形可能会导致 App 运营者存在侥幸的心理，也就无法对其起到警示作用。因此，为了使法律起到更好的警醒作用、更好地保护 App 用户的个人信息权益，可以根据案件的具体情况，包括 App 收集和使用个人信息侵权行为的侵害程度，以及对信息主体带来的痛苦程度，明确惩罚性赔偿数额的上限与下限。对严重的 App 违法违规收集和使用个人信息的行为，给予更为严厉的处罚。法院在具体案件的处理过程中，除了可以要求侵权方停止侵权，还可以适当地要求侵权方作出财产性的惩罚性赔偿，以更加有效地遏制 App 平台违法违规收集用户个人信息的行为。

除此之外，对于 App 平台违法违规收集个人信息的行为，还应当区分 App 的侵权行为侵害的是一般个人信息，还是敏感个人信息。敏感个人信息被侵害，给信息主体带来的精神上的伤害和财产上的损失，都有可能是巨大的。虽然个人信息权不是财产权，但 App 违法违规收集个人信息，会间接导致信息主体产生财产损失或无形的精神损失，这些都是不可估量的。因此，对于没有按照法律法规的规定收集和处理敏感个人信息的 App 平台，应当给予比违规收集一般个人信息更为严厉的处罚。

2. 完善敏感个人信息的损害赔偿数额的认定标准

敏感个人信息的特殊性导致侵犯敏感个人信息的损害结果与一般个人信息存在一定的差异。根据敏感个人信息的定义，App 平台违法违规收集敏感个人信息，可能会给信息主体带来严重的精神损害和财产损失。因此，应当对敏感个人信息的损害赔偿数额进行标准化的认定，以有效遏制 App 平台对信息主体的敏感个人信息的侵权行为。

（1）App 侵害用户的敏感个人信息，并已经产生了实质性损害结果的情况。根据现阶段我国关于侵害敏感个人信息的损害赔偿数额，在无法确定损失的前提下，通常情况下由法官根据案件的具体情况行使自由裁量权来决定损害赔偿的数额。侵害敏感个人信息所造成的损害后果，比侵害一般个人信息的损害后果更为严重。因此，关于敏感个人信息的赔偿数额的认定，需要考虑敏感个人信息所处的场景、被侵害的敏感个人信息的敏感度的高低，以及被侵害的敏感个人信息的数量和类型等因素，综合全面地考量 App 平台对个人敏感信息的侵权行为带来的损害结果。

（2）App 因违法违规收集用户个人信息而给信息主体的敏感个人信息带来风险，但暂时没有产生实质性损害后果的情况。法院在认定此类损害赔偿的数额时，可以通过综合考虑侵权行为造成损害的可能性大小来认定损害赔偿数额。[①]

五、结语

随着我国社会经济的发展和网络科技的不断进步，个人信息的流通量迅速增长，个人信息保护成为国家与社会共同重视的问题。网络科技的发展促进了 App 的快速发展，在给我们的生活带来诸多便利的同时，也带来了许多问题。我们应该更加重视 App 用户个人信息的收集与使用问题，以此来保障公民的个人信息权。我国对 App 用户个人信息收集与使用的法律规制在不断完善中，可以结合 App 应用的实际情况并参照欧盟、美国等对个人信息收集与使用的规定，综合考量并完善相关的法律法规，关于使 App 用户个人信息的收集与使用的法律规制能够与时俱进，跟上网络科技发展的脚步，更加全面地保障公民的合法权益。

第三节　人脸识别技术应用的风险与法律监管

随着刷脸解锁、刷脸支付的盛行，人脸识别技术的应用使人们的生活变得方便快捷，然而人脸识别技术应用产生的风险也日益凸显。从自然人的人格权益侵权风险到政府部门的权力滥用风险，再到信息处理的技术歧视风险，都表明了人脸识别技术的应用亟待法律的监管。这不仅有利于降低人脸识别技术应用产生的风险，而且有利于促进技术的发展成熟和维护信息技术产业数字经济的运行。

一、人脸识别技术应用的理论概述

（一）人脸识别技术应用的基础理论

1. 人脸识别技术的定义

人脸识别技术属于人工智能计算机视觉研究领域之一，是通过人的脸部特征信息进行身份识别的一种生物识别技术，通常也叫作"人像识别技术""面

---

① 参见解正山《数据泄露损害问题研究》，载《清华法学》2020 年第 4 期，第 62 - 85 页。

部识别技术"。其通过摄像设备完成人脸图像采集，再基于计算机算法进行目标人脸图像获取与图像处理、人脸特征提取、活体鉴定等一系列环节，使人脸图像转化为计算机可识别的数据，再将目标人脸与已建立的人脸数据库进行比对，以实现识别和验证的目的。

2. 人脸识别技术的价值

（1）基于自身的价值。人工智能在应用过程中主要替代了人类的感知能力、决策能力和行动能力。[①] 其中，感知能力又可再划分为文本图像和语音识别两大类，分别代表了人类最主要的信息输入模式和外界的交互模式。技术的存在总是为了满足人类的需求和愿望，人工智能机器在这个方向上尝试去取代一切需要人眼进行判断的事物，优化人类与外界的互动模式。人脸识别技术的存在也不例外。

（2）基于公益目的的价值。在公共安全领域，应用人脸识别技术可促进维护国家安全和社会治安秩序。人脸识别可用于记录治安违法、抓在逃罪犯、查找失踪人口等业务，先后进行人员登记、网络追踪、查验比对与具体的事后处理等流程。同时，人脸识别技术在规制交通违法行为上也起到了一定的作用。这项技术大大加快了公安侦查人员对违法犯罪嫌疑人的身份辨认过程，为加速"科技强警"进程，形成高智能、社会化、规模化的公安防范体系，提供了有效的技术手段。除了公共安全领域，人脸识别技术还是促进行政职能高效化的利器。目前，从出入境管理到机场、车站等轨道交通，从学校教育到卫生医疗，从民政事务到税收管理，各行业各领域都涉及人脸识别身份认证。通过动态人脸道闸、人脸识别监控和敏感人员联动预警等实现全程痕迹管理，相对于传统烦琐的人员查验，这种实名认证制度显然更加高效、安全。国家治理和行政管理的基础在于对公民身份的验证和社会关系的确认，而人脸识别的特殊性是它被广泛应用于社会主体不同身份的认证和行为识别场景。[②] 正因为如此，这一技术起到促进行政职能高效化的作用，在国家治理体系和治理能力现代化上发挥着重要价值。

（3）基于私益目的的价值。所谓私益，是指与公共利益相对的，自然人、法人或其他组织等私主体的所获得的或实现的利益。随着技术的进步，人脸识别的商业化应用已经随处可见。对于自然人，刷脸支付、刷脸解锁门禁系统为

---

① 参见鲸准研究院《人工智能行业应用价值报告》，见搜狐网（https：//www.sohu.com/a/227860005_99995182）。

② 参见胡凌《刷脸：身份制度、个人信息与法律规制》，载《法学家》2021年第2期，第42页。

其个人金融账户、房屋住宅的安全起到了一定的保障作用；对于法人或其他组织，如金融领域的银行刷脸验证、刷脸取款，在免去取款忘带银行实体卡的烦恼的同时，还可为银行和客户的账户安全提供保护作用。①

3. 人脸识别技术的应用模式及其功能

（1）人脸识别技术"1 对 1"应用模式与功能。"1 对 1"应用模式是最早的应用模式，也叫"身份认证"或"人脸验证"。"1 对 1"应用模式是指，通过对目标人脸和数据库中已存在的人脸模型进行——比对，以确定目标人脸是否其所称的人脸。"1 对 1"人脸验证，主要为了判断目标人脸之人是否为他所宣称身份的人。在整个验证过程中，首先需要预先采集被识别人的生物特征，并存储至证件或数据库中；在验证时，现场采集目标人脸之人的生物特征，并与预先存储的生物特征进行比对，如若比对相似度大于给定的阈值，则认为该人即为他所宣称身份的人，否则反之。②

"1 对 1"应用模式的主要应用场景有手机解锁、App 远程身份确认、快递实名制、手机号码实名制、教育考试在线报名、医疗在线报名、政府相关 App 在线核验等；火车、飞机安检，考场、赛事安检，写字楼来访人员审核，酒店、住宿人员审核，银行信贷审核，等等。

以机场、火车站的安检为例。作为国家安检系统，该模式下的人脸数据库与公安机关数据库一致，由公安机关在公民办理身份信息登记时所获取到的身份证照信息组成的数据库。在"1 对 1"应用模式中，首先应由自然人 A 将自己的身份证件放置在安检机器上，以此宣称自己是该证件信息之人，而后 A 在安检设备图像信息采集区域接受面容数据采集，接着安检设备利用人脸识别技术将采集到的人脸图像与公安机关的人脸数据库模板对比验证。如果验证通过，则 A 是他所宣称的证件信息之人，反之则不是。

（2）人脸识别技术"1 对 N"应用模式与功能。不同于"1 对 1"的验证，"1 对 N"应用模式在人工智能应用领域中属于真正意义上的人脸识别，又称"人脸辨识"。"1 对 1"应用模式是指通过对比该目标人脸和数据库中储存的人脸模型，以确定拥有该目标人脸的个体是否是他所宣称身份的人；而"1 对 N"应用模式主要是让相关管理方判断拥有该目标人脸的个体的身份，只有在指定范围内的数据库中才能实现这一人脸识别功能。

---

① 参见李玲《忘带银行卡又着急用现金？全国多地银行推出"刷脸取款"》，见搜狐网（https：//www.sohu.com/a/459262973_161795）。

② 参见黄发扬《浅谈基于神经网络深度学习算法的人脸识别技术》，载《智能建筑》2018 年第 10 期，第 67 页。

最常见的应用场景为门禁解锁。以小区的人脸识别门禁系统为例，对已建立人脸数据库的小区门禁系统应用人脸识别技术，结合技术原理，"1 对 N"应用模式人脸识别门禁系统的具体流程如下：一是人脸数据库的建立。即小区业主首先要到物业处进行人脸信息登记，形成人脸模型，将这些人脸信息保存到小区人脸数据库中，用于后续的人脸比对。二是采集人脸图像。通过人脸识别的图像采集设备抓取图像，在设备拍摄的有效区域内，将人脸图像信息记录下来并传输至人脸识别系统内部，以便进一步进行人脸检测。三是进行人脸检测。人脸识别系统利用算法实时监测人脸识别门禁系统终端的画面，一旦检测到采集的人脸图像，即作出图片预处理。预处理是为了解决光线明暗、图像抖动等问题而进行灰度较正以改善图像清晰度、过滤噪声以保留图像细节等处理。四是提取人脸图像特征。系统会自动对预处理后的图像直接提取人脸特征，并进行人脸建模。这一人脸模型是以数据的形式储存在人脸识别系统内的人脸信息，用于后续的人脸比对验证。五是人脸图像识别。人脸图像识别比对产生最终结果，将采集、处理后的人脸图像与小区人脸数据库比对，如果识别确定该人脸为数据库的某一人脸，则给予门禁系统开门的信号；如果识别确定该人脸不属于数据库中的任一人脸，则给予门禁系统拒绝开门的信号，或发出其他预先设定的诸如进行来访登记等操作的信号。

"1 对 N"应用模式的主要应用场景还有公园入园、小区门禁，实时监控、排查犯罪嫌疑人以及搜寻失踪人口等。该模式的人脸识别技术应用全过程在大多数情况下是自动完成的，省去了人工肉眼监控和线下追踪的烦琐，在保障私人安全和公共安全上发挥了很大作用。

（3）人脸识别技术"N 对 N"应用模式与功能。"N 对 N"应用模式是 N 个"1 对 N"的结合，其所用的模板数据库更大，进行的是动态的人脸比对过程。一方面，在一个场景下同时对环境内所有人的人脸和数据库进行识别比对，需要占用更多的计算资源；另一方面，对采集到的多个用户的面部图像和预存人脸数据库进行对比验证，检索的时间压力更大。

"N 对 N"应用模式主要用于政府机关的安防领域。随着城市天眼系统的铺设，车站、机场、海关、医院等人流密集场所的摄像头都嵌入了人脸识别技术。以应用人脸识别技术搜寻违法犯罪分子为例，搜寻违法犯罪分子需要事先建立违法犯罪分子模板数据库；与"1 对 N"应用模式类似，人脸识别设备将采集到的一个人脸图像与违法犯罪分子模板数据库进行比对识别，完成一次人脸识别流程；与"1 对 N"应用模式不同的是，"N 对 N"应用模式是 N 个"1 对 N"同时进行的，可以实现同时将现场采集的所有人脸与违法犯罪分子模板数据进行比对识别。如果识别结果显示搜寻到违法犯罪分子，则自动发出警报，并将搜寻结果发送到公安机关系统内，再由人工辅助识别确定该人脸是否为违法犯罪分子的人脸。"N 对 N"模式的应用可实现实时将视频流里采集的人脸与公安系统里的违法犯罪分子脸部信息库进行比对，公安机关的办案速率由此得到了很大提升。[①]

（二）人脸识别技术应用的风险

1. 自然人人格权益侵权风险

根据《民法典》总则编，人格权是民事主体享有的生命权、身体权、健康权、姓名权、名称权、肖像权、名誉权、荣誉权、隐私权等权利，以及享有基于人身自由、人格尊严产生的其他人格权益。人脸识别技术信息是人工智能的产物。人脸信息与个人隐私二者之间有着一定的联系。在应用人脸识别技术时，有可能因为涉及关联分析而进一步追踪到人脸信息主体的位置信息、健康信息、人际往来、财产状况等隐私信息，故此时人脸信息具有与隐私权相当的属性，可适用隐私权保护规范。

早在 2019 年，瑞典某所学校通过人脸识别技术来监督学生的出勤情况，被执法部门以违反 GDPR 的相关规定处以约 2 万欧元罚款。该学校为了监测学生的出勤，在监控摄像头中应用人脸识别技术，不断识别学生的个人日常行为，学生们的隐私和自由在其中受到严重侵犯。2020 年，一份人脸识别公众调研报告[②]表明，约 60% 的受调查者认为这一技术已被滥用，而 30% 的受调查者更是直言自己的人脸信息已遭泄露。实际上，这种情况是新技术应用带来的普遍现象。而在没有规范和不加监管的情况下，人脸信息一旦被不法商业机构随意使用、买卖，除了公民人身和财产面临安全风险，还可能给国家和社会带来更多不利影响。

2. 政府部门权力滥用风险

（1）政府部门在身份核查和视频监控领域行使职权。将人脸识别监控产品应用到这些领域，能对多路摄像头监控范围内的人脸进行检测、跟踪，并与大规模人脸数据库进行实时比对，可以实现快速身份识别。但如果政府部门过度依赖该项技术，就可能会侵犯公民的人身自由权。

（2）人脸识别涉及种族歧视，可能造成政府部门错误执法，这种现象在

---

① 参见赵士伟、张如彩、王月明《人脸识别技术在公安领域的应用浅析》，载《中国安防》2014 年第 8 期，第 80 - 83 页。

② 参见《南方都市报发布〈人脸识别应用公众调研报告〉（2020）》，见搜狐网（https://www.sohu.com/a/424588745_120869015）。

欧美国家较为突出。在美国就曾发生过多起人脸识别技术错误识别事件，导致公民被警察当成犯罪嫌疑人关进监狱。[①] 美国国家标准与技术研究院专门对此做了研究，研究显示世界上许多顶尖的面部识别算法都存在年龄、种族和民族偏见，而在某些情况下，黄种人和黑种人被错误识别的概率是白种人的 100 倍，这也是欧美国家执法部门利用人脸识别技术时常常造成公民被错误识别成犯罪嫌疑人的最主要原因。"人脸识别是专制政府的完美技术。它使歧视性警务实现了自动化，并加剧了我们种族歧视现象严重的刑事司法体系中现有的不公正现象。"[②]

（3）人脸识别技术信息储存在政府机构的人脸数据库中，若政府部门的工作人员依仗权力过度监视公民的生活，则可能会影响公民的隐私安全。尽管各国为政府机构工作人员制定了专门的职业道德规范，但国家公职人员滥用权力泄露公民信息和隐私的情况仍不少见。

（4）过度依赖人脸识别技术对社会公共空间进行监视，以"技术权威"取代"政府权威"，可能存在服务型社会向管制型社会倒退的问题。[③] 对比崇尚法治的服务型社会，管制型社会体现的是人治，强调政府机关依据主观意志解决和处理国家事务，通过国家公权力实现自身意志，不利于规范政府的行政行为，从而不利于实现和维护公民权利。

3. 信息处理技术歧视风险

技术歧视通常发生在商业应用领域，指的是企业通过自己在技术和信息上的优势地位，创造出对用户来说不公平和不公正的产品，以满足企业利润最大化。在数字经济社会中，数据成为企业生产要素的同时，利用数据进行的技术歧视似乎已成为企业利润的重要组成部分。

具体而言，企业通过一项技术收集用户的人脸信息，再运用技术对用户的信息进行深度分析和整理，将用户标签化，对不同类别的用户进行不同类型的营销以获利。对人脸识别技术来说，技术歧视隐藏在人脸信息和人脸数据的处理环节。根据前文所述人脸识别技术应用模式，"1 对 1"的应用模式能够识别"我是谁"，"1 对 N"的应用模式能够对比"我是否是我"，而结合了更多算法技术的人脸识别还能推断出"我是怎样的一个人"。一般而言，这些算法

---

① 参见《人脸识别抓错人让一男子蹲 10 天监狱》，见光明网（https：//m. gmw. cn/baijia/2021－01/03/1301996322. html）。

② 参见《美国国会提出法案，禁止联邦政府使用人脸识别技术》，见搜狐网（https://www. sohu. com/a/404404657_465914）。

③ 参见赵精武《〈民法典〉视野下人脸识别信息的权益归属与保护路径》，载《北京航空航天大学学报》2020 年第 5 期，第 24 页。

技术相当隐秘，作为用户很难发觉。隐形的技术歧视与大数据时代普遍存在的算法歧视问题相类似，但又由于人脸具有专属性、唯一性，人脸识别的技术歧视将使得作为自然人存在的个体在各行各业遭受更大的不公。因为这种本身就不公平的技术歧视确切无疑地指向该人脸信息主体，因此更应受到法律的监管和规制。①

（三）人脸识别技术应用法律监管的必要性

1. 保证人脸识别技术安全应用的需要

人脸识别虽然给人们的生产生活带来利好，但如果存在技术性缺陷，那么一项技术再强大也可能遭到质疑。人脸识别技术遭到的最大质疑当属技术的可靠性。因为技术的可靠性决定了这项技术是否安全、稳定，而人脸识别技术发展至今仍存在着技术上的安全隐患，如识别率问题、数据库安全问题及假体攻击问题等。② 如2019年，我国深圳市主营人脸识别业务的某公司发生数据泄露，致使256万人的个人信息泄露；③ 2020年，在美国备受争议的人脸识别公司Clearview AI 自曝其客户名单被盗；④ 而一些网络黑市甚至以人民币0.50元的价格售卖手持身份证的人脸照片。⑤ 活体鉴定本作为人脸识别技术防伪的一个重要环节，却也面临着假体攻击的威胁。2019年，美国某杂志曾报道我国微信、支付宝及火车站的人脸识别技术被一家AI公司的工作人员用3D照片及面具成功通过活体鉴定环节。⑥ 虽然随着技术的发展，技术本身的应用亦会变得越来越成熟，诸如数据库和假体攻击等安全问题得到了一定的保障，但由于人脸识别市场相对开放，人脸识别设备的性能参差不齐，侵权手段也越发隐蔽高明，信息处理和数据分享环节仍旧存在众多安全问题，因此仍有必要保证人脸识别系统的安全性。

---

① 参见程潇龙《3·15晚会曝光：科勒等收集人脸数据，能分析顾客到店的心情》，见网易新闻网（https：//www.163.com/tech/article/G55HQCAA00097U7R.html）。

② 参见王彦秋、冯英伟《基于大数据的人脸识别方法》，载《现代电子科技》2021年第7期，第87－90页。

③ 参见《AI安防企业被曝数据泄露 敲响人脸识别安全警钟》，见央视网（http：//news.cctv.com/2019/02/26/ARTIpBI3zrVbQxjZ78yraD83190226.shtml）。

④ 参见《30亿人脸数据AI公司遭遇重大数据泄露，完整客户名单被盗》，见新浪网（https：//news.sina.com.cn/o/2020－02－27/doc－iimxyqvz6242712.shtml）。

⑤ 参见《"与时俱进"的人脸识别黑产：真人认证视频100元一套》，见搜狐网（https：//www.sohu.com/a/460499563_114988）。

⑥ 参见刘远举《人脸识别躲不过一张3D面具，安全风险到底有多大？》，见新浪网（https：//news.sina.com.cn/s/2019－12－30/doc－iihnzhfz9270894.shtml）。

2. 维护自然人人格权益的需要

人脸信息属于个人信息，根据人格权个人信息和隐私权交叠说，利用人脸识别技术收集人脸信息可能会造成对人格权的侵犯。运用法律手段规制人脸识别技术的应用，从而保障人脸信息的合理收集和使用，有利于维护人格权益不受侵犯。此外，通过对人脸信息与自然人的其他信息进行关联分析可以得到用户画像①。关联分析是在人脸识别过程中通过视觉分析技术采集、存储、使用信息主体的其他信息的过程，如在人脸识别过程中进行视觉分析可以获取信息主体的性别、身高、年龄、肤色等信息，将这些信息结合到其他领域可以再关联出新的信息，最终形成具体的用户画像。这类关联信息过去难以被采集和使用，却可能由于人脸识别技术的应用和关联分析的存在而遭到泄露，并进一步造成信息主体人格权遭受侵权威胁。因此，对人脸识别技术进行合理规制不仅可以保护关联信息的安全，更是维护自然人人格权益的需要。

3. 促进技术发展和维护数字经济运行的需要

通过法律监管人脸识别技术有助于促进技术发展。人脸识别技术的技术原理决定了人脸识别设备只有依靠更多的人脸信息作为训练材料和不断更新的数据库的支持，才能得到更多的训练以优化这项技术的性能、提高技术本身的识别能力。一方面，人脸识别技术识别能力的进步需要使用更具有代表性的人脸信息，如儿童、老人、有色人种等特殊群体的面部特征进行训练，以提高其对特殊群体的人脸识别能力从而防止人脸识别技术风险的发生；另一方面，人脸识别技术识别能力可能会随着技术应用过程的推进产生劣化，如暗箱操作、隐形技术歧视等，再加上作为识别对象的人脸信息也会随着年龄、妆容、创伤等发生而变化，因此需要及时更新人脸识别的数据库中的数据，才能提高人脸识别技术的智能识别能力。

随着信息技术产业的蓬勃发展，以数字经济为主体的数字社会正在形成。与信息主体相关的各类个人信息正在快速地被数据化，不仅包括信息主体在线上领域的各类信息，还应包括信息主体各种线下活动的相关信息，这些信息将共同形成信息主体的数字身份。人脸识别技术可以对信息主体线下活动的相关信息进行线上采集和数据处理分析，因此这一技术将成为数字身份认证的重要方式之一。从 2017 年始，人工智能被写进国家政府报告。2020 年的国家政府工作报告更是提出要加快发展人工智能等数字产业，加强数字中国的建设，促

---

① 用户画像是指通过收集、汇聚、分析个人信息，对某特定自然人个人特征，如职业、经济、健康、教育、个人喜好、信用、行为等方面作出分析或预测，形成其个人特征模型的过程。见《信息安全技术个人信息安全规范》第 3.8 条。

进数字经济的发展。作为人工智能的重要细分领域，国家对人脸识别技术相关政策的支持力度将不断加大。在这一背景下，人脸识别技术应用相关法律的制定也不容懈怠，这是为人脸识别技术提供健康的法律环境以及维护数字经济运行的需要。

二、人脸识别技术应用法律监管的现状及问题

（一）人脸识别技术应用法律监管的现状

1. 人脸识别技术应用的法律监管主体

网络空间是人脸识别技术应用风险存在和扩散的主要领域，人脸识别技术应用的网络安全至关重要。《网络安全法》和《数据安全法》都规定由国家网信部门负责统筹协调网络安全和数据安全及相关监督管理工作，《个人信息保护法》亦规定国家网信部门和县级以上人民政府的相关部门履行个人信息保护的职责，但从未明确规定人脸识别技术应用的专门监管机关。

目前，由相关企业、工作部门制定的规范性文件陆续通过并实施，处理信息和数据的相关组织、个人依照这些规定进行自行监督。2020 年 1 月，中国支付清算协会组织制定了《人脸识别线下支付行业自律公约（试行）》，以规范人脸识别线下支付应用创新、防范刷脸支付安全风险。2020 年 3 月，国家标准 GB/T 35273—2020《信息安全技术　个人信息安全规范》发布，该标准明确规定个人生物识别信息属于个人敏感信息，并对个人敏感信息进行了特殊保护。2020 年 4 月，国家标准 GB/T 38671—2020《信息技术　安全技术　远程人脸识别系统技术要求》发布，该标准明确规定人脸识别系统应具备的安全功能，并从人脸识别生命周期对其提出安全技术要求。2021 年 4 月，国家标准《信息技术　安全技术　人脸识别数据安全要求》的征求意见稿面向社会公开征求意见。由于没有专门规制人脸识别技术的法律，我国对人脸识别技术应用的监管相对灵活、自由，或由相关部门出台相应工作文件作为国家标准，或由行业领域牵头出台行规行约进行自我约束。这些文件对人脸识别技术的应用只有参考意义，缺乏强制性效力。

2. 人脸识别技术应用的法律监管制度

人工智能时代的技术安全强调"安全"与"发展"要互相促进，即在人脸识别技术应用领域要求信息安全与技术发展并进。《数据安全法》为人脸识别技术安全提供了思路，一方面，规定要建立数据分类分级保护、数据安全风险预警机制等数据安全保障相关的制度；另一方面，通过配套数据安全标准体系、鼓励数据安全第三方服务等，满足公共数据及政务数据共享开放的合法

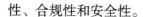

性、合规性和安全性。

人脸识别技术应用的风险在信息与数据处理的全周期都有可能产生。为了在数据领域更好地规制侵权行为，《数据安全法》基于网络安全等级保护制度提出构建全流程数据安全管理制度。在人脸识别技术应用中落实全流程安全管理制度，要求在人脸信息的收集、传输、处理、存储、共享、销毁等各个阶段均应保证信息安全、数据合规。全流程安全管理制度对人脸识别技术的使用主体提出了更高的技术要求，有助于保障人脸数据的保密性、完整性、真实性和可用性。在数据的分类分级保护制度上，《网络数据安全管理条例（征求意见稿）》第五条第一款落实了《数据安全法》，同时在此基础上将数据分为一般数据、重要数据、核心数据，明确了重要数据与核心数据的概念，对其做了很大程度的细化，但具体的数据范围还有待进一步澄清。

（二）人脸识别技术应用法律监管存在的问题

1. 人脸识别技术应用中的法益归属不明确

在人脸识别技术应用的人脸采集、数据转化以及收集和使用等环节，现行法律未对其中所涉及的人脸信息和数据的权属作明确规定。由一个个数字字符组合形成的人脸数据并不直接产生于信息主体本身，而是要经过计算机一系列复杂性技术的提取、转化，才从最原始的信息变为处理过的数据。这些信息数据是企业、政府乃至国家的重要资产，各行业各企业的数据处理者在其中付出的劳动应值得肯定。数据成为一种重要的生产要素，但如果将数据归属掌控或者处理数据的数据平台方，就会引起其他问题，即很多数据是涉及个人信息的，法律赋予信息主体人脸信息受保护的权利，若包含个人信息的个人数据权属他人，则明显不合理。现行法律在人脸识别技术应用的法益归属中存在两类问题。

（1）个人数据与个人信息的权属关系。本书研究发现，理论界的学者们普遍将个人数据和个人信息视为同一类事物，并在人脸识别技术应用的法律研究中交叉使用个人信息和个人数据的不同说法。现行立法以《个人信息保护法》和《数据安全法》对人脸识别技术应用中的人脸信息和人脸数据分别予以规制，看似解决了人脸识别的法益归属问题。但严格来说现行法律并没有以"个人信息权""数据权"来表达，即数据处理者并不享有数据权，仅在数据处理活动中享有一定的权利。在名称上被视为细化《网络安全法》和《数据安全法》的《网络数据安全管理条例（征求意见稿）》却包含了《个人信息保护法》的相关内容，如进一步强调了信息主体对其个人信息删除权和可转移权的具体实施规则。《网络数据安全管理条例（征求意见稿）》通过控制数据处理者的数据处理行为来保护用户对个人信息的所有权和控制权，又似乎包含数据（即信息）归信息主体所有的思维逻辑。

（2）数据处理者的法益权属。数据处理者的相关法益应值得认可，原因如下：一是数据是数据处理者努力的劳动成果。简言之，没有数据处理者提供的技术支持就没有数据的产生和流通，更没有大数据时代下人们的方便快捷的生活方式。二是数据处理者的数据是其重要资产。对一个企业来说，数据可以实现变现，对客户的数据进行分析、运用，进而作出正确的运营决策，这不仅可以有效规避商业风险，还能帮助企业创造更大的经济效益。然而掌握在数据处理者手中的数据有可能包含客户的个人隐私，数据处理者对包含个人隐私的数据进行处理，其支出与回报是否应成正比，即数据处理者对数据的收集和分析是否决定了数据全部归其所有？本书认为，在强调保护人格权益的环境下不可断然下结论。而现有法律对此亦未作相关规定，如果不能理清人脸识别技术应用过程中的法益，将直接导致人脸识别技术应用的法律权利和义务模糊化，其间发生的法律关系也难为法律所调整。

2. 人脸识别技术主体使用范围未予限定

分析我国现行法律可知，除了强调人脸识别技术应用的具体规则，如被识别主体的知情同意、信息安全和数据安全等，法律从未限制使用人脸识别技术的主体范围，即只要达到了目前法律及规范性文件的相关要求，无论是国家政府、企业组织，还是普通自然人均有权自行决定在其需要的领域使用人脸识别技术。在实践中，人脸识别技术的主体使用范围大到全国身份信息认证、金融机构安全验证，小至住宅区域的门禁系统、企业上下班的考勤机器等。

人脸识别技术的使用主体是否应予以限制，可以从应用该技术引起的后果予以分析。根据本节前述得知，人脸识别可能会带来人格权的权益受侵犯、政府部门权力滥用、技术歧视等风险，如果不限定使用主体，使该技术的应用无限推广，显然风险发生的可能性也会随之大大增加。此外，虽然法律规定了人脸识别技术应用的安全保障措施，但若不限定主体范围，会导致人脸识别技术运用主体的技术条件和管理水平不一，未知的侵权如数据泄露、黑客暗访等后果更容易发生。对使用人脸识别技术的主体不予限定，还可能导致事后救济无门。试想，如果使用人脸识别技术的主体是普通自然人，由于该项技术背后的专业性较强，而需要进行风险监测、信息安全、数据安全等技术维护的主体另有他人，在他人应用专业性技能进行隐性侵权的情况下，使用该技术的普通自然人对此一无所知，被侵权的人脸信息主体亦难以针对侵权行为寻求救济。因此，只有立法限定使用人脸识别技术的主体范围，才能更好地在保障信息和数据安全的前提下发展技术，推动人类社会在健康美好的方向上进步。

3. 收集和使用人脸识别技术信息的规则不完善

目前，我国已通过相关立法和司法解释的形式明确可收集人脸信息的情形，除法律规定必须提供人脸信息的情形外，禁止无关情形或者相关应用强制要求用户提供人脸信息。且根据敏感个人信息收集规则，在收集作为生物识别信息的人脸信息前，除应取得信息主体的知情同意外，还应以单独同意和书面同意的形式取得信息主体的认可。但对于在实践中是否能贯彻落实这些规定，真正保障信息主体的权益等问题，仍有争议。

（1）知情同意规则的不完善。虽然现行《个人信息保护法》在原知情同意规则的基础上进行了修正和补充，即加入单独同意规则和书面同意规则，但仍存在不充分的规定，导致收集和处理个人信息的同意规则不尽完善。按现行法律规定，知情同意规则应包括告知规则和同意规则。

在收集生物识别信息时，信息收集者履行告知义务时除了一般告知事项，还需告知信息处理的必要性以及可能产生的影响。但法律并没有明确告知的标准，仅规定以显著方式、清晰易懂的语言，真实、准确、完整地告知。关于对显著的方式的理解，可以回溯国内人脸识别第一案。该案中被告以店堂张贴海报的方式为告知方式，向办理年卡的原告告知需要收集指纹信息，法院因此认定被告张贴海报的方式已充分履行告知义务，即根据现行法律规定，店堂张贴海报符合以显著的方式履行告知义务。而根据原告的描述，其是在缴纳了办卡费用后才得知原告需要收集自己的指纹信息。显然，海报的张贴并没有使原告真正知悉需收集指纹信息这一规定。[1] "以显著方式告知"并没有明确的法律标准，在实践中更是难以衡量。

在人脸识别技术应用中，同意规则看似是保障信息主体对个人人脸信息的自主权和自决权[2]，但依然存在规定上的不足。"单独同意"，应当是指在处理特殊的个人信息或处理个人信息的特殊行为、场景时，个人信息处理者必须就其处理目的、行为等单独向个人告知并取得同意。"单独同意"要求个人信息处理者将相应的场景的同意与其他同意区分开，做到"一处理一告知一同意"，而不能将其与其他场景下个人信息处理的同意糅合，或者隐匿在其他事项中，通过一揽子授权的方式取得个人同意或接受，避免过度索权、随意收集等违法违规情形。从作出同意的形式来看，"单独同意"并未要求必须以书面

---

① 参见郭兵《中国人脸识别第一案判了　杭州野生动物世界部分败诉》，见新浪网（https://k. sina. com. cn/article_6463263421_m1813d92bd03300tq7i. html）。

② 参见吕炳斌《个人信息保护的"同意"困境及其出路》，载《法商研究》2021 年第 2 期，第 98 页。

形式呈现，因而应当理解为"单独同意"可以包含口头、书面或其他形式。"书面同意"，应当是指在处理特殊的个人信息或处理个人信息的特殊行为、场景时，个人信息处理者必须就其处理目的、行为等向个人告知并取得个人"书面"同意，这是《个人信息保护法》对特殊情形下的同意作出的形式要求和规定。根据《民法典》第四百六十九条的规定，书面形式一般与口头形式对应，包括合同书、信件、电报、电传、传真等形式，数据电文也可以视为书面形式。简单而言，此处的"书面"可以理解为必须取得个人以纸质或电子形式作出的同意。至于"书面同意"的情形是否必须同时取得"单独同意"，《个人信息保护法》并未明确说明，还有待实践检验。此外，对于特定场景下如公共安全领域下的人脸识别监控，现行法律仅规定设置此类人脸识别设备应设置显著的标识。根据同意规则保障信息主体自主权和自决权的目的，若信息主体走进安装了人脸识别监控设备的公共区域是否一定意味着其允许公共机关收集其个人信息？法律对此未明确表示。

（2）信息收集和使用侵权行为裁判规则。《最高人民法院关于审理使用人脸识别技术处理个人信息相关民事案件适用法律若干问题的规定》（以下简称《人脸识别技术司法解释》）全文共有 16 个条文。综观全文，该司法解释针对实践中小区应用人脸识别技术门禁的突出问题作出规定，明确小区物业或其他建筑物管理人不得强制收集和使用人脸信息以应用人脸识别门禁，并应提供可替代的门禁验证方式；针对《民法典》中适用合法、正当、必要原则收集和使用人脸信息的情形进行了列举和兜底式的规定，明确经营场所、公共场所违法使用人脸识别技术收集、使用、处理人脸信息的行为属于侵权行为；针对收集和使用人脸信息的行为引入单独同意和强迫同意无效规则，特别明确了收集和使用未成年人人脸信息的侵权行为，并明确将被侵权人是否为未成年人作为侵权责任的重要考量因素；等等。而《人脸识别技术司法解释》最大的亮点在于被侵权人请求侵权人承担侵权责任时，应实行举证责任倒置规则，由侵权人即经济实力、专业能力相对较高的人脸信息的收集和使用主体进行举证，证明其对人脸信息的收集和使用等行为的合法性[①]，举证不能则将承担不利后果。此外，被侵权主体为制止侵权而进行调查、取证、委托代理人等行为，其为此支付的合理费用，也被明确划入侵权损害赔偿范围。

《人脸识别司法解释》于 2021 年 7 月 28 日公布，自 2021 年 8 月 1 日起施

---

① 《人脸识别技术司法解释》并未明确证明标准问题，按照现行《中华人民共和国民事诉讼法》的规定，证明标准以"高度盖然性"标准为原则，以"排除合理怀疑"标准为例外。

行。该司法解释是根据《民法典》人格权编及相关法律的有关规定，结合审判实际制定的，如果没有特别规定，其适用的时间效力应当追溯到《民法典》人格权编及相关法律的生效时间。但该司法解释第十六条规定："对于信息处理者使用人脸识别技术处理人脸信息、处理基于人脸识别技术生成的人脸信息的行为发生在本规定施行前的，不适用本规定。"可见，该司法解释对其溯及力问题作出了特别规定，且追溯是以"处理人脸信息的行为"发生的时间作为条件。该司法解释已对其适用的时间效力作出了明确规定，即不适用于其施行前发生的处理人脸信息的行为。据此，若被诉的人脸识别技术侵权行为于2021年8月1日前发生，应适用2021年8月1日之前的相关法律，不应适用该司法解释。即在2021年8月前应用人脸识别技术收集、使用人脸信息的，不适用该司法解释中的举证责任倒置规则，由被侵权人承担举证责任。即使存在滥用权利导致人脸信息泄露等侵权情形，侵权人的侵权责任也可能由于被侵权人举证不足而被豁免。最高人民法院解读该条文是"为了减轻信息处理者的责任，保证个人信息保护过程中的数据流通"。然而，司法中的这种不允分的规定不仅不能起到保障数据流通的积极作用，还可能导致信息主体的个人信息被不法分子泄露、滥用。

4. 人脸识别技术缺乏完备的监管体系

（1）人脸识别技术专门监管机构空缺。法律未规定人脸识别技术应用的专门监管机构，而是在个人信息与数据安全保护相关法律和规范性文件上规定相关部门以及组织、个人等监管主体。虽然存在国家标准为各类个人信息处理者、控制者提供了人脸识别技术应用上的合规的参考，但由于缺少专门监管机关的立法规定，人脸识别技术应用中存在的行业自律不利于解决技术应用产生的风险问题，相关部门的监管也难以进一步加强与完善。

（2）现有监管制度不够微观细化。现行法律从宏观层面制定了个人信息保护和数据安全相关制度的规定。除了个人信息保护原则，法律还在网络安全等级保护制度基础上规定了数据分类分级保护制度、数据安全风险预警机制、全流程数据安全管理制度，为人脸识别技术应用的合规提供了监管体系上的规定。但从规制人脸识别技术应用的角度看，这些原则和制度的监管内容过于粗放，不够微观细化，使得监管难以落实。

三、人脸识别技术应用法律监管的域外经验

（一）域外人脸识别技术应用的法律规制

1. 欧盟人脸识别技术应用的法律监管

针对成员国出现的多起人脸识别侵权案件，欧盟委员会自 2018 年便加紧对人脸识别技术规制的立法。欧盟没有直接以人脸识别技术命名的法律，但其发布的多个有关人工智能和数据保护立法均包含了规制生物识别的内容。主要包括以下几个法案。

第一，2018 年欧盟 GDPR。GDPR 虽以"数据"（data）命名，但该条例将个人数据定义为"可识别自然人的相关信息"，并将对个人信息及数据的保护和监管达到了前所未有的境界。与先前的个人信息和数据安全保护最大的不同在于该条例适用的范围甚广、数据主体的权利更大、数据者的责任更重、违规处罚的措施更严。

（1）适用范围广。根据 GDPR 第 2 条和第 3 条的规定，其依据属地主义兼属人主义原则，适用于活跃在欧盟各行各业的数据处理者和涉及欧盟境内数据主体处理数据的欧盟境外数据处理者。

（2）数据主体的权益保障更充分。除知情权、访问权、反对权外，GDPR 还引入了"个人数据可携带权"和"被遗忘权"。个人数据可携带权指数据主体可将其个人数据从一个数据控制者处转移至另一个数据控制者处，数据控制者则需协助配合数据主体进行转移。被遗忘权是指当数据主体有权在依法撤回同意或者数据控制者方不再有合法理由继续处理数据时，要求数据控制者删除其数据。此时，数据控制方不仅要删除自己的数据及其复制件，还要通知因其公开传播所及的第三方停止使用并删除数据。

（3）数据控制者、处理者的责任更重，即数据控制者、处理者必须采取"足够的措施"来确保其数据安全。具体包括：①控制者和处理者应当委任数据保护官；②数据控制者必须全面记载其数据处理活动；③数据泄露要及时报告；④进行任何的处理活动均应提供充分适当的保障措施。

（4）违规处罚的措施更严。根据 GDPR 第 83 条，轻者处以 1000 万欧元或者上一年度全球营收的 2%，重者处以 2000 万欧元或者企业上一年度全球营业收入的 4%，且均规定取最高的一项进行罚款。

第二，欧盟委员会于 2019 年和 2020 年分别发布了《人工智能道德准则》和《人工智能白皮书》，为人工智能在欧洲的发展指明方向。即人工智能的发展方向应该是"可信赖的人工智能"，并认为为了维护公民的自主权，应当对

人工智能的使用进行适当的控制。依据可信赖人工智能战略，《人工智能白皮书》提出，在人脸识别技术领域应确保应用的目的合乎道德、技术足够稳健可靠，以防范和处理技术带来的各类风险，从而发挥其最大的优势并将风险降到最低。而《人工智能道德准则》则针对人脸识别技术应用领域引发的未经知情同意即识别的问题进行了讨论。

第三，2021年4月，欧盟发布了《人工智能法（提案）》（以下简称《提案》），将人工智能技术风险分为完全不可接受风险、高风险、有限风险和极小风险四个不同等级，并针对不同的风险等级提出了不同程度的监管措施。尽管《提案》规则繁复而精细，但仍然存在明显缺陷：一是《提案》有不少关于"算法偏见风险"的描述，但对于此类风险的评估和防止的规定却十分薄弱和模糊，这可能致使很多大型高科技公司不受实质影响。除了广告跟踪和推荐引擎中使用的某些算法被作为操纵性或剥削性行为而受到禁止，《提案》并未将社交媒体、搜索、在线零售、应用商店、移动应用等所使用的算法确定为高风险。二是《提案》关于信息披露的规定不到位。在与人工智能系统"互动"过程中，人们的情绪、性别、种族、民族或性取向等信息会被人工智能系统"识别"，此时应对受影响的人们进行信息披露；但对于人们的信息被识别后，再利用算法进行排序以确定获得公共福利、信贷、教育或就业资格等情况，《提案》却未作信息披露的规定。三是《提案》对人工智能系统上市前合格性评估程序的规定比较笼统，监管效果可能打折扣。随着欧盟人工智能立法的推进，应当重视这些缺陷。

第四，2021年10月，欧洲议会投票表决，通过了一项"呼吁全面禁止基于AI生物识别技术大规模监控"提议，此提议呼吁全面禁止在公共场所进行自动面部识别，并对警方使用AI进行预测性警务活动实施严格限制措施。这表明欧盟在监管层面进一步收紧了人脸识别技术的应用，可能将全面禁止人脸识别技术在公共场所的使用。

2. 美国人脸识别技术应用的法律监管

美国在联邦层面曾分别提出过针对政府机构和非政府机构使用人脸识别技术的相关法案，即《商业人脸识别隐私法（草案）》和《人脸识别道德使用法（草案）》。然而，这些法案目前均处于未通过的状态。

面对人脸识别技术的商业化使用，美国参议院于2019年提出《商业人脸识别隐私法（草案）》。其主要内容是关于对商业实体在人脸识别技术使用上的一些限制要求。具体包括：①在没有获得用户知情后做出的明确同意意思表示，商业实体禁止通过人脸识别技术对终端用户进行技术辨认以及跟踪，或通过人脸识别技术对终端用户进行不合法的区别对待；②商业实体在使用这一技术时应得到用户的非默示同意，同时，为了避免对消费者可能造成的损害，投入市场前应进行第三方测试以保证其符合准确性标准。③法案对数据控制者、处理者在研发或销售人脸识别技术产品或服务，以及收集、存储、处理数据时，都提出了明确的权利义务要求，并禁止未获得用户知情同意即将数据转移给第三方商业实体的行为。

2020年，美国参议院提出《人脸识别道德使用法（草案）》。与《商业人脸识别隐私法（草案）》关注商业领域不同，《人脸识别道德使用法（草案）》主要是对政府等执法机构的限制要求。该草案明确要求政府机构成立人脸识别技术委员会，并在该委员会颁布人脸识别技术使用指南之前，禁止安装任何与人脸识别相关的设备，禁止通过人脸识别技术获得个人信息，禁止执法机构在没有获得逮捕令的情况下使用人脸识别技术对特定个人进行识别。当个人认为政府机构违反相关规定使用人脸识别技术而使其权利受到侵害时，有权采取救济措施。此外，为了限制联邦机构使用人脸识别技术进行监视活动，美国参议院早在2019年即提出过《人脸识别技术授权法（草案）》，明确只有在执法或特定情况下才能将人脸识别技术用于持续监视，并对持续监视的条件、时间、监视所取得的证据的使用等进行了具体规定。

由于联邦尚未出台统一的法律规制人脸识别技术的应用，各州开始自行实施监管，使得美国对人脸识别技术应用的法律偏碎片化。随着近年来禁止人脸识别技术应用的州和城市数量逐渐增加，目前美国境内共有7个州或城市制定了与生物识别数据相关的法案来规制人脸识别技术的应用，这些州或城市对人脸识别技术持有不同态度。明确同意人脸识别技术应用的是伊利诺伊州、得克萨斯州以及马萨诸塞州的萨默维尔市，并规定了应遵循自然人的知情同意规则，而伊利诺伊州还特别设定了书面授权规则，但马萨诸塞州的萨默维尔市认为以人脸识别技术获取的证据或数据应在刑诉讼中不予承认。明确反对人脸识别技术应用的是俄勒冈州的波特兰市，其禁止人脸识别技术在私人企业和政府机构中使用，被称为是最严格的禁令。此外，加利福尼亚州和华盛顿州采取的则是限制使用的态度，即不禁止人脸识别技术的部分应用范围，但对应用的场景有所限制。如加利福尼亚州禁止警方在警用摄像头中安装人脸识别的设备，禁止任何机构在使用人脸识别技术时采取持续追踪的方式；另外，加利福尼亚州的旧金山市和奥克兰市均作出进一步的限制，禁止政府部门对人脸识别技术的任何使用。华盛顿州则规定政府部门可以使用该项技术，但强调对人验识别技术的使用应满足公益目的和不妨碍公民自由权的行使。

3. 域外人脸识别技术应用立法模式的总结

域外对人脸识别技术的应用在立法和监管上主要分为两种模式，一种是以欧盟为主的统一立法模式，一种是以美国为代表的较为自由的分散立法模式。前者表现为欧盟在人脸识别技术规制上所做出的统一专门立法，但同时也赋予其成员国一定程度的自由裁量权，允许其成员国作出不违法强制性要求的例外规定。尽管立法模式不尽相同，但域外针对人脸识别技术应用，除了禁止使用的规定，普遍规定了在使用该技术时应遵循合法性、公平性、透明度、目的限制、数据最小化、存储限制、安全性和问责制等基本原则。后者是指美国在没有联邦统一立法的情况下由其各州或城市针对人脸识别技术的应用进行地方立法，地方被赋予自由裁量权，根据地方民众和政府的态度对该技术的应用作出特别规制。此外，美国各州或城市在应用人脸识别技术的主体范围上作出的限制也较为严格，大多数规定都旨在禁止政府部门使用该技术。本书认为，域外关于人脸识别技术的立法值得我国借鉴和参考。但在借鉴和参考的同时，也应看到各国作出相应立法规制背后的政治、社会背景和原因，并结合我国社会和政治特点，更好地解决这项技术在应用中的法律规制难题。

（二）域外人脸识别技术应用法律监管对我国的启示

1. 限制人脸识别技术的应用

就欧盟针对人脸识别技术的立法进程来看，其从最开始的优先保护生物识别数据转为专门针对人脸识别技术应用进行限制，在人脸识别技术的应用上表现出谨慎使用并予以一定限制的法律规制态度；就美国联邦当前提出的法案和各州通过的人脸识别技术相关法案来看，美国大多数地区不反对该项技术的使用，但少数地区在不同程度上作出了禁止和限制的规定。

（1）限制高风险的人脸识别技术的应用。欧盟对人脸识别技术应用的限制体现在《提案》提出和呼吁全面禁止生物识别技术的大规模监控提议的通过上。《提案》将人工智能应用分为完全不可接受风险、高风险、有限风险和极小风险四个不同等级。[①] 其中有三种人工智能应用被完全禁止，第一种是在不知不觉中对人类意识进行操控，从而影响其决定或扭曲其行为，进而对人类造成身体或心理的伤害；第二种是利用儿童或残疾人等特定群体的脆弱性对其造成伤害的；第三种则是基于人工智能系统构建的社会信用体系的信用分级，欧盟委员会认为利用算法根据自然人的社会行为或人格特征对其进行信用评估会产生偏见，违背社会公平公正的原则，会对个人或特定群体的权益造成损害。

对于很多人关注的人脸识别技术，欧盟委员会将其划入高风险范围。根据

---

① 　分别见《人工智能法（提案）》第2章、第3章、第4章。

《提案》，它特指在没有显著延迟的情况下对个体生物数据的捕获、比较和识别。① 实时的远程生物识别技术通过对特定自然人的生物特征数据与数据库中的生物特征数据进行比较，在该特定自然人不知情的情况下，可实现远距离识别该特定自然人。这项技术存在大概率的侵犯人们隐私的可能性，因为其在不确定是否监控到目标对象的情况下实施大规模监控，并将监控到的所有生物数据与数据库进行比较，所以欧盟全面禁止利用这项技术实施监控，但在三种特定情况下除外：寻找失踪儿童，解除恐怖袭击的威胁，以及在法律允许范围内追查特定的刑事犯罪嫌疑人。

欧盟原则上禁止使用实时远程人脸识别技术进行远距离的大规模监控，却又规定了三种例外情况。表明原则规范和例外规范从法益衡量的角度出发，充分考量例外情况下使用或不使用该人工智能技术的后果、对有关人的权利和自由产生的影响等情况，以合理调整人脸识别技术应用中的法律关系。基于法益衡量，我国法律也应允许在面对儿童失踪、恐怖袭击以及犯罪嫌疑人逃逸等情况时使用人脸识别技术，因为这一技术的应用有助于更高效地解决公共领域出现的问题，有助于更好地维护国家安全和社会稳定。

（2）限制政府部门使用人脸识别技术。从美国现有立法和立法建议看，对政府部门使用人脸识别的法律规制主要分为三种制度：第一种是禁止使用，第二种是特别许可使用，第三种是任意使用。任意使用制度，即对政府使用人脸识别的情形尚未进行特别的立法，政府部门可以任意使用人脸识别技术。而禁止使用制度和特别许可使用制度均限制政府使用人脸识别技术。特别许可使用制度体现在美国一个民间组织起草的立法建议上，其规定在应用该技术前应获得法院的许可。对比特别许可使用制度，专门立法规定禁止使用这项技术的地区更为普遍，其中包括加利福尼亚州、俄勒冈州的波特兰市，而最为典型的则是加利福尼亚州的旧金山市。

2019 年，旧金山市发布《停止秘密监控条例》，以立法的形式禁止执法部门和其他机构使用人脸识别技术，后其监督机构又以修正案的形式规定公共部门在一定条件下可以拥有人脸识别技术设备，但公共部门即使拥有这些人脸识别技术设备也并不被允许使用。《停止秘密监控条例》全面禁止旧金山市当地公共部门，如警察局、治安官办公室等 53 个公共部门使用基于虹膜扫描装置和人脸或步态识别软件等利用生物特征识别进行监控的技术，且上述公共部门如要购买任何类似的新监控设备都需要得到市政府的许可。《停止秘密监控条例》的修正案规定，公共部门可以拥有人脸识别技术设备的前提是该设备除

---

① 见《人工智能法（提案）》第 1 章第 3 条。

人脸识别外的其他功能是至关重要并且不可代替的，且拥有这些设备的公共部门及其雇员被要求不去使用这项技术（如 iPhone 带有人脸识别解锁功能，持有这项设备的人必须输入密码才能进入，且不能随意使用这项功能）。①

美国诸如旧金山市等禁止政府部门使用人脸识别技术的主要原因是民众对政府监控存在恐惧心理以及技术对有色人种存在歧视。美国宪法保护公民的隐私权，从判例法历史上看，美国民众对隐私权的重视程度可以体现在 1928 年的 Olmsted v. the United States 案和 1967 年的 Katz v. the United States 案②中。人脸识别技术使政府部门可以秘密收集公民信息、监控公民行为，存在侵犯公民隐私权和影响公民自由的可能。美国的《人脸识别道德使用法（草案）》也在第二部分——法案制定的背景中指出，实践证明，政府部门应用人脸识别技术会对激进主义者、移民者、不同种族等人群进行不公平的执法。③ 然而，上述问题在我国并不突出，相反的是，过度限制政府部门使用人脸识别技术不利于政府职能的转变和优化，更不利于新一代信息技术发展中数字法治政府的建设。④

2. 对人脸识别技术的应用实施有效监管

美国的伊利诺伊州、得克萨斯州以及马萨诸塞州的萨默维尔市对人脸识别技术的应用均设立了专门的法律，其规制的最大特点是全面放开对人脸识别技术的应用，并制定具体规制要求，从而实施有效监管。

（1）书面告知与书面同意规则。告知同意原则是收集和使用人脸信息的第一原则，美国和欧盟在该原则基础上进行了不同的规则细化，表现出对人脸识别技术应用的不同要求。美国伊利诺伊州的《生物特征信息隐私法》（*Biometric Information Privacy Act*，BIPA）规定，收集人脸信息的主体必须以书面形式告知被收集者或者其合法授权代表，BIPA 对收集生物识别信息进行了最严格的规定，即既要求收集者通过书面形式履行告知义务，也要求被收集者以书面协议的形式作出授权或者同意的意思表示。其中告知的内容包括：告知其将

---

① 参见郭跃、洪婧诗、何林晟《政府采纳人脸识别技术的政策反馈解释：基于杭州与旧金山的案例比较》，载《公共行政评论》2021 年第 5 期，第 159 – 177、200 页。

② 1928 年的 Olmsted v. the United States 案和 1967 年的 Katz v. the United States 案均以判例的形式限制政府做出侵犯公民隐私权的违法行为。

③ 参见《人脸识别道德使用法（草案）》的第二部分。

④ 中共中央、国务院日前印发的《法治政府建设实施纲要（2021—2025 年）》，明确提出了"全面建设数字法治政府"的基本路径和目标要求。建设数字法治政府就是坚持运用互联网、大数据、人工智能等技术手段促进依法行政，着力实现政府治理信息化与法治化深度融合，优化革新政府治理流程和方式，大力提升法治政府建设数字化水平。

作出收集、存储或使用等行为，告知作出这些行为的目的以及对行为获取的生物识别信息的存储期限等信息。而被收集者书面同意意思表示的作出则既可以自行作出，也可以通过其合法授权的代表作出。在 BIPA 的规制下，只有在满足上述的书面告知和书面同意的要求的前提下，收集生物识别信息的行为才不违法。与 BIPA 不同，欧盟的 GDPR 第 7 条仅要求被收集生物识别数据的数据主体应作出"有效同意"，而不问数据的控制者和处理者是否以书面的方式告知。且"有效同意"是为了使数据控制者或者处理者能够证明数据主体真正知情并同意，一般推荐以书面声明的方式进行。此外，GDPR 规定同意的作出应显著区别于其他需告知的信息。

在人脸识别技术应用中，我国规定在信息收集和数据处理上适用知情同意规则，但仅规定在法律和行政法规规定的情况下遵循书面同意规则，也未要求以书面告知形式规制信息收集者和数据处理者。对比我国，欧美立法明确规定的书面告知规则和书面同意规则，更好地强化了信息收集者和数据处理者的法律义务，值得我们借鉴。而借鉴并非盲目照搬，我国在人脸识别技术应用的法律规制上也应考虑到过重的义务可能并不利于该项技术的创新和发展。

（2）多元救济机制。域外立法为人脸识别技术提供了多元救济途径，若个人因脸部信息被泄露或相应侵权行为发生时，受害者将有私人诉讼、集体诉讼、小额索偿法庭、监管措施四种救济选择。[①] 如伊利诺伊州 BIPA 明确私人可提起诉讼，其规定受侵害的私人有权向州巡回法院提起诉讼，胜诉方还可就此获得赔偿。人脸信息往往以群体性泄露呈现，一些法案选择将这一权利由州检察长代表行使。如 Facebook（脸书）公司违反了 BIPA，在未取得法定书面同意的情况下，对州内数百万用户相册中的面部数据进行标记，且未告知用户数据的存储期限，因此遭到集体诉讼，最终以和解赔偿的方式结案。小额索偿法庭是美国特有的一种法庭形式，在每个州或地区的基层法院都设置有小额法庭，专门受理索赔金额不超过 1 万美金的案件。美国一信用评估机构 Equifax 发生了大规模的用户信息泄漏事件，有专业人士称，面对信息侵权，信息主体采取小额诉讼的形式会相对容易。欧盟 GDPR 鼓励数据主体遭受侵权行为时向监管机构投诉、提起司法诉讼以及索要相应的赔偿。GDPR 还规定，每一个欧盟成员国都必须有专门的数据保护监管机构，该机构负责履行包括 GDPR 在内的数据保护职责；同时还规定，除 GDPR 专门数据保护机构外，欧盟各成员国已存在的数据保护机构不因此撤销，其仍须继续履行相应的职责。

---

① 参见林凌、贺小石《人脸识别的法律规制路径》，载《法学杂志》2020 年第 7 期，第 68 – 75 页。

为了使受害者获得及时、充分的救济，我国人脸识别技术应用的法律规制有必要建立多元救济机制。与欧美立法的多元救济机制相类似，目前我国私法领域已有规定，在人脸识别技术应用过程中发生个人信息侵权行为时，受害者均可以通过一般民事诉讼程序和公益诉讼程序寻求救济。不同的是，我国法律没有明确自然人针对个人信息侵权的小额索偿诉讼和向专门的人脸识别技术监管机构主张权利救济的途径。尽管小额索偿诉讼或难以实现，但监管机构应对专门的人脸识别技术法律予以明确。

3. 政府部门与非政府部门一体化或差异化规制

域外人脸识别技术立法中，欧盟针对政府部门和非政府部门实行统一立法模式，体现了一体化规制；而美国则在很大程度上表现出对政府部门和非政府部门进行分别监管的态度，体现了差异化规制。

欧盟 GDPR 的调整范围非常宽广。其中第 2、3 条规定，该条例适用于欧盟境内的进行数据处理的数据控制者和处理者，以及未在欧盟境内进行数据处理活动但进行数据处理的数据控制者和处理者在欧盟境内设有相应机构。而GDPR第 4 条则规定，上述数据控制者和处理者不仅包括提供商品或者服务的商业实体，还包括政府机构和其他实体。条例规定的合法性、合理性和透明性、目的限制等个人数据处理原则和规则共同适用于上述数据控制者和处理者。欧盟的一体化规制在公共服务和私人领域实行政企统一的标准，便于对人脸识别技术应用的统一管理，也有助于保障个人信息和数据安全并行。

结合美国国会曾提出的《商业人脸识别隐私法（草案）》和《人脸识别道德使用法（草案）》，联邦层面对公共领域和私人领域的差异化规制是基于该技术的应用场景分别进行规定的。例如，加利福尼亚州禁止警方在警用摄像头中安装人脸识别的设备，禁止任何机构在使用人脸识别技术时采取持续追踪的方式；加利福尼亚州旧金山市以条例形式禁止任何政府机构在任何行动中使用人脸识别技术。华盛顿州不禁止州及地方政府应用人脸识别技术，但规定了一些限制的情形，即原则上禁止州或地方政府使用人脸识别进行持续的监视、开展实时的识别、启动持续的跟踪等措施，但获得逮捕证、法院命令或存在紧急情况的除外；同时禁止州或地方政府基于个人的年龄、地域、种族、宗教、政治立场、权利和行为自由等受法律保护的特征对个人进行人脸识别；禁止对个人应用人脸识别技术后创建用户画像；禁止州或地方政府使用人脸识别技术生成记录，或者将该记录作为刑事调查的唯一依据。

随着大数据的快速发展，未来人脸识别技术的应用将带给人类更多未知的挑战，笼统的一体化的规制路径明显不适合应对人脸识别技术应用已经或即将产生的风险。我国法律应根据应用场景的特殊性进行更精细的规制，避免

"一刀切"的治理①，以更好地维持人脸识别技术应用中的法益平衡。

4. 场景与风险理念下的信息处理评估机制

场景理论是美国的主流观点。美国尼森鲍姆教授在其"情境脉络完整性"理论中首次提及"场景"，其认为，第一次收集个人信息时即限定在一个场景语境内，则后续进行的处理和使用个人信息等行为均不能跨越此语境范围。②按照场景理论的观点，将人脸识别技术置身于不同应用场景要综合考量场景中的各项要素进行具体判断，禁止脱离应用场景在个人信息合理使用上作无意义的价值取向。风险理论又分为强风险预防理论和弱风险预防理论。强风险理论认为，只有在没有任何危害的情况下才可进行一项行动。作为强风险预防理论的补充，弱风险预防理论认为，不能因为缺乏充分的确定性而不采取或者迟延采取一项行动。③

尽管场景理论源于美国，但该理论在美国现行有效的人脸识别法律规制中并没有明显体现。而欧盟立法则强化了场景与风险理念，提出一系列制度设计，为人脸识别技术的应用提供了场景，并为风险管理化法律规制提供了思路：①应充分考虑应用人脸识别技术的场景。其规定在收集和处理包括人脸数据在内的个人数据时应考虑收集和处理时的场景，并根据场景对个人数据保护提出不同要求。②应充分考虑人脸数据处理者的行为。其规定人脸数据控制者和处理者应根据其处理数据的行为的性质、范围、场景、目的及带来的风险后果等采取足够的保障措施，在不法情形发生后应承担相应责任。③应充分考虑人脸识别技术在不同应用场景下的风险。为预防不同风险下可能出现的损害数据主体权益的事件，而课以数据控制者和处理者更强的义务和责任。例如，对"可能引发高风险的行为"应事先征询数据保护监管机构，一旦发生数据泄露事件，除应告知监管机构外，还应告知数据主体等。对低风险的行为则给予适当豁免，如发生数据泄露时可免予通报等。

结合场景理论和风险理论的观点，我国人脸识别技术应用的法律规制应从其应用场景出发建立信息处理评估机制，评估不同应用场景可能引发的不同程度的风险，分别对应用场景中的个体赋予不同的权利，规定收集和处理人脸识别技术信息的主体应承担的义务和责任，以合理规制这一技术的应用。

---

① 参见邢会强《人脸识别的法律规制》，载《法商研究》2020年第5期，第61页。

② Nissenbaum Helen, "Privacy as Contextual Integrity," *Washington Law Review*, 2004, 79 (1), p. 136.

③ 参见邢会强《人脸识别的法律规制》，载《法商研究》2020年第5期，第60页。

四、我国人脸识别技术应用法律监管的完善建议

（一）人脸识别技术应用中法益归属的理清

人脸识别技术在公共安全领域和私人领域应用中都发挥着重要的价值。因此，即使应用该技术存在着人格权益侵权、政府权力滥用和技术歧视等风险，也不应当忽略人脸识别技术对社会产生的积极作用。人脸识别技术作为一项新兴技术，还处在不断优化的发展进程中，但新技术一出现即置人们于新环境中，旧制度的规制方法已不足以适应新环境的变化，在新技术与旧制度的碰撞中更容易产生不协调的风险，有学者将其称为"人造风险"①。因风险的存在即盲目禁止一项技术的使用并不可取，对此本书主张深入风险产生的根源，厘清人脸识别技术应用中的法益权属，并对各权属主体进行利益衡量，从而进行合理的法律规制，更好地降低风险产生的概率。

1. 社会公共利益的保障

人脸识别技术应用中的社会公共利益可以体现在两个方面。一方面是大数据时代的数字经济利益。一是大数据是数字经济发展的根基。随着数字化时代的到来，数字经济已成为重点发展方向。数字经济作为现代新的经济社会发展形态而出现并持续存在，如果说土地和机器分别是农业经济和工业经济的基础，那么大数据就是数字经济的基础。二是大数据加速数字化经济的发展。随着大数据技术的成熟，数据已成为一种基础性和战略性资源。人脸识别技术应用经过数据的收集、储存、共享等环节，为大数据数字经济的发展贡献了力量，是促进数字产业高质量发展的利器。另一方面是公共秩序和公共安全的维护。公共秩序和公共安全既包括线上领域的安全，也包括线下领域的安全。人脸识别技术在线上领域的应用如个人账号登录、App 远程认证等，通过人脸识别而进行实名制登录为网络的安全和监管提供了保障。人脸识别技术应用在线下安检、协助违法犯罪的抓捕以及找回失踪人口等领域，又具有维护社会安全和稳定的作用。

2. 私主体的权益不容侵犯

与公共利益相对，在私主体领域应用的人脸识别技术涉及信息处理者和信息主体二者合法权益的保护，同时二者之间权益也是相对的。①信息主体的人格权益应予以保障。人脸识别技术能否被人类接纳的关键在于其是否能保证不

---

① 范如国：《"全球风险社会"治理：复杂性范式与中国参与》，载《中国社会科学》2017 年第 2 期，第 67 页。

侵害人脸信息主体的人格权益，这也是法益衡量最重要的内容。②数据处理者的数据权益应予以承认。人脸识别技术的数据处理者既包括个人、企业、政府等使用主体，也包括设计、研发这一技术的多方主体。这些主体能够在销售技术和服务之后获取源自前述主体的人脸信息，在信息主体的同意下，数据处理者可以将之转化为数据并再次进行分析处理，这些数据将成为其资产为数据处理者利用以获利。

3. 法益的保护与平衡

之所以要进行人脸识别技术应用的利益衡量，主要是因为技术应用带来收益的同时也存在风险，即保护个人信息可能会阻碍数据产业的发展，而保护数据产业的发展又可能会侵害自然人的个人信息权益。而对人脸识别技术应用进行法律规制可以在对个人信息保护和数据产业发展进行衡量的基础上，对不同主体间的权利和义务作出体现均衡性的相关规定。

良好的信息保护是数据共享的基本前提。有学者在数据权属的研究上提出将含有个人信息的数据在信息的层面上分为三大类，即基本个人信息、伴生个人信息和预测个人信息。① 应在倾向性地保护个人信息的同时，赋予数据处理者数据权益。将该分类应用到人脸识别技术信息中，可以得出以下结论：①人脸信息属于基本个人信息，归信息主体个人独自享有；②人脸数据属于伴生个人信息，归信息主体和数据处理者共有，又因为该类信息只要与其他信息结合即可识别出信息主体，因此应规定信息主体对该类信息的权属所占的比例比信息处理者更多；③经过算法分析后的人脸识别技术信息属于预测个人信息，该类信息一般只能预测信息主体的兴趣爱好、健康状态、职业类型等信息，较之伴生个人信息，其识别性更小，基于信息处理者付出较多的劳动，因此该类信息一般归属于数据处理者。上述分类在人脸识别技术领域的应用实际上体现了欧美国家在场景与风险理念下的信息处理评估机制，即在人脸识别技术应用的动态场景进行横向的静态划分，对信息主体的个人信息在不同静态场合下可能产生的风险大小进行评估，从而对信息主体和数据处理者进行不同程度的赋权。我国若通过立法确认上述信息和数据权属，可以在法益的保护和平衡上更好地解决数据和个人信息的权属问题。

（二） 合理限制使用人脸识别技术的主体范围

合理限制使用人脸识别技术的主体范围，更有利于技术的稳步发展和社会

---

① 参见邢会强《大数据交易背景下个人信息财产权的分配与实现机制》，载《法学评论》2019 年第 6 期，第 100 页。

的健康发展。我国所处的社会主义背景和平等团结的民族关系，以及人民对国家、政府、警察的信赖，都决定着不应禁止我国公权力机关对人脸识别技术的应用，而且允许一些商主体的加入甚至有利于加快技术的发展。因此，无须对我国人脸识别技术的主体范围进行全面禁止，在法律规制上可以借鉴美国部分地区的分散立法模式，分别对政府部门和非政府部门应用人脸识别技术作不同的法律规制，同时合理限制私主体使用人脸识别技术的范围。

1. 公权力机关应用人脸识别技术的应然性

在我国，人脸识别技术正在安防、金融及社区治理等领域被大力推广，日益成为政府治理与决策的重要手段。从监督公共安全和社会治理的角度看，应当使公权力机关具有应用人脸识别技术的权力。此处的公权力机关不仅应包括一般意义上行使公共职能的政府机关，还应包括涉及公共利益的事业单位、人民团体、企业等非公权力组织在处理与公共利益有关的情况，因为该类主体所从事的事务也可能与公共安全、政务服务、社区治理及交通管理等领域有关。公权力机关应用人脸识别技术可以极大地提高政府治理和公共服务的效率。

同时，为了防止公权力机关对人脸识别技术的滥用，必须对其使用人脸识别技术加以严格规制。具体而言，包括以下 5 项规则：①对公权力机关应用人脸识别技术的准入门槛进行限制，规定使用时由主管领导批准，非必要不使用；②对公权力机关使用人脸识别技术落实责任制，在人脸信息的采集和处理上实行全面统 的负责制；③通过设置相应罚则严惩公权力机关在人脸识别技术应用过程中的违法行为；④对公权力机关使用人脸识别数据进行的各项活动都应从严监督；⑤在刑事违法犯罪领域应谨慎使用以人脸识别技术采集、使用、分析得到的证据，除非有其他证据进行有力补强。

2. 合理限制私主体使用人脸识别技术

要规范人脸识别技术的应用首先要从技术的自身解决问题。一方面，技术离不开发展，而技术的发展则需要经济基础的支持。人脸识别技术的发展离不开私主体经济的支持，由于商业市场自身具有竞争机制，技术的应用只有紧扣商业的脚步才能具备生命力。另一方面，目前人脸识别市场不够成熟，各个领域应用的人脸识别技术水平参差不齐，使本来就存在潜在风险的人脸识别技术应用更让人畏惧。因此，需要对使用人脸识别技术的私主体进行一定的限制，仅允许有能力为这项技术的风险和后果负责的商主体使用。

实践中，一些出租公寓也可能被装上使用人脸识别技术的门禁系统，作为出租公寓的房东能否对应用人脸识别技术的系统和设备进行尽职维护，能否保障租客们录入该系统的人脸信息的安全，是否有能力承担使用人脸识别技术可能导致的侵权责任；若不尽其然，则该类主体应被排除在使用该项技术的主体之外。否则，一旦发生信息数据侵权事件，只会让人们对这项技术嗤之以鼻，从而更加阻碍该技术的应用和发展。我国现行人脸识别技术的法律并未对使用该项技术的主体加以准入限制。虽然以公开、合法、安全、必要等多项原则和规则进行规制，阻拦了一部分私主体的参与，但由于法律刚刚出台，原则性的规定还不够细致明确，不排除有一些利用法律漏洞进入人脸识别技术应用领域的不法分子。若因此导致侵权事件的发生，恐亦难以弥补损失。然而，太严格的主体适用规则也可能遏制技术的创新，因此在私主体的限制上，本书主张，可以按照现行法规定，承载可能较大用户数量的商主体和仅面向个人家庭使用的自然人主体可以使用人脸识别技术。因为承载可能较大用户数量的商业主体意味着其"有能力"维护技术安全、承担相当的侵权责任，而仅面向个人家庭使用的自然人主体由于自然人个人有信息自决的权利，其可以基于个人意愿在个人住宅中选择使用可靠的人脸识别技术。

（三）完善人脸识别技术信息收集的具体规则

知情同意规则是存在于合法性原则之内的人脸识别技术应用首要规则。尽管现行法律规定应用人脸识别技术收集信息需要征得被收集人的同意，并且在其基础上增加了书面同意规则和单独同意规则。然而在实践中，基于技术的隐蔽性和人脸信息收集的非接触性，信息收集者在主观上会选择性忽略"知情同意"的要求，或者虽然知道应得到信息被收集者的知情同意后才能收集，但客观上并未达到"知情同意"的标准导致该法律规定没有发挥实际功效，信息被收集者未能真正"知情"并"同意"。作为信息收集的基本规则，知情同意规则的一次次落空只会使人脸识别技术应用的风险徒增不减。因此，目前法律规制仍应以完善信息收集的具体规则为重心。

1. 个人信息知情同意规则的原则性规定

知情同意规则原为《网络安全法》第四十一条对网络运营者处理个人信息和《消费者权益保护法》第二十九条对经营者处理消费者个人信息的相关规定；后《民法典》的出台将知情同意规则适用于任何民事主体针对个人信息进行的任何活动；《个人信息保护法》又为处理敏感个人信息增加了除知情同意规则外的单独同意规则和书面同意规则。自此，人脸识别技术应用过程中应遵循知情同意规则、单独同意规则和书面同意规则，但这些规则依旧不够完善。

法律原则是法律制度、规范中必不可少的部分，是法律规则的本源和基础，可以协调法律体系中规则之间的矛盾，弥补法律规则的不足与局限。本书主张，将知情同意规则上升到知情同意原则的高度，并为知情同意原则规定具体细致的制度。知情同意原则，是指任何组织或个人在处理个人信息时都应当对信息主体即其个人信息被处理的自然人进行告知，并在取得同意后方可从事相应的个人信息处理活动，否则该处理行为即属违法，除非法律另有规定。知情同意原则既包含"告知规则"又包含"同意规则"，二者紧密联系、不可分割。对于人脸识别技术应用应该告知的具体范围和具体应以什么方式告知，法律均未规定。贯彻知情同意原则要在结合现行法律规定的其他原则下，严格单独同意规则和书面统一规则，充分履行告知义务，并在信息主体明确而自愿的同意下进行信息收集和处理。根据前述区分公权力机关和私主体适用人脸识别技术的规定，在知情同意原则上也遵循这一方向，具体的法律规制建议如下。

对公权力机关应用人脸识别技术应增加以下限制：①在告知规则上，明确应以各领域公权力机关部门工作文件等规范性文件的形式向社会公布公共场所人脸识别技术应用的地点、辐射的范围、应用的目的、人脸信息收集的频率、数据库更新的状态等情况；②在同意规则上，明确处理公共利益相关使用人脸识别技术的设备适用默示同意规则。同时，公权力机关在作出设置人脸识别技术设备的决定前，应广泛听取社会公众的建议，允许公众为行使信息自主权和自决权提出反对意见。接到反对意见的机关应根据场景和风险理论结合的信息评估机制对该意见进行认真分析并及时作出答复，根据这些意见对该设备的放置地点、放置角度、收集人脸信息的频率等情况进行相应调整，实在不合理时应作出不设置该人脸识别技术设备的决定。

同样地，按照前述限制使用人脸识别的私主体的类型划分，对私主体应用人脸识别技术应规定不同场景下的告知规则和同意规则。在商用领域应用人脸识别技术，知情同意原则的有效落实比公共领域更难，这不仅与信息主体主观上的保护意识不强有关，还与商主体以营利为目的而进行人脸的信息收集有关。①为了落实这一类主体的责任，应要求应用人脸识别技术的私主体应对具体应用情况作详细的行政备案；②为了鼓励创新，同时不至于限制技术的发展，只能对这一类私主体加以更多简单可行但又具有强制性的义务。一方面，针对告知规则，除了要求以显著、清晰、易懂的方式告知外，还应要求商主体的直接工作人员（如国内人脸识别第一案中进行人脸采集的工作人员）针对与应用人脸识别技术相关的告知内容负有解释说明的义务，使信息主体真正了解其个人信息将被收集的具体情况以及可能对个人产生的影响。另一方面，针对同意规则，人脸信息的收集是否真正是信息主体在知情的状态下自愿做出的行为，法律可在现行同意规则的基础上加入事后确认机制，对已被收集人脸信息的信息主体进行电话、邮件或者短信回访的形式加上信息主体的主观意思，并在回访中明确解释可向其提供拒绝个人信息被收集的事后救济途径，如对已被收集的人脸信息的删除、变更等权利的具体行使。

2. 人脸识别技术信息合理使用的判断标准

对人脸识别技术的应用来说，此处的合理使用是指除人脸信息收集以外的对人脸信息数据进行的合理使用。合理使用人脸识别技术信息要落实好法律规定的充分必要原则，对人脸识别技术信息的处理应当限定在实现处理目的所必要的范围内，并且采取对个人权益影响最小的方式进行。根据人脸识别技术使用主体和具体应用场景的不同，该技术应用的目的可分别分为两大类：一是身份验证目的，即使用人脸识别技术确认信息主体的身份；二是在人脸识别基础上进行的联合分析目的，即商用领域为使人脸识别技术的应用带来更大的商业价值而在人脸识别基础上结合信息主体的其他信息进行分析，由此获取信息主体的更多特征，形成用户画像，从而有针对性地进行营销。人脸识别技术信息合理使用的判断标准应从使用主体、应用场景和该技术应用的目的出发，具体明确对人脸识别技术信息的使用范围、存储时间、删除与更新的合理标准等。佑于篇幅，下文接着具体阐述人脸识别技术信息的使用范围和存储时间的合理标准的界定。

（1）人脸识别技术信息的使用范围要合理，应以实现处理目的所必要的范围为标准。针对实现身份验证目的的人脸识别技术应用，在采集人脸信息时应规定信息采集者尽可能少地采集或不采集人脸图像以外的其他信息，对采集到的人脸图像只能使用于特定目的的人脸识别和身份验证。例如，公共领域安装的用于寻找犯罪嫌疑人的人脸识别监控只能专用于寻找犯罪嫌疑人这一个目的，而不能扩大至利用人脸识别监视公民的正常生活；再如，金融领域的网络支付和转账的人脸信息只能适用于支付和转账时的人脸验证；又如，小区门禁的人脸信息只能适用于门禁系统的人脸验证；等等。针对实现在人脸识别基础上进行联合分析目的的人脸识别技术应用，在信息采集环节即涉及采集多种信息内容和信息处理目的等的告知义务，在获得信息主体的同意后，将采集到的信息与其他信息进行关联分析的，也需以特定关联分析目的为准。例如，在应用人脸识别支付时，需要关联分析顾客的选购喜好的，只能以此为目的而不能关联分析顾客的其他隐私；又如，食堂应用人脸识别给出膳食管理建议的，在就餐人同意的情况下只能关联就餐人的医疗健康状况进行分析，而不能结合其经济状况等情况进行分析；等等。

（2）人脸识别技术信息的存储时间要合理，应以实现处理目的所必要的时间为标准。针对实现身份验证目的的人脸识别技术应用，人脸信息的存储时间又可以根据用于身份验证的场景的不同而有所差异。如在搜寻犯罪嫌疑人的场景下进行的人脸识别身份验证，该人脸信息的存储时间应以成功抓获罪犯告终；又如，小区门禁系统应用的人脸信息的存储时间应以住户的居住时间为准；等等。而针对实现在人脸识别基础上进行联合分析目的的人脸识别技术应用，对该类人脸信息也应规定具体的存储时间，此时应结合具体场景和信息主体的选择而适用定期存储或永久存储等。

（四）完善人脸识别技术设计与应用的监管体系

除了现有法律规定的网信部门的监管，在立法上还应设立专门的人脸识别技术监管部门，以提高监管效率，防止出现无人管理和多部门推诿责任的情形，明确被侵权信息主体的求助对象。以专门的人脸识别技术监管部门为基础，我国法律还应通过建立人脸识别技术的设计问责制度和确立相应的行政规则，在提高行政监督的同时，一并优化人脸识别技术的技术方、应用方、企业与个人、数据处理者与信息主体之间的关系，完善人脸识别技术设计与应用的监管体系。

1. 人脸识别技术的设计问责制度

现有法律从个人信息保护和数据安全层面来完善国内人脸识别技术应用的管理办法无疑将从整体上推进人脸识别技术应用的规范化。与此同时，也应建立人脸识别技术的设计问责制度。

本书所提出的设计问责制度，是指法律要求所有参与具体设计和研发目标人脸识别技术设备的各方主体对这一目标人脸识别技术设备应用过程中所发生的不良行为，应承担一定的否定性后果的一种责任追究制度。人脸识别技术的设计问责制度强调在这一技术的具体设计和研发过程中的主体必须承担相应的责任，其问责的重点是具体设计和研发主体的领导者的责任，而非全部人的责任，追究的是具体问题的具体过错，即由于设计和研发阶段的过错导致目标人脸识别技术设备在应用过程中产生不良后果的，主要领导者应承担相应的法律责任。人脸识别技术的设计问责制度可以更好地协调人脸识别技术设计与应用的各个环节中多方主体的责任承担问题。①专门的监管部门应加快确立人脸识别技术应用的相关技术及行业标准，明确技术提供方与技术应用方的责任划分与承担，为该技术更好的发展与应用提供良好的制度保障；②应积极促使人脸识别技术的技术厂商、商家依据制度要求，不断强化人脸识别技术及应用设计方面的安全等级，并要求技术开发者及企业提高人脸识别技术的安全性、精确性、稳定性；③明确在发生人脸识别技术侵权事件时，涉案人脸识别技术各方均有责任配合调查、提供与该技术有关的具体信息等。只有通过多方角色的共同努力，才能有效推进国内人脸识别技术应用的安全与发展建设。

2. 人脸识别技术应用的行政监管

专门的人脸识别技术监管部门应严格履行行政职责，在事前、事中和事后合力监管人脸识别技术行业。

在事前监管中，专门的人脸识别技术监管部门在进行行政审批等工作之前，对于技术应用方的资质、背景等各项准入条件进行监督审查，做好准入机制。应重点督促技术应用方履行告知同意原则的情况，要求其充分告知用户该技术的潜在风险，并告知用户相应的安全建议，且不宜直接、间接或强制将人脸识别作为唯一的验证要素；基于该技术目前在安全性方面存在的不足，也应告知用户不宜过分依赖或相信该技术，对相关设备或者信息应保持较高的警惕，避免人身或者财产权利遭到损害。

与事前监管的许可准入效能相比，在数字信息时代下，事中和事后监管的执法成本、规制效能存在诸多优势，在人脸识别技术应用中更应贯彻《国务院关于加强和规范事中事后监管的指导意见》中关于加强和规范事中事后监管的规定。①专门的人脸识别技术监管部门对违规的边界进行充分合理的界定，并且对惩处的力度、方式都要给予统一的评判标准，让公众清晰明了，做到公正处罚；②建立健全企业诚信评估机制，根据企业具体行为，例如技术使用的规范性和社会反馈的影响性来评定相关资质，对于积极承担法律社会责任、自律、社会良好信誉的企业，可以根据具体情况予以减税降费等措施；③专门的人脸识别技术监督部门可设立投诉渠道，使行政服务触及人民群众，保障群众的监督权，增加群众参与法治建设的信心。设立该渠道不仅有助于解决群众个体无法维权的困境，而且有助于教育群众，震慑不法侵权行为。

五、结语

目前，域外一些国家已经针对人脸识别技术采取了一定的监管措施，我国可以从欧美国家的立法经验中得到启发，并针对我国现行法律上存在的不足加以完善。一条良好的法律规制路径应从法律关系的角度出发，分析其中的法益归属以求法律可以公正地平衡和保护各方的权益。在人脸识别技术应用中也应如此，通过理清其中存在的合法权益的归属，对信息主体和数据处理者进行不同程度的赋权，在合理保护各方权益之下实现技术的友好创新发展。现行法律在使用人脸识别技术的主体范围上未区分公权力机关和私主体，提出在不同应用场景下对公权力机关和私主体应用人脸识别技术适用不同的规制方法，更有利于防控风险的发生。人脸识别技术应用中最关键的问题是人脸信息的采集和人脸数据的处理，对此应结合目前法律对保护个人信息和数据安全的相关规定，其中不乏知情同意和合理必要等原则和规则，应将这些规定细化到对人脸识别技术信息的保护上，以完善人脸识别技术应用的法律监管。针对知情同意的相关规定，应根据公权力机关和私主体在具体场景中的应用问题提出不同的告知规则和同意规则，更好地保障信息主体的合法权益；针对合理必要的相关规定，应调整法律以明确人脸识别技术信息的使用范围、存储时间、删除与更新等的合理标准。除此之外，设置专门的人脸识别技术监管机构对这一技术应用进行监管也尤为重要，只有在完备的制度监督和严格的机构管理下，人脸识别技术才能在应用中更好地造福人类。

参 考 文 献

一、著作类

[1] 艾伦，托克音顿．美国隐私法：学说、判例与立法［M］．玛建妹，等，译．北京：中国民主法制出版社，2004.

[2] 巴尼．网络社会的概念：科技、经济、政治与认同［M］．黄守义，译．台北：韦伯文化国际出版有限公司，2012.

[3] 巴托尔．犯罪心理学［M］．李玫瑾，译．北京：中国轻工业出版社，2017.

[4] 博登海默．法理学：法律哲学与法律方法［M］．邓正来，译．北京：中国政法大学出版社，2017.

[5] 布约格．恐怖主义犯罪预防［M］．夏菲，李休休，译．北京：中国人民公安大学出版社，2016.

[6] 陈兴良．刑法哲学［M］．北京：人民大学出版社，2017.

[7] 崔国斌．著作权法：原理与案例［M］．北京：北京大学出版社，2014.

[8] 道格林，德格里斯，波谢．平台经济与劳动立法国际趋势［M］．涂伟，译．北京：中国工人出版社，2020.

[9] 刁胜先，等．个人信息网络侵权问题研究［M］．上海：上海三联书店，2013.

[10] 丁晓东．个人信息保护：原理与实践［M］．北京：法律出版社，2021.

[11] 多伊普勒．德国雇员权益的维护［M］．唐伦亿，谢立斌，译．北京：中国工人出版社，2009.

[12] 冯晓青．知识产权法利益平衡理论［M］．北京：中国政法大学出版社，2007.

[13] 福柯．规训与惩罚［M］．刘北成，杨远婴，译．北京：生活·读书·新知三联书店，2021.

［14］郭民龙.个人信息权利的侵权法保护［M］.北京：中国法制出版社，2012.

［15］何松琦.互联网金融：中国实践的法律透视［M］.上海：远东出版社，2015.

［16］胡卫萍，赵志刚.中国慈善事业法律体系构建研究［M］.北京：中国检察出版社，2014.

［17］卡斯特.网络社会的崛起［M］.夏铸九，等，译.北京：社会科学文献出版社，2006.

［18］阚珂.中华人民共和国慈善法解读［M］.北京：中国法制出版社，2016.

［19］李旻.P2P网贷平台的法律合规及实务［M］.北京：法律出版社，2019.

［20］李媛.大数据时代个人信息保护研究［M］.武汉：华中科技大学出版社，2019.

［21］刘金瑞.个人信息与权利配置：个人信息自决权的反思和出路［M］.北京：法律出版社，2017.

［22］罗尔斯.正义论［M］.何怀宏，何包钢，廖申白，译.北京：中国社会科学出版社，2009.

［23］罗振辉.互联网金融之P2P法律实务［M］.北京：法律出版社，2017.

［24］齐爱民.大数据时代个人信息保护法国际比较研究［M］.北京：法律出版社，2015.

［25］秦成德，危小波，葛伟.网络个人信息保护研究［M］.西安：西安交通大学出版社，2016.

［26］邱建华.生物特征识别：身份认证的革命［M］.北京：清华大学出版社，2016.

［27］申卫星.数字经济与网络法治研究［M］.北京：中国人民大学出版社，2018.

［28］托克维尔.论美国的民主［M］.董果良，译.北京：商务印书馆，1997.

［29］瓦尔特曼.德国劳动法［M］.沈建峰，译.北京：法律出版社，2014.

［30］王立梅.网络法学研究［M］.北京：社会科学文献出版社，2018.

［31］王利明.民法学：上册［M］.北京：法律出版社，2020.

[32] 王敏. 大数据时代个人隐私的分级保护研究 ［M］. 北京：社会科学文献出版社，2018.

[33] 王迁. 网络环境中的著作权保护研究 ［M］. 北京：法律出版社，2011.

[34] 王迁. 著作权法 ［M］. 北京：中国人民大学出版社，2015.

[35] 王勇. P2P 网络借贷的实务与法律分析 ［M］. 北京：人民出版社，2019.

[36] 吴从周. 概念法学、利益法学与价值法学 ［M］. 北京：中国法制出版社，2011.

[37] 吴汉东. 知识产权法 ［M］. 北京：北京大学出版社，2019.

[38] 吴汉东. 著作权合理使用制度研究 ［M］. 北京：中国政法大学出版社，2020.

[39] 熊琦. 作权激励机制的法律构造 ［M］. 北京：中国人民大学出版社，2011.

[40] 亚里士多德. 政治学 ［M］. 彭寿康，译. 北京：商务印书馆，1981.

[41] 杨立新. 多数人侵权行为与责任 ［M］. 北京：法律出版社，2017.

[42] 袁毅，杨勇，陈亮. 中国众筹行业发展研究 ［M］. 上海：上海交通大学出版社，2017.

[43] 张明楷. 刑法学 ［M］. 北京：法律出版社，2016.

[44] 赵典. 众筹相关法律问题与操作实践 ［M］. 北京：法律出版社，2018.

[45] 郑功成.《中华人民共和国慈善法》解读与应用 ［M］. 北京：人民出版社，2016.

[46] 郑功成. 慈善事业立法研究 ［M］. 北京：人民出版社，2015.

[47] 邹世允. 中国慈善事业法律制度完善研究 ［M］. 北京：法律出版社，2013.

[48] CHRISTOPHER K, LEE A. B, CHRISTOPHER D, et al. The EU General Data Protection Regulation（GDPR）：A Commentary ［M］. New York：Oxford University Press, 2020.

二、期刊论文类

[1] 常鑫. "舆情审判"：逾越了法律界限的舆情监督 ［J］. 青年记者，

2019（26）：76 – 77．

［2］陈纯柱，刘娟．网络主播监管中的问题与制度构建［J］．探索，2017（6）：136 – 145．

［3］陈道英．ICP 对用户言论的法律责任：以表达自由为视角［J］．交大法学，2015（1）：87 – 101．

［4］陈国飞．网络信息时代国家安全面临的挑战研究［J］．厦门特区党校学报，2018（1）：54 – 59．

［5］陈凌云．论"违约方获益"之归属［J］．法律科学（西北政法大学学报），2018（4）：137 – 145．

［6］陈明辉．言论自由条款仅保障政治言论自由吗［J］．政治与法律，2016（7）：74 – 85．

［7］陈淇华．个人信息权与隐私权的关系：论个人信息包含说的科学性［J］．上海法学研究，2021（14）：68 – 74．

［8］陈少威，俞晗之，贾开．互联网全球治理体系的演进及重构研究［J］．中国行政管理，2018（6）：68 – 74．

［9］陈剩勇，于兰兰．网络化治理：一种新的公共治理模式［J］．政治学研究，2012（2）：108 – 119．

［10］陈万科．P2P 网贷平台违规业务的刑法规制研究：以风险备付金、超级放款人为切入点［J］．金融理论与实践，2018（8）：88 – 93．

［11］陈薇伶，黄敏．大数据时代我国网络信息安全控制体系构建［J］．重庆社会科学，2018（7）：95 – 101．

［12］陈越峰．关键信息基础设施保护的合作治理［J］．法学研究，2018（6）：175 – 193．

［13］程洁．美国言论自由的限度［J］．环球法律评论，2009（1）：20 – 28．

［14］程军伟，沙永虎．人肉搜索立法问题研究［J］．法学杂志，2010（10）：110 – 113．

［15］程啸．论大数据时代的个人数据权利［J］．中国社会科学，2018（3）：102 – 122．

［16］程啸．论我国《民法典》网络侵权责任中的通知规则［J］．武汉大学学报（哲学社会学科学版），2020（6）：137 – 149．

［17］程啸．论我国个人信息保护法中的个人信息处理规则［J］．清华法学，2021（3）：55 – 73．

［18］储翔．网络游戏直播著作权保护困境与出路［J］．中国出版，2016

（24）：8 - 11.

[19] 丛立先. 网络游戏直播画面的可版权性与版权归属 [J]. 法学杂志，2020（6）：11 - 19.

[20] 崔国斌. 认真对待游戏著作权 [J]. 知识产权，2016（2）：3 - 18.

[21] 崔国斌. 视听作品画面与内容的二分思路 [J]. 知识产权，2020（5）：22 - 39.

[22] 崔国斌. 知识产权法官造法批判 [J]. 中国法学，2006（1）：144 - 164.

[23] 崔汪卫. 竞业禁止制度的域外视角与经验启示 [J]. 西华师范大学学报（哲学社会科学版），2018（6）：85 - 93.

[24] 崔震，李芳. 个人求助网络募捐平台的法律监管 [J]，社科纵横，2019（4）：84 - 88.

[25] 邓恒. 德国的竞业禁止制度与商业秘密保护及其启示：兼论《劳动合同法》第 23、24 条的修改 [J]. 法学杂志，2017（3）：99 - 105.

[26] 邓恒. 竞业禁止纠纷案件审判实务问题研究 [J]. 法律适用，2017（15）：113 - 121.

[27] 翟业虎. 竞业禁止的法益冲突及其衡平原则研究 [J]. 河南大学学报（社会科学版），2013（5）：84 - 91.

[28] 翟业虎. 竞业禁止的域外法律实务考察 [J]. 法学杂志，2013（12）：69 - 76.

[29] 丁晓东. 平台革命、零工经济与劳动法的新思维 [J]. 环球法律评论，2018（4）：87 - 98.

[30] 樊华，寇春晓.《App 违法违规收集使用个人信息行为认定方法》的典型案例分析 [J]. 网络空间安全，2020（2）：8 - 14.

[31] 方子豪，孟彦辰，互联网背景下个人医疗募捐行为的法律规制研究 [J]，中国卫生法制，2019（9）：16 - 20.

[32] 冯叶露. "互联网 + 公益" 的筹资模式探索：以 13 家慈善组织互联网公开募捐信息平台为例 [J]. 西部学刊，2018（12）：20 - 24.

[33] 付业勤，罗艳菊，张仙锋. 我国网络直播的内涵特征、类型模式与规范发展 [J]. 重庆邮电大学学报（社会科学版），2017（4）：71 - 81.

[34] 傅宏宇. 论网络环境下未成年人的个人信息保护 [J]. 首都师范大学学报（社会科学版），2019（4）：50 - 56.

[35] 高梅梅. 网络谣言的法律规制现状及立法建议 [J]. 吉林工商学院学报，2018（1）：94 - 96，117.

［36］高献忠．社会治理视角下网络社会秩序生成机制探究［J］．哈尔滨工业大学学报（社会科学版），2014（3）：63－67．

［37］高星惟，欧天奕．P2P 应规范发展［J］．中国金融，2016（15）：76－77．

［38］高一飞．互联网时代媒体与司法关系［J］．中外法学，2016（2）：486－517．

［39］巩震，陈丹红．人脸识别技术的算法优化和流程修改研究［J］．软件工程，2021（1）：10－12．

［40］郭春镇，张慧．我国网络安全法治中的国家能力研究［J］．江海学刊，2021（1）：163－170．

［41］郭春镇．数字人权时代人脸识别技术应用的治理［J］．现代法学，2020（4）：19－36．

［42］郭跃，洪婧诗，何林晟．政府采纳人脸识别技术的政策反馈解释：基于杭州与旧金山的案例比较［J］．公共行政评论，2021（5）：159－177，200．

［43］韩德民，汪子辰．App 过度收集与使用个人信息的法律规制问题研究［J］．现代交际，2020（13）：84－85．

［44］韩旭至．个人信息保护中告知同意的困境与出路：兼论《个人信息保护法（草案）》相关条款［J］．经贸法律评论，2021（1）：47－59．

［45］韩兆柱，单婷婷．网络化治理、整体性治理和数字治理理论的比较研究［J］．学习论坛，2015（7）：46－51．

［46］郝熙勤．社会捐赠行为的法律定性及立法完善［J］．经济研究导刊，2017（32）：197－198．

［47］洪芳，陈英．国外个人信息保护立法对我国启示与借鉴［J］．北方金融，2021（11）：63－65．

［48］洪延青．人脸识别技术的法律规制研究初探［J］．中国信息安全，2019（8）：85－87．

［49］侯璐韵．P2P 网贷的刑事规制：以非法吸收公众存款罪为视角［J］．中国检察官，2015（12）：31－33．

［50］胡丽，齐爱民，何金海．国家网络空间主权战略［J］．河北法学，2018（6）：80－88．

［51］胡良荣，易小辉．冲突与协调：人力资源的有序流动与商业秘密的充分保护：以强化劳动权保障和优化竞业禁止制度为视角［J］．知识产权，2014（7）：68－73．

［52］胡凌．分享经济中的数字劳动：从生产到分配．［J］．经贸法律评论，2019（3）：33－51.

［53］胡凌．刷脸：身份制度、个人信息与法律规制［J］．法学家，2021（2）：41－55.

［54］胡鹏辉，余富强．网络主播与情感劳动：一项探索性研究［J］．新闻与传播研究，2019（2）：38－61，126.

［55］黄道丽，胡文华．《个人信息保护法（草案）》的立法评析与完善思考［J］．信息安全与通信保密，2021（2）：2－9.

［56］黄汇，尹鹏旭．作品转换性使用的规则重构及其适用逻辑［J］．社会科学研究，2021（5）：95－104.

［57］纪海龙．P2P网络借贷法律规制的德国经验及启示［J］．云南社会科学，2016（5）：117－124.

［58］江波，张亚男．大数据语境下的个人信息合理使用原则［J］．交大法学，2018（3）：108－121.

［59］蒋华胜．网络游戏直播画面的著作权侵权判定［J］．法律适用，2021（6）：124－135.

［60］蒋华胜．知识产权惩罚性赔偿制度研究：立法检视与司法适用：兼论我国《民法典》第1185条法律规范的体系化构建［J］．中国应用法学，2021（1）：146－170.

［61］蒋晓玲．非公益性捐赠存在的问题及其法律规制研究［J］．政法论丛，2015（2）：85－93.

［62］蒋一可：网络游戏直播著作权问题研究：以主播法律身份与直播行为之合理性为对象［J］．法学杂志，2019（7）：129－140.

［63］焦和平．类型化视角下网络游戏直播画面的著作权归属［J］．法学评论，2019（5）：95－104.

［64］焦和平．网络游戏在线画面的作品属性再研究［J］．当代法学，2018，32（5）：77－88.

［65］焦和平．网络游戏在线直播的著作权合理使用研究［J］．法律科学（西北政法大学学报），2019（5）：71－81.

［66］焦和平．形式解释论下网络游戏动态画面的著作权保护路径［J］．现代法学，2021（2）：44－59.

［67］金锦萍．《慈善法》实施后网络募捐的法律规制［J］．复旦学报（社会科学版），2017（4）：162－172.

［68］金思汉．我国热门网络主播直播内容分析［J］．新媒体研究，2016

（24）：9 – 11，38.

［69］李爱君．互联网金融的法治路径［J］．法学杂志，2016（2）：55 – 60.

［70］李大勇．谣言、言论自由与法律规制［J］．法学，2014（1）：100 – 106.

［71］李亘．德国劳动者忠实义务的制度发展与历史变迁［J］．德国研究，2017（3）：98 – 113，136.

［72］李佳妮．论著作权合理使用中的"适当引用"：以谷阿莫二次创作短视频为例［J］．东南大学学报（哲学社会科学版），2019（S1）：53 – 57.

［73］李建华，王国柱．网络环境下著作权默示许可与合理使用的制度比较与功能区分［J］．政治与法律，2013（11）：12 – 24.

［74］李景义，李杰．我国扩大惩罚性赔偿适用范围的理论探析：以侵权责任法为视角［J］．中国社会科学，2017（2）：72 – 81.

［75］李静．未成年人网络欺凌的法律规制：以美国为研究视角［J］．暨南学报（哲学社会科学版），2010（3）：207 – 212，277.

［76］李芊．论隐私权与个人信息权益的关系与保护模式：《民法典》第四编第六章的法理解释［J］．西安交通大学学报（社会科学版），2021（6）：159 – 168.

［77］李晓明．P2P网络借贷刑事法律风险防控再研究：以刑事一体化为视角［J］．中国政法大学学报，2015（4）：79 – 90，160.

［78］李延舜．公共视频监控中的公民隐私权保护研究［J］．法律科学（西北政法大学学报），2019（3）：54 – 63.

［79］李颖怡，梁栩瑜．我国网络游戏画面版权研究［J］．政法学刊，2017（3）：12 – 23.

［80］李永明．竞业禁止的若干问题［J］．法学研究，2002（5）：84 – 97.

［81］李宗辉．职业运动员转会中的法律问题探析［J］．天津体育学院学报，2015（4）：339 – 344.

［82］廖正．网络直播平台与网络主播的合同争议及法律规范［J］．山东科技大学学报（社会科学版），2019（3）：56 – 63.

［83］林凯，张建肖．知情同意权的功能失灵与应对：兼评《数据安全管理办法（征求意见稿）》相关规定［J］．中国应用法学，2020（2）：162 – 186.

［84］林凌，贺小石．人脸识别的法律规制路径［J］．法学杂志，2020

（7）：68 – 75.

[85] 林欧. 约定竞业限制范围的合理性分析 [J]. 法律适用, 2017 (15)：73 – 77.

[86] 刘丹. 个人信息网络侵权的认定及其司法救济. [J]. 学习与实践, 2020 (6)：26 – 31.

[87] 刘德法, 尤国富. 论空白罪状中的"违反国家规定" [J]. 法学杂志, 2011 (1)：15 – 17.

[88] 刘红凛. 网络舆论监督的发展态势与有效运用 [J]. 中共中央党校学报, 2017 (3)：74 – 82.

[89] 刘继峰. 论竞业禁止协议的滥用及制度完善：兼评我国《劳动合同法》第 23、24 条的规定 [J]. 学术论坛, 2009 (6)：67 – 72.

[90] 刘明明, 刘正全. 网络舆情对司法审判的影响探析 [J]. 当代传播, 2013 (2)：89 – 91.

[91] 刘青建, 方锦程. 恐怖主义的新发展及对中国的影响 [J]. 国际问题研究, 2015 (4)：114 – 126.

[92] 刘权. 数据安全认证：个人信息保护的第三方规制 [J]. 法学评论, 2022 (1)：118 – 130.

[93] 刘铁光. 作品独创性判定标准调适的准则及其遵守的路径 [J]. 苏州大学学报（法学版）, 2019 (4)：13 – 23.

[94] 刘宪权, 林雨佳. 青少年网络欺凌现象的刑法规制 [J]. 青少年犯罪问题, 2017 (4)：43 – 50.

[95] 刘宪权. 网络造谣、传谣行为刑法规制体系的构建与完善 [J]. 法学家, 2016 (6)：105 – 119, 178 – 179.

[96] 刘银良. 网络游戏直播的法律关系解析 [J]. 知识产权, 2020 (3)：17 – 26.

[97] 刘宇. 竞业禁止协议合理性判断 [J]. 重庆理工大学学报（社会科学）, 2010 (6)：56 – 60.

[98] 刘跃进, 宋希艳. 在总体国家安全观指导下健全国家安全体系 [J]. 行政论坛, 2018 (4)：11 – 17.

[99] 陆广, 周贤江, 薛峰, 蔡杰涛. 美国职业篮球运动员协会的运行机制探究与启示 [J]. 湖北体育科技, 2021 (10)：867 – 871.

[100] 罗斌. 个人生物识别信息民事法律保护比较研究：我国"人脸识别第一案"的启示 [J]. 新闻法制研究, 2021 (1)：77 – 81.

[101] 吕炳斌. 个人信息保护的"同意"困境及其出路 [J]. 法商研究,

2021（2）：87－101.

[102] 吕凯，王锦．微信平台著作权侵权问题研究［J］．河北工业大学学报，2017（1）：17－23.

[103] 吕鑫．分配正义：慈善法的基本价值［J］，浙江社会科学，2018（5）：42－50，158.

[104] 马得华．我国宪法言论自由条款类似于美国宪法第一修正案吗？［J］．比较法研究，2016（4）：131－145.

[105] 曼泽罗尔，姚建华，徐偲骕．移动的受众商品：无线世界的数字劳动［J］．开放时代，2017（3）：181－191，9.

[106] 梅夏英．《民法典》对信息数据的保护及其解读［J］．山西大学学报（哲学社会科学版），2020（6）：26－31.

[107] 彭龙，闫琳．中美两国网贷平台发展运营模式对比［J］．国际论坛，2018（3）：55－60.

[108] 彭学龙．竞业禁止与利益平衡［J］．武汉大学学报（哲学社会科学版），2006（1）：138－142.

[109] 齐爱民．论个人信息的法律属性与构成要素［J］．理论与探索，2009（10）：26－29.

[110] 钱瑾．P2P平台风险准备金的法律问题研究［J］．西南金融，2016（8）：48－52.

[111] 秦国荣．劳动关系法律调整的伦理要求与法治内涵［J］．东南大学学报（哲学社会科学版），2018（4）：69－79，147.

[112] 秦国荣．网络用工与劳动法的理论个信及实践应对［J］．南通大学社会学报，2017（7）：54－61.

[113] 秦国荣．约定竞业限制的性质判定与效力分析［J］．法商研究，2015（6）：110－120.

[114] 秦前红，黄明涛．论网络言论自由与政府规制之间的关系：以美国经验为参照［J］．武汉科技大学学报（社会科学版），2014（4）：416－422.

[115] 邱新国．公民网络监督权与隐私权保护的冲突与协调：以国家工作人员隐私权的特殊保护为视角［J］．胜利油田党校学报，2015（4）：90－94.

[116] 任娇娇．球员转会补偿制度的实践构造［J］．苏州大学学报（法学版），2019（3）：14－25.

[117] 阮神裕．民法典视角下个人信息的侵权法保护：以事实不确定性

及其解决为中心 [J]. 法学家, 2020 (4): 29-39.

[118] 沈国琴. 慈善募捐法律概念要素分析 [J]. 晋中学院学报, 2019 (4): 59-65.

[119] 沈国琴. 基于慈善法社会法属性的慈善网络募捐关系的应然走向分析 [J], 学术交流, 2019 (3): 75-82.

[120] 石宏.《著作权法》第三次修改的重要内容及考量 [J]. 知识产权, 2021 (2): 3-17.

[121] 舒小庆. 论公民网络监督权的法律规制 [J]. 江西师范大学学报 (哲学社会科学版), 2010 (6): 46-49.

[122] 司绍寒. 人脸识别技术在司法行政领域的应用前景 [J]. 法律科学 (西北政法大学学报), 2019 (3): 57-62.

[123] 粟瑜, 王全兴. 我国灵活就业中自治性劳动的法律保护 [J]. 东南学术, 2016 (3): 104-113.

[124] 孙道锐. 人脸识别技术的社会风险及其法律规制 [J]. 科学学研究, 2021 (1): 12-20.

[125] 孙梦波.《劳动合同法》竞业禁止规则的审视与完善 [J]. 阜阳师范学院学报 (社会科学版), 2018 (3): 127-133.

[126] 孙清白. 敏感个人信息保护的特殊制度逻辑及其规制策略 [J]. 行政法学研究, 2022 (1): 119-130.

[127] 孙山.《著作权法》中作品类型兜底条款的适用机理 [J]. 知识产权, 2020 (12): 53-66.

[128] 汤磊. 美韩两国网络谣言法律规制问题研究 [J]. 陕西行政学院学报, 2014 (2): 92-96.

[129] 唐越. "大数据"时代网络个人信息的保护: 以"人肉搜索"事件为例 [J]. 河北科技师范学院学报 (社会科学报), 2018 (2): 69-74.

[130] 田土城, 袁洋. 私益募捐活动中的法律问题研究 [J]. 中国法学教育研究, 2015 (4): 203-215.

[131] 汪国华, 张晓光. 中国网络慈善运作模式比较研究 [J]. 社会科学研究, 2014 (10): 104-110.

[132] 王春晖. 专家热议《个人信息保护法 (草案)》[J]. 中国电信业, 2021 (2): 58-63.

[133] 王春枝. 参与式文化的狂欢: 网络直播热潮透析 [J]. 电视研究, 2017 (1): 83-85.

[134] 王丹阳. 慈善法视域下网络众筹平台的规制路径: 以轻松筹为研

究样本［J］．天津法学，2017（3）：45－50．

［135］王昊宇．信息时代公民网络监督权的法治化路径［J］．公民与法（法学版），2016（7）：50－52，56．

［136］王洪亮．违约金酌减规则论［J］．法学家，2015（3）：138－151．

［137］王立明，邵辉．网络主播劳动者地位认定的困境、反思和出路［J］．时代法学，2018（5）：3－14．

［138］王丽娜．网络游戏直播画面是否构成作品之辨析：兼评耀宇诉斗鱼案一审判决［J］．中国产权，2016（2）：46－49．

［139］王利明．论个人信息权在人格权法中的地位［J］．苏州大学学报（哲学社会科学版），2012（6）：68－75．

［140］王利明．隐私权概念的再界定［J］．法学家，2021（1）：108－121．

［141］王林．国外个人生物特征信息保护经验与启示［J］．上海信息化，2020（2）：53－55．

［142］王林清．公司法与劳动法语境下竞业禁止之比较［J］．政法论坛，2013（1）：91－98．

［143］王迁，袁锋．论网络游戏整体画面的作品定性［J］．中国版权，2016（4）：19－24．

［144］王迁．《著作权法》修改：关键条款的解读分析（上）［J］．知识产权，2021（1）：20－35．

［145］王迁．《著作权法》修改：关键条款的解读分析（下）［J］．知识产权，2021（2）：18－32．

［146］王迁．电子游戏直播的著作权问题研究［J］．电子知识产权，2016（2）：2，11－18．

［147］王迁．论视听作品的范围及权利归属［J］．中外法学，2021（3）：664－683．

［148］王迁．著作权法中传播权的体系［J］．法学研究，2021（2）：55－75．

［149］王全兴，刘琦．我国新经济下灵活用工的特点、挑战和法律规制［J］．法学评论，2019（4）：79－94．

［150］王全兴，王茜．我国"网约工"的劳动关系认定及权益保护［J］．法学，2018（4）：57－72．

［151］王全兴．"互联网＋"背景下劳动用工形式和劳动关系问题的初步思考［J］．中国劳动，2017（8）：7－8．

［152］王世伟．论信息安全、网络安全、网络空间安全［J］．中国图书馆学报，2015（2）：72－84．

［153］王拓．P2P 网贷平台债权转让模式的刑事风险分析［J］．中国检察官，2016（24）：3－7．

［154］王天玉．基于互联网平台提供劳务的劳动关系认定：以"e 代驾"在京、沪、穗三地法院的判决为切入点［J］．法学，2016（6）：50－60．

［155］王秀哲．公共安全视频监控地方立法中的个人信息保护研究［J］．东北师大学报（哲学社会科学版），2019（5）：57－68．

［156］王彦秋，冯英伟．基于大数据的人脸识别方法［J］．现代电子科技，2021（7）：87－90．

［157］王叶刚．个人信息收集、利用行为合法性的判断：以《民法总则》第 111 条为中心［J］．甘肃社会科学，2018（1）：46－52．

［158］王泽鉴．人格权保护的课题与展望：人格权的性质及构造：精神利益与财产利益的保护［J］．人大法律评论，2009（1）：51－103．

［159］王张华，周梦婷，颜佳华．互联网企业参与数字政府建设：角色定位与制度安排：基于角色理论的分析［J］．电子政务，2021（11）：45－55．

［160］吴汉东．论网络服务提供者的著作权侵权责任［J］．中国法学，2011（2）：38－47．

［161］吴宏洛．中国特色慈善事业的历史演进及发展路径［J］．东南学术，2016（1）：70－79．

［162］吴欢，卢黎歌．数字劳动、数字商品价值及其价格形成机制：大数据社会条件下马克思劳动价值论的再解释［J］．东北大学学报（社会科学版），2018（3）：310－316．

［163］吴剑锋，陶文强．消费者人脸识别支付技术使用意愿的影响因素分析［J］．浙江学刊，2020（6）：59－67．

［164］吴沈括，张力威．《个人信息保护法（草案）》研析［J］．中国电信业，2021（1）：16－20．

［165］吴昱江．试论比例原则在国家安全与言论自由平衡下的使用：以美国司法判例为鉴［J］．政法论丛，2016（3）：42－51．

［166］席斌，王渊智．大数据时代个人信息的法释义学分析：《民法典》"个人信息"的概念为中心［J］．贵州社会科学，2020（12）：97－104．

［167］向彭．关于完善网络募捐监管法律制度的思考［J］．华南理工大学学报（社会科学版），2017（3）：93－99．

［168］向长艳．自媒体时代网络谣言的刑法规制［J］．山西农业大学学

报（社会科学版），2018（6）：71 – 76.

　　［169］谢鸿飞．违约责任与侵权责任竞合理论的再构成［J］．环球法律评论，2014（6）：5 – 26.

　　［170］谢琳，王漩．我国个人敏感信息的内涵与外延［J］．电子知识产权，2020（9）：4 – 16.

　　［171］谢文辉．个人信息权的权利属性及私法保护［J］．山西青年职业学院学报，2020（4）：67 – 71.

　　［172］谢小瑶．经典言论自由理论的分型及其意蕴：立足密尔与霍姆斯立场的比较解读［J］．清华大学学报（哲学社会科学版），2016（3）：145 – 159.

　　［173］谢增毅．互联网平台用工劳动关系认定［J］．中外法学，2018（6）：1546 – 1569.

　　［174］谢增毅．我国劳动关系法律调整模式的转变［J］．中国社会科学，2017（2）：129.

　　［175］辛松和．英格兰职业足球转会制度的演进及其启示［J］．南京体育学院学报，2021（10）：10 – 15.

　　［176］邢会强．大数据交易背景下个人信息财产权的分配与实现机制［J］．法学评论，2019（6）：98 – 110.

　　［177］邢会强．人脸识别的法律规制［J］．法商研究，2020（5）：51 – 63.

　　［178］邢璐．德国网络言论自由保护与立法规制及其对我国的启示［J］．德国研究，2006（3）：34 – 38，79.

　　［179］熊光清．推进中国网络社会治理能力建设［J］．社会治理，2015（2）：67 – 74.

　　［180］熊晖，王瑞宏．竞业限制对劳动者的泛化适用问题研究［J］．重庆理工大学学报（社会科学），2021（9）：1 – 18.

　　［181］熊琦．“用户创造内容”与作品转换性使用认定［J］．法学评论，2017（3）：64 – 74.

　　［182］熊琦．著作权合理使用司法认定标准释疑［J］．法学，2018（1）：182 – 192.

　　［183］熊琦．著作权转换性使用的本土法释义［J］．法学家，2019（2）：124 – 134，195.

　　［184］徐才淇．论网络暴力行为的刑法规制［J］．法律适用，2016（3）：102 – 108.

　　［185］徐林枫，张恒宇．“人气游戏”：网络直播行业的薪资制度与劳动

控制 [J]. 社会, 2019 (4)：61-83.

[186] 许安碧. 网络游戏直播中的著作权问题探究 [J]. 政法学刊, 2017 (1)：13-19.

[187] 许建宇. 劳动者忠实义务论 [J]. 清华法学, 2014 (6)：117-132.

[188] 许向东. 我国网络直播的发展现状、治理困境及应对策略 [J]. 暨南学报 (哲学社会科学版), 2018 (3)：70-81.

[189] 许玉镇, 肖成俊. 网络言论失范及其多中心治理 [J]. 当代中国, 2016 (3)：52-59.

[190] 许玉镇. 网络治理中的行业自律机制嵌入价值与推进路径 [J]. 吉林大学社会科学学报, 2018 (3)：117-125, 206.

[191] 薛军. 网络直播平台与网络主播之间合同关系的几个疑难问题 [J]. 人民司法 (应用), 2018 (22)：53-55.

[192] 闫斌. 网络直播行业的法律风险与规制 [J]. 社科纵横, 2019 (2)：75-79.

[193] 阎天. 劳动者保守商业秘密的法定义务辨析 [J]. 北京社会科学, 2016 (1)：29-36.

[194] 晏凌煜. 美国司法实践中的"转换性使用"规则及启示 [J]. 知识产权, 2016 (6)：123-128.

[195] 杨东. P2P 网络借贷平台的异化及其规制 [J]. 社会科学, 2015 (8)：88-96.

[196] 杨芳. 个人信息自决权理论及其检讨：兼论个人信息保护法之保护客体 [J]. 比较法研究, 2015 (6)：22-33.

[197] 杨海, 胡亚球. 裁判视野下之诚实信用原则：立足于法官裁判行为的研究 [J]. 法律科学 (西北政法大学学报), 2012 (2)：57-67.

[198] 杨红梅, 马跃如. 非标准劳动关系中劳动者权利保护体系的缺陷与完善 [J]. 湖南科技大学学报 (哲学社会科学版), 2014 (1)：77.

[199] 杨立新, 韩煦. 被遗忘权的中国本土化及法律适用 [J]. 法律适用, 2015 (2)：24-34.

[200] 杨立新. 个人信息：法益抑或民事权利：对《民法总则》第111条规定的"个人信息"之解读 [J]. 法学论坛. 2018 (1)：34-45.

[201] 杨攀. 我国互联网内容分级制度研究 [J]. 法律科学 (西北政法大学学报), 2014 (2)：184-192.

[202] 杨恕. 国际恐怖主义新特征 [J]. 人民论坛, 2017 (1)：37.

［203］杨祥瑞．网络用户协议中个人信息保护的合同法研究：以《淘宝平台服务协议》为例［J］．吉林工商学院报，2019（3）：99－103．

［204］杨振能．P2P网络借贷平台经营行为的法律分析与监管研究［J］．金融监管研究，2014（11）：25－41．

［205］尹飞，韩月．新型工作方式中竞业限制适用之法律分析：以网络主播"跳槽"案为例［J］．南都学坛，2021（1）：59－65．

［206］尹菡．AI人脸识别技术滥用的法律规制［J］．上海法学研究，2020（2）：51－58．

［207］尹建国．我国网络信息的政府治理机制研究［J］．中国法学，2015（1）：136－153．

［208］余富强，胡鹏辉．拟真、身体与情感：消费社会中的网络直播探析［J］．中国青年研究，2018（7）：5－12，32．

［209］余卫东．商业秘密保护与竞业禁止［J］．湖北大学学报（哲学社会科学版），2003（1）：35－38．

［210］袁锋．论新技术环境下"转换性使用"理论的发展［J］．知识产权，2017（8）：42－57．

［211］袁真富．用户创造内容（UGC）的著作权合理使用问题研究：兼论《中华人民共和国著作权法修正案（草案二次审议稿）》合理使用制度的完善［J］．科技与出版，2020（10）：5－13．

［212］岳希凝．App收集个人信息的"范围"认定［J］．南海法学，2020（3）：74－84．

［213］张海鹏．学生网络欺凌法律规制路径辨析［J］．大连理工大学学报（社会科学版），2021（1）：122－128．

［214］张里安，韩旭至．大数据时代下个人信息权的私法属性［J］．法学论坛，2016（3）：119－129．

［215］张立彬．美英新个人信息保护政策法规的考察与借鉴［J］．情报理论与实践，2020（6）：200－206

［216］张若琳．未成年人网络保护制度建设域外经验及借鉴展［J］．信息安全研究，2017（12）：1068－1074．

［217］张素丽．个人信息网络侵权问题研究［J］．哲学法学研究，2019（4）：65－67．

［218］张伟君．论著作权法第三次修改后"转播权"内涵的变化［J］．知识产权，2021（3）：27－33．

［219］张向英．传播净化法案：美国对色情网站的控制模式［J］．社会

科学，2006（8）：136 – 143.

　　［220］张晓娟，王文强，唐长乐．民法典背景个人敏感信息的界分构想［J］，情报理论与实践，2016（1）：38 – 43.

　　［221］张新宝．从隐私到个人信息：利益再衡量的理论与制度安排［J］．中国法学，2015（3）：38 – 59.

　　［222］张雨，敖双红．论网络言论自由的界限：以权利与权力的关系为视角［J］．湖南师范大学社会科学学报，2016（3）：89 – 96.

　　［223］张子艳，龚文豪．网络环境下个人信息的侵权问题研究［J］．法制博览，2018（2）：14 – 17.

　　［224］赵春兰．民法典背景下网络侵害人格权的救济机制［J］．浙江万里学院学报，2021（1）：39 – 45.

　　［225］赵精武．《民法典》视野下人脸识别信息的权益归属与保护路径［J］．北京航空航天大学学报，2020（5）：21 – 29.

　　［226］赵婧薇．个人网络募捐行为的规制策略［J］．沈阳师范大学学报（社会科学版），2019（6）：58 – 62.

　　［227］赵凯，王天琪．P2P网络借贷资金池法律问题探究［J］．现代商业，2015（24）：284 – 285.

　　［228］赵银雀，余晖．电子竞技游戏动态画面的可版权性研究［J］．知识产权，2017（1）：41 – 45.

　　［229］郑爱青．从英法劳动法判例看劳动法上的忠实义务与竞业限制条款：对我国《劳动合同法》规范竞业限制行为的思考和建议［J］．法学家，2006（2）：138 – 145.

　　［230］郑仁荣．英国借贷众筹平台的法律规制及对我国的启示［J］．行政与法，2016（3）：118 – 125.

　　［231］郑智航．网络社会法律治理与技术治理的二元共治［J］．中国法学，2018（2）：109 – 131.

　　［232］周汉华．《个人信息保护法（草案）》：立足国情与借鉴国际经验的有益探索［J］．探索与争鸣，2020（11）：9 – 11.

　　［233］周宁，杨伟国．竞业限制是否能约束新型工作方式：以网络主播"跳槽"案为例［J］．中国人力资源开发，2019（4）：120 – 129.

　　［234］朱国斌．论表达自由的界限（上）：从比较法、特别是普通法的视角切入［J］．政法论丛，2010（6）：3 – 12.

　　［235］朱海龙，唐辰明．互联网环境下的劳动关系法律问题研究［J］．社会科学，2017（8）：85 – 94.

［236］朱虹，吴楠.《慈善法》背景下中国网络慈善募捐的现状、困境及其应对［J］. 社科纵横，2018（10）：94－98.

［237］朱书敏. 论民间爱心捐赠行为的法律保障：以水滴筹平台为例［J］，山西青年职业学院学报，2020（9）：64－67，97.

［238］朱文英. 职业足球运动员转会的法律适用［J］. 体育科学，2014（1）：41－47.

［239］郗立军."人肉搜索"下的未成年人信息网络保护：以《侵权责任法》第36条之"网络服务提供者"为视角［J］. 青少年犯罪问题，2015（2）：5－13.

［240］祝建军. 网络游戏直播的著作权问题研究［J］. 知识产权，2017（1）：25－3.

［241］左亦鲁. 告别"街头发言者"美国网络言论自由二十年［J］. 中外法学，2015（2）：417－437.

［242］ASSENOVA V, BEST J, CAGNEY M, et al The Present and Future of Crowdfunding［J］. California Management Review,2016,58(2):3－4.

［243］BLAIR B. A Comparative Analysis of Crowdfunding Regulation in the United Stated and Italy［J］. Wisconsin International Law Journal, 2015,33(2):20－22.

［244］BRADFORD C. Crowdfunding and the Federal Securities Laws［J］. Columbia Business Law Review,2012(1):142－149.

［245］BRODIE D. Employees,Workers and the Self-Employed,Industrial［J］. Law Journal,2005,34(3):253－260.

［246］DIBADJ R. Crowdfunding Delusions［J］. Hastings Business Law Journal, 2015,12(1):10－11.

［247］HOCHSCHILD A R. Emotion Work, Feeling Rules, and Social Structure［J］. American Journal of Sociology,1979,85(3):551－575.

［248］JEFFREY J. Novel Neutrality Claims Against Internet Platforms：A Reasonable Framework for Initial Scrutiny［J］. Cleveland State Law Review,2017,59(4):537－592.

［249］KEVIN B. Why Face Recognition Accuracy Varies due to Race［J］. Biometric Technology Today,2019(8):8－11.

［250］LOFFREDO A, TUFO M. Digital Work in the Transport Sector：In Search of the Employer［J］. Work Organisation, Labour & Globalisation,2018,12(2):23－37.

[251] MOLLICK E. The Dynamics of Crowdfunding: An Exploratory Study [J]. Journal of Business Venturing, 2014, 29(1): 30 – 32.

[252] NAH S, SAXTON G D. Modeling the Adoption and Use of Social Media by Nonprofit Organizations[J]. New Media & Society, 2013, 15(2): 50 – 52.

[253] NILOUFER S. Not Just a Face in the Crowd: Addressing the Intrusive Potential of the Online Application of Face Recognition Technologies [J]. International Journal of Law and Information Technology, 2015, 23(3): 187 – 218.

[254] SHERIEF M. The JOBS Act and Crowdfunding[J]. Brolly Law Review, 2014, 79(3): 60 – 62.

后　记

党的十八届三中全会首次提出"推进国家治理体系和治理能力现代化"这个重大命题。习近平总书记指出，要提高网络综合治理能力，确保互联网在法治轨道上健康运行，自主创新推进网络强国建设。法律是治国之重器，法治是我国治理体系与治理能力现代化发展的重要基础，因此，法律应该渗入社会治理的方方面面。对于网络社会来说，同样应该以法律为权威，充分发挥法律的强制性、权威性和稳定性，以维护网络社会的和谐与稳定。

网络社会的法治化治理，旨在针对日益复杂的网络社会以及网络社会中不断发展延伸的法律关系和社会治理问题，运用法律手段或法律调整下的其他手段进行综合治理，维护网络社会的和谐与稳定。法治化治理既体现了法治的内涵，又融合了治理的理念，并最终应用于具体的法律和治理实践活动，为国家整体治理能力和治理体系的现代化奠定基础。

习近平总书记指出："网络安全为人民，网络安全靠人民，维护网络安全是全社会共同责任，需要政府、企业、社会组织、广大网民共同参与，共筑网络安全防线。"网络治理的最优模式是法治化治理模式。在法治模式的引导下，实现网络社会治理的法治化，即在法治框架内进行网络社会治理，充分利用好法律、政府、技术、道德、行业协会、企业、网络用户等多元治理主体的力量，实现治理资源的良性整合和高效运用，建立起以法治为主导并且能容纳不同治理主体和治理手段的综合治理的法治模式。

在互联网时代，我们应该本着创新思维，不断完善网络社会法治化治理的原则和模式，综合运用各种原则和模式，探索最适合本国国情的治理路径。网络社会的法治化治理是把网络生活的方方面面纳入法律规制的范畴，以此来接受既定规则和制度的制约，并通过立法、执法、司法、守法以及法律监督进行治理和监管，维护网络安全、规制网络言论、打击网络犯罪、惩治网络侵权、加强网络监管等。同时，应在尊重他国的网络主权、加强国际网络社会治理协作的基础上，建设一个自由、平等、公正、人权、效率、和谐的网络社会。

　　本书是我主持的广东省 2019 年度普通高校人文社会科学重点研究项目"网络社会法治化治理研究"（项目批准号：2019WZDXM018）的最终成果，由广东财经大学法学院课题组成员共同完成。具体分工为：绪论、第一章、第二章由柯卫、林卓立撰写，第三章由林卓立、柯卫、汪振庭、江晓君撰写，第四章由谢铄朝、方静娜、柯卫撰写，第五章由陈依纯、彭剑颖、杨仕昆、吴小婧撰写，第六章由韩丽金、李璐茜、黄裕婕撰写。本书由我制定写作提纲，并对全书进行修改和统稿定稿。

柯卫

2022 年 12 月 1 日